U0660339

中国式现代化场景下旅游度假区高质量发展研究——以浙江省为例

浙江省文化和旅游厅
清华大学建筑学院文旅研究中心 编

中国旅游出版社

编 委 会

主　　编　陈广胜

执行主编　芮　宏

副 主 编　林卫兴　迟令刚　邬东璠

成　　员　朱胤水　刘卉妍　谢　宜　农丽媚　张　帅
胡昳伶　李熙盈　于子建　周丽娜　陈美霞

2022年度浙江文化和旅游厅、

清华大学建筑学院文旅研究中心联合研究项目

“旅游度假区高质量发展的浙江实践”成果

著　者

迟令刚、林卫兴、邬东播

旅游度假区高质量发展的浙江探索（序言）

浙江历史悠久，文化灿烂、文脉渊长、文韵流芳，是中华文明重要发源地之一；浙江风景如画，山海壮丽、江川秀丽、河湖绮丽，是中国著名的度假旅游胜地；浙江自古繁华，物产富饶、经济富裕、百姓富足，是名副其实的江南富庶之地。自然风光和人文景观交相辉映，传统底蕴与现代智慧和谐共融，既是古人笔下“人人尽说江南好”的梦里水乡，也是当今数智文旅蓬勃兴盛的创新热土。绿水青山绕，人在画中游，集自然之美、人文之美、生态之美、发展之美、和合之美的浙江，已成为无数游客心中向往、行则能至、度假旅居的“诗和远方”。

浙江区位优势突出，发展环境优渥，“一带一路”倡议、长江经济带发展、长三角一体化发展等国家战略交会叠加，依托中国经济发展最强、城市化进程最快、国际化水平最高的长三角城市群，度假需求旺盛，休闲活动频繁，消费潜力巨大，度假旅游客源基础强大。近年来，浙江深入实施“八八战略”、以“两个先行”打造“重要窗口”，在中国式现代化省域文旅实践中、在文化和旅游深度融合发展中，在旅游业高质量发展道路上苦练内功，塑品相、提品质、铸品牌，加快转型升级、系统变革、体系重塑，产业实力、产业质量、产业贡献进一步增强。

浙江旅游度假区发展肇始于1992年国务院批复同意（国函〔1992〕136号文件）

建立的 11 家[①]国家旅游度假区之一的杭州之江国家旅游度假区，到如今已经持续探索了 30 年，总体呈现起步早、类型全、体系优、业态丰、品牌响、效益佳等特点，截至 2022 年年底，浙江省级以上旅游度假区 57 家，其中国家级旅游度假区 8 家（不包括 1992 年批复的之江国家旅游度假区），可概括为“五湖两山一泉”[②]，数量居全国首位，占全国 60 家国家级旅游度假区的 13.3%，初步走出了一条旅游度假区高质量发展的“浙江之路”，描绘出一幅“宜居宜业宜游、美丽美好美满、共建共治共享”的新时代度假“富春山居图”。

回顾浙江旅游度假区 30 年发展之路，在实践中走出了一条有为政府与有效市场相结合、顶层设计与基层创新相结合、资源驱动与创新驱动相结合的创新发展道路。实践经验可概括为“一张蓝图、双轮引擎、三项工程、四个体系、五化导向”。

“一张蓝图”领航定向

发展理念是发展行动的先导。浙江旅游度假区为什么能？归根结底是指导思想行、理念践行好、创新路径对。早在 2003 年，时任浙江省委书记习近平同志提出“八八战略”，擘画浙江宏伟蓝图；2005 年在安吉余村考察时提出“绿水青山就是金山银山”理念，同年在宁波东钱湖视察时提出要建设“生态型、文化型的旅游度假区”。习近平总书记关于文化和旅游工作的重要指示，成为浙江发展旅游度假区的根本遵循。浙江以“八八战略”为总纲，充分借助体制、区位、产业、城乡、生态、山海、环境、人文等优势，坚持资源驱动、创新驱动、项目驱动、要素驱动有机统一，推动旅游度假区生态化、特色化、创新化、市场化、品质化发展。

“双轮引擎”强基赋能

政府主导是旅游度假区建设的核心牵引，市场主体是度假旅游发展的根本基石。浙江旅游度假区高质量发展得益于“有为政府 + 有效市场”双引擎驱动。政府作为主导性力量，完善旅游度假区的顶层设计与落地实施，推动申报与设立、建

① 1993 年国务院批复同意将江苏太湖国家旅游度假区拆分为苏州太湖旅游度假区和无锡太湖旅游度假区，因此国家旅游度假区数量由 11 家变为 12 家。

② 五湖：湘湖、东钱湖、太湖、千岛湖、鉴湖。两山：安吉灵峰、莫干山。一泉：泰顺廊桥—氡泉。

设与管理、考核与评价，重点推动旅游度假区规划、招商、建设、基础设施和公共配套等。市场作为基本手段，在度假资源配置中起基础性、决定性作用，市场决定资源配置是市场经济的一般规律，浙江充分尊重市场规律，优化度假旅游环境，激活度假市场活力，强化度假市场供给侧改革与需求侧管理，促进形成“需求牵引供给、供给创造需求”新的动态平衡。

“三项工程”变革重塑

实践证明，创新是引领发展的第一动力，改革是决胜发展的关键一招，开放是繁荣发展的必由之路。在度假旅游领域，浙江强力推进创新深化、改革攻坚、开放提升三项关键工程，把旅游度假区作为文化和旅游产业聚集区、高质量发展示范区、改革创新先行区的定位来打造。打“创新牌”，以数字经济创新提质为引领，率先创新“先批后建”基本模式，以模式创新牵引政策创新、管理创新，加快系统重塑、制度重塑、流程重塑。举“改革旗”，锚定高质量发展主题，靶向聚焦、精准发力优化提升度假营商环境，不断强化资金、人才、技术等保障，增强发展动力活力。走“开放路”，跳出度假区发展度假区，以世界级旅游度假区为目标，以世界旅游联盟等为依托，做优做强高能级平台，打造“诗画江南、活力浙江”国际度假胜地。

“四个体系”闭环推进

全生命周期闭环管理是治理现代化的重要遵循。浙江发展旅游度假区构建起规划目标、工作任务、政策保障、评价督查四个体系的系统工程。坚持高站位谋划、高起点规划、高水平策划，以顶层规划为牵引力，以项目投资为支撑力，以业态融合为推动力，明确路线图、时间表和责任书，有序推进、压茬推进、闭环推进。设立独立运行机构，统筹负责规划设计、项目招引、建设投产、市场运营、营销推广等全生命周期管理。按照“赛马”理念实行“有进有出”动态管理机制，切实破除“终身制”，每两年定期开展复核“优胜劣汰”，对于不达标的度假区实行退出机制，对于考核优秀者，优先推荐国家级旅游度假区申报，为高质量发展构建有力机制保障。

“五化导向”提质增效

生态化先导：绿色发展是根本底色。浙江牢记总书记发展旅游“不能以牺牲生态环境为代价”，深入践行“绿水青山就是金山银山”理念，顺应疫情后健康游、生态游发展潮流，推动绿色设计、绿色建设、绿色运营、绿色消费，推动“绿水青山”变为“金山银山”、“美丽环境”变为“美丽经济”、生态优势变为发展胜势，构建旅游度假区绿色发展闭环，让绿色成为高质量发展最动人的色彩。

特色化引导：融合发展是破局之策。根据度假区资源禀赋和特色优势，明确发展主题、明晰发展主线、明白发展主次，按照“一区一主题、一地一特色”挖掘文化脉络、解码文化基因，打造核心吸引物，培育核心文旅 IP，构建核心竞争力。将旅游度假区作为文旅深度融合的主战场之一，以文塑旅，以旅彰文，推动理念融合、资源融合、产品融合、场景融合、品牌融合，建设富有文化底蕴的世界级旅游度假区，打造独具魅力的中华文化度假旅游体验。

精准化制导：创新供给是不竭动力。顺应游览观光到度假休闲到旅居生活发展规律，始终以游客满不满意、群众受不受益为第一目标，以市场需求和游客诉求为第一导向，坚持需求导向、问题导向，紧扣供需不平衡矛盾，按照游客需要什么，我们供给什么的意识，做精优质供给，做大有效供给，淘汰劣质供给，不断满足大众旅游多样化、个性化需求，加快数字赋能，不断催生新产品、新场景、新服务，全面提升旅游度假区的核心竞争力和品牌影响力。

共享化向导：多元参与是活力之源。浙江以共建共享理念，强化“政府搭台、企业唱戏”，构建政府主导、行业主体、社会参与的建设格局，一大批市场效益好、行业评价高、发展潜力强的领军型企业、成长型企业和小微企业参与度假区建设，形成“众星捧月、梯次配置”的多元参与格局。强化主客共享，提高在地居民的参与度，让度假区发展成果惠及更多人群，促进共同富裕，实现社会效益和经济效益有机统一。

品质化宣导：品质标准是根本保障。品质是旅游度假区发展的生命线和竞争力，是高质量发展的核心要义之一，也是满足人民美好度假生活期盼的重要标志。浙江将品质标准作为最“硬核”尺度，以“微改造”的绣花功夫，在旅游度假区深度开展环境精美、设施精良、体验精致、服务精心、运营精细“五精工程”，扮靓颜值，提升内涵，致力于实现可“席地而坐、悦心而游”，满足群众高品质的度假旅游需求。

进入疫后旅游加速复苏时代、大众旅游品质发展时代和文旅深度融合时代，高质量旅游度假已成为新时代人民美好生活的重要指标和精神文化需求的重要内容。随着人民旅游需求从低层次向高品质转变、由单一功能向多样体验转变、由注重观光向休闲度假转变，旅游发展范式、产品供给模式、游客出游方式、消费体验样式也日益发生深层次、根本性甚至颠覆性变革，浙江旅游度假区高质量发展必将迎来全新趋势、面临全新要求、遭遇全新挑战，进入转型升级的重要战略机遇期。

未来，浙江旅游度假区立足新发展阶段，将在“两个先行”的大场景下，进一步强化目标导向、问题导向、需求导向，推动美好生活度假休闲工程在浙江深入实施，以建设富有文化底蕴的世界级旅游度假区为目标，打造全国旅游度假区高质量发展的“重要窗口”，为新时代文化强省、现代化旅游经济强省和中国式现代化省域文旅实践贡献应有之力。

陈广胜

浙江省文化和旅游厅党组书记、厅长

2022 年 10 月

CONTENTS | 目录

旅游度假区高质量发展的浙江探索（序言）…………………………………… 001

综　述……………………………………………………………………………………… 001

第一章　发展成效回顾：量质齐升、卓然有成…………………………………… 001

一、总体水平全国领先……………………………………………………………………001

（一）基础实、体系优 ……………………………………………………………………002

（二）发展快、规模大 ……………………………………………………………………002

（三）经营稳、韧性足 ……………………………………………………………………006

（四）联动强、贡献大 ……………………………………………………………………009

二、度假政策因时迭代……………………………………………………………………011

三、度假供给专精特新……………………………………………………………………018

四、度假品牌锻金扬名……………………………………………………………………026

五、度假市场坚实广阔……………………………………………………………………031

六、度假内涵塑旅彰文……………………………………………………………………035

七、度假环境氛围浓郁……………………………………………………………………038

第二章　发展潜能探究：点面并举、有的放矢…………………………………… 044

一、空间集聚分析…………………………………………………………………………044

（一）由山地到海洋延伸…………………………………………………………………046

（二）由核心到周边辐射…………………………………………………………………047

（三）由浙南向浙北集群…………………………………………………………………047

二、联动模式考察 ……048
（一）景区扩升：补全功能、丰富业态 ……048
（二）城区耦合：城景共治、主客共享 ……050
（三）景村共融：一体管理、深度融合 ……052
三、竞争实力评测 ……056
（一）分类指数评价 ……058
（二）样本指标评价 ……062
（三）综合指标评价 ……064
四、问题短板剖析 ……069
（一）规划与建设不同频 ……069
（二）供给与需求不匹配 ……070
（三）体制与运行不协调 ……071

第三章 发展战略聚焦：上下同心、政府有为 ……073
一、省级统筹、顶层谋篇 ……073
（一）高起点顶层设计 ……073
（二）高站位产业定向 ……075
（三）高水准模式创新 ……076
（四）高要求考核评价 ……080
二、市县推动、中层谋实 ……085
（一）领着走：政府主导推动 ……085
（二）跟着走：特色产业带动 ……089
（三）推着走：政策优势撬动 ……090
三、各区建设、基层谋细 ……092
（一）条块齐联动 ……092
（二）蓝图变实景 ……096
（三）亩均论英雄 ……098
（四）设计塑品质 ……099
四、联动保障、多层谋全 ……101
（一）生态优先、环境保障 ……102
（二）用地创新、要素保障 ……103
（三）标准引领、品质保障 ……105

（四）文旅铁军、人才保障 ……107
（五）优化环境、政策保障 ……109

第四章 发展动能审视：供需两旺、市场有效 ……117

一、从项目到项目群：供给侧改革为主线 ……117
（一）培育投资热土 ……118
（二）注重前瞻谋划 ……121
（三）强化精准服务 ……128
（四）创新闭环机制 ……130
（五）追求综合效益 ……133
二、从产品到产业群：需求侧管理为引领 ……134
（一）产品体系化 ……134
（二）住宿品质化 ……135
（三）体验多元化 ……150
（四）景区互补化 ……153
（五）文旅融合化 ……155
（六）业态跨界化 ……159
三、从品牌到品牌群：市场化运营为导向 ……163
（一）形象品牌矩阵 ……164
（二）产品品牌体系 ……166
（三）酒店品牌系列 ……168
（四）民宿品牌集群 ……183

第五章 发展图景展望：时势俱在、前景可期 ……190

一、新时代文化和旅游发展形势与动态 ……190
（一）新的人类文明形态 ……191
（二）新的经济复苏周期 ……192
（三）新的世代消费群体 ……193
（四）新的数字文旅浪潮 ……194
（五）新的国际展示平台 ……195

二、浙江旅游度假区发展优势与经验……196
（一）理念先导：一张蓝图是根本遵循……197
（二）政府主导：先批后建是基本模式……198
（三）创新制导：改革破题是制胜法宝……198
（四）需求引导：优化供给是不竭动力……198
（五）市场向导：多元参与是主要做法……199
（六）品质宣导：现代治理是根本保障……199
三、未来旅游度假区发展的路径与策略……200
（一）围绕一个目标……200
（二）聚力三点突破……200
（三）秉承四个导向……201
（四）深耕六项重点……202
四、建设世界级旅游度假区的路径……207
（一）培育世界级市场与资源……207
（二）打造世界级标准与产品……208
（三）创造世界级文化与影响……209
（四）推进世界级治理与运营……209
（五）提升世界级品质与品牌……210

第六章 发展个案考察：形神兼塑、示范有方……213

一、湖泊类度假区……213
（一）宁波东钱湖：生态为基　文化铸魂……213
（二）湖州太湖：扎根南太湖　辐射长三角……220
（三）淳安千岛湖：绿色生态　运动休闲……224
（四）绍兴鉴湖：项目带动　品牌重塑……229
二、山地类旅游度假区……233
（一）安吉灵峰：山地休闲　亲子度假……233
（二）德清莫干山：原生态养生　国际化休闲……239
（三）宁波松兰山：黄金海岸　滨海运动……244
（四）吴兴西塞山：网红业态　品牌引流……247

三、主题类旅游度假区……251
（一）泰顺廊桥—氡泉：廊桥寻梦　氡泉养生……251
（二）嘉善大云："甜蜜"IP　业态整合……257
（三）宁海森林温泉：深耕温泉　康养度假……262
（四）安吉山川：乡村休闲　农旅融合……268

参考文献……273

主要参考政策内容及数据来源……276

附　录……278
1. 浙江省省级旅游度假区管理办法……278
2. 浙江省 5A 级旅游景区、国家级旅游度假区培育管理意见……280
3. 浙江省省级以上旅游度假区评价考核评分细则……283

后　记……288

综　述

一

旅游度假区是以提供住宿、餐饮、购物、康养、休闲、娱乐等度假旅游服务为主要功能，有明确空间边界和独立管理运营机构的集聚区。它是一个具有中国特色的创新概念，充分融合了我国体制机制的独特性，以及现实发展阶段的需求。但其发展也走过了几个不断探索升级的阶段，伴随不同阶段的时代特征变化，旅游度假区的内涵越来越清晰，模式越来越多元。而随着党的二十大对高质量发展的更高定位，旅游度假区的高质量发展也将成为新时代的必答题。

度假区 1.0 时代：政府主导下诞生的中国特色产品

提到旅游度假区的诞生，不可避免要追溯到 1992 年国务院公布建设 12 家国家旅游度假区的阶段，当时采用了资源和政策先导的模式，选取了优质资源和区位，并配给了类似开发区的政策，其目标是吸引海外游客及创汇。这一尝试虽没有在产品形态层面获得极大的推进，但奠定了旅游度假区的体制机制雏形，不少省份在国家引领下也纷纷建立省级旅游度假区，形成一批先批后建且由政府主导建立的旅游度假区。直至今日，浙江省仍然保留着这种先批后建的省级旅游度假区认定机制，更好地发挥了全程引导和政策驱动的作用。当然，这一阶段的探索也是漫长而曲折的。由于国内市场发展水平不到位，无法支撑度假产业的独立发展，很多旅游度假区不得不靠其他产业维持生存，从而偏离了度假旅游的发展主线。

度假区 2.0 时代：政府引导下探索市场化发展路径

进入 21 世纪，随着国民收入的提高，我国旅游市场渐渐显露出度假的需求，度假产品在摸索中日渐多样。为引导和推动度假产品健康发展，2006 年，国家旅游局启动了旅游度假区标准化建设工作，开始组织编制《旅游度假区等级划分》国家标准，2010 年国标出台，并于 2011 年开始正式实施。2015 年第一批经过评定的国家级旅游度假区问世，标志着旅游度假区由“先批后建”进入“先建后评”的发展阶段，度假产品也开启了从政府“主导”向政府“引导”转变的新阶段，市场的动力日益走向前台。

随着国标的实施，截至 2022 年年底，已形成国家级旅游度假区 60 家，省级旅游度假区 600 余家，资源产品涉及海滨（海岛）、温泉、滑雪、河湖、山地、森林、乡村田园、古城古镇、主题活动等丰富多元的类型；空间分布上表现出与人口基数及经济发展基础的正相关，且常常与高等级景区相伴而生；市场以短途自驾游为主，亲子家庭游占有显著比例；在发展过程中还形成了与社区共融的特色，其中乡村型社区融合得最早也最快，而近年来城镇型社区的融合则表现得越来越突出，其中以古城古镇及新城休闲商务区居多，体现出度假旅游与美好生活越来越强的关联性。面对 2020 年以来的新冠感染疫情，度假旅游的周边游特征也支撑了旅游度假区相对更强的恢复能力。

在旅游度假区不断蜕变和进化的过程中，由于市场与经济发展差异带来的区域发展不平衡，全国旅游度假区发展的路径各异，旅游产品、空间形态、管理运营也呈现出不同的阶段特征。总体上看，华南地区的市场力量强于政府统筹力量，发展空间紧凑，旅游产品中人工打造的比重更大；华东地区政府与市场能够均衡发力，旅游度假区与城镇乡村的空间融合较深，旅游产品更为多元；而其他大部分地区则表现出更强的政府主导性，空间布局常常较为松散，产品意识也相对较弱。此外，旅游度假区作为一个新的产品品牌，在过去十年中越来越多的被各地政府所接受，但大家的认知还很不统一，也存在不少盲区；资本市场对旅游度假区品牌的投资认同则呈现出时间和空间上的热度不均；大众旅游市场虽然已经开始接受旅游度假区的产品，但尚未对旅游度假区形成特定的品牌认知。

总体而言，在这一发展阶段，旅游度假区已形成了资源产品及市场的基本格局，成为我国旅游业转型升级的重要动力之一，并为人民美好生活提供了更为丰富的产品供给。而品牌化和市场化的程度尚有待提高。

度假区 3.0 时代：市场先导下全面推进高质量发展

随着中共中央十四五规划提出创建“富有文化底蕴的世界级旅游度假区”目标，以及 2022 年新版《旅游度假区等级划分》国家标准修订版出台之后，全国旅游度假区的发展将迈上新台阶、新征程，在市场先导下从“主旨、主体、主题、品牌、品质、品位”六个方面提档升级全面推进高质量发展。

主旨进一步清晰化。促进文旅产业转型升级，满足人民日益增长的对美好生活的需要，是旅游度假区新时代高质量发展的主旨。在这样的主旨下，改变观光旅游时代的分散发展模式、提高旅游产品密度和旅游服务能力势在必行，旅游度假区就是集聚更多文旅产品和业态而形成的具有更大停留潜力的旅游区。丰富的度假产品在空间上集聚为组团，是未来促进文旅产业进一步转型升级的重要方向；同时也是疫情常态化背景下，在减少流动的前提下满足游客更多休闲度假需求的手段。此外，与现有社区的融合发展是我国旅游度假目的地的显著特征，在文旅功能相对集聚的前提下，处理好生产、生活、生态的协调关系，力争业态、形态、文态三态融合，促进旅游度假区管理机构由管理型向服务型转变，并带动旅游度假区周边社会经济的综合发展，也是促进文旅产业升级的方向。

主体进一步市场化。当下标准化引导下的旅游度假区具有综合性、规模性特征，加上 20 世纪 90 年代初旅游度假区初创期模式的传导影响，目前所形成的旅游度假区大多是一个政府和市场共建、多主体运营的综合旅游区。在旅游度假区建设发展的不同阶段，不同主体的责任分工各不相同，只有主体清晰才能使旅游度假区健康运转。在旅游度假区作为新生事物起步的阶段，主要以政府为主体推动，而随着游客需求以及市场主体能力的提升，市场的力量在旅游度假区发展中越来越重要。很多早期建设的旅游度假区都经历了多次管理主体体制机制的变化，市场化的程度越来越高。目前旅游度假区市场化程度仍然与区域经济发展程度基本成正比，但提高市场化程度必定是未来旅游度假区发展的趋势。未来政府应侧重于资源环境的管控和引导、公共服务的提升、旅游度假区内多主体的管理、生态文明和社会效益的综合提高；市场则是度假产品的供给主体和运营主体，担负着面向游客提高市场影响力的主要责任。

主题进一步错位化。我国幅员辽阔、区域差异性较大，但在同一区域仍然存在很强的资源同质性，为了达成同区域旅游度假区之间的错位竞争，度假产品“主题”化将成为未来趋势。首先，度假产品可以进行多层次的主题化，不仅住宿、餐饮、购物设施可以主题化，住宿设施内的客房、购物设施中的文创商品等也可以进一步细化主题。其次，度假产品的主题要具有“穿透力”，深挖度假产品与资源的关联性，形成鲜明地方性将是未来的可持续竞争力所在；对于核心度假产品，除主题突出外，还应配套提供相关联的系列休闲娱乐活动，引导核心度假产品体系化，形成同一主题下更有厚度的系列产品。“主题”不仅能提高度假产品的传播性和体验性，也是促进旅游度假区品牌化的手段之一。

着力推动品牌共识。“旅游度假区”这一整体品牌的提档升级，需要上下合力，多维度努力。首先是引导公众对“旅游度假区”的认知共识，统一其所代表的产品内涵，持续夯实“度假资源与环境、度假产品、度假公共服务、管理与运营、市场结构与影响力、生态文明与社会效益”六大要素作为旅游度假区基本要件的地位，促进旅游度假区各类开发建设主体统一认知，明晰方向。其次，旅游度假区应重视游客市场反馈、提升公众满意度和影响力，利用大数据等新技术手段来把握游客的真实评价，引导旅游度假区管理者全面重视游客的意见和反馈，提高游客满意度、市场知名度和品牌美誉度。如果每个旅游度假区都能重视公众影响力的提升，那么其整体品牌效应将会日益凸显，形成合力，持续擦亮“旅游度假区”品牌。

全面提高产品品质。度假产品是游客可以消费的设施、服务和活动的总和，也是旅游度假区的核心卖点。度假产品的品质是旅游度假区的立身之本，精研食、住、玩等游客直接消费的度假产品，提高产品的文化性、主题性和体验性，是未来旅游度假区高质量发展的重点内容。尤其对于度假住宿设施，更应作为品质提升的重中之重，高质量的“住”作为度假旅游的核心产品，对旅游度假区整体品质的提档升级具有关键性的引领作用。未来度假住宿设施从类型上将更为多元，从空间上将成为集聚综合度假功能的引力核，从服务上则将进一步迈入定制化、个性化时代。而公共服务、智慧化方面的提升，是为高品质度假产品保驾护航的基础条件。无障碍旅游也将是未来与国际接轨，应对社会老龄化趋势的战略性方向。旅游度假区在过去十年的发展中已经探索了丰富多元的度假产品，满足了度假市场的基本要求，而未来的竞争力来自于品质，在度假产品层出不穷的新阶段，必将大浪淘沙，只有不断创新寻求体验升级的高品质度假产品，才能长久保持市场活力和吸引力。

重点强化文化品位。文化和旅游的深度融合，是旅游度假区助力国家文化战略的重要抓手。旅游度假区作为慢生活空间，具有在产品中深度融合地方文化的天然优势和潜力。文化与旅游的融合要渗透到业态和形态的不同层面。从“文化”融合“旅游”的角度来看，文化休闲娱乐活动、非物质文化遗产转化、文创商品等都是文化资源转化为旅游产品的传统视角，未来也仍然是文旅融合型产品的主要内容；而公共文化设施及服务、文化群体等也将是新的转化视角。从“旅游”融合“文化”的角度来看，住宿、餐饮、购物设施及其服务均是可以融合文化主题的产业要素，能够通过建筑景观环境、装饰装修、活动项目等综合手段营造特定的文化氛围，将是未来高质量发展的方向。未来借由文化与旅游的深度融合来强化旅游度假区的个性特质，将是旅游度假区提档升级的重点。尤其在国家“十四五”规划纲要提出“建设一批富有文化底蕴的世界级旅游景区和旅游度假区”的新要求后，“富有文化底蕴”成为旅游度假区高质量发展的新定语。习近平总书记倡导“要立足中国大地，讲好中华文明故事，向世界展现可信、可爱、可敬的中国形象”。旅游度假区正是中国大地上可以阐释中华文化的生动载体，文化品位的提升将成为旅游度假区发展更上一层楼的重点目标。

二

作为中华文明的重要发源地，浙江拥有文脉渊长的历史之蕴、文韵流芳的人文之光、文礼昌盛的礼乐之风。作为“诗画江南、活力浙江”，浙江展现山水灵秀的自然之美、精彩蝶变的时代之美，幸福和谐的生活之美；作为“红色根脉”，浙江是中国革命红船起航地、改革开放先行地、习近平新时代中国特色社会主义思想重要萌发地；在坚持党的创新理论上有着丰富的理论素材、生动的实践例证、独特的资源优势。特别是习近平同志在浙江工作期间创造性作出的“八八战略”，是习近平新时代中国特色社会主义思想在浙江萌发与实践的集中体现[①]。同时“绿水青山就是金山银山”理念萌发于浙江，也最早践行于浙江。2005 年 8 月时任浙江省

① 中共浙江省委关于深入学习贯彻习近平总书记考察浙江重要讲话精神努力建设新时代全面展示中国特色社会主义制度优越性重要窗口的决议［N］. 浙江日报，2020.

委书记的习近平在湖州安吉余村考察，首次提出“绿水青山就是金山银山”理念。2020 年在统筹推进疫情防控和经济社会发展的特殊时期，习近平总书记到浙江考察调研，赋予浙江“努力成为新时代全面展示中国特色社会主义制度优越性的重要窗口”的新目标新定位，这是浙江改革发展史上具有里程碑意义的大事。结合国家“十四五”的发展规划和 2035 年远景目标，2021 年 5 月党中央、国务院印发《关于支持浙江高质量发展建设共同富裕示范区的意见》，明确支持浙江高质量发展建设共同富裕示范区。多年来，浙江努力扛起打造“重要窗口”的使命担当，奋力打造新时代文化高地、中国最佳旅游目的地、全国文化和旅游融合发展样板地、全国文旅赋能共同富裕示范地，在浙江“两个先行”的大场景下，为推进中国式现代化省域文旅实践贡献智慧和力量。

浙江省地处长三角核心区域，区位优势突出，经济发达、百姓富裕，城乡居民旅游消费潜力巨大，历来度假旅游环境基础良好。杭州西湖一直是历朝历代文人志士的游览朝圣之地，明清以来无数适合旅居的别墅和园林也遍布浙江大地，吸引众多名仕墨客流连忘返。明代著名旅行家徐霞客曾八入浙江，对浙江山水甚是钟爱，浙江也成为《徐霞客游记》开篇首游之地，“癸丑之三月晦，自宁海出西门，云散日朗，人意山光，俱有喜态”[①]。这一天，即是公元 1613 年 5 月 19 日。自 2011 年起，每年 5 月 19 日定为“中国旅游日”。作为著名避暑胜地的莫干山，群山环绕，山水秀丽，清凉静谧，宜居宜人，历来被文人、士大夫所青睐，19 世纪末又为西方传教士所占据，原地建屋，每逢夏季来此避暑，逐渐发展成为中国近代史上著名的避暑地之一，开辟了影响半个民国时代的莫干山避暑地。可见浙江度假旅游的基因由来已久，一直是孕育度假的温床。直到 20 世纪 90 年代，具有真正意义的旅游度假区首次出现在大众视野中。1992 年 8 月，国务院印发《国务院关于试办国家旅游度假区有关问题的通知》首次提出建设国家旅游度假区，并明确“国家旅游度假区是符合国际度假旅游要求，以接待海外游客为主的综合性旅游区”。1992 年 10 月，杭州之江国家旅游度假区被列入国务院批复同意建立的 12 个国家旅游度假区之一，1992 年国家旅游度假区以引进外资为主，采取“国际经验中国做法”开发区模式，虽然与 2015 年国家旅游局推出的首批 17 家国家级旅游度假区以度假旅游目的地建设导向略有不同，但之江国家旅游度假区的批复事实上逐步开启了浙江旅游度假区建设

---

① 徐霞客．徐霞客游记［M］．钱小北，译注．南京：江苏凤凰文艺出版社，2020：5.

的先河。在国务院政策驱动下，旅游度假区成为旅游业发展的重要概念，掀起了全国建设旅游度假区的热潮。浙江仿照国家的做法，逐步兴办了一批省市级旅游度假区，而大量民间资本所开发的度假村、度假酒店、度假别墅以及农家乐等度假项目更是遍及大中城市周边和东部地区的广大乡村[①]。

浙江省始终坚持把旅游度假区作为培育文化和旅游产业聚集区、高质量发展的示范区、改革创新先行区来打造，总体呈现起步较早、布局均衡、类型丰富等几个特点，逐渐涌现出一批引领型、特色型、优质型旅游度假区，发展理念及市场效益均处于国内领跑地位，在建设文化强省、打造新时代文化高地，建设现代化旅游经济强省、打造中国最佳旅游目的地，实施文旅深度融合工程、打造文化和旅游融合发展样板地中发挥了积极作用，成为浙江省旅游业发展的新引擎、新亮点和新增长极。截至 2023 年 1 月，全省共有省级以上旅游度假区 57 家，其中国家级旅游度假区 8 家，数量位居全国之首，平均每个设区市拥有 5 个省级以上旅游度假区，呈现出“全国领跑、多点开花、品质优先”的总体特征。旅游度假区类型也是丰富多元，除沙漠类外，几乎实现了滨海类、河湖湿地类、乡村田园类、温泉类、山林类、主题文化类、主题乐园类、古城古镇类等类型的全覆盖。优良的度假资源、优美的度假氛围和优质的营商环境都在逐步升级完善。消费群体覆盖广泛，产业集聚效应凸显，国际知名度假酒店品牌纷纷入驻浙江，高品质的休闲度假旅游也日渐成为人们对追求美好生活的体现。

当前和未来一段时期，我国进入新发展阶段，完整、准确、全面贯彻新发展理念成为共识，全国加快构建以国内循环为主、国内国际双循环相互促进的新发展格局。党的二十大报告擘画了以中国式现代化全面推进中华民族伟大复兴的宏观蓝图，同时也为文化和旅游发展指明了方向。中国经济已由高速增长阶段转向高质量发展阶段，高质量发展成为发展主题，并成为今后时期确定发展思路、制定经济政策、实施宏观调控的根本要求。浙江沿着“八八战略”指引的路子，在高质量发展中奋力推进“两个先行”，激活创新改革开放总引擎，打造“重要窗口”。当前，全国旅游度假区发展也面临从高速增长转向高质量发展的关键节点。浙江省作为全国旅游度假区发展的排头兵，历来注重速度、规模、品质的高效结合。总结浙江省旅游度假区发展过程中所积累的实践经验，有利于促进文化和旅游产业高质量集聚发

---

① 张树民，邬东璠. 中国旅游度假区发展现状与趋势探讨［J］. 中国人口·资源与环境，2013，23（1）：7.

展，有利于推进中国式现代化省域文旅实践，有利于为浙江高质量发展建设共同富裕示范区贡献文旅智慧和力量，也有利于为全国旅游度假区高质量发展、建设富有文化底蕴的世界级旅游度假区提供参考借鉴。

三

度假旅游最初兴起于欧洲，如今已发展成为世界旅游的重要形态和趋向，旅游度假区也成为国外行业学者关注重点，“国外研究焦点集中在旅游度假区发展模型、旅游度假区市场特征、旅游度假区影响以及旅游度假区经营管理四个方面”①。国内旅游度假区研究主要聚焦空间分析、发展模式分析、规划设计与经营分析，以及以发展成熟的旅游度假区为案例，开展定性与定量相结合的分析。如张凌云《试论我国度假区的市场定位和开发方向》（旅游学刊，1996.04），李瑛、郝心华《论海滨旅游度假区季节性供求特征及应对策略——以北戴河为例》［西北大学学报（哲学社会科学版），2003.02］，高彩霞、刘家明等《国家级旅游度假区的空间分异及影响因素》（中国生态旅游，2022，12），专著有师守祥《度假区管理》（南开大学出版社，2008）。关于省域旅游度假区发展研究有田云国《山西省旅游度假区高质量发展策略研究》（黑龙江生态工程职业学院学报，2022.11），覃建雄、张培、陈兴《四川省旅游度假区成因分类、空间布局与开发模型研究》（中国人口·资源与环境，2013，23），潘丽丽、徐红罡《广东旅游度假地空间分布特征及其发展趋势》（地域研究与开发，2005，24），李斌、王锐《新发展格局背景下山东省旅游度假区发展探析》（人文天下，2012.12）。其中关于浙江省域旅游度假区的研究，主要有王莹、骆文斌《对我国旅游度假区建设与发展的再思考——以浙江省旅游度假区为例》（地域研究与开发，2002.04），吴侃侃、金豪《全域旅游背景下浙江旅游度假区高质量发展的思考》（浙江社会科学，2018.08），刘卉妍《旅游度假区发展影响因素分析与发展路径研究——以浙江省为例》（中国旅游评论，2021.04）。这些研究主要基于调查数据，述评了浙江旅游度假区建设与发展状况，从多个视角对影响度假区发展的关键因素与路径进行论述。

对中国式现代化场景下旅游度假区高质量发展浙江实践研究，首先将浙江旅游

① 朱芳，苏勤. 国外旅游度假区研究综述［J］. 旅游论坛，2010，3（4）.

度假区发展实践置身于中国现代化的大场景中来审视，党的二十大报告明确概括了中国式现代化在人口规模巨大、全体人民共同富裕、物质文明和精神文明相协调、人与自然和谐共生、走和平发展道路 5 个方面的中国特色，深刻揭示了中国式现代化的科学内涵。这既是理论问题，也是实践问题。“旅游促进了现代性的发展，尤其是新的知觉意识的发展”“现代旅游要具有现代性，就必须前进、穿越未知、进行新的探索、摆脱旧的习惯和传统、以开放不羁的思维自由地前进”①。旅游是人们摆脱凡俗束缚、缓解身心压力、体验“在别处”的方式，从这个意义上讲，度假旅游是大众旅游时代满足人民美好生活需要的重要业态，旅游度假区高质量发展实践是中国式现代化文旅实践的重要一环。基于以上视角，本研究项目将浙江旅游度假区放置在中国特色社会主义共同富裕先行和省域现代先行视域中探析，主要从发展的成效、潜能、战略、动能、图景及典型案例六个维度论述，全书共分六章，第一章发展成效环视：量质齐升、卓然有成，第二章发展潜能探究：点面并举、有的放矢，第三章发展战略聚焦：上下同心、政府有为，第四章发展动能审视：供需两旺、市场有效，第五章发展图景展望：时势俱在、前景可期，第六章发展个案剖析：形神兼备、示范有方，此外，最后还附有浙江省旅游度假区相关办法意见以及浙江旅游度假区发展大事记。

① 奥洛瓦·洛夫格伦. 欧美度假旅游历史［M］. 邬东璠，农丽媚，译. 北京：中国旅游出版社，2020.

第一章

发展成效回顾：量质齐升、卓然有成

一、总体水平全国领先

浙江按照文化和旅游产业聚集区、高质量发展示范区、改革创新先行区的发展定位来打造旅游度假区，经过近30年的发展，浙江旅游度假区呈现出理念先进、快速稳健、布局均衡、类型丰富、效益突出等特点，总体来看，浙江度假旅游产业发展理念、发展规模、发展质量、发展模式均处于全国领先状态，旅游度假区分布广泛，57家度假区分布在56个县市区，覆盖率超62%。新冠感染疫情前的2019年，全省省级以上旅游度假区接待游客1.37亿人次，实现总收入643.49亿元，旅游度假区重大项目320个，累计总投资达2833.76亿元，共拥有房间数8万间，五星级酒店25家，希尔顿、喜来登、洲际、安麓、安岚、开元、君澜等国际国内品牌酒店星罗棋布。高品质的旅游度假区，已成为浙江推动“绿水青山”向“金山银山”转化、美丽环境向美丽经济转化、生态优势向发展胜势转化的重要载体，在“两个先行”大场景下，为浙江文化和旅游“双万亿产业”航母驶向远方源源不断贡献新生动能，更成为向世界展示“诗画江南、活力浙江”的“重要窗口”之一。

（一）基础实、体系优

浙江地处长三角一体化核心区域，社会经济发展迅速，国民生产总值、居民人均可支配收入、进出口以及固定资产投资等的增幅均高于全国平均水平，城乡居民旅游消费潜力巨大。作为首个国家支持高质量发展建设共同富裕示范区的地区，浙江是全国城乡差距最小的省份，根据年度统计调查结果，2022 年，浙江省全体居民人均可支配收入 60302 元，城镇常住居民人均可支配收入 71268 元，人均生活消费支出 44511 元；农村常住居民人均可支配收入 37565 元，人均生活消费支出 27483 元[①]。浙江居民人均可支配收入是全国平均水平的 1.63 倍。城、乡居民收入分别连续 20 年和 36 年居全国各省区第 1 位。城乡居民收入倍差为 1.90，低于全国的 2.45，是全国唯一一个所有设区市居民收入都超过全国平均水平的省份。浙江是文化和旅游资源大省，人文环境优美，旅游产业发达。党的十八大以来，浙江全省进入旅游业转型发展的关键期，也是旅游度假区发展的黄金机遇期。

至今，浙江基本形成以 8 家国家级旅游度假区为龙头、以 57 家省级旅游度假区为主体以及一大批拟申报创建的旅游度假区为后备的三级发展体系，形成以龙头树旗帜立标杆、以主体稳增长保规模、以其他做储备输血液的培育发展格局。浙江旅游度假区资源类型丰富，湖泊、滨海、温泉、山地、乡村等多种高体验价值资源，为浙江旅游度假区百花齐放发展提供了坚实的基础。此外，近年来浙江在培育度假产业的过程中，注重引导旅游度假区完善规划体系、项目建设体系、管理运营体系、标准体系、品牌推广体系、政策保障体系、评价考核体系，逐渐在成立协调性的管理机构、形成科学性的规划体系、出台综合性的扶持政策、设立专项的发展基金、组建创新性的管理团队等多个方面实现突破，进一步实现旅游度假区的整体升级和高质量发展。旅游度假区品牌影响力逐年增高，度假消费拉动效应日益显著，吸引投资能力持续增强，在推动旅游“万亿”产业和旅游强省中发挥了积极作用。

（二）发展快、规模大

浙江旅游度假区建设起步较早，从 1992 年国务院批复设立之江国家旅游度假区至今，浙江旅游度假区经历了 30 年的发展与积淀。总体上可以归纳为三个发展阶段：1992—2002 年为第一阶段，是自主发展时期，1992 年国务院批复设立的 12 家

① 《2022 年度浙江省人民生活等相关统计数据公报》

"国家旅游度假区"，其中杭州之江国家旅游度假区成为浙江省推动旅游度假区建设的起始标志。这期间，其主要是为进一步扩大对外开放，鼓励吸引外资，加快推动我国旅游业发展，浙江省批准建设省级旅游度假区达 11 家。2003—2010 年为第二阶段，进入稳步发展阶段，其间新批复 4 家省级旅游度假区，以巩固前期发展成果为主。2011—2021 年为第三阶段，正式进入快速发展阶段，几乎每年都有新的旅游度假区批准建设，这期间浙江旅游度假区数量达到 54 家，并在 2015 年全国开始旅游度假区标准化评定以来斩获 6 家国家级旅游度假区。2022 年至今为第四阶段，进入优质发展阶段，规模数量维持稳定增长的同时，开始实施末位淘汰制，这一时期，国家级旅游度假区创建持续领跑，省级旅游度假区不断扩大，数量规模和发展质量都位于全国前列（图 1–1，图 1–2，表 1–1）。

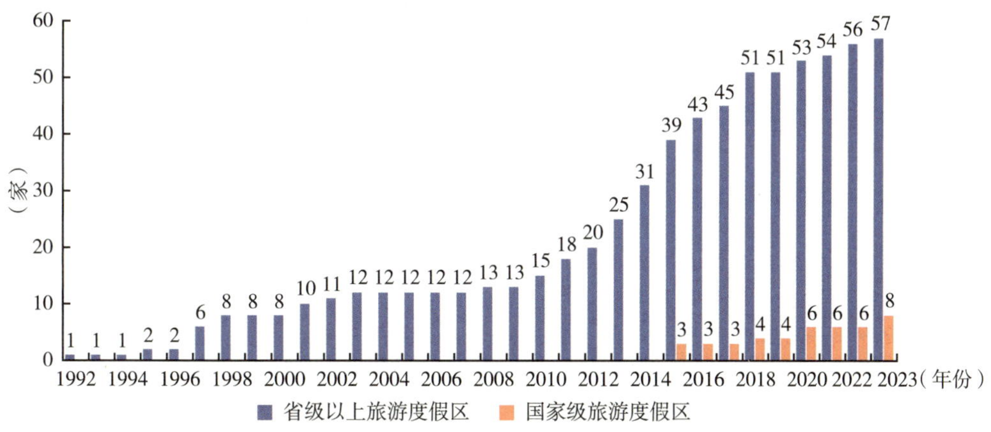

图 1–1 浙江全省旅游度假区历年数量增长情况

表 1–1 浙江省级（含）以上旅游度假区名单（截止 2023 年）

序号	地区	批准时间	度假区名称
国家级度假区			
1	杭州市	1992 年	杭州之江国家旅游度假区
国家级旅游度假区			
1	宁波市	2015 年	宁波东钱湖旅游度假区
2	湖州市	2015 年	湖州太湖旅游度假区
3	杭州市	2015 年	浙江湘湖旅游度假区

续表

序号	地区	批准时间	度假区名称
4	湖州市	2017 年	湖州市安吉灵峰旅游度假区
5	杭州市	2020 年	淳安千岛湖旅游度假区
6	湖州市	2020 年	德清莫干山国际旅游度假区
7	温州市	2023 年	泰顺廊桥—氡泉旅游度假区
8	绍兴市	2023 年	鉴湖旅游度假区
省级旅游度假区			
1	杭州市（1 家）	2013 年	临安清凉峰省级旅游度假区
2	宁波市（9 家）	1998 年	宁波松兰山省级旅游度假区
3		2014 年	镇海九龙湖省级旅游度假区
4		2014 年	宁海森林温泉省级旅游度假区
5		2017 年	宁波梅山湾省级旅游度假区
6		2018 年	余姚四明山省级旅游度假区
7		2018 年	宁波苏湖旅游度假区
8		2022 年	浙江宁波湾省级旅游度假区
9		2022 年	宁波杭州湾省级旅游度假区
10		2023 年	象山东海半边山省级旅游度假区
11	温州市（3 家）	2014 年	文成天湖省级旅游度假区
12		2021 年	洞头半屏山海洋省级旅游度假区
13		2022 年	永嘉云岭山地温泉省级旅游度假区
14	湖州市（4 家）	2012 年	长兴太湖图影旅游度假区
15		2015 年	吴兴西塞山省级旅游度假区
16		2016 年	南浔古镇省级旅游度假区
17		2018 年	安吉浪漫山川省级旅游度假区
18	嘉兴市（6 家）	1997 年	嘉兴湘家荡省级旅游度假区
19		1998 年	平湖九龙山旅游度假区
20		2014 年	嘉善大云温泉省级旅游度假区
21		2015 年	海宁盐官省级旅游度假区
22		2015 年	乌镇－石门省级旅游度假区
23		2018 年	嘉兴运河文化省级旅游度假区

续表

序号	地区	批准时间	度假区名称
24	绍兴市（6家）	1995 年	会稽山旅游度假区
25		2010 年	嵊州温泉旅游度假区
26		2011 年	诸暨西施故里省级旅游度假区（原名：浙江省五泄旅游度假区）
27		2012 年	上虞曹娥江省级旅游度假区
28		2015 年	新昌天姥山·十里潜溪省级旅游度假区
29		2023 年	绍兴兰亭文化省级旅游度假区
30	金华市（5家）	1997 年	兰溪旅游度假区
31		1997 年	武义温泉旅游度假区
32		2002 年	金华仙源湖省级旅游度假区
33		2011 年	磐安云山旅游度假区
34		2017 年	义乌市佛堂省级旅游度假区
35	衢州市（4家）	2001 年	龙游石窟省级旅游度假区
36		2013 年	开化钱江源省级旅游度假区
37		2022 年	衢州灵鹫山省级旅游度假区
38		2022 年	江山江郎山省级旅游度假区
39	舟山市（1家）	2013 年	省级舟山群岛普陀国际旅游度假区
40	台州市（4家）	2001 年	临海牛头山省级旅游度假区
41		2003 年	神仙居省级旅游度假区
42		2016 年	石塘半岛省级旅游度假区
43		2016 年	椒江大陈岛省级旅游度假区
44	丽水市（5家）	2010 年	丽水古堰画乡省级旅游度假区（原名：丽水瓯江风情旅游度假区）
45		2011 年	景宁畲族风情旅游度假区
46		2014 年	松阳田园风情省级旅游度假区
47		2015 年	云和湖省级旅游度假区
48		2018 年	龙泉青瓷文化省级旅游度假区

备注：东阳东白山省级旅游度假区、浦江仙华山省级旅游度假区、台州绿心省级旅游度假区于 2023 年撤销；常山三衢湖省级旅游度假区、舟山群岛定海国际旅游度假区、遂昌黄金省级旅游度假区于 2022 年撤销。

图 1–2 浙江省省级以上旅游度假区分布图（截止 2023 年） 李加忠 制图

（三）经营稳、韧性足

浙江度假旅游市场表现稳健增长，人均消费在全国保持领先水平。以新冠感染疫情前 2019 年经营数据为例，全省旅游度假区共计接待游客 1.37 亿人次，实现总收入 643.49 亿元，游客平均过夜天数 1.92 天。全省 80% 以上省级以上旅游度假区国内外游客接待量超过 100 万人次，其中 13 个旅游度假区国内外游客接待量超过 300 万人次，杭州湘湖、宁波东钱湖、湖州安吉灵峰、湖州德清莫干山、杭州淳安千岛湖等 24 个旅游度假区全年旅游总收入超过 10 亿元。尤其是国家级旅游度假区在打响“旅游度假区”新品牌上发挥了极大作用，在接待游客量、收入、过夜率、过夜天数等关键指标方面成为代表全国高品质旅游目的地的金字招牌形象。

2020 年新冠感染疫情以来，尽管受疫情冲击严重，浙江旅游度假区总体表现出一定的抗风险能力，展现出发展韧性，2021 年人均贡献旅游收入约为 498 元，超出疫情前 2019 年的 480 元（含过夜游客及一日游游客，不含大交通）。2021 年浙江旅游度假区平均游客量 182.73 万人次，平均旅游总收入 90930.59 万元，2020 年旅游度假区平均游客量 185.98 万人次，平均旅游收入 87352.21 万元，2019 年旅游度假区平均游客量 248.26 万人次，平均旅游总收入 119164.94 万元。2020 年浙江省平均每个旅游度假区旅游人次和收入分别达到上年同期 75% 和 73%，2021 年分别恢复至 2019 年同期的 74% 和 76%（表 1–2）。

表 1–2 浙江旅游度假区近三年经营情况一览

年份	旅游人次（亿人次）	旅游收入（亿元）	平均人次（万人次）	平均收入（万元）	平均人次恢复 2019	平均收入恢复 2019	人均消费（元）
2019	1.34	643.49	248.26	119164.94	—	—	480
2020	0.93	436.76	185.98	87352.21	74.91%	73.30%	470
2021	0.91	454.65	182.73	90930.59	73.6%	76.31%	498

特别是国家级旅游度假区表现出极强的抗风险能力，品牌引领作用凸显，相比之下，省级旅游度假区受疫情影响十分显著。从 2019 年至 2021 年经营数据来看，国家级旅游度假区的平均游客量和平均旅游收入均大幅高于省级旅游度假区（图 1–3）；从发展走势看，国家级旅游度假区游客量和旅游收入受疫情冲击较小，2020 年，在浙江省级旅游度假区平均游客量和平均旅游收入降幅均超过 30% 的情形下，国家级旅游度假区平均游客量基本与上年持平，平均旅游收入不降反升（图 1–4）。2021 年，浙江国家级旅游度假区游客量和旅游收入均实现同比增长，并分别恢复到 2019 年的 111.55% 和 133.28%；但省级旅游度假区游客量和旅游收入持续下降，分别达到 2019 年的 66.49% 和 61.89%（图 1–5）。

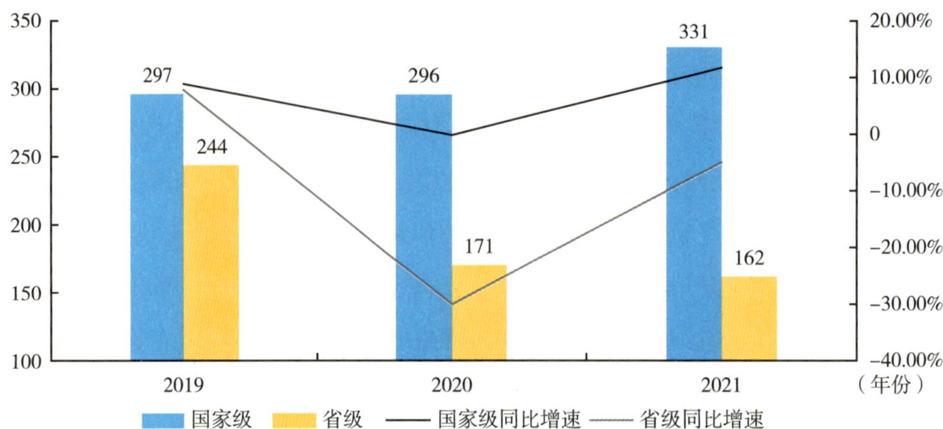

图 1-3　2019—2021 年浙江省国家级与省级旅游度假区平均游客量及增长率比较

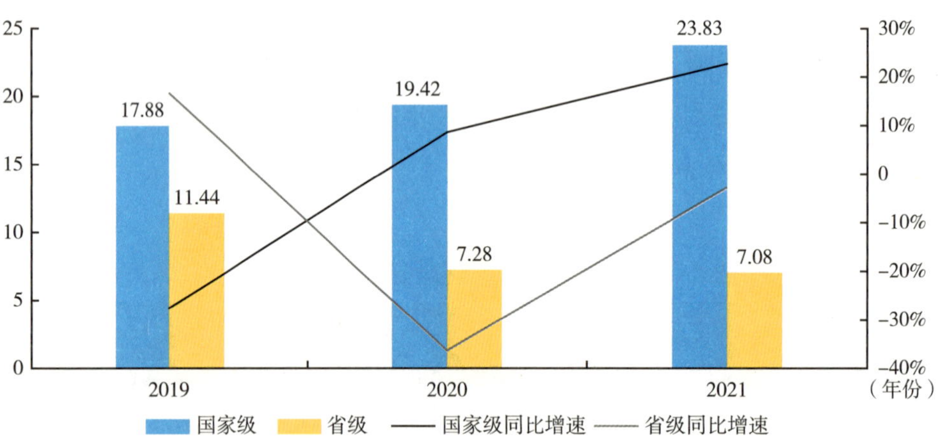

图 1-4　2019—2021 年浙江省国家级与省级旅游度假区平均收入及增长率比较

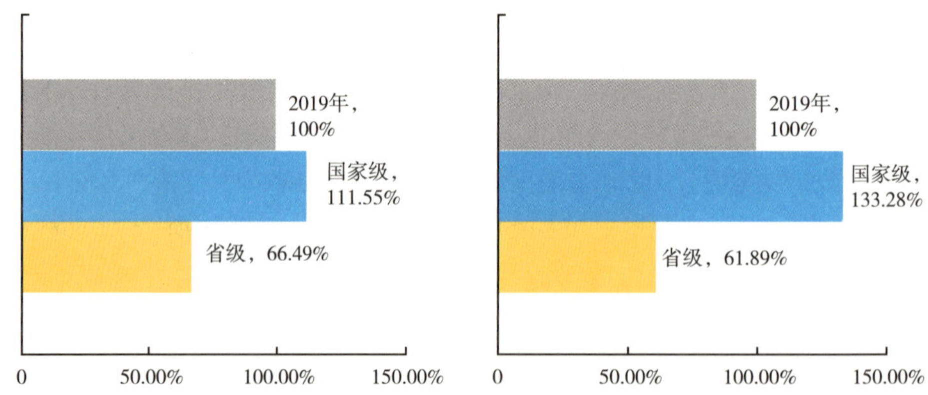

图 1-5　左：2021 年平均游客量恢复至 2019 年比较　右：平均旅游收入恢复至 2019 年比较

浙江国家级旅游度假区游客人均贡献旅游收入高于省级旅游度假区，且在疫情影响的情况下实现了逐年增长，省级旅游度假区缓慢复苏但尚未恢复到疫情前水平（图 1–6）。从 2021 年旅游度假区收入结构来看，旅游总收入中住宿收入约占 24.9%，景区收入约占 24.6%，餐饮收入约占 20.4%，文化娱乐收入约占 10.5%，商业购物收入约占 13.6%，旅游交通收入约占 4.6%，其他收入约占 2.8%，总体较为均衡。

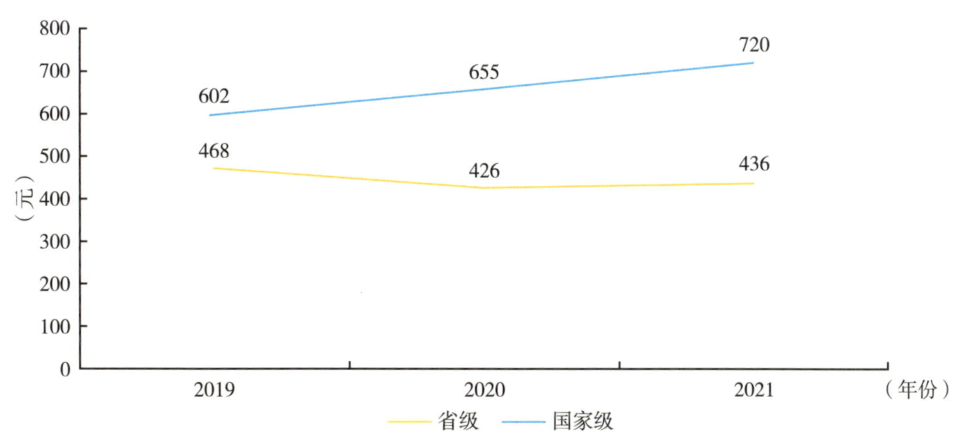

图 1–6　2019—2021 年浙江省国家级与省级旅游度假区游客人均贡献收入（单位：元）

（四）联动强、贡献大

旅游度假区作为文化和旅游产业的重大平台，浙江在积极构建新发展格局中，将旅游度假区的发展充分融入到全国全省发展大局，主动融入到“一带一路”、长江经济带、长三角区域一体化、乡村振兴等国家重大战略中，充分融入到共同富裕示范区建设、数字改革一号工程、大花园建设、新时代文化高地、文博强省、海洋强省建设等全省重大部署中，深度融入到文旅深度融合、全域旅游等品牌创建、浙皖闽赣生态旅游示范区、“双百”文旅项目计划、四条诗路文化带[①]、十大海岛公园、十大名山公园[②]、“百千万”工程[③]等文旅重点工作，并在旅游度假区范围内全面开展旅游业“微改造、精提升”行动、文旅消费品牌创建、十五分钟品质文化生

① “四条诗路”包括浙东唐诗之路、大运河诗路、钱塘江诗路和瓯江山水诗路文化带建设。

② 十大海岛公园包括嵊泗、岱山、定海、普陀、花岙、蛇蟠、东矶、大陈、大鹿、洞头；十大名山公园包括天目山、四明山、雁荡山、莫干山、会稽山、大盘山、钱江源、天台山、神仙居、凤阳山—百山祖。

③ 百千万工程即百城千镇万村景区化工程，建设 100 个景区城、1000 个景区镇、10000 个景区村。

活圈建设、文艺赋美工程等工作。通过工作结合，协同推进旅游度假区发展。

除了工作联动外，还有区域联动、地区联动、平台联动。充分发挥长三角一体化大平台优势，加快与周边省市旅游度假区联动，坚持“资源共享、信息共通、客源共推、市场共拓、品牌共创”，实现更高层次、更广领域的联动合作发展。发挥长三角文化和旅游联盟平台，推出度假旅游等协同标准，共享创新经验。将旅游度假区建设作为长三角联手打造江南水乡古镇文化旅游圈、杭黄世界级自然生态和文化旅游廊道、环太湖生态文化旅游圈等重大工程内容。整合利用三省一市境外文化和旅游推广中心，推广长三角旅游度假区整体形象，携手创建世界级度假旅游目的地。

浙江旅游度假区发展追求经济效益、社会效益、生态效益、文化效益相统一，坚持主客共享的理念，既要服务外来游客、也要服务本地居民的建设发展初衷，让旅游度假区成为助力高质量发展建设共同富裕示范区的重要平台。在助力共同富裕方面起到了较好的带动作用，文化和旅游部门及属地政府通过政策供给和业务指导，引导度假区内居民在度假区内就地就业创业，从浙江旅游度假区带动就业人数抽样调查数据来看，新冠感染疫情前 2019 年浙江平均每家旅游度假区旅游直接就业人数 2936 人，间接旅游就业人数平均每家 3131 人；受新冠感染疫情影响，2020 年直间接就业有所下降，2021 年后逐步反弹回升到 2575 人 / 家、2758 人 / 家，大约恢复到 2019 年的 87% 左右。同时积极推动市政配套、乡村基础设施、旅游公共服务设施向度假区倾斜，形成景城一体、景村一体的度假风貌，旅游度假区成为主客共享，兼顾游客和居民获得感、幸福感的高品质生活平台。涌现出安吉灵峰国家级旅游度假区的小瘾・半日村、宁波苏湖旅游度假区乡村音乐会等一批居民致富增收

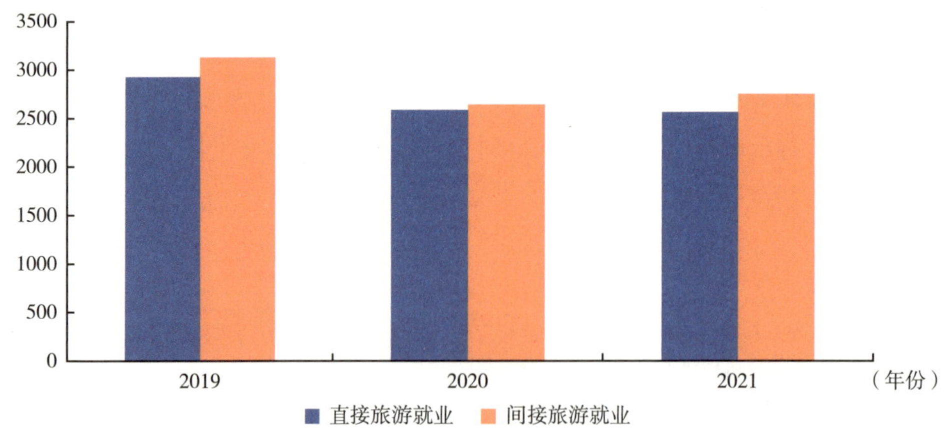

图 1–7　浙江旅游度假区平均带动就业人数（单位：人 / 家）

样板，从而实现了旅游度假区的主客共享，有效助力共富共美。

很多市场反响良好的度假项目综合体也在积极为地方社会提供赋能机会，甚至在主动承担社会责任中获得新的发展契机。2020 年以来，太湖龙之梦乐园项目为区域疫情防控做出重要贡献。受“新冠”疫情散点、阶段性爆发的常态化影响，太湖龙之梦接待人数、旅游收入都出现断崖式大幅下滑，但龙之梦主动在危机中寻找生机。目前已经开业的四大酒店 1.4 万间客房，平时用于游客接待、疫情下充当隔离酒店使用，不但缓解了资金运营压力，保证了员工的就业，也在无形中增加了龙之梦品牌曝光度。前期，根据上级有关要求，乐园腾出钻石、雅仕、动物、欢乐四大酒店，共计 13737 间客房，用于建设长三角地区唯一的特大型集中隔离点。2021 年 12 月 16 日开始，积极主动承担了杭州口岸入境人员、杭州疫情中高风险人员、上海疫情高风险人员、省援沪核酸采样及检测人员等近 5 万人的隔离任务。2022 年 5 月 27 日，龙之梦圆满完成集中隔离点各项任务，在此过程中，龙之梦近 3000 名员工全员参与，在完成各项工作的基础上，严格按照闭环管理的要求，切实做到了零感染。

二、度假政策因时迭代

浙江旅游度假区发展政策顺应发展趋势不断创新迭代。在旅游度假区建设发展上紧跟国家政策的步伐，结合自身特点与时俱进，改革创新，成效显著。1992 年《国务院关于试办国家旅游度假区有关问题的通知》（国发〔1992〕第 46 号）提出：“为进一步扩大对外开放，开发利用我国丰富的旅游资源，促进我国旅游业由观光型向观光度假型转变，加快旅游事业发展，国务院决定在条件成熟的地方试办国家旅游度假区，鼓励外国和中国台湾、中国香港、中国澳门地区的企业、个人投资开发旅游设施和经营旅游项目。国家旅游度假区是符合国际度假旅游要求、以接待海外旅游者为主的综合性旅游区，是国家鼓励发展的创汇型产业”。在 1992 年国务院政策驱动下，旅游度假区成为旅游业发展的重要概念，更掀起了全国建设旅游度假区的热潮（图 1–8）。浙江积极仿照国家的做法，逐步兴办了一批省市级层面的旅游度假区，与此同时，浙江民营经济高度发达，大量民间资本投入度假村、度假酒店、度假别墅等度假项目中，度假业态遍及大中城市周边和相关发达的广大乡村。自此近三十年来，在浙江省委省政府的高度重视和鼓励支持下，各地把旅游度假区建设发展提上重要议事日程。在 1998 年前，浙江就已批复了绍兴会稽山旅游度假

年份	全国旅游度假区政策沿革	浙江省旅游度假区政策沿革
1992	《国务院关于试办国家旅游度假区有关问题的通知》（国发〔1992〕46 号）	杭州之江旅游度假区成为12家国家旅游度假区之一 1998年前已建杭州湘湖、宁波松兰山、嘉兴九龙山、淳安千岛湖等8家省级旅游度假区
2005		2005 年习近平考察东钱湖，提出建成“文化型、生态型的旅游度假区”的要求 2006 年习近平对湖州南太湖提出“利用好湖、开发好湖，做好南太湖综合治理开发文章” 2001 年宁波东钱湖旅游度假、2002 年湖州太湖旅游度假区分别获省级批复
2010	《国务院关于加快发展旅游业的意见》（国发〔2009〕44 号） 发布国家标准《旅游度假区等级划分》（GB/T 26358—2010）	《关于印发浙江省省级旅游度假区规范申报程序的通知》（浙旅规划〔2012〕212 号） 2010 年浙江省已有 13 家旅游度假区
2014	《国务院关于促进旅游业改革发展的若干意见》（国发〔2014〕31 号） 《国民旅游休闲纲要（2013—2020年）》	《浙江省旅游产业发展规划 2014—2017》 《关于开展规范省级旅游度假区有关工作通知》（浙旅规划〔2014〕99 号） 《浙江省旅游度假区管理办法》出台
2015	全国《旅游度假区等级管理办法》及评分细则实施，正式开展国家级旅游度假区常态化认定	宁波东钱湖旅游度假区、杭州湘湖旅游度假区、湖州太湖旅游度假区成功入选首批国家级旅游度假区
2016	2015年11月公布首批17家国家级旅游度假区 2018年1月公布第二批9家国家级旅游度假区 2019年5月公布第三批4家国家级旅游度假区 2020年11月公布第四批15家国家级旅游度假区 2019年12月文化和旅游部出台《国家级旅游度假区管理办法》	率先将省级旅游度假区申报条件纳入《浙江省旅游条例》 《浙江省旅游业发展“十三五”规划》发布度假区创建目标 2016年浙江省已有43家旅游度假区 湖州安吉灵峰入选第二批国家级旅游度假区
2020		出台新《浙江省省级旅游度假区管理办法》（浙政办发〔2020〕15 号） 湖州德清莫干山、杭州淳安千岛湖入选第四批国家级旅游度假区
2021	中央“十四五”规划及 2030 远景目标中提出“建设一批富有人文底蕴的世界级旅游度假区”	度假区成为全省旅游业“微改造、精提升”计划主战场 《关于高质量打造新时代文化高地推进共同富裕示范区建设行动方案（2021—2025年）》
2022	国家标准《旅游度假区等级划分》修订（GB/T 26358—2022）	2022年年底泰顺廊桥—氡泉旅游度假区、鉴湖旅游度假区入选第五批国家级旅游度假区。至此浙江全省共有国家级旅游度假区8家，省级以上旅游度假区57家。

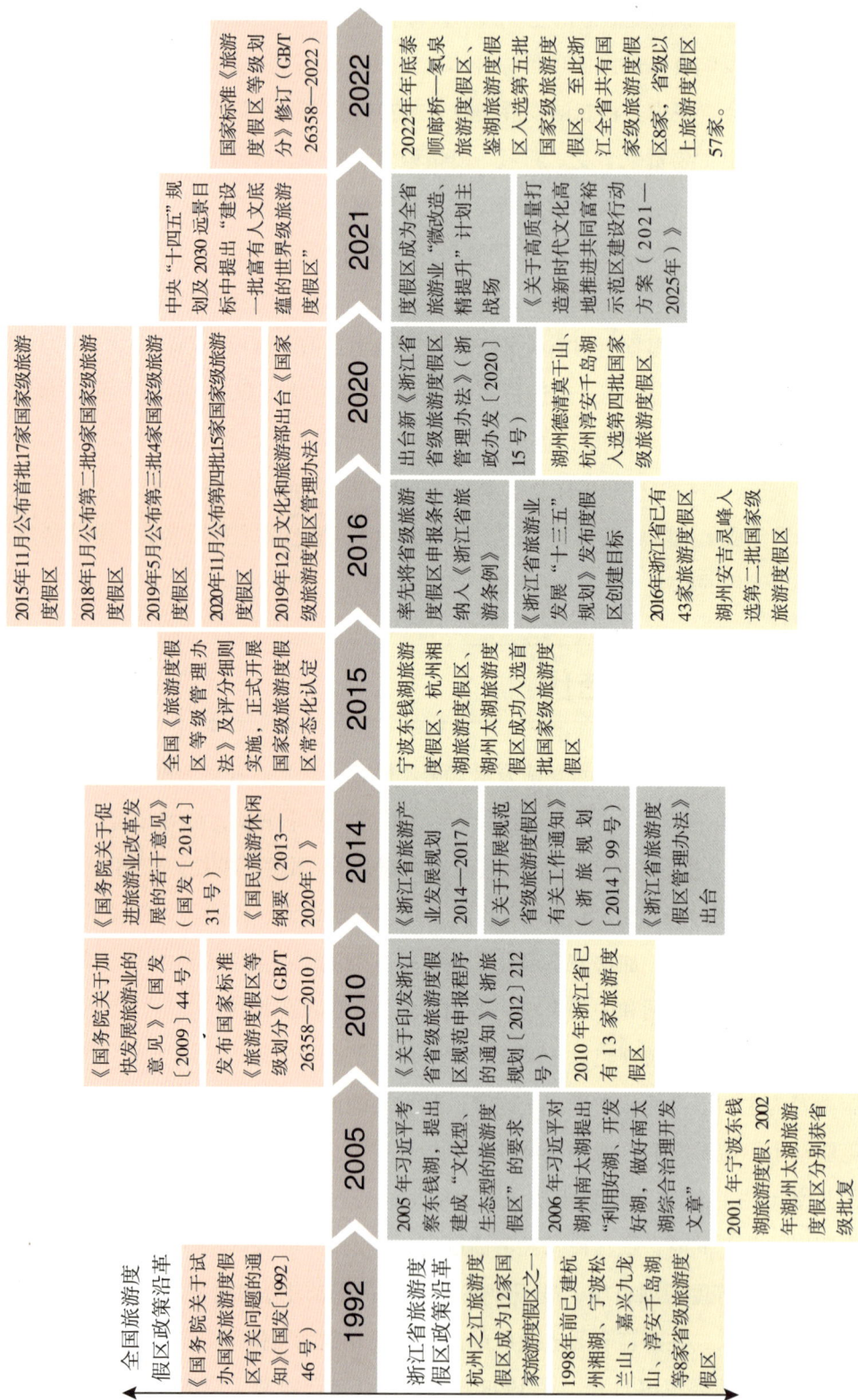

图 1–8　国家和浙江旅游度假区发展政策沿革对照

区、嘉兴湘家荡旅游度假区、金华兰溪旅游度假区、金华武义温泉旅游度假区、宁波松兰山旅游度假区、嘉兴平湖九龙山旅游度假区等省级旅游度假区。

2005 年 5 月，时任浙江省委书记的习近平同志到宁波东钱湖视察，提出了“建设成为生态型、文化型的旅游度假区”。2006 年 8 月，习近平同志专程到湖州调研南太湖治理与开发，对湖州提出“利用好湖、开发好湖，做好南太湖综合治理开发文章”的要求。2010 年，国家旅游局为响应《国务院关于加快发展旅游业的意见》（国发〔2009〕41 号）中“有序推进中国国家旅游度假区建设”的号召，邀请宁波东钱湖旅游度假区作为国标参编单位，推动了《旅游度假区等级划分》（GB/T 26358—2010）国家标准的颁布实施。

2011 年《旅游度假区等级划分》（GB/T 26358—2010）实施，2012 年浙江省旅游局出台了《关于印发浙江省省级旅游度假区规范申报程序的通知》（浙旅规划〔2012〕212 号）首次明确规定省级旅游度假区的申报程序。2014 年《浙江省旅游度假区管理办法》在《浙江省人民政府关于修改〈浙江省林地管理办法〉等 9 件规章的决定》（浙江省人民政府令第 321 号）中进一步修正。同年《浙江省人民政府关于加快培育旅游业成为万亿产业的实施意见》（浙政发〔2014〕42 号）中提出，大力推进旅游度假区建设，支持资源禀赋优良、发展基础扎实、要素保障有力的地方申报省级旅游度假区。全面落实省级及以上旅游度假区享受省级经济开发区的优惠政策。在全省获得持续重视的基础上，浙江省旅游局在《关于开展规范省级旅游度假区有关工作的通知》（浙旅规划〔2014〕99 号）进一步严格旅游度假区申报条件、完善旅游度假区范围调整程序、规范总体规划编制和审查、健全旅游度假区统计制度。该年全省新增省级旅游度假区 8 家，达到 36 家，新增旅游度假区面积 204 平方千米，总面积达到 1017 平方千米，旅游度假区数量排名全国第二。同年浙江省印发《浙江省旅游产业发展规划（2014—2017）》中提出，积极探索旅游度假区、旅游功能区的管理体制创新，努力把旅游度假区打造成旅游业转型升级的示范区。并对旅游度假区建设和管理涉及的体制、资金、人才、技术等要素保障进行了明确，引导各地依托坡地村镇差别化用地、点状供地等利好政策破解土地难题。

为认真贯彻落实《国民旅游休闲纲要（2013—2020 年）》、《国务院关于促进旅游业改革发展的若干意见》（国发〔2014〕31 号）和《国务院办公厅关于进一步促进旅游投资和消费的若干意见》（国办发〔2015〕62 号），2015 年国家旅游局在旅游度假区国家标准基础上，配套实施了《旅游度假区等级划分细则》和《旅游度假区等级管理办法》，首次正式开展国家级旅游度假区的评定工作。当年浙江省的宁波东钱湖旅游度假区、杭州湘湖旅游度假区、湖州太湖旅游度假区成功晋升首批国家级旅游度假区。

2016 年《浙江省旅游条例》正式实施，全国率先在省级旅游条例中详细规定了旅游度假区的设立条件和申报程序，从政策法规的层面保障了全省旅游度假区的培育发展。省级旅游度假区由浙江省人民政府根据《浙江省旅游条例》和浙江省省级旅游度假区管理办法规定的相关流程批复设立（图 1–9 ~ 图 1–12）。

图 1–9 “水岸同治”治理后的宁波东钱湖①

图 1–10 “水韵湖城”治理后的湖州南太湖

① 图片来源：由相应旅游度假区管理机构、酒店民宿提供，后同。

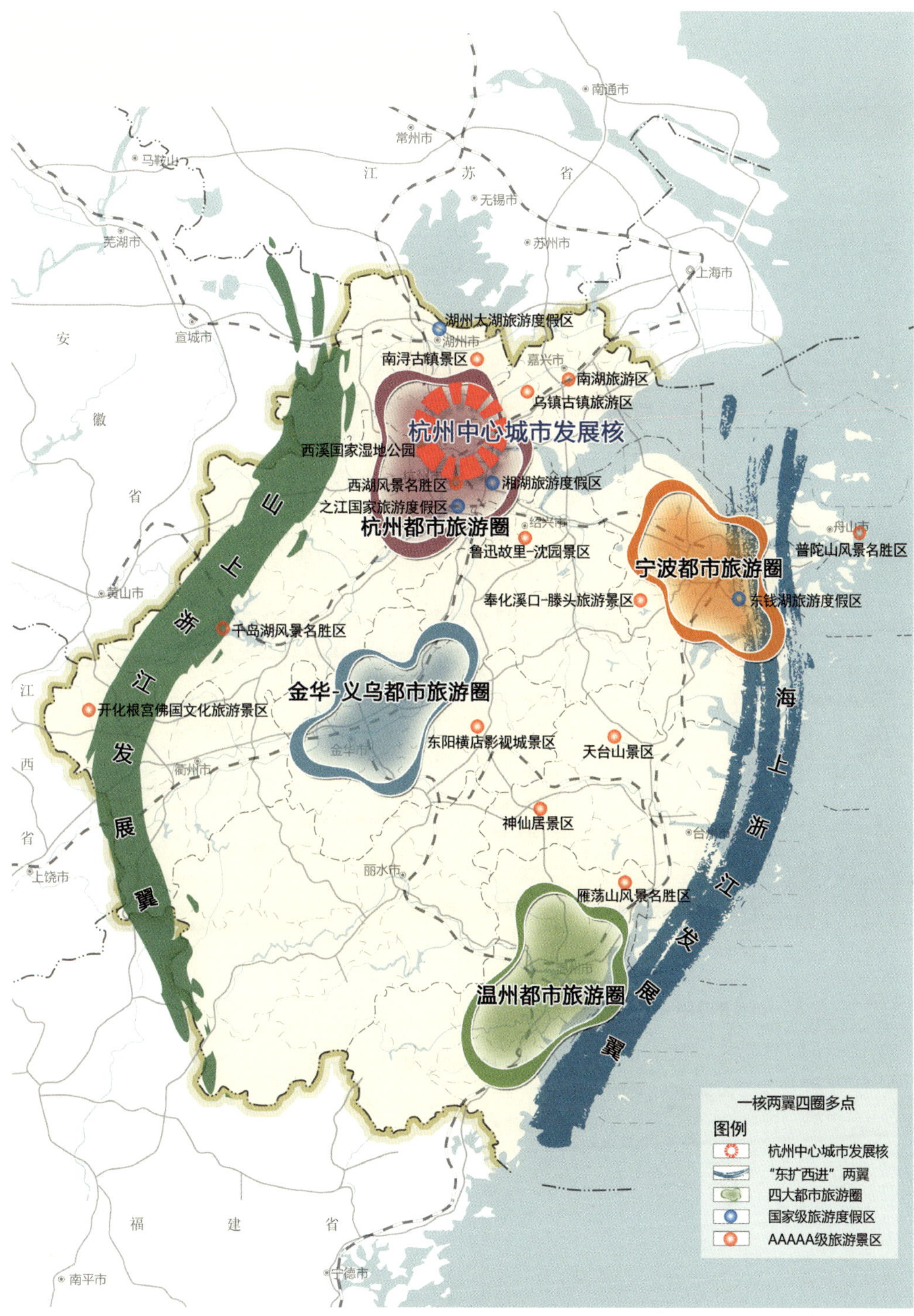

图 1-11 “十三五”期间浙江省旅游业空间布局

图 1-12 “十三五”期间重点培育国家级、省级旅游度假区分布

2019 年 12 月，文化和旅游部出台了《国家级旅游度假区管理办法》（文旅资源发〔2019〕143 号），替代 2015 年的《旅游度假区等级管理办法》。浙江省紧随其后，2020 年 4 月发布了《浙江省省级旅游度假区管理办法》（浙政办发〔2020〕15 号），以规范、明确和细化省级旅游度假区设立流程及规范管理相关工作，推进全省旅游度假区高质量发展。《办法》中明确将“省级旅游度假区”定义为：有明确的空间边界，依托优质的度假资源与环境，具备高质量的度假产品、完善的服务设施和具有优质服务及一体化管理，能够满足旅游休闲度假需求的综合性旅游区。同时将省级旅游度假区发展定位为文化和旅游产业集聚区、高质量发展示范区和改革创新先行区，并明确了省级旅游度假区的申报条件、申报流程、考核机制等，进一步规范了省级旅游度假区发展。

2021 年 12 月，浙江省文化和旅游厅制定出台《浙江省 5A 级旅游景区、国家级旅游度假区培育管理意见》（浙文旅资源〔2021〕46 号）[①]，明确国家级旅游度假区的创建培育，按照“意向名单—培育名单—推荐名单”三个阶段进行。确定国家级旅游度假区培育意向单位 12 家，形成了梯度培育的发展模式。建立“优胜劣汰、有进有出”的动态管理机制，形成“你追我赶、竞相发展”局面。评估结果为 C 档的，责令整改，连续两年为 C 档的，退出创建培育序列。2022 年 7 月，新版《旅游度假区等级划分》国家标准（GB/T 26358—2022）发布，并明确自 2023 年 2 月 1 日起实施。新版标准优化了章节设置，将原“一般条件”章节拆分为“省级旅游度假区条件”“国家级旅游度假区条件”两章，使国家级与省级旅游度假区条款分置，突出了各自的标准条件，划分依据更清晰。新版标准体现新时代要求，将绿色低碳、生态文明、卫生防疫、新技术应用作为高质量度假区建设的重要内容。体现度假特色，强化“住”的重要性，突出“游”的丰富性，对度假产品提质升级提出系统化要求。注重文化赋能，体现文旅融合，提高对文化内涵挖掘和文化特色打造的要求。

2022 年 11 月，党的二十大报告中指出“坚持以文塑旅、以旅彰文，推进文化和旅游深度融合发展”。2021 年，《中华人民共和国国民经济和社会发展第十四个五年规划和 2035 年远景目标纲要》中明确提出，“建设一批富有文化底蕴的世界级旅游景区和度假区”，为浙江旅游度假区发展提供了新的指引。2023 年浙江省委、省

---

① 详见 280 页附录 2《浙江省 5A 级旅游景区、国家级旅游度假区培育管理意见》。

政府作出了实施文旅深度融合工程的重大决策，将其列为着眼于今后5年发展而部署的“十大工程”之一，同时密集出台《浙江省人民政府关于推进文化和旅游产业深度融合高质量发展的实施意见》《浙江省文旅深度融合工程实施方案（2023—2027年）》。并于2023年2月14日，高规格召开全省文化和旅游深度融合发展部署会。浙江省省长王浩主持会议并讲话。文化和旅游部党组书记、部长胡和平作书面致辞，浙江旅游度假区发展迎来全新的政策利好和发展机遇。

总体而言，浙江旅游度假区的建设发展和政策推动与全国宏观政策环境的发展紧密衔接、相辅相成，全省旅游度假区在政策的良性驱动下发展成效显著。从2010年全省仅有13家旅游度假区，至2016年壮大到43家，并在国家级旅游度假区创建中持续领跑。2015年首批国家级旅游度假区中有东钱湖旅游度假区、湘湖旅游度假区、湖州市太湖旅游度假区；2018年第二批国家级旅游度假区中有湖州市安吉灵峰旅游度假区；2020年第四批国家级旅游度假区中有德清莫干山国际旅游度假区、淳安千岛湖旅游度假区，超额完成了浙江省旅游业发展“十三五”规划中关于旅游度假区创建的目标要求。2023年最新一批国家级旅游度假区中鉴湖旅游度假区、泰顺廊桥—氡泉旅游度假区成功入围。至2023年1月全省已有旅游度假区57家。其中8家旅游度假区分批次获得国家级认定，度假旅游发展领跑全国。

三、度假供给专精特新

浙江旅游度假区致力于打造“专业化、精细化、特色化、创新化”的度假产品供给体系。浙江的旅游度假资源丰富，既有江南水乡、运河文化，也有高山丘陵、海滨海岛。各地深入践行“绿水青山就是金山银山”“山水林田湖草是一个生命共同体”的理念，将类型丰富的度假资源创新转化为专业精细、特色多元的度假体验产品。浙江以市场为导向，持续推进度假产品更新迭代，度假产品品类实现多元特色发展，品质持续提高。2003年，时任浙江省委书记的习近平同志部署“八八战略”，为浙江省旅游业的“向海上山”发展提供了广阔的方向，在全省旅游业“山海联动”的大背景下，旅游度假区的向乡村、山地、康养、海洋等多方面资源拓展（图1–13）。

“资源是度假区可持续发展的基础条件，度假旅游资源与传统观光旅游资源存在本质上的特征差异，如气候资源是度假目的地吸引力的关键，具有体验价值的其

湖州安吉山川旅游度假区云上草原滑雪

绍兴鉴湖旅游度假区东方山水乐园

宁波松兰山旅游度假区亚帆中心

温州泰顺廊桥－氡泉旅游度假区北涧桥

湖州长兴太湖图影旅游度假区龙之梦乐园

湖州安吉灵峰旅游度假区田园加乐比乐园

图 1–13 浙江旅游度假区

他资源是度假目的地高质量发展的支撑”①。全国旅游度假区的资源类型包含了山林类、河湖类、温泉类、主题文化类、滨海类、乡村田园类、主题乐园类、古城古镇类、沙漠草原类和冰雪类 10 种类型。相对而言，浙江旅游度假区类型丰富，涵盖除沙漠草原类之外的绝大多数类型。浙江省级以上旅游度假区中 95% 的旅游度假区以

① 高彩霞，刘家明等. 国家级旅游度假区的空间分异及影响因素［M］. 中国生态旅游. 2022, 12（03）.

自然类旅游资源为依托，山林类、河湖湿地类是浙江旅游度假区中占比最大的主题资源类型，占比分别为27.27%、25.45%。温泉类、滨海类、主题文化类占比居于第二梯队（图1–14）。72%以上的旅游度假区同时拥有2个或2个以上的主题资源类型。在国家级旅游度假区中，河湖湿地类主题资源数量最多。拥有森林山地型、乡村田园型及湖泊型等自然资源类型的旅游度假区占比较高。随着大众休闲旅游的发展，旅游休闲形式也越来越多样化，而浙江大多数旅游度假区逐渐摆脱了依赖景点观光与门票经济的局面，加大了对旅游度假区资源内涵的挖掘和特色产品的深度开发。秉承着"全域旅游全域兴、建设全省大景区"的理念，浙江旅游度假区在建设中一方面依托于良好的资源环境，另一方面也在积极推进生态环境和人居环境的协调发展，努力为"全省大花园"的建设目标贡献力量，将"盆景"变"风景"，让"家园"变"花园"。

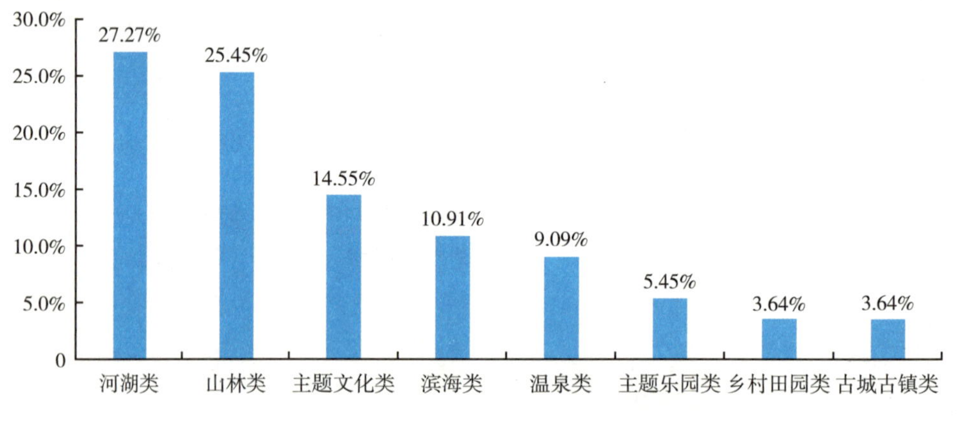

图1–14　2021年浙江旅游度假区各类型数量占比

浙江旅游度假区以度假资源为依托，主动谋求差异化发展，寻求鲜明突出的定位，使度假产品的主题性、文化性和时尚性都有明显提升。在旅游度假区谋求高质量发展的过程中，度假产品的类型丰富性和品质独特性极其重要，这也是市场吸引力和品牌竞争力的重要体现。作为全国市场活跃度最强、市场培育基础最好的区域之一，浙江在对于度假旅游产品的设施建设、品质保障和服务创新方面极为重视。

浙江旅游度假区深谙"住"对于休闲度假产业的重要性，住宿接待设施类型极其丰富，高品质住宿接待设施的比例以及相应服务品质在全国居于领先地位。浙江全省旅游度假区范围内有近百家五星级酒店和非星高档酒店，安岚、悦榕庄等一批国际顶尖品牌的度假酒店落户，具备较强市场影响力的农旅、体旅融合产品不断涌现。在长三角成熟的旅游消费市场中，通过弹性的供需协调进一步缩小了旅游度假区中旅游住宿供给的结构性矛盾，推动产品供给、服务供给和制度供给，尤其是公共服务产品，跟上散客化、品质化、特色化的消费需求，降低星级饭店和经济型酒店的结构配比、消减同质化低端产品，是推动旅游供给侧结构性改革、实现高质量发展的最佳样板（图 1–15、图 1–16）。

图 1–15　杭州淳安千岛湖旅游度假区大乐之野民宿

图 1–16　湖州德清莫干山国际旅游度假区开元森泊度假乐园

浙江旅游度假区的住宿接待设施主要包括酒店类和民宿类。酒店类以高档非星级度假酒店、主题酒店等为主。从 2021 年数据来看，浙江省级（含）以上旅游度假区中，总计拥有 4289 处住宿接待设施、109655 间客房，相当于平均每家旅游度假区拥有 80 处住宿接待设施、2070 间客房。其中国家级旅游度假区拥有 657 处住宿接待设施、21599 间客房，相当于平均每家国家级旅游度假区拥有 110 处住宿接待设施、3600 间客房。旅游度假区内酒店和民宿的数量呈现“二八”格局、客房数呈现“七三”格局，即数量占比二成的酒店提供了约七成的客房，数量占比八成的民宿提供了三成左右的客房。近年来，浙江全省旅游度假区内精品民宿数量和客房数量均呈快速上升趋势，占民宿总数量和总客房数的比重也不断提升，呈现高质量发展态势。其中精品民宿众多，浙江白金级、金宿级、银宿级等级民宿占比居多。据不完全统计，有 121 家等级民宿分布于 35 家旅游度假区范围内，包括 14 家白金宿、28 家金宿、79 家银宿。此外，浙江旅游度假区中还拥有了不少高品质的非标准住宿接待设施，高品质的房车营地像海宁盐官旅游度假区的开元芳草青青房车营地、杭州湘湖旅游度假区的沐心岛房车营地、宁海森林温泉旅游度假区的最忆星空房车营地等（图 1–17）。

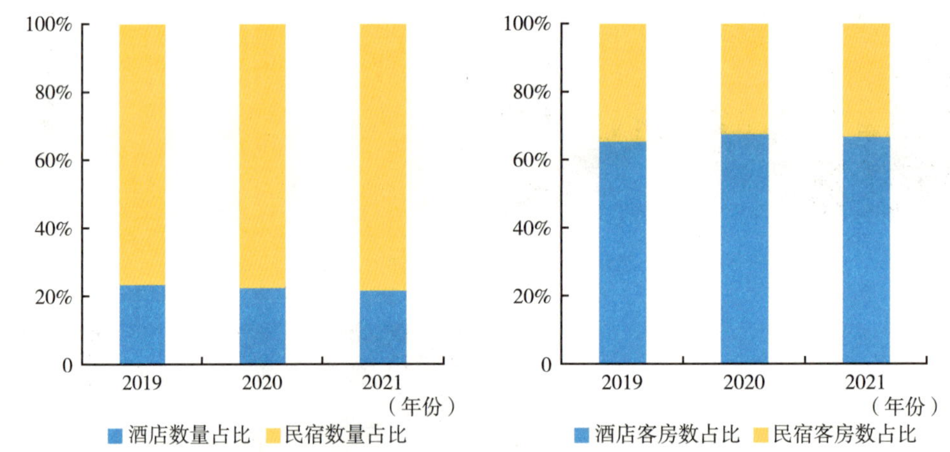

图 1–17　左：2019—2021 年浙江省度假区酒店和民宿数量占比　右：酒店和民宿客房数占比

浙江旅游度假区住宿接待设施的高中低档次分布与市场需求相对应，尤其是在高品质的住宿接待设施和服务活动方面表现极佳，吸引了众多国内外高端消费客群。浙江的省级旅游度假区高品质住宿设施占比为 17%，客房数占比为 51%，相当于平均每家省级旅游度假区拥有 13 处高品质住宿接待设施、948 间高品质客房。而国家级旅游度假区的高品质住宿设施占比超过 1/3（34%），客房数占比更是高达 63%，平均每家国家级旅游度假区拥有 37 处高品质住宿接待设施、2272 间高品质客房，远远高于《旅游度假区等级划分》（GB/T 26358）中要求的指标。此外，浙江的国家级旅游度假区普遍配备了较为完善的住宿接待设施体系，含主题特色、中档舒适、环保低碳、家庭型等多种类型，能够满足不同游客需求。由此充分说明了浙江旅游度假区对于度假住宿品质的打磨提升颇见成效（表 1–3，表 1–4，图 1–18）。

表 1–3 浙江旅游度假区住宿设施档次分布情况

等级	住宿设施	酒店类						民宿类	
		五星级	四星级	三星级	二星级	高档非星	其他	精品民宿	其他
省级	数量（家）	15	57	17	7	127	640	405	2364
	房间（间）	3258	7574	1645	616	28649	17400	5085	23829
国家级	数量（家）	15	17	7	13	40	41	151	373
	房间（间）	4064	2392	997	893	5383	1396	1793	4681
合计	数量（家）	30	74	24	20	167	681	556	2737
	房间（间）	7322	9966	2642	1509	34032	18796	6878	28510

表 1–4 浙江旅游度假区高品质住宿设施占比情况

等级	住宿设施总计		高品质住宿设施	高品质占比（%）
省级	数量（家）	3632	604	17
	房间（间）	88056	44566	51
国家级	数量（家）	657	223	34
	房间（间）	21599	13632	63
合计	数量（家）	4289	827	19
	房间（间）	109655	58198	53

（注：本文高品质住宿设施包括四星级及以上酒店、高档非星级酒店、精品民宿。）

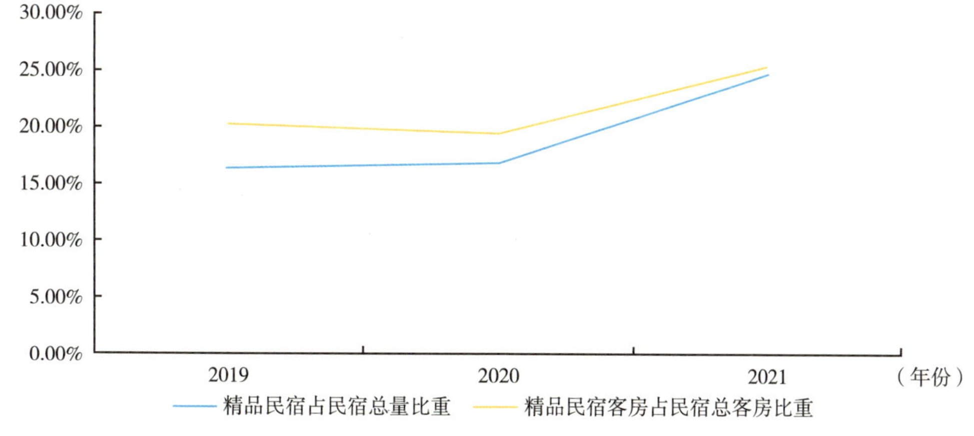

图 1–18 浙江省近三年精品民宿及其客房数量变化趋势

度假旅游是指在度假区内以休闲娱乐、强身健体、休养生息、放松身心为主要目的的流动性较小的旅游消费活动。从度假产品类型来看，浙江旅游度假区总体涵盖了景区游览类、运动类、娱乐类、康养类、文化休闲类、交通类、儿童亲子类、夜游类、节事展演类、购物类、科普研学类、蜜月婚庆类 12 个门类，景区游览、文化休闲和康养三类产品均覆盖到 80% 以上的旅游度假区。2020 年以来，节事展演类、夜游类、儿童亲子类、科普研学类度假产品发展速度较快。同时在文旅融合、乡村振兴、生态文明方面又有诸多创新转化和体现。值得注意的是，在浙江现有的国家级旅游度假区中，度假产品全部实现了观光游览类、文化休闲类、康养类、运动类、夜游类这五种类型的全覆盖，并在亲子、婚庆、购物等类型方面有所差异化发展，同时即便类型相同，每家也会有独特产品的项目支持。此外，在传统业态打磨、提质的基础上，浙江旅游度假区的新产品、新模式、新业态层出不穷。高端度假型、会议商务型、大众连锁型、主题文化型、民宿客栈型以及房车、帐篷、木屋等特种体验型酒店在全省旅游度假区落户，极大地丰富了浙江旅游度假区度假产品的类型，也满足了不同休闲度假消费群体的差异化需求（表 1–5，图 1–19）。

表 1–5　浙江旅游度假区休闲度假产品类型情况

度假产品类型	国家级旅游度假区		省级旅游度假区	
	类型拥有家数（家）	占比（%）	类型拥有家数（家）	占比（%）
景区游览类	8	100	40	85
文化休闲类	8	100	39	83
康养类	8	100	33	70
运动类	8	100	28	60
娱乐类	6	67	27	57
儿童亲子类	7	83	24	51
科普研学类	4	50	22	47
节事展演类	6	83	18	38
蜜月婚庆类	5	67	14	30
夜游类	8	100	11	23
购物类	3	33	11	23
交通类	3	33	6	13

表 1-6　浙江国家级旅游度假区度假产品拥有类型量（类）

国家级旅游度假区	度假产品拥有类型量（类）
杭州湘湖旅游度假区	10
宁波东钱湖旅游度假区	6
湖州太湖旅游度假区	12
湖州安吉灵峰旅游度假区	7
杭州淳安千岛湖旅游度假区	11
湖州德清莫干山国际旅游度假区	9
温州泰顺廊桥—氡泉旅游度假区	12
绍兴鉴湖旅游度假区	8
国家级平均每旅游度假区拥有产品类型量	9
省级平均每家拥有度假产品类型量	6

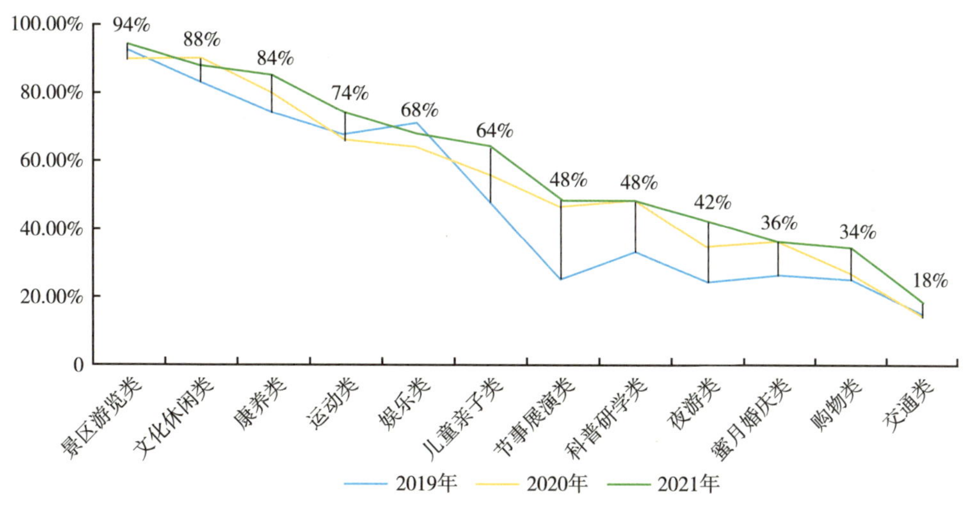

图 1-19　2019—2021 年浙江旅游度假区各类型度假产品覆盖比例变化趋势

浙江旅游度假区注重度假产品培育，从 2019 年到 2021 年，能够提供不少于 3 种类型度假产品的旅游度假区占比从 87.04% 上升到 94%，能够提供不少于 5 种类型度假产品的度假区占比从 66.67% 上升到 82%，各旅游度假区度假产品日趋丰富，处于全国领先水平。

对浙江全省近 30 家旅游度假区进行抽样调查，分析显示，配置度假产品方面，多数旅游度假区的核心产品更集中于景区游览类、文化休闲类、康养类和运动类，而蜜月婚庆类数量最少。依据文旅融合、乡村振兴、生态文明三方面对样本度假区

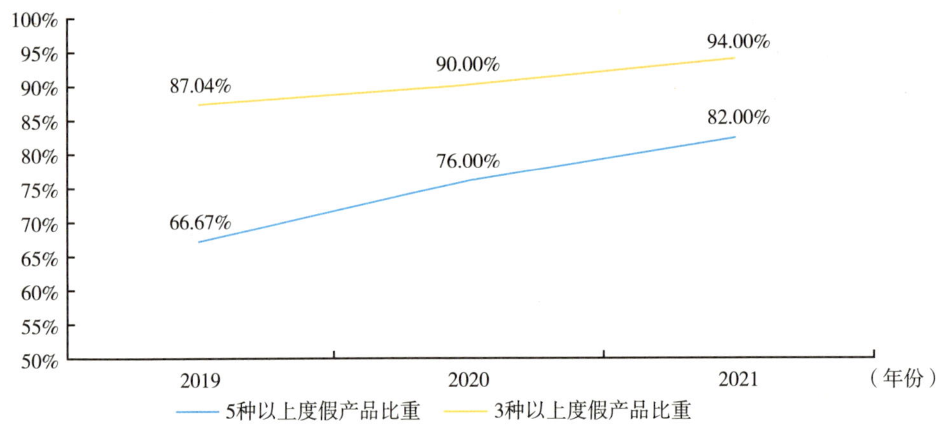

图 1-20　提供多种度假产品类型的旅游度假区占全部度假区数量的比重

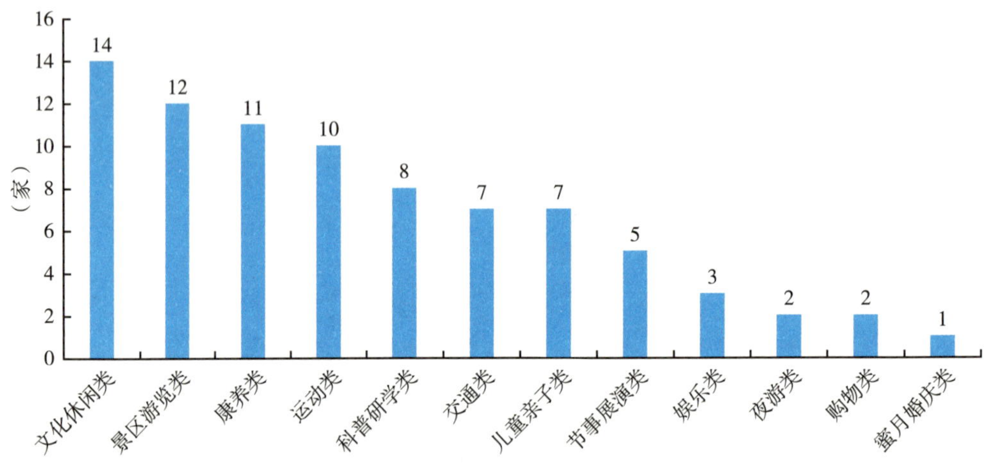

图 1-21　各项休闲度假产品在旅游度假区普及情况抽样调查结果（单位：家）

的核心项目进行归类，发现文旅融合是大多数旅游度假区都在进行的创新转化，乡村振兴次之，生态文明则数量最少。主题类度假产品主要以主题餐饮、主题文化为主，分别占据样本的 31%、28%，排名其后的是主题娱乐、主题住宿，分别占据样本的 20%、17%（图 1-20，图 1-21）。

四、度假品牌锻金扬名

浙江坚持以品牌化思维打造旅游度假区，在“诗画江南、活力浙江”省域品牌以及各市宣传品牌统领下，致力于构建浙江特色鲜明的旅游度假区品牌体系，变“产品营销”为“品牌营销”，持续打造旅游度假区品牌力，强化品牌意识，推动品牌创新，提高品牌价值，像嘉善大云温泉旅游度假区“大云把你宠上天”、松兰山旅游度假区“时尚东海岸、扬帆松兰山”、西塞山旅游度假区“西塞山前白鹭飞，桃花流水鳜鱼肥”，曹娥江“诗画曹娥江”等，不断提升浙江旅游度假区品牌知名度、美誉度、影响力，发挥品牌引领作用，推动度假旅游高质量发展，不断满足人民美好休闲度假生活需要。

依托于长三角城市群良好的市场消费环境，浙江旅游度假区积极完善宣传推广机制、拓展精准营销渠道、激活八方客源。在旅游度假区的营销推广投入方面，抽调显示，浙江旅游度假区多集中资金投入境内营销，营销投入超过1000万元以上的旅游度假区占比达到13%，500万~1000万元的占13%，250万~500万元的占比20%，100万~250万元的占比47%，100万元以内的占比7%。仅有4%的旅游度假区投入资金开展境外营销，包括湖州南浔古镇旅游度假区、丽水古堰画乡旅游度假区、衢州开化钱江源旅游度假区、温州文成天湖旅游度假区等。而其中境外营销受疫情等因素影响，投入占比也很低（图1–22）。

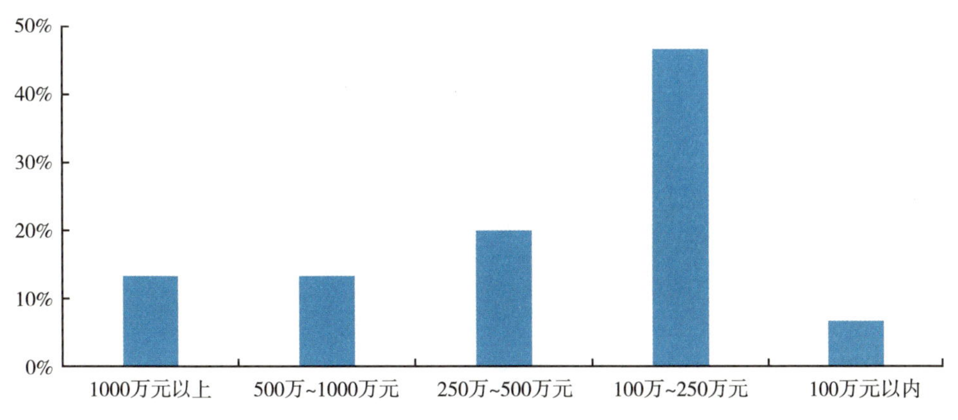

图1–22　浙江旅游度假区营销投入额度抽样调查结果

以南浔古镇为例，2019年度营销推广投入总计2095万元，其中国内营销占97.16%，线下主要为江浙沪等长三角地区，如南京地铁、杭州高铁站广告投放，线上以江浙沪电台、长三角地区杂志以及新浪、腾讯、今日头条、抖音、凤凰网等新媒体为主要推广渠道，逐步加强古镇在周边3小时交通圈内高铁直达城市的品牌影响力。在境外营销方面，南浔古镇2019年的国际营销投入占比约2%，港澳台营销投入占比约0.83%，其中中国香港6.5万元、中国台湾11万元，韩国20万元、新马泰14万元、欧美8万元，以旅行社团队宣传为主要推广渠道（图1–23，图1–24）。

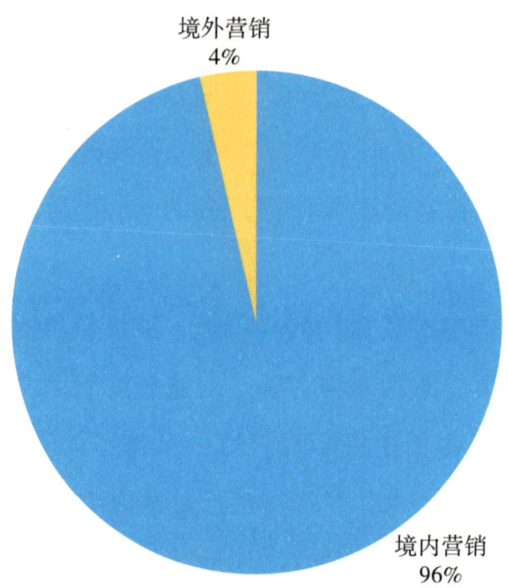

图 1-23 浙江旅游度假区境内境外营销的资金总投入（抽样调查结果）

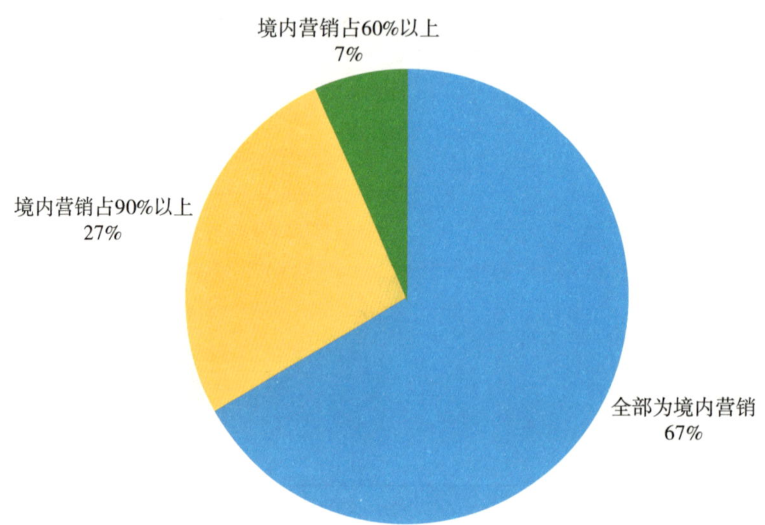

图 1-24 浙江旅游度假区各度假区营销投入的境内外资金分配策略（抽样调查结果）

在营销方式策略方面，浙江省的旅游度假区擅长使用多渠道、多手段、多样式的营销策略组合，积极选择多维精准营销方式激活客源，抽调显示，主流媒体推广和自媒体推广是最常见的推广方式，约 70% 的浙江旅游度假区将其作为最重要的方式，45% 的旅游度假区将赴客源地地推作为主要营销推广方式之一。浙江旅游度假区具体营销策略手段，总体可概括归纳为植入式、事件式、组团式、互动式四类，浙江旅游度假区对于植入式营销的各项策略使用都很广泛，对于事件式营销的新媒体营销、线下展会营销使用同样娴熟，对于互动式营销略有涉及，对于组团式营销涉及相对极少。具体来看如下：

植入式营销。以推动旅游消费为目标，联合相关部门，整合媒体、行业组织、企业等资源，与航空公司、重大体育赛事主办方等合作，借力资源，加大“诗画浙江”旅游品牌以及“诗画江南、活力浙江”省域品牌的植入。各旅游度假区围绕旅游度假区主题举办的节庆赛事文化活动，如太湖旅游度假区的南太湖航拍大赛、东钱湖中国湖泊休闲节、乌镇戏剧节、环千岛湖国际公路自行车赛等深入人心，广受好评。以聚焦人气、扩大游客流量为目的，因地制宜创设节庆论坛、文艺演出、体育赛事、直播带货等活动载体，创新举办各地特色民俗活动，促进人员流动，扩大消费。《人民日报》《中国旅游报》《浙江卫视》《浙江日报》等主流媒体纷纷对旅游度假区进行宣传报道，极大提升了旅游度假区的知名度和美誉度，市场竞争力和影响力日渐加强。

事件式营销。浙江旅游度假区深化与媒体的战略合作，细分境外、国内、省内市场，借助重大事件开展有针对性的营销。各旅游度假区不仅建立了与携程、小红书、飞猪、马蜂窝、驴妈妈等国内大型旅游线上运营商的长期合作，还积极利用现代网络营销，通过微博、微信、哔哩哔哩、抖音、快手、直播带货等新媒介新方式，借助浙江籍名人、网红明星、网络旅行微视频头部主播、网红导游等进行人气营销，对旅游度假区开展全方位推广，扩大浙江旅游度假区的影响力。湖州太湖、南浔、莫干山等旅游度假区与热门综艺《天天向上》《奔跑吧兄弟》《披荆斩棘的哥哥》《向往的生活》《我们的客栈》《锵锵行天下》等剧组开展现场合作，进一步扩大了旅游度假区的品牌影响力和市场吸引力。不少旅游度假区还举办主题航拍大赛，推出“当网红遇到浙江”等创意活动。组建由热心旅游事业、有一定影响力的在浙留学生、常驻浙江的外籍人士、浙江企事业单位海外合作机构职员等组建的浙江旅游形象推广大使队伍。持续打响国际海岛旅游大会、浙江旅游线上交易会等展会品牌。

组团式营销。探索长三角一体化区域联盟联手营销，建立长三角区域主要旅游度假产品联动优惠机制。推动设立长三角境外宣传统一标识系统。立足长三角市场，主动融入长江经济带建设，深耕上海、江苏、安徽、福建、江西等周边省市客源市场，重点突破山东、河南、湖南、湖北、广东等中程客源市场，拓展北京、四川、贵州等远程客源市场。结合“一带一路”国家战略和国家旅游局举办的“旅游年”活动，共同策划和推广丝绸之路游线、自驾房车游线、游船观光游线等国际精品旅游线路和旅游产品。结合“高铁经济带”建设，开展“高铁旅游带”区域联合营销。2022 年，湖州将国际滨湖度假大会暨湖州度假博览会升格为国际滨湖度假大会暨长三角度假博览会，以会展形式联合长三角旅游度假区开展组团式推广。

互动式营销。即“走出去”“请进来”相结合，并与国内外旅游度假区等合作互动，推动资源共享、游客共推、品牌共赢，打造互为目的地。同时也加强境外市场营销，深耕日韩、东南亚、中国港澳台市场，拓展欧美市场，开辟“一带一路”沿线国家和地区潜在市场，充分利用外事、商务、侨务等对外宣传渠道，广泛开展“诗画江南、活力浙江”品牌宣传推广活动。与浙江交响乐团合作，赴欧洲“走出去”营销；邀请国外旅游专栏作家、旅游达人等“请进来”① 推广。坚持线上线下联动，加快建设多语种浙江外文网站集群和海外落地，积极探索运用脸书等社交媒体扩大浙江旅游外文网站影响力和浙江旅游品牌知名度（图 1–25）。

图 1–25　浙江旅游度假区整体营销手段抽样调查结果词频

在营销范围方面，大多数旅游度假区主动融入“一带一路”、长三角一体化、长江经济带等国家战略，深耕上海、江苏、安徽、福建、江西等周边省市客源市场，重点突破山东、河南、湖南、湖北、广东等中程客源市场，拓展北京、四川、贵州等远程客源市场。小部分有能力发展更远市场的旅游度假区如南浔古镇、文成天湖、开化钱江源等，则选择兼顾中程、远程、海外的市场营销，有些旅游度假区甚至选择主攻独攻海外市场的拓展。例如，衢州开化钱江源省级旅游度假区 2019 年度营销推广投入总计 300 万元，其中近 40% 为境外营销投入，其借助第 76 届威尼斯电影节“聚焦中国”根宫佛国推介活动进行境外营销，收到了较好的效果。“开化、威尼斯电影节”在谷歌英文版的关键词检索结果已高达 55600 条，英、意、西、

① “走出去”：指旅游度假区请国内宣传人员利用外事、商务、侨务等渠道赴海外营销。“请进来”：指旅游度假区请国外宣传人员如专栏作家、旅游达人等来国内度假区体验、进行营销。

法、德、奥等国家媒体纷纷进行报道，相关新闻更是包含英、法、德、意、西、荷等各国语言；美联社、法新社美国财经网等媒体更是在第一时间通过其官媒对开化根宫佛国进行大篇幅的宣传报道（表 1–7）。

表 1–7 浙江省各旅游度假区营销推广范围抽样调查结果

代表旅游度假区	周边省市客源市场	中程客源市场	远程客源市场	海外市场
临安清凉峰	●			
安吉灵峰	●			
安吉山川	●			
南浔古镇	●	●	●	●
嘉兴湘家荡	●			
景宁畲族风情	●			
丽水古堰画乡	●			●
梅山湾	●			
宁海森林温泉	●			
宁波松兰山	●			
开化钱江源	●		●	●
绍兴鉴湖	●			
临海牛头山	●			
温岭石塘半岛	●			
文成天湖	●	●	●	●

五、度假市场坚实广阔

对浙江全省近 30 家旅游度假区 2019 年（疫情前）旅游接待状况所进行的抽样调查表明，旅游度假区的国内游客来源结构合理，来自本省的游客占半数以上，长三角周边区域如上海、江苏的游客各自占比 10% 以上，福建、安徽、江西位列其后，也吸引了不少来自北京、广东、新疆等地的游客。因此浙江省的旅游度假区以本省及周边省市为主要客源地，尤其以长三角区域为最。如以嘉兴湘家荡省级旅游度假区为例，其游客 50% 来自浙江，27% 来自上海，15% 来自江苏，5% 来自安徽，3% 来自福建，主要客源地与全省情况基本契合。

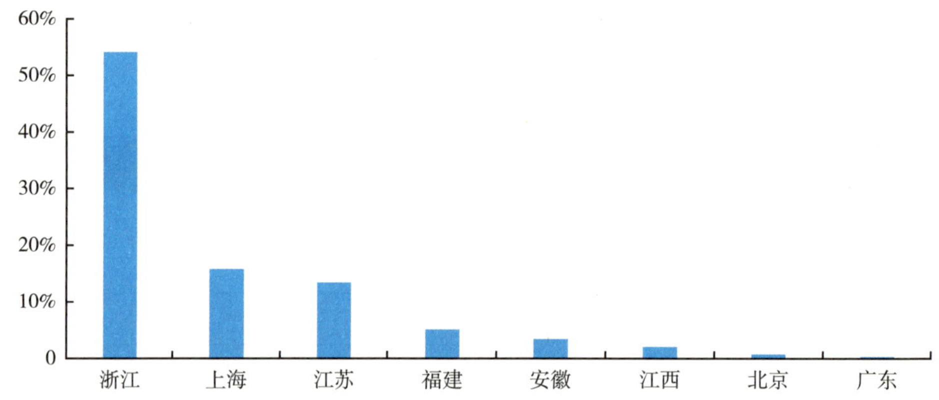

图 1-26　浙江旅游度假区客源地游客量占比抽样调查结果

在接待入境游客方面，以 2019 年（疫情前）数据为例，浙江旅游度假区的国际游客来源最高的国家为韩国、日本、美国，均超过国际游客总量的 10%，其次是来自意大利、德国、马来西亚、俄罗斯、法国、新加坡、荷兰、比利时、澳大利亚等国的国际游客。此外，到访浙江旅游度假区的入境游客中来自东南亚国家的比例高于来自欧美国家的游客。以丽水古堰画乡旅游度假区为例，其国际游客 21% 来自韩国，12% 来自日本，9% 来自意大利，5% 来自法国，3% 来自美国。以到访湖州南浔古镇旅游度假区的国际游客为例，其中有 28% 常驻国内北上广等一线城市以及苏杭等临近城市，以上海最多，占比近 6%。

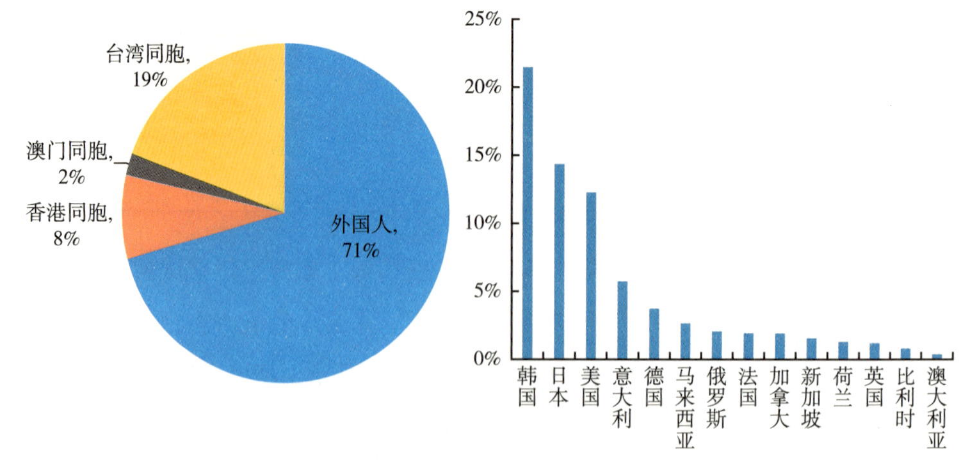

图 1-27　浙江旅游度假区入境游客来源地占比抽样调查结果

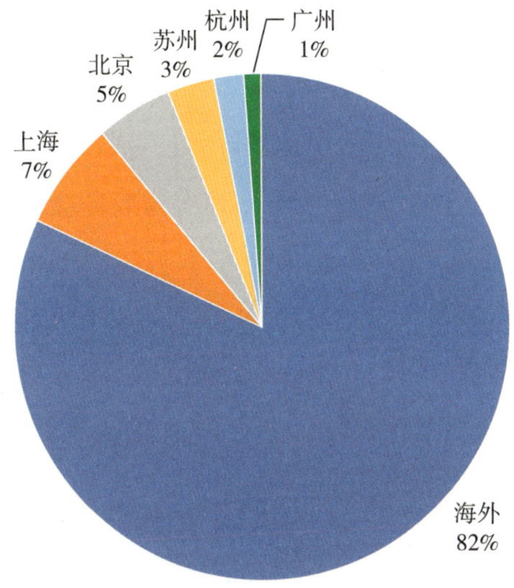

图 1-28 浙江旅游度假区国际游客常住地占比抽样调查结果

近年来，受疫情防控政策影响，浙江旅游度假区客源以省内游客为主。从 2021 年浙江旅游度假区抽样调查数据来看，浙江旅游度假区以省内中近程游客为主的数量占比 57%，其中以本市内近程游客为主的数量占比 6%，以省内其他地市中程游客为主的数量占比 4%。以本地市外中远程游客（含省外）为主的数量占比 37%，其中以省外远程游客为主的占比 4%。

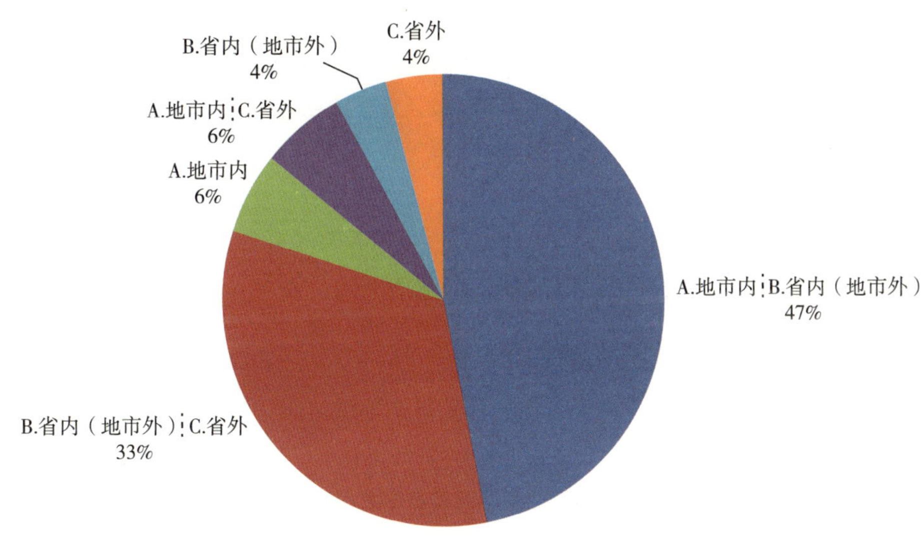

图 1-29 浙江旅游度假区主要客源地情况（抽样调查结果）

在游客结伴方式上，浙江旅游度假区对散客的吸引力逐渐上升，占比 52%，已经超过团队接待的规模。散客中近半数为亲子家庭，其次为中老年散客，占比约26%。散客度假旅游出行同伴主要为伴侣、父母、亲子，其中愿意与伴侣同行的人群占近七成，愿意与父母或孩子同行的人群占近六成，愿意与朋友同行的人群约占四成。而团队结伴方式近 2/3 为旅行社团，其次为商务会议团与研学团，二者分别占据 13% 与 12%。

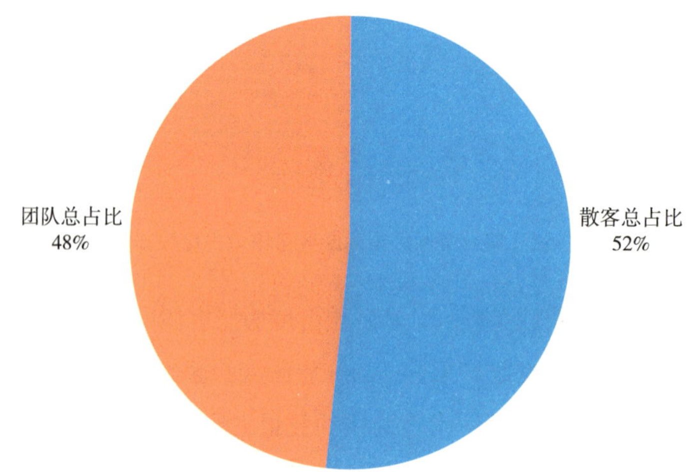

图 1–30　浙江旅游度假区散客团队占比抽样调查结果

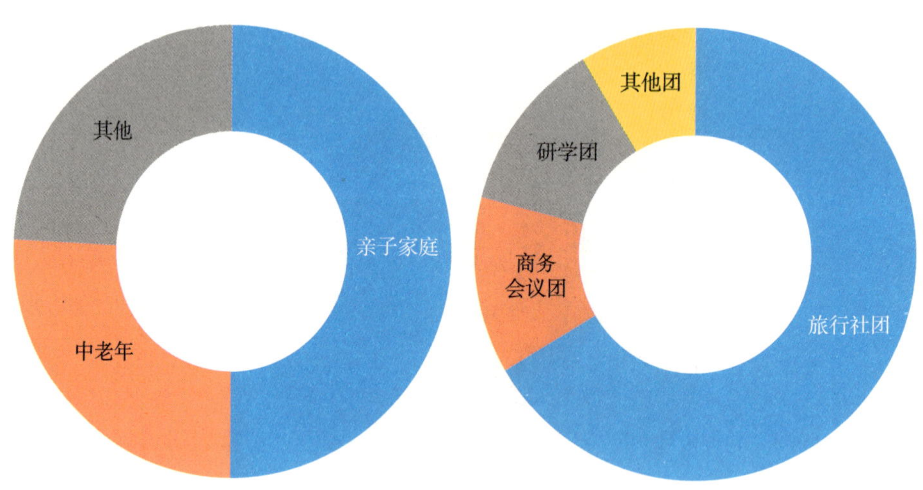

图 1–31　浙江旅游度假区游客结伴方式抽样调查结果

对比 2019 年至 2021 年的经营情况数据，发现即便是在疫情大环境下，浙江旅游度假区的过夜率仍呈上升状态，但由于疫情管控，省外游客大幅减少，省内游客以周末 2 天 1 晚的行程为主，过夜游客的平均过夜天数略微下降。说明浙江省的过夜旅游持续升温，短途微度假特征趋于明显。

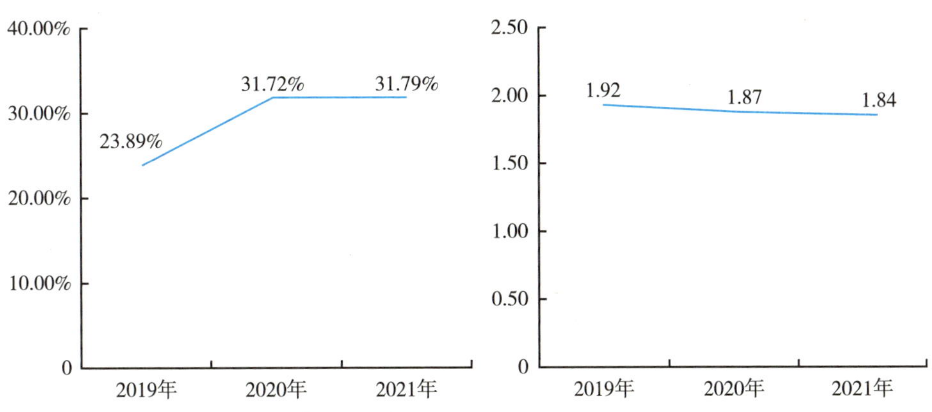

图 1-32　左：2019—2021 年浙江旅游度假区过夜率　右：过夜游客平均过夜天数

六、度假内涵塑旅彰文

随着物质生活的改善，人民群众更加重视文化、旅游等精神层面的活动，文化旅游已经成为群众美好生活的重要组成部分。党的二十大报告提出“坚持以文塑旅、以旅彰文，推动文化和旅游深度融合发展”，2023 年浙江省委省政府将“文旅深度融合工程”列入浙江全省未来五年事关全局、牵一发而动全身的十大工程。文化是旅游的灵魂，旅游是文化的载体，浙江充分依托丰富的文化和旅游资源，推动文旅深度融合融入全省旅游度假区具体实践中，让旅游度假区成为人们在领略自然之美中感悟文化之美、陶冶心灵之美的关键载体和重要阵地。

浙江旅游度假区积极创新文化和旅游融合方法，找准度假区文旅深度融合的坐标原点，遵循融合基础、融合动能、融合供给、融合环境的思维逻辑，打造度假区文旅深度融合的标志性成果。一是推进资源融合，开展文化和旅游资源普查，推进文化基因解码工程，描绘浙江文化基因图谱，打造省域文化标识；二是推动产品融合，在旅游度假区推进“文化润景”计划，为旅游产品植入文化元素，推进文化场馆景区化建设；三是推动平台融合，充分结合大运河国家文化公园、长江国家文化公园、四条诗路文化带、百张文旅“金名片”等建设；四是动能融合，以文旅融合思路探索重大文化旅游项目的文化前策划、后评估制度等，推动文化和旅游优势互补，丰富融合业态，拓展发展空间；五是品牌融合，深度开展文旅消费品牌创建行动，围绕全产业链条，滚动推出系列 TOP1000 风味美食、精品民宿、文创好礼、文化演艺、文旅市集等。以小切口拓展产业链、服务链，在人民群众吃住游购的“烟火气”中营造“时尚范”和“文化味”，绘就一幅现代宋韵“清明上河图”。

浙江致力于将旅游度假区打造为文化和旅游改革创新先行区，充分挖掘保护和利用好文物、非遗、艺术等文化资源，从呈现形式、表达方式、文化内涵等层面与旅游产品深度融合，培育多元化、特色化、个性化的文旅融合重点业态。浙江旅游度假区在多年来的发展中，极其重视文化品质和人文底蕴的营造，善于通过“文化塑造品质”的方式打造旅游度假区主题品牌。宁波东钱湖深入挖掘东方财智文化、南宋宰相文化、王安石治水文化等打响东钱湖文化品牌，打造具有国际影响的文化高地。建成南宋石刻公园、211 创意空间、中国摄影家协会宁波艺术中心、宁波书画院；由西班牙世界级设计大师西扎设计的华茂博物馆已向公众开放；世界顶级大师隈研吾设计的韩岭美术馆正在加紧建设中；每年的韩岭国际“艺事季”，打造最具文艺范的韩岭街区。柏悦酒店的昆曲传统曲艺体验，每年 7·28“去爱吧”乡村音乐节、“湖祭节”等系列文艺活动，营造出“文化之湖”的浓郁氛围和特有气质。除此之外还通过“艺术振兴乡村”提升整体环境氛围。充分发挥韩岭历史文化名村深厚历史人文优势，采取社会资本和国有资本结合的方式，成功探索古村开发模式，花间堂、墅家等知名文化酒店，各式酒吧、特色餐饮、文艺客栈、文创等业态集聚的新韩岭，迅速成为网红打卡地，成为东钱湖旅游新名片。用艺术振兴城杨、洋山、俞塘等村落，和中国人民大学开展合作打造城杨艺术村，以农民为参与主体，用艺术开展微改造，就地取材，提升人文环境，提升村落品质。

特色文化成为提升旅游度假区品质和内涵的核心。湖州德清莫干山国际旅游度假区在庾村打造的民国文化主题街区，并融合了莫干山交通纪念馆、民国服饰馆及民国图书馆等特色体验产品。南浔古镇充分结合湖丝、湖笔等的生产、制作及产品展示，拓展游客体验。丽水景宁畲族风情旅游度假区建设了中国畲族博物馆、景宁文化小剧场等，让到访游客体验畲族文化、了解畲族历史、观赏畲族文物。丽水古堰画乡旅游度假区则融入了很多现当代文化艺术创作的资源，包括沉浸式视觉体验的梦幻“巴比松”星空体验馆、萤火虫主题展示的历小苑以及博兰当代艺术馆、巴比松文献馆、乔贝拉创意生活馆等当代艺术、工艺品、文创产品展示空间。绍兴鉴湖旅游度假区则依托于绍兴黄酒文化打造了黄酒博物馆，成为游客必去打卡的热门体验点。

此外，浙江省在推动旅游度假区的文旅融合实践中，还积极探索以下方面的拓展：一是融合地方文化的旅游演艺，实现 5A 级旅游景区和国家级旅游度假区有 1 台主题演艺节目或特色演艺活动；二是融合时尚文化的影视旅游，如湖州太湖旅游度假区的湖州影视城；三是融合传统文化、生态文化的研学旅游；四是融合体育、康养的运动休闲文化旅游，如建设亚帆中心（宁波松兰山旅游度假区），培育马拉松、自行车（莫干山国际旅游度假区）等赛事，鼓励开发山地越野、山地自行车、野外探险、户外露营、攀岩、漂流、潜水、独木舟、皮划艇（宁波梅山湾旅游度假区）、帆板（宁波东钱湖旅游度假区）、摩托艇等山地和海洋运动旅游产品；五是融合民俗文化的主题餐饮住宿，如在全省旅游度假区中推动特色文化主题饭店的创建工作，充分挖掘地域饮食文化内涵，进一步丰富特色文化主题饭店的类型，将文化健康、休闲养生、绿色时尚等理念融入美食产品，提升整体环境品质，创建一批金鼎级和银鼎级特色文化主题饭店，以及文化（非遗）主题民宿。随着浙江省文化和旅游深度融合的进一步推进，以及“诗画江南、活力浙江”省域品牌形象的大力推广，将有更多品质优良的旅游度假区得以展现，共同助力浙江建设成为全国最佳旅游目的地。

表 1–8　浙江省部分旅游度假区内的文化和旅游融合产品

旅游度假区	文化设施名称	面积（m²）	文化主题内容	度假区游客到访率（%）
湖州安吉灵峰旅游度假区	竹子博物馆		竹文化	50
	漫蔓美术馆	500	漫画	35
	文化馆	1300	学习、休闲、健身	30
湖州德清莫干山国际旅游度假区	莫干山交通馆	80	交通纪念馆改建自始建于 1929 年的庾村汽车站，是莫干山悠久历史的文化传承者，由莫干山镇人民政府支持及法国山居团队共同设计	80
	民国服饰馆	400	陈列民国服饰主题物件 300 件以上，展示民国时期中国服饰文化在吸收海派文化后的演变	75

续表

旅游度假区	文化设施名称	面积（m²）	文化主题内容	度假区游客到访率（%）
湖州南浔古镇旅游度假区	非遗展示馆	1120	非物质文化遗产展示	50
	辑里湖丝馆	2200	辑里湖丝的生产、制作及产品的展示	90
丽水景宁畲族风情旅游度假区	中国畲族博物馆	3545	体验畲族文化、了解畲族历史、观赏畲族文物	10
	景宁城市展览馆	2000	景宁发展历程	10
	景宁文化小剧场	2000	演艺活动	10
丽水古堰画乡旅游度假区	梦幻巴比松星空体验馆	700	沉浸式视觉体验	7
	文化礼堂	470	常态化曲艺、音乐表演	5
	历小苑	300	萤火虫主题展示	15
	力美术馆	1063	画展	89
	博兰当代艺术馆	514	画展、艺术品展示	85
	巴比松文献馆	345	画展、文献展	75
	乔贝拉创意生活馆	440	工艺品、文创产品展示	85
宁波梅山湾旅游度假区	中国港口博物馆	4 万	以港口文化为主题，集展示、教育、收藏、科研、旅游、国际交流等功能于一体，我国规模最大、等级最高的港口专题博物馆。	68
	袁家琪美术馆	400	玉雕作品展示	–
	梅山盐场纪念馆	440	梅山盐场发展历史	–
绍兴鉴湖旅游度假区	黄酒博物馆	1 万	酒文化	55
	马臻纪念馆	1500	治水文化	46
	绍兴乔波冰雪文化展厅	1000	冰雪运动起源、发展及相关荣誉	50
	陈半丁纪念馆	900	书画文化	58

七、度假环境氛围浓郁

在全省积极打造“诗画江南、活力浙江”省域品牌统领下，浙江按照“全省大花园、全域大景区”发展理念，坚持“软硬兼施”“内外兼修”，从“硬件”到“软件”，从环境到气氛，不断引导旅游度假区营造和提升整体度假环境。旅游公共交通网络、公共服务设施体系、旅游安全监测和服务支持系统全面提质发展，为旅游度假区的高质量发展提供良好的基础环境和设施服务保障。

根据对浙江全省近 30 家旅游度假区的公共服务设施配置情况进行的抽样调查，浙江旅游度假区对完善公共服务设施配置、打造良好度假环境氛围的重视程度普遍较高，尤其对于旅游景区、交通系统、标识标牌等非常关注，在游客服务中心、公交、停车场、旅游厕所等方面狠抓落实，此外，在咨询服务、智慧导览、规范化设计与服务质量提升等方面均普遍有效落实到实处。在完善公共服务设施体系的过程中，各旅游度假区既注重设施的多样性，更关注设施的特色性，希望藉此来展现旅游度假区的独特品质。

图 1–33　浙江旅游度假区公共服务设施抽样调查结果词云图

公共交通服务方面，浙江省率先出台《浙江省交通运输与旅游融合高质量发展规划》明确提出，到 2025 年，要形成全国领先的长三角一体化内河旅游试点等十大创新试点，涵盖公路、轨道、水上、航空游线的十大精品线路，以及“浙里好玩”交旅智慧驾驶舱等十大样板成果，建成智慧通达、功能完备、业态兴旺、服务卓越的现代化交旅融合高质量发展示范省，打造全国交通运输与旅游融合发展“重要窗口”。在全省合力构建“快进慢游”的旅游公共交通网络战略下，浙江省的旅游度假区不仅充分享受到了全省建设“快进”交通网的红利，还通过积极构建“内畅、舒适、优美”的内部交通体系来提升游客体验的便捷度和舒适度，充分展现了主客共享的超前理念。浙江省依托“大湾区、大花园、大通道、大都市区”四大建设，构筑以中心城市为依托，以高等级景区、旅游度假区等为节点，水陆空多元立体、互联互通、绿色智能的现代化旅游综合快进交通体系，打造“海陆空一小时交通圈”。在此基础上，旅游度假区主动优化与周边高速干线的衔接，与航空、高铁无缝对接，打造“慢游”通景公路和休闲步道，升级旅游交通标识系统，坚持人性化服务理念，推进交通设施无障碍建设和改造。2020 年省级旅游度假区基本达到二级以上公路标准，国家级旅游度假区一级（准一级）以上公路通达率达到 100%。此外，包括游客服务中心、咨询点、乡村公共游憩驿站、旅游标识标牌、通景公路、骑行绿道、游步道、旅游交通码头、旅游厕所、无线 Wi-Fi、智慧导览、App 平台、房车和自驾露营地配套等在内的公共服务设施体系，使得旅游度假区的便捷度、舒适度和智能化不断提升。

公共服务设施方面，调查结果显示，旅游度假区对慢行系统、游客服务中心为度假区整体重视程度最高的项目，其次为公交线路、特色交通、停车场等交通类公共服务保障项目，标识牌、旅游咨询点、厕所和智慧平台等也获得了相应的重视。整体而言，各旅游度假区都在一定程度上关注了公共交通“快进慢游”、智慧旅游信息服务以及整体环境品质的改善。例如，嘉兴海宁盐官旅游度假区全长 12.5 千米的百里钱塘生态绿带内，彩色自行车道贯穿全程，配套有绿道慢行系统供游客骑行与步行。绿道内酒店、景点全域贯通、覆盖，自行车租赁点、驿站等配套设施完善，串联了梁家墩特色乡村、潮起东方雕塑公园、芳草青青房车营地和盐官古城等多个旅游节点的高品质“绿链”，是一条体现海宁独特风貌、蓝绿交融的景观生态绿道。生态绿道获得 2018 年度中国体育旅游精品线路和浙江省运动休闲旅游精品线路，并入选 2019 年长三角最佳体育旅游线路。

旅游行业法制建设方面，完善旅游法规规章，为旅游高质量发展提供法制保障。深化行业信用评价体系，分类监管体系建设，实现监管事项和监管对象全覆盖。加强旅游执法队伍和执法能力建设，健全文化市场综合执法绩效考评制度，完善全市文化市场综合执法权力清单、“双随机一公开”、行政裁量权细化标准等

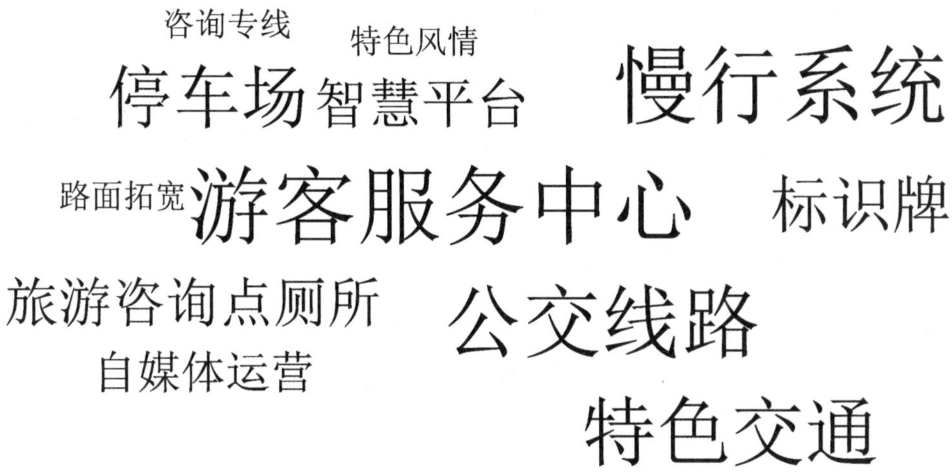

咨询专线 特色风情
停车场 智慧平台 慢行系统
路面拓宽 游客服务中心 标识牌
旅游咨询点 厕所 公交线路
自媒体运营
特色交通

图 1–34 浙江旅游度假区各类公共服务设施抽样调查结果词频图

制度。建立健全知识产权保护协作机制。严厉打击发布虚假广告或不实旅游产品信息等非法旅游经营行为，严厉惩处诱导购物、“零负团费”等严重扰乱旅游市场秩序的违法行为。浙江省推动建设建立旅游度假区文旅企业诚信评价动态管理制度，完善“红黑名单制度”和“动态退出机制”，不断优化旅游度假区营商环境。

智慧旅游建设方面，以全省数字化改革为契机，推进旅游度假区构建数字化“智慧大脑”，统筹推进旅游度假区发展理念、治理机制、运营方式和营销手段创新，推动度假区内全行业整体智治、全业态联合监管。浙江全省旅游景区的智慧化发展，也为旅游度假区的旅游安全监测和服务支持管理带来了统一规范的升级保障。依托于浙江旅游基础数据库和全省旅游产业信息服务平台，全省建立了旅游度假区游客流量动态监测机制。旅游度假区基本覆盖游客流量动态监测系统，实现免费 Wi–Fi、智能导游、电子讲解、在线预订、信息推送等信息化功能，并配套电子票验证、刷卡支付、移动支付等智慧化消费渠道。全省旅游度假区基本实现免费无线局域网（Wi–Fi）、智能导游、电子讲解、在线预订、信息推送等功能全覆盖，达到国家智慧旅游景区标准。

此外，整体环境品质提升方面，浙江省旅游业“微改造、精提升”计划也成为进一步推进全省旅游度假区快速提质升级的关键举措。2021 年 4 月，浙江省文化和旅游厅、浙江省发改委等 6 部门联合印发《浙江省旅游业“微改造、精提升”五年行动计划（2021—2025）》明确提出，旅游度假区成为“微改造、精提升”计划的

图 1–35　太湖长兴图影旅游度假区智慧化建设

图 1–36　金华安地仙源湖旅游度假区智慧化建设

主战场，以“体验更精致、设施更精良、景观更精美、服务更精心、运营更精细”为主攻方向，重点推出“五精”工程，切实解决“远看像幅画，近看不像话”问题，加快建成“全省大景区，全域大花园”。同时“微改造、精提升”战略中，每年将有 1000 亩规划建设用地指标，对“微改造、精提升”程度深、进度快、亮点多的 20 个县（市、区）予以奖励，这将为旅游度假区引项目、促发展、搞建设提供坚实有力的建设用地要素保障。在旅游度假区的微改造中，浙江引导度假区围绕主题品牌，打造文化味浓、特色化强、辨识度高的度假区门户形象，推行风格统一、设计精致、简介明晰的标识标牌系统，烘托整体文化景观和度假氛围。在高速口、机场、码头、通景公路等交通客流节点，规范度假区招牌标识、门楼牌坊、主题雕塑、石刻等辨识性景观小品的设置与建设。根据主题特色，打造体现文化特色元素的游客中心、旅游厕所、无线网络、标识标牌、应急救援等度假服务设施。提升旅游度假区整体视觉风貌，在景区道路、房屋外立面、停车场、电线杆、垃圾桶等设施设备植入度假主题元素。

第二章
发展潜能探究：点面并举、有的放矢

一、空间集聚分析

从城市分布来看，浙江旅游度假区总体分布较为均衡，其中宁波市省级以上旅游度假区数量最多，数量为 9 家（图 2–1），其次是湖州市、金华市，各有 7 家，值得注意的是，湖州旅游度假区发展有质有量、量质齐升，一市坐拥 3 家国家级旅游

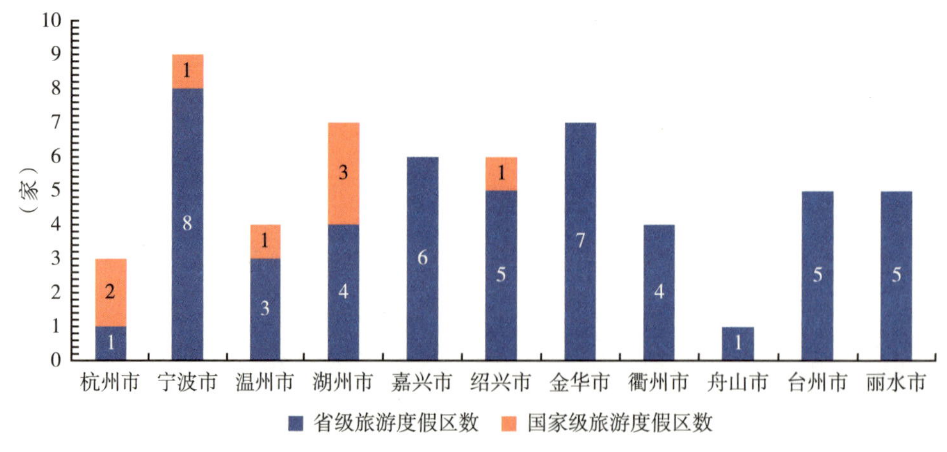

图 2–1　浙江各市旅游度假区分布情况

度假区，数量超过绝大多数省份，如图 2-2 所示，目前全国 60 家国家级旅游度假区中数量超过 3 家的仅有浙江、江苏、山东、云南、江西、四川 6 个省份，从设区市层面来看，湖州市与山东省烟台市一道并执全国设区市之牛耳，也从侧面印证出湖州发达的度假旅游经济。杭州市旅游度假区发展是少而精的典范，3 家省级以上旅游度假区中国家级就有 2 家，此外如加上之江国家旅游度假区，国家层级数量也达到 3 家。舟山市由于是海岛城市，面积相对较小，加之舟山定海旅游度假区由于区域功能定位调整和生态保护要求撤销推出省级旅游度假区，目前舟山仅有 1 家旅游度假区，与舟山丰富的海岛资源和海洋风情不相匹配。

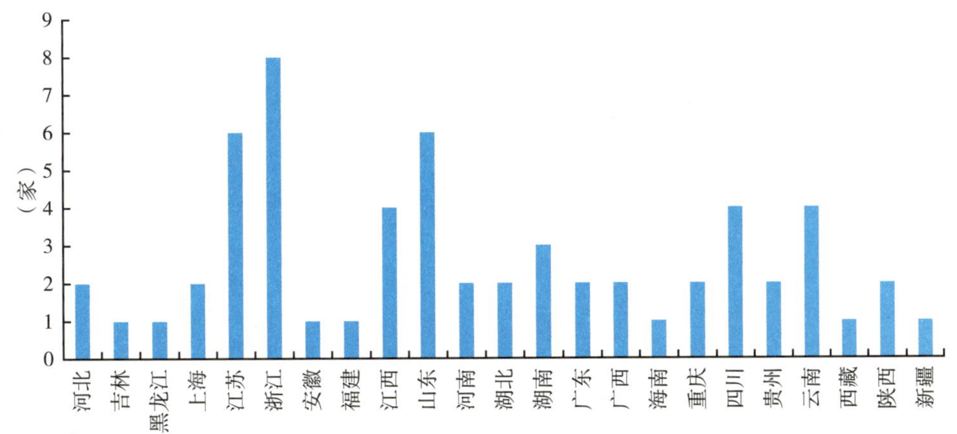

图 2-2 各省国家级旅游度假区分布情况（截至 2023 年 2 月）

浙江旅游度假区超大集群的集聚性很高，从图 2-3 能清晰看到几个明显的集聚组团，第一个大组团是处于浙江北部地区的杭嘉湖组团，包括杭州、湖州、嘉兴，当前主要的国家级旅游度假区也集中分布于这个区域；其次是以沿海丘陵为主的浙东地区，旅游度假区主要依托滨海发展，包括宁波、舟山，宁波地区除湖泊型度假区外，滨海型、海湾型度假区是主要类型，数量过半数，舟山群岛普陀国际旅游度假区在“星辰大海”“小岛你好”计划下，致力于打造国际著名的海岛休闲旅游目的地和世界一流的佛教文化旅游胜地，形成一个相对较小的组团；同时处于全省中部南北贯通的带状组团，围绕交通和资源分布形成的集聚组团，包括绍兴、金华、衢州；浙南多为千米以上的群山盘结，自然地形复杂多样，形成了丰富可供度假利用的资源，包括温州、台州、丽水。同时旅游度假区的分布也呈现出与其他高级别旅游产品的聚集性特征，旅游度假区所在镇大多拥有多类型的高等级旅游产品。由此可见，区域旅游供给和市场需求极大影响了旅游度假区的数量规模与集聚程度。

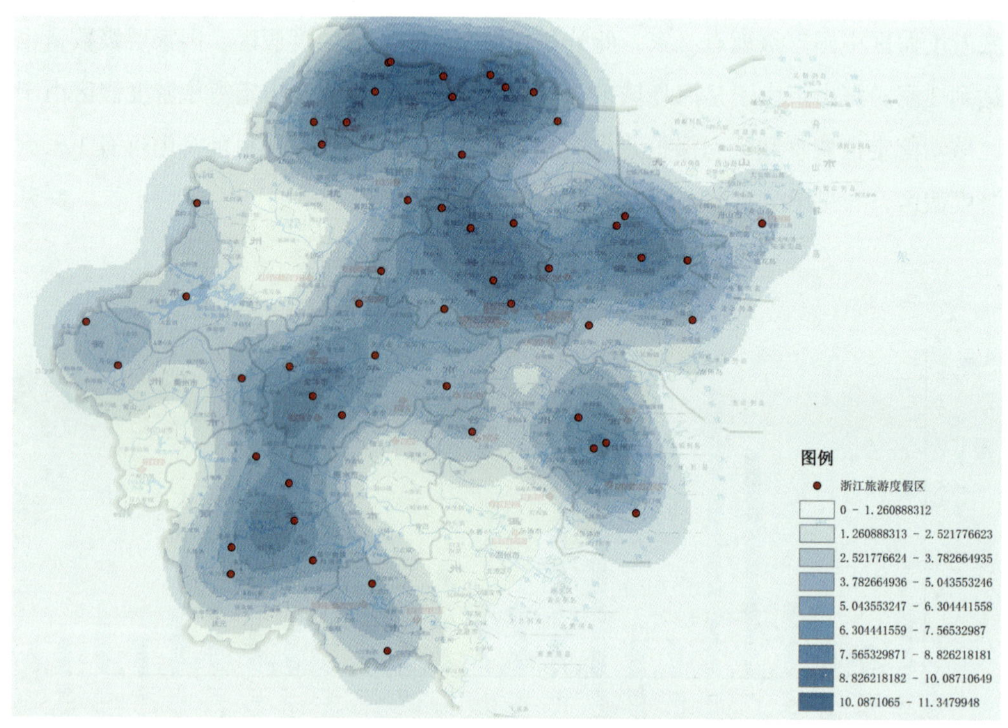

图 2-3　浙江旅游度假区的核密度集聚状态

（一）由山地到海洋延伸

从空间布局的结果上看，浙江旅游度假区积极呼应了全省旅游产业“一体两翼”的总体发展框架，在东部的海洋海岛休闲度假、西部的山地乡村生态旅游方面都有了极大的拓展，把“海上浙江”和“山地浙江”培育成为未来几年全省旅游业转型发展和创新发展的两翼。浙江拥有占全省陆域面积近 70% 的丘陵山区，拥有 26 万平方千米、3061 个岛域的海洋海岛，自然人文资源丰富，发展旅游度假区潜力巨大，空间广阔，近年来，浙江加快建设“十大海岛公园”和“十大名山公园”。据统计，浙江山地类旅游度假区数量 20 多个，沿海海洋类旅游度假区数量接近 20 个，均超过全省数量的 1/3。浙江依托山海兼备的空间本底特色，由山向海布局低空飞行、坡地康养、温泉康养、海岛度假等一系列差异化的度假旅游产品组合，形成了绿色山地魅力带、橙色滨海活力带、蓝色海域海岛休憩带等山海空间梯级递进的旅游开发创新模式。浙江旅游度假区发展按照全省的旅游业布局要求，聚焦立体，推进山海空间梯级开发，整体空间合理布局、规划科学、方向明确，空间分布集聚性强。浙江坚持推动休闲度假旅游从山地时代走向海洋时代，不断开拓旅游休闲新空间。建设 20 座名山公园、打造长三角山地度假休闲旅游目的地。推进大运河、长江国家文化公园、浙东沿海“1 号公路”等的发展，开辟东南沿海邮轮航线，创新实践“星辰大海”计划、“小岛你好”行动，打造海上版“富春山居图”。

（二）由核心到周边辐射

从浙江全省层面来看，旅游度假区呈现出高度集聚的状态，与交通布局、旅游资源的集聚状态呈现高度一致性，尤其是在经济较为发达的地市，旅游度假区的发展更为成熟。依托于长三角发达的社会经济优势和强烈的度假休闲消费意愿，江浙地区形成了全国旅游度假区密集度最高、规模最大、品质最为突出的超大度假区核心集聚区。一方面浙江全省主要城市地区经济发展水平高，基础设施、公共服务设施和旅游服务设施等建设相对完善，为旅游度假区的投资与建设提供了基础要素驱动；另一方面旅游需求与区域人口规模、城镇化程度、消费观念以及人均可支配收入水平等高度关联，为旅游度假区的投资与建设提供了需求驱动。市场供需驱动了旅游度假区的数量增长、产品竞争、服务合作以及产业效率、利益最大化等市场特征，进一步促进旅游度假区在空间上的增长与集聚。杭州、宁波等四大都市圈在区域旅游发展中发挥了核心主导和辐射作用，有效促进了空间组织秩序的优化和空间集聚效率的提升。以杭州、宁波、温州、湖州、嘉兴、绍兴、金华、衢州、舟山、台州、丽水等为代表的中心城市在全省旅游度假区的产业布局中发挥了核心带动作用。

（三）由浙南向浙北集群

在整体发展强劲的态势之下，“南疏北密、南点北面、南冷北热”不均衡现象凸显，同时全省范围内也能看到几处明显的空白区，包括杭州南部、丽水温州交界地带等。浙江地形自西南向东北呈阶梯状倾斜，浙北地区水网密集，冲积平原为主，经济发达，区位优势明显，浙江最早获批复的旅游度假区主要分布在浙北与浙中平原地区，旅游接待能力较强的国家级旅游度假区主要分布在浙江北部的杭州、湖州、宁波等平原区域，许多度假区集聚效应明显，已经趋向“连点成面”趋势。尤其是湖州表现最为亮眼，7 家旅游度假区中就有 3 家国家级旅游度假区，全市正在以“三带十区”建设为重点，建设国际生态休闲度假城市。浙江旅游度假区总收入近 50% 集中于浙北、浙东地区，游客总人数同样高度集中于浙北、浙东地区，尽管这一比例在近两年有逐步下降趋势，但降幅并不大。旅游产业极其发达的浙北、浙东区域，与资源丰富但度假产品欠缺的浙中及浙西南山区呈现巨大反差，全省旅游度假区“南冷北热”特征目前仍较为明显。

二、联动模式考察

浙江在探索全省旅游度假区高质量发展之路时，对于旅游度假区的发展路径和产业模式等方面给予了自主探索的宽松环境。通过对全省旅游度假区的梳理，发现旅游度假区的发展主要与景区的转型升级、城市郊区的更新改造、乡村的振兴发展以及多元产业融合联动的发展诉求息息相关。

（一）景区扩升：补全功能、丰富业态

采取景区联动、景区扩面、景区转型模式发展旅游度假区是常见的路径选择。浙江相当一部分旅游度假区，与旅游景区高度关联，像千岛湖、湘湖、乌镇、南浔古镇、莫干山、神仙居、江郎山，均依托著名高等级旅游景区开发建设旅游度假区，借助其核心旅游资源知名度高、吸引力强、辨识度高等优势，经营理念不再是单一的景区观光游览，更注重度假休闲，注重沉浸式体验，同时积极与知名运营机构、度假酒店等合作，快速补全功能，成为业态类型繁多、核心资源突出的优秀旅游度假区。

尽管依托旅游景区发展旅游度假区是重要方式之一，但旅游度假区不能简单等同于旅游景区，不能用发展景区的思路模式来发展度假区，这一类型的旅游度假区如何处理好与旅游景区的关系，既能实现联动化、一体化发展，同时又注重差异化、错位化发展，是核心关键所在。相对于旅游景区，旅游度假区空间范围更广、投资体量更大、经营主体更多，更加注重度假产品建设，更加注重深度休闲体验，更加关注游客过夜比率，更加追求综合产出效益。浙江旅游度假区在发

展面临景区转型、文旅融合、品牌提升等诸多挑战，不同旅游度假区都能依据自身优势积极探索创新，在发展中另辟蹊径、各具特色，为旅游度假区的稳定发展注入新的活力。

其中，杭州湘湖作为西湖的姊妹湖，早在20世纪90年代就成为著名旅游景区。2007年批复成为省级旅游度假区，2015年被认定为全国首批国家级旅游度假区之一。湘湖的转型升级之路与全省的旅游业转型发展同频共振。一方面，积极引入与度假产业紧密关联的各类文旅产业；另一方面，夯实产业基础、积极发展健康产业、金融产业等，提升区域发展综合吸引力。在住宿方面，湘湖引入了开元森泊等一系列附带内容运营的度假酒店，以及树屋酒店、民宿等多元化的住宿设施，极大地丰富了度假游客的住宿体验。在休闲娱乐业态方面，湘湖利用自身深厚的历史文化资源与当下潮流品牌合作，升级了跨湖桥博物馆、湘湖水街、极地海洋公园等既有产品。同时，湘湖也在积极开发新项目，如举办越王祈福大典、五四荧光跑、湘湖年鱼节、“湘湖·问茶”沉浸式体验节目、“不亦乐乎·湘湖”文旅秀等一系列运营活动，为湘湖升级转型注入活力。

而嘉兴桐乡在全面推动全域旅游发展战略中，推动将乌镇东西栅景区周边部分休闲业态与石门镇水路联动发展，2013年乌镇—石门旅游度假区获批成为省级旅游度假区。依托于乌镇江南古镇世界级的文化资源，以水乡村落和“互联网+”为核心，打造枕水生活系列主题产品，以时尚科技与传统文化邂逅，来实现“中国故事、国际演绎”、创新全域的“乌镇”智慧主题度假模式：从度假酒店、精品民宿、奢华行馆中感受栖居度假；从“互联网+旅游”中体验智慧水乡，为游客带来全时态的休闲度假。旅游度假区内部高品质项目众多，如乌镇景区、乌镇大剧院、乌镇互联网国际会展中心、互联网小镇、乌镇国际健康生态休闲产业园、国际汽车露营基地、小城故事等。在度假住宿方面，高中低档选择丰富、各种标准化和非标住宿配备齐全，能够满足全年龄、各类需求的度假人群。目前聚集在乌镇的知名主题酒店有梵璞文化主题酒店、枕水度假酒店、乌镇行馆等知名酒店。在非标住宿中，精品民宿、汽车营地、帐篷酒店等也丰富了住宿体验。在娱乐业态方面，乌镇组织了大量节事活动，如中国年、乌镇戏剧节、乌镇水灯节、童玩节、乌镇端午节、香市等节庆活动。同时也结合产业融合发展，开发了猕猴桃精品采摘项目、缘缘菊种园赏菊项目、桂花观赏园等项目。乌镇地处乡村，结合人民的乡土情结，打造了“水乡寻梦研学路”，串联起周边乡村，谱写出具有文艺范的乡村田园新生活。但整体看乌镇—石门旅游度假区度假活动主要集中在乌镇板块，石门板块发展差距较大，如何一体化、均衡化发展是度假区要重点解决的核心课题。

表 2-1　部分旅游度假区创新转化方向

代表旅游度假区	文旅融合	乡村振兴	生态文明
杭州临安清凉峰	□	□	□
湖州安吉灵峰	●	●	□
湖州安吉山川	□	□	□
湖州德清莫干山	●	●	
湖州南浔古镇	□	□	
嘉兴平湖九龙山	●	□	●
嘉兴湘家荡	□	□	□
丽水景宁畲族风情	●	●	□
丽水古堰画乡	●	□	□
宁波梅山湾	●	□	□
宁波宁海森林温泉	●	□	□
宁波松兰山	□	□	□
衢州开化钱江源	●	□	□
绍兴鉴湖	□	□	□
台州临海牛头山	●	●	●
台州绿心旅游	□	●	□
台州温岭石塘半岛	□	●	□
温州文成天湖	●	□	□

（二）城区耦合：城景共治、主客共享

浙江旅游度假区建设充分与景区城建设协同推进，城市建设与度假区发展耦合协同，成为浙江旅游度假区发展的又一路径。城区耦合的旅游度假区一般依托城市

发展而逐步产生，旅游度假区一方面承担接待外来游客的职能，另一方面承担着当地社区居民的休闲功能，因此它具备城景共治、主客共享的特点，可以说它是与城市连接最紧密的一类旅游度假区。

近年来，浙江在县（市、区）层面，大力推动全域旅游示范区、A级景区城建设，以景区化的理念和手段提升城区整体风貌，截至2023年1月，浙江共创成全国全域旅游示范区8家，省级全域旅游示范县（市、区）4批76家，其中湖州、嘉兴、绍兴、金华、衢州、舟山、丽水实现全覆盖；共认定A级景区城83家，全省覆盖率达92%，其中5A级景区城6家。城市景区化、旅游化提升为城市依托型旅游度假区提供了坚实的发展基础，浙江旅游度假区成为"百城千镇万村景区化"工程实施的重要战场，统筹兼顾旅游度假区居民、游客、企业、商家等相关群体利益诉求，形成共建共享共治、宜居宜业宜游、美丽美好美满的度假胜地和幸福家园。

从实际情况来看，浙江部分旅游度假区处于城市建成区周边，如何正确处理好旅游度假区与城市新区和开发区的关系是极其重要的。特别是不能完全用城市新区的理念发展旅游度假区，旅游度假区发展定位是以旅游业为主导的区域，是文化和旅游产业集聚区、高质量发展示范区和改革创新先行区，应当与城市新区、开发区的功能有所区别、形成特色、打造亮点，依托度假区独特文旅资源优势，让旅游度假区成为助力城市发展、提升城市品质、打响城市品牌的重要抓手。

湖州太湖旅游度假区是城景耦合、主客共享的典型代表。湖州太湖旅游度假区隶属湖州南太湖新区管委会直管，总人口约15万人，是集旅游、投资、创业、度假、居住为一体的首批国家级旅游度假区。湖州南太湖新区规划控制总面积225平方千米，空间范围包括现湖州南太湖产业集聚区核心区、湖州经济技术开发区、湖州太湖旅游度假区全部区域、湖州市吴兴区环渚街道5个村以及长兴县境内的部分弁山山体[①]。依托湖州南太湖新区的快速发展，财政收入、固定资产投资、旅游收入、旅游人次等指标连续多年保持30%左右高速增长，区内人口规模由2008年的2.3万增长到近15万，区内市场主体由200余户增长到4300余户。按照"处处

---

① 王萍．旅游微区位研究：基于湖州南太湖新区的个案分析［J］．湖州师范学院学报，2020，42（1）：5.

皆风景、时时有服务、行行加旅游、人人都参与”的全域旅游工作理念，游客服务中心、农贸市场、超市、学校、银行以及水、电、气等基础配套功能逐步完善，城市服务承载能力明显加强。利用原有一级游客集散中心进行功能拓展整合，建立完成“游客集散＋城市候机楼”模式，在满足区内旅游集散基础上，串联起南京禄口、上海虹桥、浦东的机场大巴，有效互导客源。深化度假区旅游环境网格巡查工作，以“旅游警察”“旅游志愿者”特色化服务为亮点，切实保障度假区旅游市场健康有序。滨湖形象不断提升、特色产业不断清晰、经济发展不断加快，展现出高质量赶超发展的良好态势。

近年来，随着城市对自身品牌形象的关注，浙江旅游度假区中，出现了一批由城市新区的文化商业休闲区转型提升的旅游度假区。宁波梅山湾旅游度假区，最初是一个工业港口区，后来转变为生态新城，进一步又将其核心区提升为旅游度假区，体现了旅游度假区是人民美好生活的更高需求。绍兴鉴湖旅游度假区，是结合鉴湖经济技术开发区的建设改造而孕育形成的，体现了旅游度假区对城市软实力的贡献和支撑。

旅游度假区位于城郊或城市内的案例就更为普遍：一方面，有利于共享城市的基础设施和服务，有利于留住对于旅游产业创新发展至关重要的人才；另一方面，也借助城市的休闲市场，保障度假区内业态的品质和可持续发展，提高抗风险能力。同时旅游度假区也成为城市的后花园，以其高质量的旅游服务和产品供给为城市居民提供了丰富多彩的“第二生活空间”。

（三）景村共融：一体管理、深度融合

作为中国美丽乡村发源地，浙江乡村旅游发达，发展数量和质量均领跑全国。数量上，早在 2017 年，浙江省第十四次党代会提出“推进万村景区化建设”。万村景区化是“千万工程”[①] 的持续深化，是全域旅游的浙江探索，是乡村振兴的个性实践。到 2020 年年底，浙江全省认定 A 级景区村 10083 个，提前一年完成目标。截至 2023 年 1 月，浙江省共认定景区村 11531 个，覆盖率 56.5%，其中 3A 级景区

---

① 2003 年 6 月，在时任浙江省委书记习近平同志的倡导和主持下，浙江在全省启动“千万工程”，开启了以改善农村生态环境、提高农民生活质量为核心的村庄整治建设大行动。目标是花 5 年时间，从全省 4 万个村庄中选择 1 万个左右的行政村进行全面整治，把其中 1000 个左右的中心村建成全面小康示范村。

村 2240 个；共认定景区镇 986 家，覆盖率 72.2%，其中 5A 级景区镇 21 家。质量上，安吉县余村荣获联合国世界旅游组织首批“世界最佳旅游乡村”称号；长兴县顾渚村等 54 村获评全国乡村旅游重点村，永嘉县岩头镇等 7 镇获评全国乡村旅游重点镇，总数位列全国第一。此外，我们全国首创，打造了 100 个旅游风情小镇；推出了微改造、精提升，逐渐形成“一户一处景、一村一幅画、一镇一风光”的全域大美格局。

近年来在乡村游受到大众普遍追捧的大旅游环境下，浙江的乡镇乡村型旅游度假区得到了迅猛的发展。他们普遍依托乡镇，一体化管理，采取“小尺度、好产品、大聚集”的发展理念，打造民宿集群、夜游等小而美、小而精、影响力大的项目，将旅游度假区发展与乡镇经济社会综合发展深度融合。其中既有老牌的度假胜地莫干山，又有新兴的乡村度假热门目的地，如安吉灵峰、山川、丽水松阳等。旅游度假区的发展“以点带面”，对周边乡镇社区的带动效应极佳。浙江省的旅游度假区辖区内有乡村、街道、社区的不在少数，因此以民生为本、最大程度地共享发展成果成为发展的根本宗旨。在推动产业转型升级的同时，直接带动了区内及周边

温州洞头东岙村

杭州淳安下姜村

湖州长兴顾渚村

金华浦江新光村

图 2-4　浙江万村景区化成果

地区镇村经济社会的发展。

老牌度假胜地莫干山是“一体管理、深度融合”的典型案例。依托莫干山国家级风景名胜区的良好资源和市场影响力，莫干山镇政府在山下成立莫干山国际旅游度假区，对山下辖区内的村落实行一套班子两块牌子的管理模式。一方面，扎根乡镇的旅游度假区，与本地居民、村民结合紧密，以乡镇政府为基础成立管理班底，能更好的开展旅游度假区工作；另一方面，也有利于整合资源，统筹协调发展。例如，莫干山镇将环境卫生全域整治行动与民宿周边环境提升相结合，全力发动民宿开展环境包干，并建立长效管理机制，协助莫干山镇全域美丽大花园建设。统筹考虑游客和本地居民需求，在基础设施规划、公共卫生间规划、乡村规划中，融入旅游度假需求，实现主客共建共享。莫干山旅游度假区推进乡村民宿和村庄景区化发展，打造全域美丽花园。旅游度假区范围内共有 10 个行政村，成功创建国家 4A 级景区 1 家、浙江 3A 级景区村庄 8 家，A 级景区村庄全覆盖。按照“村庄景区化、景区全域化、全域美丽化”的发展理念，全面巩固提升整体环境。各个景区村结合自身实际，建成村级游客服务中心 4 座，旅游咨询点 23 个，新建和改建旅游标准化厕所近 30 座，其中新建 3A 级旅游厕所 15 座。培育形成了研学培训、生态养生、户外团建、农业观光等一村一品的旅游业态，还探索建立了多种管理运营模式，鼓励村民返乡创业，积极吸引外来投资，打造形成了五四、劳岭、后坞、庙前、仙潭等多个村级民宿产业集聚区，推动旅游度假区全域均衡发展。

表 2–2　莫干山国际旅游度假区范围内的景区村及民宿量

行政村	景区村庄级别	民宿数（家）
燎原村	AAA 景区村	34
仙潭村	AAA 景区村	86
劳岭村	AAA 景区村	37
庙前村	AAA 景区村	29
紫岭村	AAA 景区村	26
后坞村	AAA 景区村	106
五四村	AAA 景区村	2

续表

行政村	景区村庄级别	民宿数（家）
何村	AAA 景区村	9
高峰村	AA 景区村	4
兰树坑村	AA 景区村	12

数据来源：《莫干山国际旅游度假区总体规划（2018—2035）》

安吉灵峰旅游度假区也是乡镇型旅游度假区的典型示范。灵峰旅游度假区目前已经形成田园采摘、乡旅度假的大竹园村，民宿情怀、文化体验的横山坞村，文艺禅茶、光影文创的剑山村等一村一品牌的乡村旅游新形象。例如，“蔓塘里大地之光”夜游项目，就是集村景融合、光影夜赏、竹艺文创、集市乐游等业态为一体的乡村旅游综合体。作为一个“零供地”项目，合理利用原有村域空间，充分保留了原生态的村容村貌，灯光点亮生活，文创点亮经济，点燃新引擎，用共营赋能乡村振兴，将闲置资源巧妙地改造成了经营资产，实现了美丽乡村建设向美丽乡村经营的有效转变。同时，投入 1000 余万元打造旅游咨询、物联网构建、票务管理、信息推送等智慧化旅游平台，探索“数字乡村”等智慧化建设。旅游度假区发展过程中关注集体经济壮大和农村农民的生活改善卓有成效。这种积极将乡镇居民利益与旅游度假区发展一体考虑的做法为本地居民理解和融入旅游度假区发展铺平了道路，也在当地形成了良好的营商环境，有利于项目的引入和持续稳定经营。又如，当地干部在动员村民配合拆迁的过程中，利用政策窗口，将村民纳入了城镇居民养老保障体系，实实在在解决了村民养老就医的难题。村民得到了实惠，旅游度假区工作也顺利解决。

宁波东钱湖旅游度假区提出并践行“用景观的概念建设农村、用休闲的理念经营农业、用人才的观念培育农民”三原则，打造了“十里四香”这个样板，让乡村成为热点，让劳动成为时尚。东钱湖绝大部分位于农村，失土农民、失水渔民既要在生活方式上得到改善，还要在生产方式上得到提升，通过旅游业实现致富。为此，管委会一方面大力推进村庄改造提升，投入 44 亿元建成钱湖人家等 140 余万平方米的高品质安置小区，安置 1 万多户，社区人口逾 2.8 万人，占常住人口的 61%；新建学校、医院、邻里中心，构建 15 分钟医疗服务圈，推行市民卡、社保卡。另一方面大力推动农民就业创业，加强村企合作，扶持休闲农庄、种植基地扩大规模，率先成立小额贷款公司支持小微企业，并依托成人学校开展全区农民专业技能培训，轮训超过7000人次。农民人均纯收入比建区前提高三倍多，年均增长12%[①]。

此外，绍兴鉴湖旅游度假区直接带动相关行业从业人员超过万人，实现旅游总收入超45亿元。宁波苏湖旅游度假区鼓励青年团体返乡创业，盘活乡村闲置资产，将鸭舍改建为墅家民宿，将厂房改建为安屿·手作部落，引入艺术文化乡村音乐会，通过艺术唤醒乡村，通过新农人、农创客使乡村充满活力。杭州淳安千岛湖旅游度假区涉及乡镇3个，分别为千岛湖镇、界首乡、左口乡，其中千岛湖镇为A级景区镇，覆盖率达33.3%。3个乡镇内有村庄6个，全部为A级景区村庄，分别为屏湖村、桥西村、严家村、进贤村、周家村、桐子坞村，覆盖率达100%。

三、竞争实力评测

为考察旅游度假区综合发展实力，运用熵值法对浙江旅游度假区的竞争力进行多指标综合测度。熵值（Entropy）是一种物理计量单位，属热力学概念，后发展为信息论一种理论。根据熵的特性，可判断出随机性以及无序程度，也可以基于熵值判断某个指标的离散程度。熵值法只考虑数据内部的信息量大小，有效降低避免人为主观因素影响。通过样本数据收集和赋值，选取共计16家代表性旅游度假区，其中国家级旅游度假区3家、省级旅游度假区13家。采用SAPP21.0软件通过熵值法求权重的方式对接待设施、消费价格、智慧程度、公共设施、主题要素和旅游景区6个大类的12个指标进行计算（X_1~X_{12}）。首先要对指标数据进行归一化处理，即$X\text{-}X_{Min}/X_{Max}\text{-}X_{Min}$，其中$X_{Max}$为最大值，而$X_{Min}$为最小值。熵值（Entropy）是一种物理计量单位；熵越大说明数据越混乱，携带的信息越少，效用值越小，因而权重也越小。熵值法则是结合熵值提供的信息值来确定权重的一种研究方法。熵值法的公式如下：

① 铸就美丽梦想创造幸福生活——国家级旅游度假区创建的东钱湖之路［J］. 宁波经济（财经观点），2015,（12）：38–39，59.

$$W_j=\frac{d_j}{\sum_{j=1}^{n}d_{ij}}$$

$$(j=1,2,3,4,\ldots,m)$$

这样，即得到权向量 $W=(W_1, W_2, W_3, \ldots, W_m)$. 具体结果如表 2–3 所示：

表 2–3 熵值法计算权重结果汇总

因子	指标（单位）	信息熵值 e	信息效用值 d	权重系数 w
接待设施	X_1：国内国际知名酒店（家）	0.8257	0.1743	7.38%
	X_2：房间数（间）	0.8318	0.1682	7.12%
消费价格	X_3：旺季均价（元）	0.7966	0.2034	8.62%
	X_4：淡季均价（元）	0.8056	0.1944	8.24%
智慧程度	X_5：智慧化（种）	0.9325	0.0675	2.86%
公共设施	X_6：公共服务设施（种）	0.8754	0.1246	5.28%
主题要素	X_7：主题（种）	0.8397	0.1603	6.79%
	X_8：主题馆面积（平方米）	0.5830	0.4170	17.66%
旅游景区	X_9：景区（家）	0.5021	0.4979	21.09%
	X_{10}：景区面积（平方千米）	0.8332	0.1668	7.07%
	X_{11}：景区功能（种）	0.8816	0.1184	5.02%
	X_{12}：吸引物种数（种）	0.9321	0.0679	2.88%

接待设施的权重为 X_1+X_2，为 14.5%；消费价格的权重为 X_3+X_4，为 16.86%；智慧程度的权重为 X_5，为 2.86%；公共设施的权重为 X_6，为 5.28%；主题要素的权重为 X_7+X_8，为 24.45%；旅游景区为 $X_9+X_{10}+X_{11}+X_{12}$，为 36.06%。整体来看，重要程度依次为：旅游景区 > 主题要素 > 消费价格 > 接待设施 > 公共设施 > 智慧程度。

从重要程度上来说，旅游景区最重要，是旅游度假区最重要的核心吸引物。某种意义上说旅游者对旅游景区品牌仍然十分关心，旅游者认为这是旅游品质的基本保障。其次是文化、体验、休闲、运动等主题要素，这决定旅游者核心感知层面的具体因素，也就是说旅游者在旅游度假区具体可以从事哪些活动也是极为重要的。除此之外，消费价格也比较重要，因为三年疫情导致旅游者的消费能力表现并不出色，也意味着旅游消费者可能会更倾向于性价比较高的旅游度假区。最后是数字智慧程度，重要程度从数据来看的表现比较弱，以“预约、错峰、限流”等智慧化管理角度分析，一方面大部分旅游度假区空间区域大，总体承载力强，也可以获得较为舒适的旅游体验，另一方面旅游者对智慧化感知度较小。

（一）分类指数评价

对旅游度假区的评价指数进行分类评价，评价指数分值越高，表现越好。

1. 接待设施评价指数

如表 2–4 所示，从接待的评价指数来看，宁波宁海森林温泉旅游度假区和绍兴鉴湖旅游度假区 2 家度假区的表现最为优秀，均处在高于 11 分的表现区间。其次是处于 10 分区间的衢州开化钱江源旅游度假区，以及处于 9 分区间的临安清凉峰旅游度假区和湖州德清莫干山国际旅游度假区。相对表现较好的还有处于 7 分区间的温州文成天湖省级旅游度假区。整体来看，浙江旅游度假区表现参差不齐，且大部分旅游度假区在接待设施方面的表现并不如人意。系统科学地整体提升浙江旅游度假区的接待设施是十分必要的。这不仅有利于旅游度假区经营盈利，也有利于游客分流，缓解旺季游客集中流向接待设施品质好“挤兑”压力，促进旅游度假区的整体相对均衡发展。

表 2–4　旅游度假区中接待设施评价指数

名称	评价指数	名称	评价指数
杭州临安清凉峰旅游度假区	9.228	宁波宁海森林温泉旅游度假区	11.927
湖州安吉灵峰旅游度假区	5.235	宁波松兰山旅游度假区	0.000
湖州安吉山川旅游度假区	0.000	衢州开化钱江源省级旅游度假区	10.796
湖州德清莫干山国际旅游度假区	9.249	绍兴鉴湖旅游度假区	11.073
湖州南浔古镇旅游度假区	0.000	台州临海牛头山旅游度假区	3.633
嘉兴湘家荡省级旅游度假区	2.842	台州绿心旅游度假区	1.657
丽水景宁畲族风情旅游度假区	0.000	台州温岭石塘半岛省级旅游度假区	2.429
丽水古堰画乡旅游度假区	1.283	温州文成天湖省级旅游度假区	7.451

2. 消费价格评价指数

如表 2–5 所示，从消费价格评价指数看，湖州德清莫干山国际旅游度假区的表现最为优秀，处于 16 分的区间。其次是处于 11 分区间的湖州安吉灵峰旅游度假区，

10分区间的丽水古堰画乡旅游度假区。杭州临安清凉峰旅游度假区和宁波宁海森林温泉旅游度假区处于9分区间，相对表现较好。整体来看，高分值的旅游度假区体现了高水平的游客消费，侧面反映了这些旅游度假区具有较高的休闲度假市场吸引力，也反映了高品质度假消费需求日益成为人民美好生活需要

表2–5 旅游度假区中消费价格评价指数

名称	评价指数	名称	评价指数
杭州临安清凉峰旅游度假区	9.727	宁波宁海森林温泉旅游度假区	9.263
湖州安吉灵峰旅游度假区	11.840	宁波松兰山旅游度假区	0.000
湖州安吉山川旅游度假区	0.000	衢州开化钱江源省级旅游度假区	2.713
湖州德清莫干山国际旅游度假区	16.860	绍兴鉴湖旅游度假区	2.968
湖州南浔古镇旅游度假区	0.000	台州临海牛头山旅游度假区	2.995
嘉兴湘家荡省级旅游度假区	2.330	台州绿心旅游度假区	1.406
丽水景宁畲族风情旅游度假区	0.000	台州温岭石塘半岛省级旅游度假区	1.298
丽水古堰画乡旅游度假区	10.447	温州文成天湖省级旅游度假区	1.642

3. 智慧程度评价指数

如表2–6所示，从智慧化程度的评价指数看，湖州德清莫干山国际旅游度假区、丽水景宁畲族风情旅游度假区、丽水古堰画乡旅游度假区、衢州开化钱江源省级旅游度假区4家表现优秀，均处于2分区间。其次是绍兴鉴湖旅游度假区接近2分区间。从整体上看，浙江旅游度假区的智慧化发展相对均衡，成熟度较高，侧面反映了湖州、丽水、衢州、温州这些城市在智慧化建设上的丰富度，也反映了浙江近年来接续推进数字化改革、数字创新一号工程的成果体现，在“互联网＋监管”的支持下，既可以对旅游度假区的大数据实时监测，也可通过分析精准的把握游客动向，还可为游客的出行提供精准、便捷的服务体验。同时，智慧化运营普及能够有效地帮助本地居民错峰出行，提供合理决策的科学依据。

表2–6 旅游度假区中智慧程度评价指数

名称	评价指数	名称	评价指数
杭州临安清凉峰旅游度假区	1.430	宁波宁海森林温泉旅游度假区	1.430
湖州安吉灵峰旅游度假区	0.953	宁波松兰山旅游度假区	0.000

续表

名称	评价指数	名称	评价指数
湖州安吉山川旅游度假区	1.906	衢州开化钱江源旅游度假区	2.383
湖州德清莫干山国际旅游度假区	2.860	绍兴鉴湖旅游度假区	1.906
湖州南浔古镇旅游度假区	1.430	台州临海牛头山旅游度假区	1.430
嘉兴湘家荡旅游度假区	1.430	台州绿心旅游度假区	0.000
丽水景宁畲族风情旅游度假区	2.383	台州温岭石塘半岛旅游度假区	0.476
丽水古堰画乡旅游度假区	2.383	温州文成天湖省级旅游度假区	1.906

4. 公共设施评价指数

如表 2–7 所示，从公共服务设施的评价指数看，嘉兴湘家荡旅游度假区表现优秀，处于 5 分区间。绍兴鉴湖旅游度假区、湖州德清莫干山国际旅游度假区、衢州开化钱江源省级旅游度假区 3 家处于 2 分区间表现较好。从整体上看，浙江注重旅游度假区的公共服务设施的建设，但在均衡分布上有待进一步提升。另外，度假区等级与设施品质呈现正相关，高等级的旅游度假区在高品质公共服务设施配套方面更为完善。

表 2–7　旅游度假区中公共设施评价指数

名称	评价指数	名称	评价指数
杭州临安清凉峰旅游度假区	1.760	宁波宁海森林温泉旅游度假区	2.346
湖州安吉灵峰旅游度假区	1.760	宁波松兰山旅游度假区	1.760
湖州安吉山川旅游度假区	0.000	衢州开化钱江源省级旅游度假区	2.346
湖州德清莫干山国际旅游度假区	2.346	绍兴鉴湖旅游度假区	2.933
湖州南浔古镇旅游度假区	0.000	台州临海牛头山旅游度假区	0.586
嘉兴湘家荡省级旅游度假区	5.280	台州绿心旅游度假区	0.000
丽水景宁畲族风情旅游度假区	0.586	台州温岭石塘半岛省级旅游度假区	1.760
丽水古堰画乡旅游度假区	0.586	温州文成天湖省级旅游度假区	1.173

5. 主题要素评价指数

如表 2–8 所示，从主题要素评价指数来看，宁波松兰山旅游度假区表现最好，处于 20 分区间；其次是嘉兴湘家荡省级旅游度假区，处于 12 分区间表现较好。主题要素丰富度也是影响度假区发展的重要因素，松兰山旅游度假区坐拥浙江范围内相对稀有的滨海度假资源，“山、海、岛、崖、滩”资源为基底，围绕着亚帆中心为引擎，形成了“度假＋运动”主题，集体育运动、养生度假、会议休闲、观光摄影为一体的多元业态。

表 2–8 旅游度假区中主题要素评价指数

名称	评价指数	名称	评价指数
杭州临安清凉峰旅游度假区	7.314	宁波宁海森林温泉旅游度假区	0.071
湖州安吉灵峰旅游度假区	2.533	宁波松兰山旅游度假区	20.746
湖州安吉山川旅游度假区	0.000	衢州开化钱江源省级旅游度假区	3.273
湖州德清莫干山国际旅游度假区	0.634	绍兴鉴湖旅游度假区	2.326
湖州南浔古镇旅游度假区	0.735	台州临海牛头山旅游度假区	2.469
嘉兴湘家荡省级旅游度假区	12.190	台州绿心旅游度假区	0.011
丽水景宁畲族风情旅游度假区	2.835	台州温岭石塘半岛省级旅游度假区	0.702
丽水古堰画乡旅游度假区	3.840	温州文成天湖省级旅游度假区	2.476

6. 旅游景区评价指数

如表 2–9 所示，从旅游景区评价指数来看，绍兴鉴湖旅游度假区表现最好，处于 86 分区间。其次是台州临海牛头山旅游度假区，处于 34 分区间。湖州南浔古镇旅游度假区、温州文成天湖省级旅游度假区表现相对较好，分别处于 16 分和 15 分区间。旅游度假区中的旅游景区数量在很大程度上可以影响旅游度假区的发展，绍兴鉴湖旅游度假区拥有 4 家 4A 级景区，2 个省级特色小镇，是“浙东唐诗之路”的核心地，不论是在文化和旅游融合上，还是游客基础上都具备极强的竞争力。

表 2–9 旅游度假区中旅游景区评价指数

名称	评价指数	名称	评价指数
杭州临安清凉峰旅游度假区	2.194	宁波宁海森林温泉旅游度假区	1.477
湖州安吉灵峰旅游度假区	7.070	宁波松兰山旅游度假区	7.101
湖州安吉山川旅游度假区	0.329	衢州开化钱江源省级旅游度假区	2.108
湖州德清莫干山国际旅游度假区	8.461	绍兴鉴湖旅游度假区	86.07
湖州南浔古镇旅游度假区	16.753	台州临海牛头山旅游度假区	34.31
嘉兴湘家荡省级旅游度假区	1.477	台州绿心旅游度假区	5.020
丽水景宁畲族风情旅游度假区	1.333	台州温岭石塘半岛省级旅游度假区	5.664
丽水古堰画乡旅游度假区	4.202	温州文成天湖省级旅游度假区	15.90

（二）样本指标评价

在浙江16家旅游度假区样本中，重点选取数据相对全面的9家旅游度假区进行重点分析。

1. 杭州临安清凉峰旅游度假区

临安清凉峰旅游度假区在接待设施、消费价格、智慧程度、公共设施、主题要素和旅游景区6个方面的得分分别为9.228、9.727、1.430、1.760、7.314和2.194，综合评价指数为31.653，位列16个案例地中的第4，百分制表现为42.7，处于第3位。作为杭州西郊具有客源市场优势的区域，以国家级自然保护区为基础形成的旅游度假区，在旅游景区指数较低的情况下，整体表现较为均衡，是杭州地区可进行经验借鉴的案例地。

2. 湖州安吉灵峰旅游度假区

湖州安吉灵峰旅游度假区在接待设施、消费价格、智慧程度、公共设施、主题要素和旅游景区6个方面的得分分别为5.235、11.840、0.953、1.760、2.533和7.070，综合评价指数为29.391，位列16个案例地中的第5，百分制表现为33.5，处于第7位。作为安吉的城市绿心和会客厅，安吉灵峰旅游度假区少数以乡村田园为主打的旅游度假区，着力发展乡村文旅、亲子度假等业态，形成了以悦榕庄、地中海俱乐部为代表的高端度假酒店集群。虽然具备强大的游客吸引力，但在度假区发展的均衡性上仍有待进一步提升。

3. 湖州德清莫干山国际旅游度假区

德清莫干山国际旅游度假区在接待设施、消费价格、智慧程度、公共设施、主题要素和旅游景区6个方面的得分分别为9.249、16.860、2.860、2.346、0.634和8.461，综合评价指数为40.41，位列16个案例地中的第3，百分制表现为55.8，处于第2位。作为老牌的避暑旅游度假地，距离长三角地区最大客源地的上海只有两小时的车程，莫干山在国际水准度假酒店和高品质民宿集群发展中具有独特优势，加上上海长期以来形成的度假习惯，配合精准的营销推广，吸引了大量稳定高质量的客群，但是在文旅融合方面仍存在明显不足。

4. 绍兴鉴湖旅游度假区

绍兴鉴湖旅游度假区在接待设施、消费价格、智慧程度、公共设施、主题要素和旅游景区6个方面的得分分别为11.073、2.968、1.906、2.933、2.326和86.070，综合评价指数为107.276，位列16个案例地中的第1，百分制表现为57.3，处于第 1 位。除借力于优质的景区资源外，鉴湖旅游度假区重大项目的聚集效应明显，形成了巨大的吸引力，设施更加精细化、品质化，有效提升了度假区平台发展竞争力。

5. 嘉兴湘家荡省级旅游度假区

嘉兴湘家荡省级旅游度假区在接待设施、消费价格、智慧程度、公共设施、主题要素和旅游景区 6 个方面的得分分别为 2.842、2.330、1.430、5.280、12.190 和 1.477，综合评价指数为 25.549，位列 16 个案例地中的第 9，百分制表现为 41.4，处于第 6 位。整体表现较为均衡，公共设施服务上做得较好，在度假产品的文旅融合方面有较大的提升空间。接待设施丰富度与商业化水平较差，需要进一步提升。

6. 宁波宁海森林温泉旅游度假区

宁波宁海森林温泉旅游度假区在接待设施、消费价格、智慧程度、公共设施、主题要素和旅游景区 6 个方面的得分分别为 11.927、9.263、1.430、2.346、0.071 和 1.477，综合评价指数为 26.514，位列 16 个案例地中的第 8，百分制表现为 41.9，处于第 5 位。依托优质的温泉资源形成的“温泉 +”产业聚集，住宿类的度假产品体系十分完善，品质优良，但在文旅融合与智慧化建设上，还需进一步加强。

7. 衢州开化钱江源省级旅游度假区

衢州开化钱江源省级旅游度假区在接待设施、消费价格、智慧程度、公共设施、主题要素和旅游景区 6 个方面的得分分别为 10.796、2.713、2.383、2.346、3.273 和 2.108，综合评价指数为 23.619，位列 16 个案例地中的第 10，百分制表现为 42.1，处于第 4 位。依托于 5A 级景区，开化钱江源省级旅游度假区在高品质住宿接待设施、智慧化建设方面较为完善，其他方面仍有待提升。

8. 台州临海牛头山旅游度假区

台州临海牛头山旅游度假区在接待设施、消费价格、智慧程度、公共设施、主题要素和旅游景区 6 个方面的得分分别为 3.633、2.995、1.430、0.586、2.469 和 34.31，综合评价指数为 45.423，位列 16 个案例地中的第 2，百分制表现为 26.8，处于第 10 位。从整体上看发展不均衡，过度依赖景区资源发展，需要全面提升。

9. 台州温岭石塘半岛省级旅游度假区

台州温岭石塘半岛省级旅游度假区在接待设施、消费价格、智慧程度、公共设施、主题要素和旅游景区 6 个方面的得分分别为 2.429、1.298、0.476、1.760、0.702 和 5.664，综合评价指数为 12.329，位列 16 个案例地中的第 13，百分制表现为

14.7，处于第 13 位。整体来看各方面指数均较弱，需要全面优化提升。

（三）综合指标评价

从综合评价指数的情况来看，绍兴鉴湖旅游度假区借助自身 3 个 4A 级景区和旅游景区高权重的优势，呈现出较高的分数表现。此外 40~50 分数段还有台州临海牛头山旅游度假区和湖州德清莫干山国际旅游度假区，30~40 分数段还有温州文成天湖省级旅游度假区和临安清凉峰旅游度假区。而最为集中的分数段是 20~30 分数段，具有湖州安吉灵峰旅游度假区、嘉兴湘家荡省级旅游度假区、丽水古堰画乡旅游度假区和宁海森林温泉旅游度假区等 6 家旅游度假区。整体来看，旅游景区是浙江旅游度假区发展的重要因素，这也意味着旅游度假区发展模式还没有实现对景区发展模式的超越，在市场行为层面来看，这意味着传统旅游消费行为和度假消费行为可能还无法真正意义上区分开来。还需进一步加快推动由观光游览向休闲度假转变发展，让旅游度假消费成为浙江独立于旅游观光消费的新增长极。

从百分制评价指数的情况来看，表现最好的仍然是绍兴鉴湖旅游度假区，其次是湖州德清莫干山国际旅游度假区，这两个旅游度假区的表现都达到了 55 分以上，但也都没有超过 60 分。40~50 分数段有临安清凉峰旅游度假区、嘉兴湘家荡省级旅游度假区、宁海森林温泉旅游度假区、衢州开化钱江源省级旅游度假区 4 个旅游度假区；而在 30~40 分数段则有湖州安吉灵峰旅游度假区、丽水古堰画乡旅游度假区和温州文成天湖省级旅游度假区 3 个旅游度假区。总体来看，浙江旅游度假区在百分制的整体表现主要集中在 30~60 分，均衡性还存在上升空间，这与综合评价指数得出的“过于依赖旅游景区发展”的结论是一致的。

表 2–10　综合评价指数对比

度假区	接待设施	消费价格	智慧程度	公共设施	主题要素	旅游景区	综合指数
绍兴鉴湖旅游度假区	11.073	2.968	1.906	2.933	2.326	86.070	107.276
台州临海牛头山旅游度假区	3.633	2.995	1.430	0.586	2.469	34.31	45.423
湖州德清莫干山国际旅游度假区	9.249	16.860	2.860	2.346	0.634	8.461	40.41
杭州临安清凉峰旅游度假区	9.228	9.727	1.430	1.760	7.314	2.194	31.653
温州文成天湖省级旅游度假区	7.451	1.642	1.906	1.173	2.476	15.900	30.548

续表

度假区	接待设施	消费价格	智慧程度	公共设施	主题要素	旅游景区	综合指数
宁波松兰山旅游度假区	0.000	0.000	0.000	1.760	20.746	7.101	29.607
湖州安吉灵峰旅游度假区	5.235	11.840	0.953	1.760	2.533	7.070	29.391
宁波宁海森林温泉旅游度假区	11.927	9.263	1.430	2.346	0.071	1.477	26.514
嘉兴湘家荡省级旅游度假区	2.842	2.330	1.430	5.280	12.190	1.477	25.549
衢州开化钱江源省级旅游度假区	10.796	2.713	2.383	2.346	3.273	2.108	23.619
丽水古堰画乡旅游度假区	1.283	10.447	2.383	0.586	3.840	4.202	22.741
湖州南浔古镇旅游度假区	0.000	0.000	1.430	0.000	0.735	16.753	18.918
台州温岭石塘半岛省级旅游度假区	2.429	1.298	0.476	1.760	0.702	5.664	12.329
台州绿心旅游的度假区	1.657	1.406	0.000	0.000	0.011	5.020	8.094
丽水景宁畲族风情旅游度假区	0.000	0.000	2.383	0.586	2.835	1.333	7.137
湖州安吉山川旅游度假区	0.000	0.000	1.906	0.000	0.000	0.329	2.235
平均值	4.800	5.800	6.800	7.800	8.800	9.800	10.800

（数值体现度假区发展的科学性）

表 2–11 百分制评价指数对比

度假区	接待设施	消费价格	智慧程度	公共设施	主题要素	旅游景区	综合指数
临安清凉峰旅游度假区	77.4	57.7	50.0	33.3	35.3	2.5	42.7
绍兴鉴湖旅游度假区	92.8	17.6	66.6	55.5	11.2	100.0	57.3
湖州德清莫干山国际旅游度假区	77.5	100	100.0	44.4	3.1	9.8	55.8
衢州开化钱江源省级旅游度假区	90.5	16.1	83.3	44.4	15.8	2.4	42.1
宁波宁海森林温泉旅游度假区	100	54.9	50.0	44.4	0.3	1.7	41.9
嘉兴湘家荡省级旅游度假区	23.8	13.8	50.0	100.0	58.8	1.7	41.4
湖州安吉灵峰旅游度假区	43.9	70.2	33.3	33.3	12.2	8.2	33.5
丽水古堰画乡旅游度假区	10.8	61.9	83.3	11.1	18.5	4.9	31.7
温州文成天湖省级旅游度假区	62.5	3.7	66.6	22.2	11.9	18.5	30.9
台州临海牛头山旅游度假区	30.5	17.8	50.0	11.1	11.9	39.8	26.8
宁波松兰山旅游度假区	0	0	0.0	33.3	100.0	8.3	23.6
丽水景宁畲族风情旅游度假区	0	0.0	83.3	11.1	13.7	1.5	18.3

续表

度假区	接待设施	消费价格	智慧程度	公共设施	主题要素	旅游景区	综合指数
台州温岭石塘半岛省级旅游度假区	20.4	7.7	16.6	33.3	3.4	6.6	14.7
湖州南浔古镇旅游度假区	0	0.0	50.0	0.00	3.5	19.5	12.2
湖州安吉山川旅游度假区	0	0.0	66.6	0.0	0.0	0.4	11.1
台州绿心旅游的度假区	13.9	8.3	0.0	0.0	0.1	5.8	4.6
平均值	40.2	26.9	53.1	29.8	18.7	14.5	30.5

（数值体现度假区发展的均衡性）

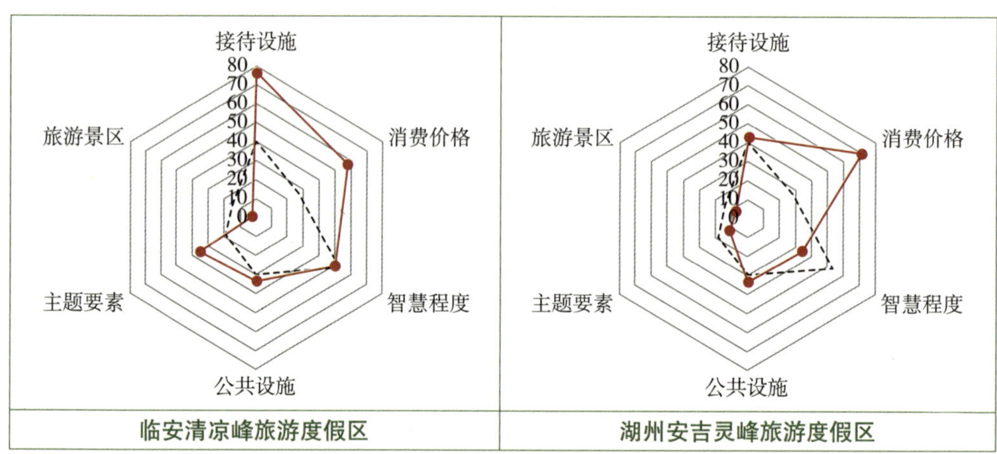

临安清凉峰旅游度假区　　湖州安吉灵峰旅游度假区

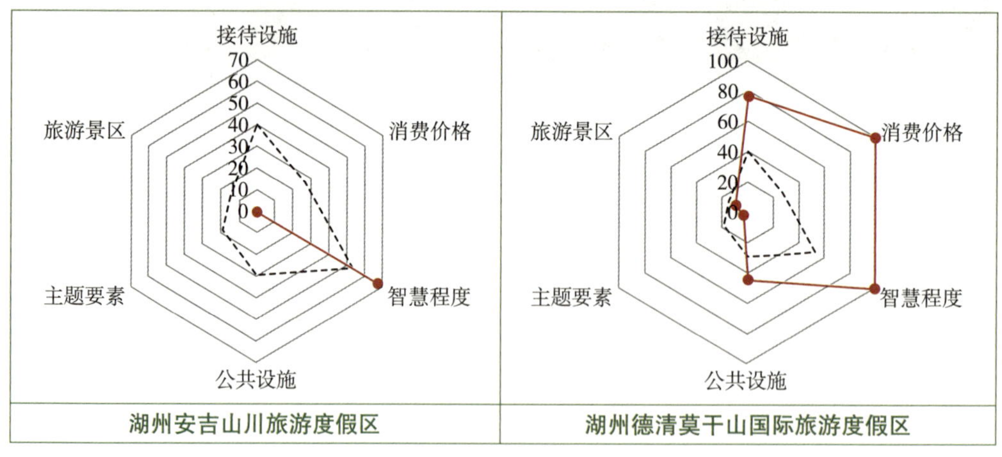

湖州安吉山川旅游度假区　　湖州德清莫干山国际旅游度假区

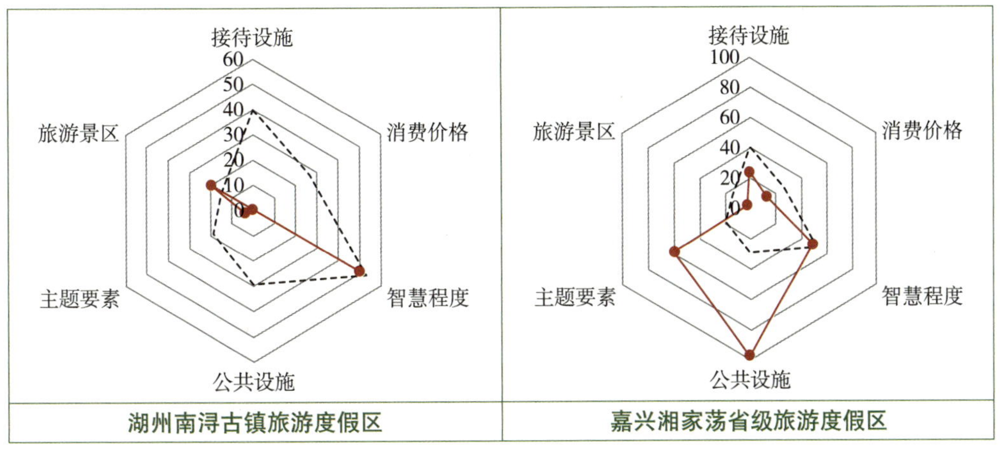
接待设施
消费价格
智慧程度
公共设施
主题要素
旅游景区
60
50
40
30
20
10
0
湖州南浔古镇旅游度假区
接待设施
消费价格
智慧程度
公共设施
主题要素
旅游景区
100
80
60
40
20
0
嘉兴湘家荡省级旅游度假区

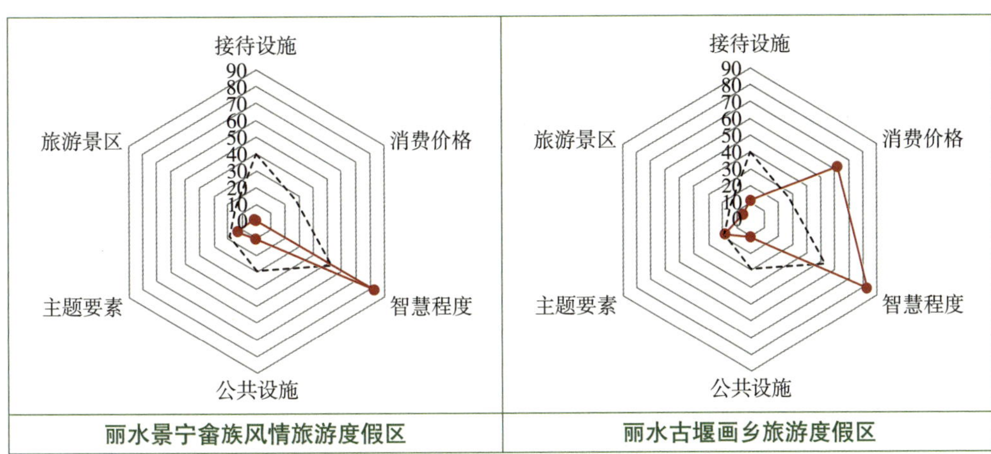
接待设施
消费价格
智慧程度
公共设施
主题要素
旅游景区
90
80
70
60
50
40
30
20
10
0
丽水景宁畲族风情旅游度假区
接待设施
消费价格
智慧程度
公共设施
主题要素
旅游景区
90
80
70
60
50
40
30
20
10
0
丽水古堰画乡旅游度假区

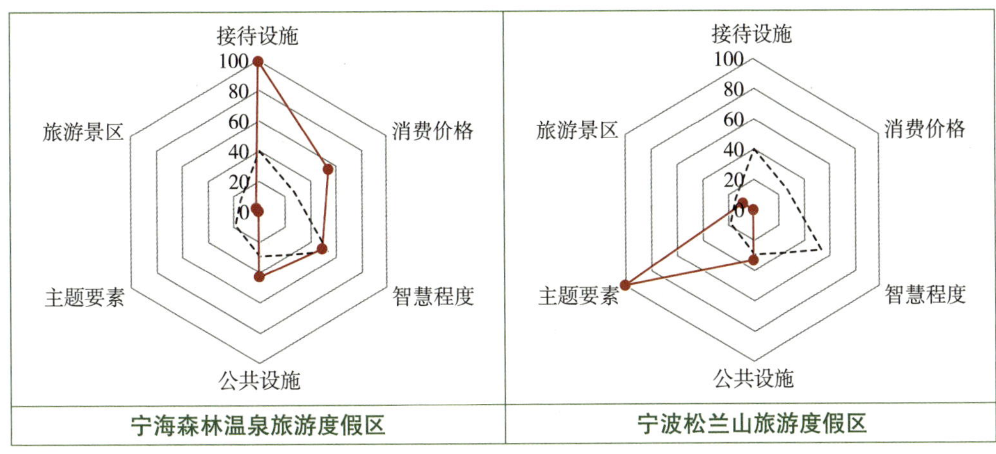
接待设施
消费价格
智慧程度
公共设施
主题要素
旅游景区
100
80
60
40
20
0
宁海森林温泉旅游度假区
接待设施
消费价格
智慧程度
公共设施
主题要素
旅游景区
100
80
60
40
20
0
宁波松兰山旅游度假区

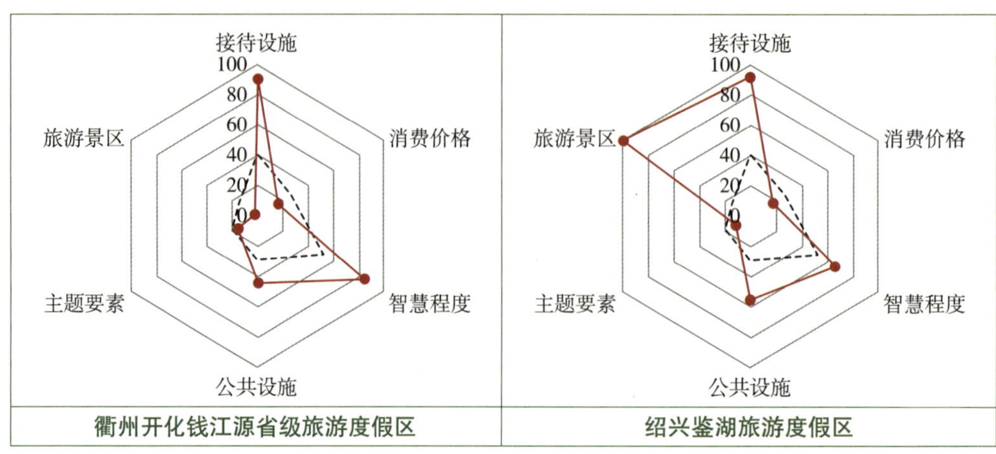

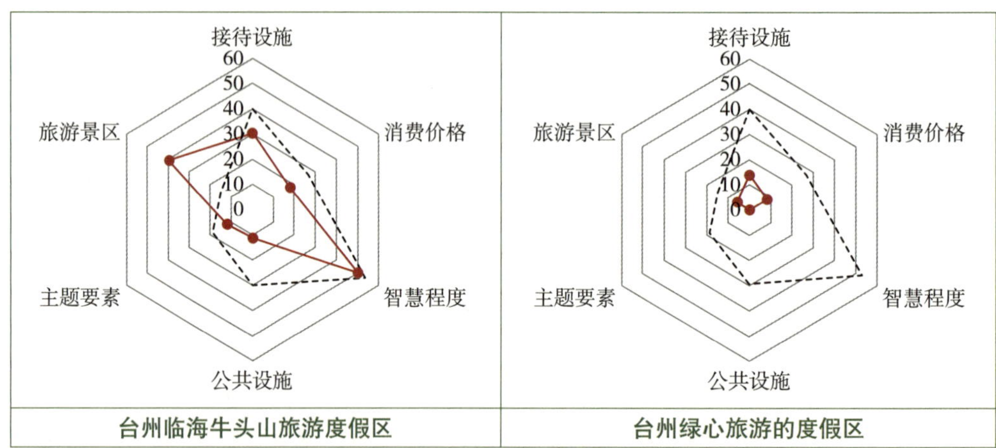

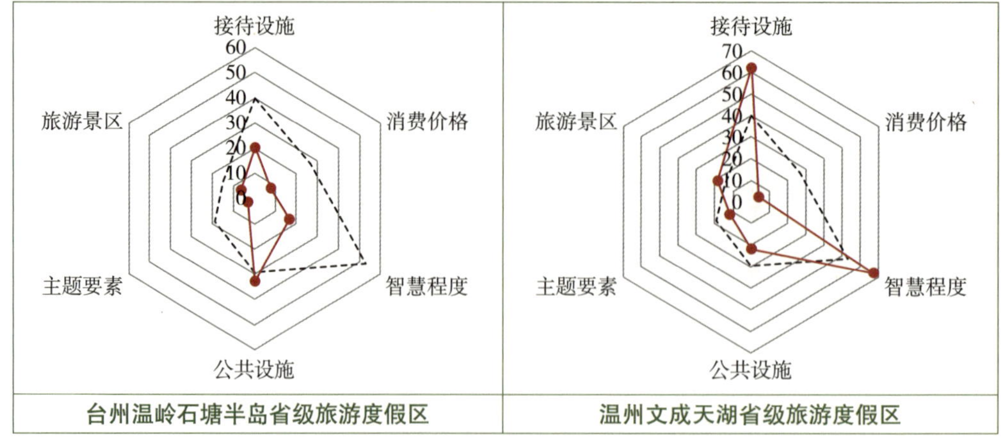

图 2–5 综合竞争力评价对比

从数据分析结果上看，在16家旅游度假区中，湖州德清莫干山国际旅游度假区、绍兴鉴湖旅游度假区、临安清凉峰旅游度假区、宁海森林温泉旅游度假区、安吉灵峰旅游度假区5家综合竞争力排名靠前，基本与旅游度假区的实际情况相吻合。从竞争力六边形的均值上看，旅游度假区在接待设施和智慧化建设上做得较好，公共服务设施建设、主题要素丰富度方面有待进一步加强。值得注意的是，各个旅游度假区在智慧化建设上均达到了相当的成熟度，与浙江数字经济强省、智慧旅游先行省相匹配，同时也要将更多的发展建设精力投入消费体验、主题营造等领域中，以求促进旅游度假区的全面发展，促进旅游度假区综合竞争力的全面提升。

四、问题短板剖析

问题是发展的一部分，是推进发展的基础，是牵引发展的导向，是实现发展的关键。坚持问题导向、目标导向、提升导向，在对旅游度假区发展格局分布、发展模式、综合实力的考察分析基础上，进一步对照高质量发展要求，对照"重要窗口"标准，对照人民美好度假生活需要，浙江旅游度假区还存在供给与需求不匹配、建设与运营不合一、规划与发展不同频、功能与设施不一致、体制与运行不协调等一系列发展中的问题。发展中的问题，要在推进发展的过程中用高质量的发展来解决。

（一）规划与建设不同频

浙江省旅游度假区采取先批后建模式，按照《浙江省人民政府办公厅关于印发浙江省省级旅游度假区管理办法》（浙政办发〔2020〕15号），应在批复设立后两年内完成总体规划编制和规划环境影响评价工作，目前来看，有相当部分度假区总规编制报批推进缓慢，滞后于时间进度要求。浙江省级旅游度假区采取"先批后建"模式，应特别注意避免"牌子到手、创建到头"的"批而不动、批而不建"现象。同时要注意，部分旅游度假区度假旅游功能弱化问题，旅游度假区在发展中，由于没有处理好旅游度假区与城市新区、开发区、周边村镇以及生态保护关系，度假旅游功能事实减弱情况存在，甚至旅游业丧失主导性，不符合浙江省旅游度假区作为文旅产业集聚区、高质量发展先行区和改革创新示范区的定位要求。2022年，因旅游度假区块功能调整以及生态保护等问题，浙江省人民政府批复撤销舟山群岛定海国际旅游度假区、常山三衢湖省级旅游度假区、遂昌黄金省级旅游度假区 3 家省级旅游度假区。

破解上述问题，要从“重要窗口”的高度和“走在前列”的要求，高起点谋划、高标准打造旅游度假区。特别是对标国内外一流旅游度假区，坚持统一规划、科学管理、注重特色、生态优先的原则，加快推动旅游度假区总体规划的编制和报批，明确旅游度假区发展的目标、思路、任务，引领度假区的发展，实现经济效益、社会效益、生态效益、文化效益的有机结合。特别是注重科学留白，把总体规划与国土空间规划有机无缝地对接，要合理划定三大红线范围，留足度假区未来的发展空间。注重创新转化，充分认识到“资源不等同于产品”，好风景不等于好体验，好资源不等于好产品。要加快将区域核心资源的利用和转化，打造度假区的吸引物。同时注重点面结合，正确处理好核心区与整个旅游度假区的发展关系，以点带面，带动整个度假区的发展。

（二）供给与需求不匹配

旅游业发展进入大众时代、度假时代和后疫情时代，出现转型迷茫期症状，各类投资主体既看不清趋势是什么，更不了解需求是什么，可谓是“乱花渐欲迷人眼”。当下沿袭“有什么、做什么”固化思维，“建景区、收门票”的传统观念仍然主导文旅投资，“需求什么、投资什么”的市场思维没有完全引导供给，露营、玻璃栈道、乐园等产品一窝蜂而上、无序发展、恶性竞争，产品生命周期缩短、迭代升级加速与有效供给、优质供给的矛盾仍然突出。

产品类型不能满足日益增长的游客需求，逗留时长相对较短，特别是高品质度假设施仍需提升，国际品牌度假酒店、高星级度假酒店、高等级精品民宿数量较少。度假区内乡村旅游品质不高，等级民宿、茶吧、餐吧、酒吧等夜间娱乐业态不够丰富，传统文化传承和展示还不够，没有形成常态化的产品。特别是区域面积较大的度假区，产品分散，品质打造困难大，部分度假项目建设与后期运营衔接不畅。从旅游度假区主导投资运营模式看，抽调数据显示，浙江旅游度假区投资运营模式分为政府投资主导型、企业投资主导型。其中政府投资为主的度假区数量占比 43%，企业投资为主的占比 24%，政府企业投资比例接近的占比 33%。除基础设施和公共服务外，度假产品端市场化程度、市场主体数量还需进一步提升。

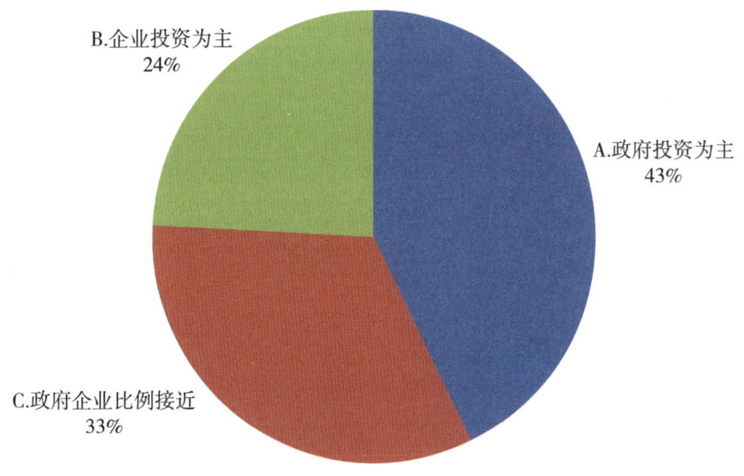

图 2-6 浙江省级旅游度假区投资主体结构

（三）体制与运行不协调

省级以上旅游度假区设有专门管理机构，有独立运行和合署办公等管理模式。从抽调数据来看，浙江旅游度假区合署办公占比大，很多与行政区、开发区、乡镇街道、文旅部门两块牌子一套班子，合署办公占比 41%，完全独立运行管理机构数量不足一半，占比 45%，其他占比 14%。容易导致度假区管理人员保障不够，专业性独立性差，缺乏与度假区发展相适应的专门管理机构、专职管理人员、专业运营人才。宣传推广力度不够，局限于开展节事活动等形式，方式和手段比较单一。

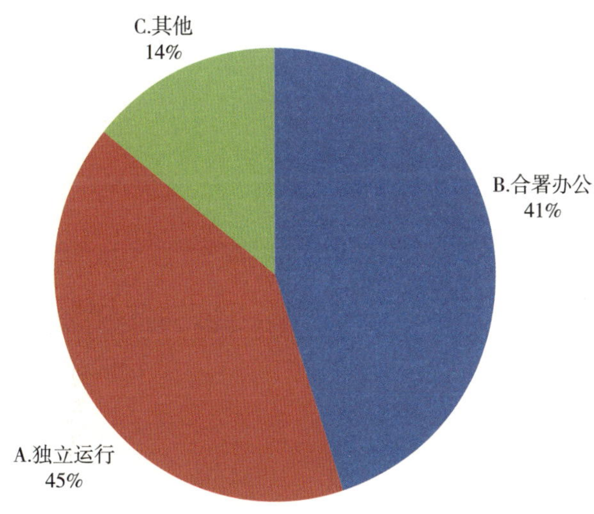

图 2-7 浙江省级旅游度假区管理机构情况

部分旅游度假区由于面积过大，管理模式粗放，公共配套离散，撒胡椒面般投入激不起多少“浪花”，导致整体度假氛围缺乏，整体的形象和品质不佳，旅游度假区统一整体运营不足，整体概念不明显，符合度假区主题特色的门户形象不足；标识系统不够完善，标识标牌、景点介绍、安全警示等存在欠缺、不规范、不统一、不美观等现象；旅游公厕、游客服务中心等公共设施仍需提升；交通的配套不完善，度假区内部公共交通体系需进一步提升。

尽管从从竞争力六边形的均值上看，旅游度假区在智慧化建设数据排名整体靠前，但具体到各旅游度假区中，对照数字创新一号工程要求和未来数字科技浪潮，旅游度假区数字化水平仍需进一步提高，除了系统提升数字化治理能力，构建并有效利用智慧驾驶舱，整合智慧系统、网上预订、网上预约常态化业务功能。另外，在构建数字化智慧新场景、沉浸式体验新产品、人性化智能新服务等方面要持续努力，持续走在前列。

第三章

发展战略聚焦：上下同心、政府有为

一、省级统筹、顶层谋篇

浙江在推进旅游度假区高质量发展的实践中，尤其重视顶层设计、统筹谋划，构建高层级、系统性、全周期的统筹协调工作平台，主动联合相关部门和机构，形成行政合力，为全省旅游度假区高质量发展整合资源、合理布局、科学规划、明确方向。

（一）高起点顶层设计

2004 年 9 月，时任浙江省委书记习近平同志在全省旅游发展工作会议上在全国率先提出了“加快发展旅游经济，建设旅游经济强省”的重大决策，为浙江旅游经济抢占先机，突飞猛进，领跑全国提供了思想指引。历年来，各级党委政府把发展旅游经济摆在十分重要的位置，将旅游业作为浙江重要战略支柱产业，高度重视予以推进，切实加强组织领导，一任接着一任干，一锤接着一锤敲，旅游经济强省的各项任务落到实处。

2016 年 2 月，时任省长李强同志，在浙江省旅游发展领导小组举行第一次会议上再次强调，旅游业是支撑全省未来发展的大产业之一，是值得深度挖掘的“黄金产业”。浙江应积极顺应旅游常态化、全球化、消费个性化、供给精准化的发展态势，把全省作为一个大景区来谋划建设，以好山好水好风光为依托，科学规划、注重创新、培育精品、补齐短板、强化统筹，加快把旅游业打造成为万亿级产业。

浙江省按照“目标体系、工作体系、政策体系、评价体系”四个体系，建立形成旅游度假区管理闭环工作机制，定期研究解决旅游改革和发展重大问题。2016 年正式实施的《浙江省旅游条例》，对旅游度假区的申请设立等内容做了简要规定。针对度假区设立流程及规范管理相关工作进行规范、明确和细化，推进浙江旅游度假区高质量发展，并制定出台《浙江省省级旅游度假区管理办法》,《办法》中明确了省级旅游度假区的申报条件与具体流程，要求旅游度假区成立专门的管理机构负责建设和管理工作，并制定了严格的评价与考核机制。

省旅游发展领导小组建立旅游发展统筹协调机制和“一事一议”的工作推进机制，印发 15 个涉旅部门旅游市场综合监管的责任清单，将旅游发展规划上升到全省统筹的高度，实行旅游业引导下的“多规合一”。各涉旅部门主动谋划旅游、参与旅游、支持旅游，在旅游用地、旅游交通、旅游人才、旅游税收、旅游项目、旅游统计、旅游市场治理等保障方面主动作为，在文化旅游、健康旅游、农业旅游、森林旅游、水利景区、运动休闲旅游等新业态发展方面积极有为。

2020 年为进一步加快旅游市场复苏，拓展全省旅游产业发展空间，助力全省经济建设高质量发展，浙江省政府成立旅游专班。浙江省副省长担任旅游专班组长，浙江省文化和旅游厅厅长担任旅游专班副组长。旅游专班主要是针对浙江旅游业发展的痛点、难点问题，把方向、定政策、抓进度，打好组合拳，制定实施一系列消除瓶颈、推动发展的政策措施，推动浙江省旅游业打造“一纵四横”[①] 新亮点，加强景区景点精品建设，开展数字旅游创新，并服务全省各地抓好政策落实，形成各地比学赶超、争先创优的局面。专班围绕浙江省旅游业发展“十四五”规划，聚焦做好旅游业“微改造”的“绣花”功夫，以人为本，注重文化内涵的深度挖掘，全面提升游客的切身感受，以文塑旅，针对旅游核心吸引物、旅游目的地、旅游接待场所三类场所开展“微改造、精提升”，擦亮“诗画江南、活力浙江”的金名片。

综合各地市旅游发展状况，在旅游功能区划的基础上均衡空间布局，合理布

① 《浙江省旅游业发展“十四五”规划》提出围绕“四条诗路”“十大海岛公园”“十大名山公园”等重大工程建设，培育旅游业的战略性支柱产业地位。

点，省级旅游度假区在资源依托、主题特色等方面进行差异化的统筹布局，结合地区发展指标体系，解决旅游度假区创建“南冷北热”现象。区域协作方面，政府积极组织区域合作，寻求市场突破。加快融入长三角区域一体化发展，主动融入长江经济带建设、大运河国家文化公园建设，结合浙皖闽赣生态旅游协作区，杭黄国际生态旅游廊道等区域协作建设，紧紧抓住高铁时代下城市间空间距离重构的机遇，巩固长三角周边省市一级市场，重点突破珠三角、京津冀和中西部市场，推行“区域联动、部门联合、企业联手、线上线下互动”的区域合作和营销模式，共推区域精品线路和产品，大力拓展国内远程市场。积极参与中国（浙江）自由贸易试验区、“一带一路”旅游发展建设，重点拓展入境旅游市场的渠道。

（二）高站位产业定向

旅游度假区是非常具有中国特色的旅游品牌之一。1992 年起国务院在推动国家旅游度假区建设时，“国家旅游度假区”定位以吸引外汇为主、开发区性质浓郁。但在逐渐复杂的市场经济环境下，面对全国不同资源禀赋、不同发展条件的地区诉求时，很难以统一的发展模式来平衡。2010 年版及 2022 年版《旅游度假区等级划分》（GB/T 26358）、2015 年《旅游度假区等级管理办法》、2019 年《国家级旅游度假区管理办法》中，均没有限定或引导旅游度假区的产业发展模式，这也使得各地的自主探索模式极为宽松多样化。近十年来，全国众多省份的旅游度假区是从传统的景区，尤其是自然生态保护类景区的门户区域演化而来，带有浓重的自然资源保护色彩和公益文化性质，在开发利用方面受到了红线、蓝线、紫线、用地指标等多方面的要素制约，也很难推动旅游度假区的高质量发展。而在市场经济更为活跃、消费环境更为成熟的东部沿海地区，浙江、江苏率先明确了旅游度假区作为“产业集聚区”的发展定位。浙江对旅游度假区建设工作进行了非常立体的定位，认为旅游度假区建设工作是统筹城乡发展的重要抓手；推进旅游经济强省建设的重要支撑；促进产业提升，加快产业融合的平台。而旅游度假区本身则被定位为“旅游产业的集聚区、高质量发展示范区和改革创新的先行区”，后在文旅融合大背景下调整为“文化和旅游产业集聚区、高质量发展示范区和改革创新先行区”，同时也更是浙江“重要窗口”形象的展示区。基于以上对旅游度假区建设工作和区域功能的高标准定位，浙江省给予旅游度假区行政区域的地位，享受和开发区同等的待遇，设立独立的管理机构，承担旅游度假区开发建设、招商引资、宣传营销和社会发展等职能。依托良好的区位优势和消费环境，加上明确的产业定位，浙江逐渐发展成为全国旅游度假区总量最多、国家级数量最多、设施服务品质最好的区域之一。

（三）高水准模式创新

旅游度假区主要有“先建后批”和“先批后建”两种创建模式。全国大部分地区的省级旅游度假区都是“先建后批”，浙江省结合本省实际情况，将“省级旅游度假区发展定位为文化和旅游产业集聚区、高质量发展示范区、改革创新先行区”，采用的是“由省人民政府批复设立”的“先批后建”模式。1992 年国务院批复设立的 12 家国家旅游度假区是基于出口创汇的开发区建设理念，采用了先批后建的模式。“先批后建”模式的优势在于旅游度假区是以行政区来划批，便于统一管理，机制顺畅，且建设运营和管理起点较高。浙江省通过先批后建、优胜劣汰等方法，在制度上实现了对旅游度假区的全生命周期管理，能够引导旅游度假区建设提高起点、稳步发展、及时纠错。

2012 年，浙江省旅游局第一次出台《关于印发浙江省省级旅游度假区规范申报程序的通知》（浙旅规划〔2012〕212 号）来规范省级旅游度假区的申报程序，在全国率先推行省级旅游度假区“先批后建”的发展模式。2016 年《浙江省旅游条例》、2020 年《浙江省省级旅游度假区管理办法》均对省级旅游度假区的申报程序做了相应细化调整。省级旅游度假区由所在地市或县（市、区）政府申报，申报与设立分为预审和正式审批两个阶段。正式审批后，符合条件的报请省政府批复设立，不符合条件的作出书面说明。省级旅游度假区每两年考核 1 次，对评价考核不合格的，予以通报批评并责成限期整改。限期整改后仍不合格或连续两个考核周期不合格的，由省文化和旅游厅报请省政府予以撤销（如图 3–1、表 3–2、表 3–3）。

表 3–1　旅游度假区的发展定位变化

1992 年《国务院关于试办国家旅游度假区有关问题的通知》（国发〔1992〕46 号）	国家旅游度假区是符合国际度假旅游要求、以接待海外旅游者为主的综合性旅游区，是国家鼓励发展的创汇型产业。
2001 年 4 月《浙江省旅游度假区管理办法》（浙江省人民政府令第 127 号）	旅游度假区，是指经国务院、省人民政府批准设立的，地域界限明确，符合旅游度假要求，能够为国内外旅游者提供高质量的度假、休闲、观光、娱乐等综合性服务的旅游经济区域。

续表

2019 年 12 月《国家级旅游度假区管理办法》	旅游度假区，是指为旅游者提供度假休闲服务、有明确的空间边界和独立管理机构的区域。 国家级旅游度假区，是指符合国家标准《旅游度假区等级划分》（GB/T 26358）相关要求，经文化和旅游部认定的旅游度假区。
2020 年 4 月《浙江省省级旅游度假区管理办法》	省级旅游度假区，是指有明确的空间边界，依托优质的度假资源与环境，具备高质量的度假设施和服务，能够满足旅游休闲度假需求的综合性旅游区。省级旅游度假区发展定位为文化和旅游产业集聚区、高质量发展示范区、改革创新先行区。

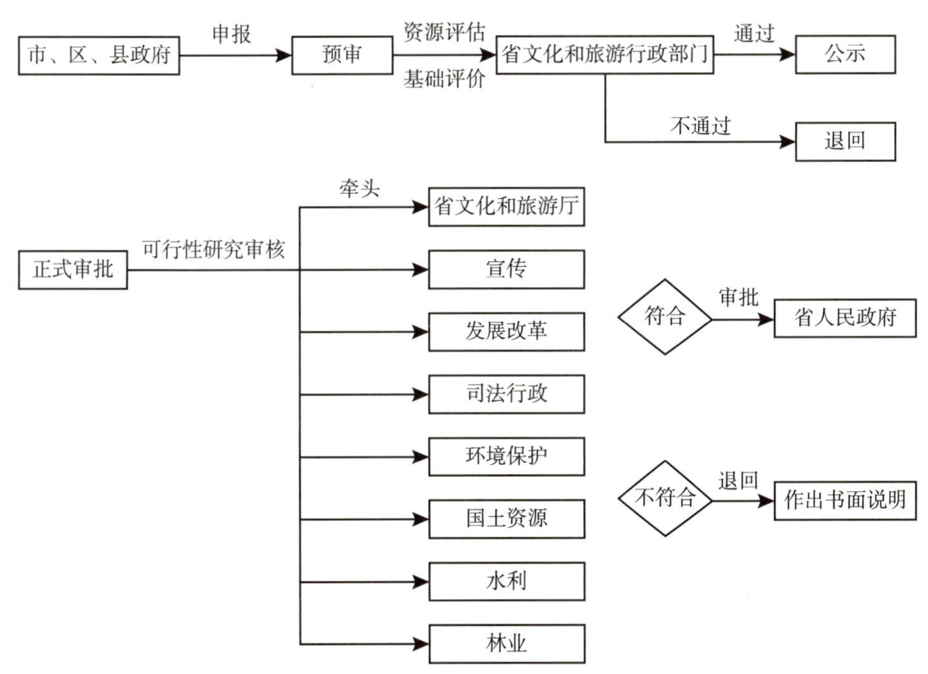

图 3–1 浙江省省级旅游度假区审批流程

表 3–2 浙江省级旅游度假区申报条件变化

政策文件	内容条款
2014 年《浙江省旅游局关于开展规范省级旅游度假区有关工作的通知》（浙旅规划〔2014〕99 号）	增加旅游度假区的申报门槛条件： （一）所在地的党委政府高度重视，措施有力，已经设立或明确管理机构，落实土地、资金、基础设施等要素保障，旅游度假区所在地的群众支持配合； （二）已经建成、在建或已经签订合同的旅游项目总投资达到 50 亿元以上； （三）具有良好度假资源和生态环境； （四）没有明显的旅游安全隐患和污染源，区内或周边半径 3 千米内无重大污染源。 在旅游度假区申报时，必须提供当地政府和旅游、环保、国土等相关职能部门的证明材料。

续表

政策文件	内容条款
2016年《浙江省旅游条例》	第十条　设立旅游度假区，应当进行可行性论证，具备下列条件： （一）具有丰富的旅游度假资源、良好的生态环境质量、优越的休闲度假条件，并具有一定的面积、明确的空间边界及核心区域； （二）具备必要的交通、消防、通信、能源、供水、污水和垃圾处理等基础设施，便捷的外部交通条件，区内及周边无多发性不可规避自然灾害威胁； （三）具有一定投资规模和影响力，与生态环境相适应的旅游项目；（四）国家和省人民政府规定的其他条件。旅游度假区分为国家级旅游度假区和省级旅游度假区。国家级旅游度假区的设立、建设和管理，按照国家有关规定执行。
2020年《浙江省省级旅游度假区管理办法》	申报省级旅游度假区，应符合《旅游度假区等级划分》国家标准（GB/T 26358），同时具备下列条件： （一）旅游度假资源丰富，生态环境质量优良； （二）区位优势明显，具备良好的交通、通信、供水、供电、供气等公用设施； （三）符合国家有关自然资源、历史文化遗产保护等方面法律法规的规定； （四）突出文化和旅游融合发展，注重优秀文化保护、传承和利用； （五）有一批具备一定投资规模和影响力且投资主体明确的旅游项目，建成、在建和已签订合同的旅游项目总投资达50亿元以上［26个加快发展县（市、区）达30亿元以上］； （六）具有明确的地域界限，无泥石流、崩塌、滑坡等可预测地质灾害威胁，无明显的旅游安全隐患和污染源； （七）与所在地文化和旅游发展规划、国土空间规划、环境保护规划、林地保护利用规划、流域和区域水利规划等相衔接； （八）总占地面积在5平方千米以上。

表3–3　浙江省级旅游度假区申报程序的变化

政策文件	内容条款
2012年《关于印发浙江省省级旅游度假区规范申报程序的通知》（浙旅规划〔2012〕212号）	省级旅游度假区由所在地市或县（市、区）人民政府申报，申报与设立分为预审和正式审批两个阶段。预审阶段主要由省文化和旅游行政部门进行资源评估与基础评价；正式审批阶段由省文化和旅游行政部门牵头会同宣传、发展改革、司法行政、自然资源、生态环境、水利、林业等部门对旅游度假区可行性研究报告进行审核，符合条件的报请省政府批复设立，不符合条件的作出书面说明。
2016年《浙江省旅游条例》	第十一条　设立省级旅游度假区，由旅游度假区所在地设区的市或者县（市、区）人民政府向省人民政府提出申请，经省旅游主管部门会同同级有关部门审核后，由省旅游主管部门报请省人民政府批准。 省级旅游度假区经批准设立后，设区的市或者县（市、区）人民政府应当明确管理机构，负责旅游度假区的建设和管理工作，并自批准设立之日起两年内，编制完成旅游度假区总体规划，经省旅游主管部门会同同级有关部门审查后，报请省人民政府批准。

续表

政策文件	内容条款
2016 年《浙江省旅游条例》	省人民政府应当建立省级旅游度假区评价考核机制。旅游度假区经评价考核不合格的，省旅游主管部门应当责令限期整改；经整改仍不合格的，由省旅游主管部门报请省人民政府撤销旅游度假区。
2020 年《浙江省省级旅游度假区管理办法》	提出资源评估与基础评价书面申请； 编制可行性研究报告； 提出设立省级旅游度假区的书面申请（附可行性研究报告和相关材料）； 批复设立后两年内完成总体规划编制和规划环境影响评价工作； 动态评价考核机制（每两年考核 1 次，考核结果分为优秀、良好、合格、不合格 4 个等次），依据：浙江省旅游度假区评价考核细则； 常态化数据信息统计报送。

此外，如何厘清创建与培育的关系，也是浙江旅游度假区发展过程中的关键议题。当前浙江所有旅游度假区中，批复成立超过 20 年的比例达到 15%，10 年至 19 年的比例为 15%，超过一半的的旅游度假区批复成立在 5~9 年，近 4 年来也有 20% 的旅游度假区通过了省人民政府的批复。

在成长周期方面，以浙江省当前 8 家国家级旅游度假区的创建成长路径为参考，从省级旅游度假区发展到国家级旅游度假区的成长培育周期最长为 23 年（淳安千岛湖旅游度假区），平均培育周期约为 13 年，而安吉灵峰旅游度假区（6 年）、莫干山国际旅游度假区（4 年）的培育周期则远低于这个时长。例如，德清县委县政府在 2018 年 7 月正式启动国家级旅游度假区创建工作，以此为重要抓手完善体制机制，并制定了《德清莫干山国际旅游度假区创建国家级旅游度假区实施方案》推动旅游度假区的创建；至 2020 年，中华人民共和国文化和旅游部正式认定德清莫干山国际旅游度假区为国家级旅游度假区，充分说明了旅游度假区的快速成长与当地的政策机制或良好的基础氛围等因素不无关系。

表 3–4　截至 2023 年浙江旅游度假区批复省级后的成长发展周期

发展期	数量（家）	占比（%）
20 年及以上	8	15
10~19 年	8	15
5~9 年	28	50
4 年及以内	11	20

表 3-5　截至 2021 年浙江省国家级旅游度假区的培育周期

旅游度假区名称	省级批复年度	国家级批复年度	国家级培育周期
宁波东钱湖旅游度假区	2001	2015	14 年
湖州太湖旅游度假区	2002	2015	13 年
湘湖旅游度假区	1995	2015	20 年
湖州安吉灵峰旅游度假区	2012	2018	6 年
淳安千岛湖旅游度假区	1997	2020	23 年
德清莫干山国际旅游度假区	2016	2020	4 年
泰顺廊桥—氡泉旅游度假区	2014	2022	8 年
绍兴鉴湖旅游度假区	2008	2022	14 年

对于批复成立超过 20 年的省级旅游度假区而言，依据旅游目的地生命周期理论去观察其发展路径也是重要议题。例如，在 1998 年同一批被省人民政府批复公示的宁波松兰山旅游度假区、嘉兴平湖九龙山旅游度假区就是典型例子，二者都曾有辉煌和鼎盛时期，如松兰山的海滨浴场是远近闻名的度假胜地，九龙山的高尔夫球场、马场及戛纳风情海滨码头吸引了无数上海来客，然而近年来发展遇到政策、资金等各方面要素的制约已经过了发展的高峰期，发展态势滑落，有的甚至到了停滞期，如何转型升级发展，是亟待破解的难题。

（四）高要求考核评价

浙江省在探索培育旅游度假区健康高质量发展的过程中，逐渐形成完善严格的动态管理机制，全面破除省级旅游度假区的“终身制”。省文化和旅游厅综合运用第三方评估、社会监督评价等方式，开展旅游度假区年度测评分析、中期评估和总结评估等动态化跟踪督查，推动重点任务在旅游度假区落实落细落地，在执行层面及时对全省旅游度假区年度工作回头看等复盘分析并调整相应策略。省级旅游度假区每两年考核 1 次，考核结果分为优秀、良好、合格、不合格 4 个等次，并向社会公布。考核周期内被认定为国家级旅游度假区或上一个考核周期评价考核优秀的，可不参加当期考核。对评价考核优秀的，优先推荐申报国家级旅游度假区。对评价考核不合格的，予以通报批评并责成限期整改。限期整改后仍不合格或连续两个考核周期不合格的，由省文化和旅游行政部门报请省政府予以撤销[①]。近年来，浙江

① 浙江省人民政府办公厅关于印发浙江省省级旅游度假区管理办法的通知［N］. 浙江省人民政府公报。

省高度重视度假区考核工作，精心组织，统筹安排，根据《浙江省旅游度假区考核办法》的有关规定，组织完成了全省旅游度假区全面考核工作，考核结果经省政府审定后发布，并通报相关县（市、区）人民政府。经过全省严格的动态考核机制，2022 年初撤销了 3 家考核不合格的旅游度假区。

表 3–6　浙江省省级及以上旅游度假区复核评价评分指标 ①

<table>
<tr><th>一级指标</th><th>二级指标</th><th>分值</th><th>考核内容</th></tr>
<tr><td rowspan="5">A
体制机制
（15 分）</td><td>总体规划</td><td>3</td><td>总体规划已获省政府批复</td></tr>
<tr><td>管理机构</td><td>5</td><td>已明确管理机构，有三定方案，独立运行 / 合署办公</td></tr>
<tr><td>资金保障</td><td>3</td><td>政府投资用于度假区建设 2 亿元以上</td></tr>
<tr><td>用地保障</td><td>3</td><td>整体 / 核心区纳入城镇开发边界</td></tr>
<tr><td>政策保障</td><td>1</td><td>出台招商引资等方面专门政策</td></tr>
<tr><td rowspan="4">B
项目建设
（18 分）</td><td>项目投资</td><td>6</td><td>在建旅游项目计划投资总额满 5 亿元以上（山区 26 县为 3 亿元）</td></tr>
<tr><td>项目建设</td><td>6</td><td>旅游项目实际完成投资满 2 亿元以上（山区 26 县为 1.2 亿元）</td></tr>
<tr><td rowspan="2">招商引资</td><td rowspan="2">6</td><td>新引进落地开工亿元以上旅游项目</td></tr>
<tr><td>新招引旅游企业（注册地在度假区范围内）</td></tr>
<tr><td rowspan="9">C
度假产品
（20 分）</td><td rowspan="2">核心吸引物</td><td rowspan="2">5</td><td>新增 4A 级及以上旅游景区</td></tr>
<tr><td>新增国家级 \ 省级文旅类示范基地、各类试点和特色小镇</td></tr>
<tr><td>度假休闲服务</td><td>4</td><td>新增高品质运动健身、休闲娱乐、康体疗养、夜游、日常参与体验等度假产品体系且日接待能力超过 500 人次</td></tr>
<tr><td rowspan="4">旅游住宿</td><td rowspan="4">8</td><td>5 星级酒店或国内外知名品牌度假酒店、金宿级以上民宿</td></tr>
<tr><td>3 星级以上酒店（省级特色文化主题饭店、品质饭店、绿色饭店）或国内外知名品牌全服务酒店总客房数</td></tr>
<tr><td>新增金宿级以上民宿</td></tr>
<tr><td>新增 3 星级以上酒店或国内外知名品牌全服务酒店</td></tr>
<tr><td>旅游餐饮</td><td>2</td><td>提供 24 小时餐饮服务，设立百县千碗体验店</td></tr>
<tr><td>旅游商品</td><td>1</td><td>旅游购物场所布局合理，环境整洁舒适，特色明显，价格合理，管理规范，设立当地特色商品专柜。</td></tr>
</table>

① 说明：1. 2017 年 1 月 1 日以后批复设立的旅游度假区参加基本评价，即 A+B+C+D+E+H+I 项，G 和 F 项作为参考，其他旅游度假区参加全部项评价，总分达到满分的 90% 及以上为优秀，75% 及以上为良好，60% 及以上为合格，60% 以下为不合格。2. 旅游项目是指具备一定投资规模和影响力且投资主体明确的旅游景区、住宿、餐饮、演艺、购物等项目，或专门为度假区发展而投入的水、电、基础设施项目及绿化、美化、亮化等景观提升项目（不含房地产项目）。

续表

一级指标	二级指标	分值	考核内容
D 公共服务 （16分）	交通配套	1	各旅游景区（点）、酒店及休闲场所之间，均能通过公共交通到达。
		1	自行车租赁点、驿站等配套设施完善。
	慢行系统	1	绿道慢行系统（步行系统、自行车骑行道）能够覆盖区域内主要酒店、景点。
	停车位	1	停车位充足，分布合理，标志清晰规范、配套完善，管理规范，旺季有临时停车措施。
	标识系统	1	在酒店、购物、餐饮、厕所、公共交通等公共场所，景区（点）、停车场、出入口、购物点、厕所等位置，设置标识标牌。
		1	在游客集散场所、主要出入口设置导览图，标明区域边界、现在所处位置、周边度假设施等图示，并标明咨询、投诉和救援电话。
		1	标识标牌设置分布合理、指向正确，设计醒目美观，地域特色明显。
	厕所革命	2	厕所数量充足，分布合理，管理有效，并达到3A级旅游厕所标准。
	特殊人群服务	1	充分考虑老龄（残）需求，建设无障碍设施，设立急救场所和设备。
		1	提供优质全面、多样化的儿童度假设施及活动，且提供优质托儿服务。
	智慧旅游	1	智慧旅游管理系统运转良好，运用数字化手段开展营销、运营和安全、办公管理，度假区数字管理系统、旅游数据做到实时共享。
		1	智慧旅游服务体系健全，设有网站（App、公众号）等网络平台，功能齐全，提供实时预约等票务服务，查询、资讯、投诉等信息服务，并提供电子导游导览服务。
		2	推出数字应用场景。
		1	建成智慧景区。
E 旅游环境 （8分）	环境卫生	1	区域内水域保洁到位，干净整洁无污染。
		1	主要道路和街巷整体环境卫生、整洁。有乱堆、乱放、乱扔、乱停、乱贴、乱涂、乱拉、乱挂、乱搭、乱晒等现象，发现一处扣0.5分，扣完为止。
		1	公共区域有垃圾分类收集设施，对危险废弃物设置专用存放点，抵制“白色污染”，符合“无废景区”建设要求。
		1	整体植被覆盖率良好，已开发建设用地平均绿地率较高。
	村镇景区化建设	2	A级景区村庄覆盖率。
		2	A级景区镇覆盖率。
F 品牌形象 （7分）	门户形象	2	主要出入口门户形象较好，地方特色鲜明，边界清晰，效果较好。
	品牌形象	2	提炼主题形象口号，品牌形象鲜明、特色突出、社会认可度知名度高。
		3	度假区联动周边推出组合产品，带动区域富民增收。

续表

一级指标	二级指标	分值	考核内容
G 文旅融合 （10 分）	服务融合	1	新建、改造服务设施彰显地域文化内涵和地方特色并以游客为需求。
		1	游客集中区引入书店、剧院、休闲运动等公共文化运动休闲设施。
		1	度假区服务人员持证上岗率超过 80%（有资格证书的工种），并建立培训制度，对于无统一资格证书的工种组织相应的业务培训。
	丰富业态	4	拥有省级特色文化主题酒店、文化特色的民宿、主题餐厅、酒吧、茶吧、书吧等。
			传统技艺、表演艺术传承和利用良好，有常态化的文化演艺项目等。
			拥有经营民俗文化、非遗、文创、曲艺音乐等文化业态，文化和旅游与工业、农业、林业、水利、地质等产业融合发展业态。
			夜间消费活跃、业态丰富。
	文化氛围	1	人文环境宜人，法治文化等阵地建设良好，当地文化特色鲜明。
		2	文化资源保护良好，转换与利用富有成效，彰显地方特色。
H 发展水平 （6 分）	过夜游客停留天数	1	2020—2021 年年均过夜游客平均停留天数，参照旅游统计口径测算。
	人均消费（元 / 天）	1	2020—2021 年接待游客人均消费，参照旅游统计口径测算。
	游客满意度	1	游客总体评价较好，游客满意度较高。
	企业税收（亿元）	1	度假区内企业年均税收总量。
	共同富裕	1	所在乡镇的城乡居民可支配收入及增长情况。
		1	带动居民就业情况。
I 附加指标	加分项目	10	根据《浙江省旅游业“微改造、精提升”工作评价细则》评价度假区微改造项目数、问题整改率、投资完成率，度假区内微改造示范点或最佳实践案例。
	扣分项目	—	旅游经营活动中存在安全隐患，且未在指定期限内整改完毕的，发生一般性的旅游安全责任事故。
			A 级景区或特色小镇、A 级景区镇、A 级景区村庄、星级酒店被予以摘牌、警告和通报批评处理。
			度假区范围内有文化或旅游市场主体被认定为严重失信主体的，被认定为轻微失信主体的。
			未建立完善的省级旅游度假区监测制度，在旅游产业监测平台上填报的数据有弄虚作假现象。
	一票否决	—	近两年发生重大旅游安全事故或发生社会影响极其恶劣的舆情事件。

浙江省旅游度假区的动态考核机制，主要包括以下几个方面工作：

1. 强化动态监管

一是通过对接文化和旅游部全国旅游产业运行监测平台旅游度假区数据填报系统，对全省旅游度假区统计系统的运行管理，分季度、年度对全省旅游度假区的基本信息、接待人数、旅游收入、项目投资、企业规模等100多个指标数据填报情况进行动态监管，实时掌握旅游度假区的招商引资、开发建设和经营管理等动态情况。二是加强实地检查指导，特别是对前一年度考核成绩靠后的旅游度假区督促整改落实。

2. 严格考核程序

旅游度假区考核采取了资料审查、专家评审和实地检查相结合方式，对旅游度假区的开发建设和经营管理情况进行综合考核。省旅游局会同省政府办公厅、省发改委、省住建厅、省自然资源厅、省水利厅等有关部门及专家联合组成考核组，集中召开旅游度假区年度考核工作会，听取各旅游度假区年度工作汇报，审核及质询考核相关资料内容，对指标进行考核量分。省旅游局再根据资料审查和专家评审打分情况，抽取排名靠前和靠后的部分旅游度假区进行实地检查。

3. 突出考核重点

考虑到省级以上旅游度假区自批准设立以后需要较长时间的建设周期，所以将评定五年以上和五年以下旅游度假区的考核重点进行区分。评定时间五年以上的重点以运营管理考核为主，包括旅游产品和业态、主题定位、环境整治成效、接待游客人数和收入、公共配套设施、节庆赛事等内容；评定时间不到五年的重点以规划建设考核为主，包括管理体制、政策保障、项目招商、项目投入、基础设施建设投入等内容。

4. 施行末位淘汰

在考核过程中发现有部分旅游度假区建设缓慢、体制不顺、业态单一，影响了浙江旅游度假区的整体形象的，经研究予以通报批评或限期整改。被通报批评的旅游度假区要在2个月内上报整改方案，并开展整改提升工作。被责成限期整改的旅游度假区要在2个月内上报整改方案，6个月内完成整改并上报整改情况，限期整改落实不到位，没有达到要求的届时将予以撤销处理。

浙江省政府委托省文化和旅游厅牵头对旅游度假区进行考核，以旅游度假区环境体制机制，产品投资、游客满意度等核心指标，引领旅游度假区高质量发展。以2020年为例，浙江省文旅厅对全省旅游度假区进行了2018年至2019年度考核，经过多轮公开比拼，最终优秀 8 家，优先推荐申报国家级旅游度假区，不合格 8 家，组织对其所在地方政府负责人进行了郑重的约谈，督促整改。浙江省对旅游度假区的年度考核是动真格，2022 年浙江省人民政府分别于 1 月公布撤销省级舟山群岛定海国际旅游度假区的批复，2 月公布撤销常山三衢湖省级旅游度假区和遂昌黄金省级旅游度假区的批复。考核的指挥棒极大地促进了地方党委政府高度重视旅游度假区发展。

二、市县推动、中层谋实

在设区市一级层面，旅游度假区相对于单个景区或某一旅游产品而言，在产业整体性和区域综合性方面更具有天然的优势，在旅游业整体推进的过程中，旅游度假区品牌建设是非常有效的抓手。各地党委政府高度重视、全力推动旅游发展，将旅游度假区的高质量发展纳入领导班子和干部实绩考核评价机制，合力兴旅的自觉性进入新境界。建立党政领导班子挂帅的旅游业高质量发展联席会议制度，定期研究解决重大问题。各市、县（市、区）强化主体责任，把旅游度假区设立、招引重大项目投资落地、创建国家级旅游度假区等发展目标纳入各市、县（市、区）绩效考核，作为领导班子和干部实绩考核重要内容。淳安县、柯桥区、仙居县等县（市、区）主要领导多次到在地旅游度假区现场调研指导，了解项目进展情况，保障文化和旅游项目落地，加快旅游度假区建设进度。分管领导亲力亲为、真抓实干，各部门当好“店小二”“服务员”，在资金、政策上有力保障旅游度假区的建设，合力推进效果显著，重大项目不断落地，度假产品日益丰富。

根据城市对旅游业的重视程度来判断旅游度假区在市一级层面的管理特征，呈现出“全域统筹政府领着走”和“跟着优势产业借势带飞”两种完全不同的策略。旅游产业“市政府领着走”的城市，并不一定要以旅游产业为支柱产业，或者要求旅游产业达到特定规模的经济贡献。而“跟着优势产业走”的旅游业也不只是被动搭上其他支柱产业发展的顺风车，确切来讲，是两者相辅相成，互相“推着走”。

（一）领着走：政府主导推动

旅游业作为综合性产业、高度关联性产业、劳动密集型产业，对环境的要求、提升城市影响力的能力、幸福产业的属性等，都决定了旅游业更适合作为城市综合竞争力发展的抓手。随着休闲度假旅游的兴起，休闲度假旅游也成为众多生态良好型城市打造城市品牌的重要战略性抓手。旅游度假区也随着兴盛发展。

以旅游度假区建设发展走在前列的湖州市为例，湖州是国家级历史文化名城、生态环境优美、地貌景观丰富，这些都是利于旅游业发展的本底资源；区位和客源方面，湖州地处长三角核心城市群地理中心位置，随着区域交通设施的建设，区位优势在不断扩大。湖州市根据长三角地区相对独特稀缺的湖山资源，将休闲旅游列为全力构建的四大主导产业之一，列入湖州“4+3+N”的产业体系构建目标，4包括信息经济、高端装备、健康产业、休闲旅游四大主导产业；3包括金属新材、绿色家居、现代纺织三大传统优势产业；全力引进和发展“N”个引领未来发展的新增长点。发展旅游业对提升城市知名度和竞争力、拉动投资、带动就业的作用是显而易见的，因此湖州首先以旅游发展逻辑去评估自身发展方向，谋定后动。所以从自身资源优势与区域客源特征两个方面来看，湖州具有发展旅游度假的优势性先天条件。2005年8月，时任浙江省委书记习近平同志在浙江安吉考察时，在余村提出“绿水青山就是金山银山”理念，坚定了湖州打造“滨湖旅游城市”的目标，明确了大力发展乡村度假旅游作为湖州旅游业发展的重要突破口之一。

确定了休闲旅游的定位之后，湖州规划了自身的旅游产业整体格局，重点突出太湖、名山、古镇、竹乡、湿地、古生态等特色资源，统筹谋划了南太湖滨湖度假带、浙北山地生态度假带、江南古镇民俗风情度假带，以及各具特色的旅游发展集

图3–2　湖州长兴太湖图影旅游度假区龙之梦乐园

聚区，最终确定了三带十区的休闲度假产业空间布局。

搭好大框架之后，湖州紧扣自身资源优势与区域客源特征，开始落实“项目为王”的理念，从客源特征出发，围绕长三角客源市场需求和度假旅游的发展趋势，打造了山地度假、主题游乐、温泉滑雪、亲子、户外拓展、文化体验、农旅融合等独具湖州特色的度假产品体系，引进落地了裸心系列、龙之梦乐园、云上草原、长

图 3–3　湖州太湖旅游度假区湖州影视城

图 3–4　湖州德清莫干山旅游度假区裸心谷

颈鹿庄园、月亮酒店、环莫干山自行车越野赛等项目和活动。从资源特征出发，湖州依托地形地貌和风土人情，大力发展民宿度假集群，打造宜旅则旅的美丽乡村，形成了长兴水口“上海村”、德清“洋家乐”等乡村度假的集聚区。

湖州把休闲旅游作为地方发展的主导产业来抓，是教科书式的“一把手工程”。旅游度假发展实际上是一个涉及面广泛的工作，旅游度假的项目落地过程中，人才、资金和用地保障，不可避免地会需要其他部门的支持，此类统筹性系统性工作也需要地方主要领导的协调与支持。能够获得主要领导关注，进而协调部署的，旅游发展就能大刀阔斧，高歌猛进，较为顺利迅速地推进；反之则旅游产业大胆创新步伐较小，从而丧失竞争优势。

体制方面，首先是市级主管部门制定规划，合理布局全市旅游度假区发展，统筹推进全市旅游度假区的创建、发展和调规等工作，强调规划落地。区县、乡镇政府设立适应旅游度假区发展的管理机构，充分发挥旅游度假区管理委员会的统筹协调职能，实现环境整治、土地拆迁、基础建设、安全管理等综合治理与旅游度假区项目推进、招商引资、产品包装、品牌打造等产业发展统筹推进。机制方面，由市一级主管部门督促旅游度假区管理机构持续推进项目落实，不得随意“另起炉灶、推翻重来”。同时建立市级督查机制，开展旅游度假区专项检查，找准短板，指明发展方向，有效提升旅游度假区品质和服务水平。

有了总体的体制机制保障，还需要在具体事务上做到有章可循，在用地、资金、人才等关键问题上能够依法依规的对旅游度假项目进行支持和引导，这些方面的制度创新，往往需要文旅部门之外其他部门的参与和配合，这也是湖州经验中较为重要的部分。湖州根据自身山地度假项目用地的特点，率先开展了“坡地村镇”“点状供地”等用地试点改革，推动莫干山裸心谷等40个项目落地运营，极大地解决了旅游项目落地难的问题。同时发挥专项资金的引导作用，近年来用于旅游度假区创建和项目建设的奖补金额达到4000多万元。人才方面，出台了南太湖优秀文化人才引进政策，支持鼓励德清莫干山旅游度假区创办民宿学院等，针对性出台相关法规，解决人才问题。

湖州以“牵头搭建国家级旅游度假区高质量发展联盟”“举办世界乡村旅游博览会”“建设运动休闲旅游创新发展先行区”为抓手，构建“8+X”现代旅游产业体系。“8”主要包括：滨湖旅游、乡村旅游、山地旅游、研学旅游、红色旅游、体育旅游、科技旅游、都市旅游八大重点产业。“X”主要是指：各区县根据自身发展重点和资源基础，因地制宜创新发展工业展陈、低空旅游、商务会展、农业观光、艺术旅游、自驾车房车游等各种新兴旅游业态。

同时，采用行业标准和法规对产业进行总兜底。湖州市针对旅游业涉及面广，投诉和违法牵动面大的特点，探索建立“综合执法 + 旅游警察 + 市场监管旅游分局 + 旅游巡回法庭 +N”五位一体的旅游综合执法体系，实现了旅游综合执法全覆盖。针对旅游度假区层出不穷的新兴产业缺乏安全监管的现状，湖州市率先出台《旅游新业态安全监督管理办法》和《旅游新业态项目多部门全过程联合监管实施办法》，通过“一图一表一机制”推动多部门全过程联合监管，湖州旅游度假区和市场环境日渐清朗，文旅市场投诉持续下降，新业态管理理念和方法成为全省试点。

不难看出，湖州的经验中，弹性化的土地政策、面向新业态的综合执法等功能，都是文旅部门单独无法实现的，这一点也是全市“领着走”推动旅游度假区高质量发展所独有的优势。所以，像湖州这样旅游业受到足够重视的城市，应该充分发挥这一优势，打造具有更广泛社会管理能力的法律法规体系，来促进休闲度假旅游产业的发展。

（二）跟着走：特色产业带动

就规模数量而言，宁波旅游度假区领跑全省，宁波市立足休闲度假发展趋势和文旅旅游资源特色，结合地方特色优势产业，大力推进旅游度假区建设，获批省级以上旅游度假区 9 家，其中国家级旅游度假区 1 家，总体规模名列全省第一。

图 3–5 宁波梅山湾旅游度假区

海湾型旅游度假区是宁波旅游度假区的一大特点，在借势发展类度假区中，较为典型的是宁波梅山湾旅游度假区。梅山湾旅游度假区充分依托梅山湾保税港区的工业园区和旅游消费紧密结合的产业特性，梅山湾与知名度假运营品牌合作，引入了飞行营地、梅山湾海钓公园渔人码头、铭泰时空方程港、中青旅梅山旅游度假综合体、梅山健康产业园、势至体育热气球等重点项目，这些高端项目为梅山湾旅游度假区的迅速腾飞打好了基础。梅山湾充分发挥后发优势，举办了一系列活动赛事，营销效果显著。它先后举办了"2019 宁波梅山·'海上丝路'文旅高峰论坛""梅山湾摩托艇争霸赛""梅山湾铁人三项比赛""梅山湾水上嘉年华"等数十场活动，这些高端活动为梅山湾度假形成了良好的发展态势。

梅山湾旅游度假区的发展本底是宁波梅山保税港区，梅山保税港区拥有更多其他经济优势，近年来催生出了休闲旅游产业，但在梅山湾的产业结构中并不占主导地位。因此与其他设置完全独立管理机构的旅游度假区不同，梅山湾旅游度假区的直接管理机构是梅山保税港区管委会，而具体负责旅游度假区建设的是其下设的休闲旅游产业发展中心。这一体制反映出了旅游产业对当地而言不是"一把手工程"，度假区管理机构也面临着诸多项目"难创新，难推进"的情况。这一情况在梅山湾取得了"省级旅游度假区"挂牌之后发生了转变，虽然并未改变其地位，但浙江省的旅游度假区评估机制却通过这块牌子对梅山湾旅游度假产业发展起到了敦促作用。

2022 年，宁波获省政府批复的两个旅游度假区均与宁波滨海特色产业相关联，分别位于宁波市象山港滨海区域和杭州湾，是宁波滨海旅游产业发展的重要平台，它们将与梅山湾、松兰山、东海半边山等度假区连在一起，撑起宁波滨海旅游大动脉，助力滨海大都市建设。浙江宁波湾旅游度假区位于象山港中部北岸，奉化区东南部，总规划面积 25.28 平方千米（其中陆域面积 11.30 平方千米，海域面积 13.98 平方千米），四至范围：东至奉化甘布栏山南侧，南至奉化悬山南侧，西至奉化官山，北至奉化沿海中线。宁波杭州湾省级旅游度假区开发建设计划总投资 141.93 亿元，目前已建的重大项目包括方特东方神画、方特东方欲晓、宁波市（杭州湾）青少年学生实践基地，在建的重大项目有港中旅海泉湾、祥源动漫产业园、绿地时尚产业基地、熊出没文创园等。

（三）推着走：政策优势撬动

共同富裕是社会主义的本质要求，是人民群众的共同期盼。2021 年 5 月，中共中央、国务院印发《关于支持浙江高质量发展建设共同富裕示范区的意见》，赋予浙江共同富裕示范区建设这一重要任务，鼓励浙江因地制宜先行探索共同富裕有效路径，率先破解发展不平衡不充分的矛盾。共同富裕的短板在山区、在乡村、在低收入者，实现共同富裕的关键也在于此，浙江聚焦“区域差距、城乡差距、收入差距”三大差距，在物质富裕和精神富有两方面双向发力，全力推进共同富裕建设。尽管浙江城乡收入倍差全国最低，区域发展相对均衡，但是相对于其他地域山区26县（经济社会发展相对欠发达县），是浙江共同富裕的主战场，已前所未有的魄力，史无前例的投入，以非常之举下非常之功，全力推进山区26县实现跨越式发展。

在文化和旅游领域，省文化和旅游厅、省发改委、财政厅、自然资源厅、住建厅、农业农村厅6个部门印发《关于加快推动山区26县旅游业高质量发展的意见》，对山区26县高等级旅游景区、旅游度假区品牌创建，改“配额制”为“达标制”，对达到创建标准要求的山区26县，予以优先支持。同时实施山区26县“造月工程”，力争每个山区县拥有1家国家5A旅游景区或国家级旅游度假区标准的核心吸引物。这些政策的推出，为山区发展旅游度假区实现弯道超车提供了政策依据。泰顺廊桥—氡泉旅游度假区等7家旅游度假区列入山区26县第一批“造月工程”名单，于次年成功创建国家级旅游度假区。在设区市层面，丽水市和衢州市辖区所有县市区均属山区26县，近年来，两市积极抓住政策机遇大力推进旅游度假区建设，2022年浙江省政府新批复的5家旅游度假区中，山区26县占3家，其中衢州市就占了2家，加快缩小与其他的差距。

丽水市尽管旅游度假区建设并不突出，但是近年来，顺应山地休闲度假发展趋势，提出了全域“打造世界一流生态旅游目的地和中国山地休闲旅游度假目的地”的目标，多山是丽水的特色，81.7%的森林覆盖率，3573余座海拔1000米以上的山峰……丽水在这座蕴藏着无数宝藏“山景”的城市，有着发展山地休闲旅游度假的天然土壤。丽水以“山”为脉，在全域大力推进山地休闲旅游度假发展。以海拔为尺，推出“1368”山地度假产品体系，海拔100米以下，丽水古堰画乡旅游度假区、云和湖旅游度假区等，打造瓯江水域运动、山地骑行越野的运动赛场；海拔300米，松阳田园风情省级旅游度假区，打造“丽水山居”民宿和露营基地的聚集之地；海拔600米，打造“森林康养600”的高山疗养胜地；海拔800米，在景宁畲族风情旅游度假区等高山，打造滑雪、高山速降、溯溪等户外运动。据抽样调查，游客群体中“90后”的年轻人占半数。丽水精准供给，打造年轻态、活力范、时尚感的新产品，沉浸式、互动式、体验式的新业态，让山地旅游成为新生活方式，构建探秘山路、潮玩山地、旅居山水的山地旅游体系。实现由观光为主到休闲度假目的地的进阶，引发一场山地旅游发展推动的目的地的大变革。

此外，杭州市政府于2023年出台《杭州市人民政府关于加快促进旅游业高质量发展的实施意见》，明确对成功创建国家级旅游度假区的，给予最高100万元补助，并对重大旅游项目、文旅融合新业态、新产品和智能交互的沉浸式旅游体验、夜间旅游等具体性的奖励措施。以“真金白银”的奖励措施引导推动各地加快旅游度假区的建设与发展。

三、各区建设、基层谋细

顺畅的体制机制是提高旅游度假区建设管理效率的关键，创新是引领发展的第一动力。《国家级旅游度假区管理办法》《浙江省省级旅游度假区管理办法》中均明确要求旅游度假区应具有独立统一有效的管理机构，能够有效管理并服务于辖区内的经营主体。对于旅游度假区的管理机构和其职责，旅游度假区所在地市或县（市、区）政府应明确与省级旅游度假区发展相适应的专门管理机构，负责旅游度假区的建设和管理，做好项目招引、业态培育、配套设施建设、行业管理、服务质量和安全监督检查、人员培训及品牌宣传推广等工作。省人民政府关于设立旅游度假区的批复一般包括确定旅游度假区的名称、面积、四至范围、特色方向、规划报批等内容。

（一）条块齐联动

由于“先批后建”的特色机制，浙江旅游度假区的统一管理机构目前全部是政府和事业单位两种性质，这与广东、海南等省以企业主导居多的旅游度假区管理机构设置有明显区别。浙江旅游度假区中，管理机构属性为政府或其派驻机构的占比64.15%，属性为事业单位的占比35.85%（2021年数据）。当前8家

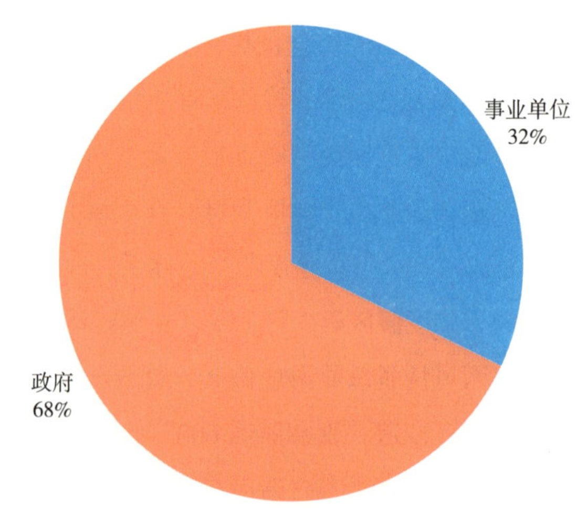

图3-6　浙江旅游度假区统一管理机构属性情况

国家级旅游度假区的统一管理机构属性均为政府机构。当前各旅游度假区主要的管理体制大体包括以下几种类型：

1. 与行政区合署模式

旅游度假区管理机构与行政区合署的优势是能够统筹地方各种事务，有利于协调规划建设、管理运营、行政执法等综合工作，尤其是在协调与属地社区的发展关系方面，相对顺畅。这种模式是围绕度假区发展来协调村镇空间，以度假区为主体赋予其高级别的行政区管理权限，通常以政府派出机构的形式出现。例如，宁波东钱湖旅游度假区（以下简称“东钱湖”）于 2001 年根据浙江省委专题会议精神设立，以区党委、管委会形式作为宁波市委、市政府派出机构，对 230 平方千米范围进行规划管理、对 145 平方千米范围行使县级行政管理职能和市级经济管理权限。2022 年实施“区政合一”体制调整，撤销区党委，成立党工委，保留管委会，继续作为宁波市委市政府派出机构，相当于升格至正厅级别，与鄞州区委区政府归并，一套机构、两块牌子，对开发建设职能进行归并。下设综合事务管理局、开发建设管理局、经济旅游与湖区发展局、综合行政执法队、院士之家服务中心，下属东钱湖投资集团、文旅集团两家国企。

2. 与开发区合署模式

与高新科技产业园区、经济开发园区、产业创新集聚区等管委会合署，形成市 / 县直管的重大项目开发建设指挥部，建立资源统一调配和整体运行机制。这种模式也相当于政府派出机构，但与上述第一种模式的区别在于，它是在开发区职能之下合并了度假区的职能，从发展目标看，度假区是开发区发展的组成部分，通常不是主体，度假区的核心管理职能通常是在管委会的下设机构中。例如，湖州太湖旅游度假区曾由湖州农业对外综合开发区管委会（湖州太湖旅游度假区管委会）管理。2019 年湖州市将南太湖旅游度假区和开发区合并成立湖州南太湖新区之后，由南太湖新区管委会按照“一个平台、一个主体、一套班子、多块牌子”的体制架构统一进行管理。湖州南太湖新区规划控制总面积 225 平方千米，空间范围包括现湖州南太湖产业集聚区核心区、湖州经济技术开发区、湖州太湖旅游度假区全部区域、湖州市吴兴区环渚街道 5 个村，以及长兴县境内的部分弁山山体。依据《中共湖州南太湖新区工作委员会、湖州南太湖新区管理委员会职能配置、内设机构和人员编制规定》（室字〔2019〕59 号），湖州南太湖新区管委会为市政府派出机构，代表市政府对南太湖新区履行经济、文化、社会、生态文明建设和党建等管理职能，为正县处级，挂湖州经济技术开发区管理委员会、湖州太湖旅游度假区管委会牌子。

有些省级旅游度假区则由所处产业开发区下设的建设管理中心统一管理，如宁波莶湖旅游度假区由莶湖开发建设管理服务中心统一管理，宁波梅山湾旅游度假区的管理机构为梅山物流产业集聚区休闲旅游产业发展中心。

3. 与镇政府合署模式

安吉县作为“绿水青山就是金山银山”理念的有力践行者，区域内有两家旅游度假区，均是与街道、乡镇等基层政府合署办公，其中安吉灵峰国家级旅游度假区管理委员会与安吉县人民政府灵峰街道办事处合署办公；安吉山川省级旅游度假区管委会与山川乡合署办公，一套班子、两块牌子。两家旅游度假区均致力于通过乡村旅游产业升级带动乡村基层改革创新。

莫干山国际旅游度假区于2016年8月经浙江省政府正式批准成立，根据《浙江省人民政府关于设立南浔古镇等省级旅游度假区的批复》（浙政函〔2016〕140号）和《湖州市机构编制委员会关于设立德清莫干山国际旅游度假区管理委员会的批复》（湖编〔2017〕13号）文件精神，设立德清莫干山国际旅游度假区管理委员会，与莫干山镇人民政府合署办公，为县政府派出机构，机构规格为正科级。管理委员会建立莫干山国际旅游度假区党工委，成立了书记和县长任双组长的创建领导小组，确定了由县长担任党工委书记、分管副县长为管委会主任、镇党委书记任党工委委员、副书记的组织架构，并配备3名专职副主任、3名兼职副主任。管理委员会人员编制由莫干山镇人民政府内部调剂解决，不单独核定人员编制，下设办公室、产业发展科、规划建设科和综合管理科4个职能科室。与莫干山镇政府合署办公的职责分工中，管委会主要负责：法律法规和方针政策、总体规划和产业计划、投资促进、项目洽谈和全程服务工作、基础设施建设、项目土地政策，处理项目建设管理、旅游执法、行政许可、旅游安全、对外营销推广等工作。村级组织建设、新农村建设、教育卫生、社会事务管理等职能事项仍由莫干山镇人民政府负责。

在创建国家级旅游度假区的过程中，莫干山旅游度假区管委会也在不断推进体制机制改革完善。其一，是对内明确职责、优化提升。进一步提升旅游度假区平台功能定位，调整旅游度假区管委会和镇政府的职责分工，明确管委会项目双进、产业发展、行业管理等职能定位，并相应优化内设机构，落实人员编制和干部职数，配足配强工作人员，落实专项工作经费，实现管委会相对独立运行。明确管委会与旅游度假区范围各行政村和不在旅游度假区范围的莫干山镇其他村的关系，实现科学有序发展。同时，完善旅游度假区发展有限公司职责定位，在政企分开的前提下，明确公司融资、投入、建设、开发、经营、管理以及资产收储等范围，为旅游度假区发展提供持续动力。其二，是对外促进山上山下联动。以创建国家级旅游度假区为契机，推动山上山下建设、运营、宣传等实现一体化发展，完善莫干山旅游集散管理，试点庾村景区与莫干山风景区联营，并推动莫干山文旅集团、浙勤集团、旅游度假区发展有限公司成立一体化运营的公司，引入国际水准的运营主体，推动山上山下联动开发建设。根据一体化发展和国际一流乡村度假旅游目的地建设的要求，适时启动大莫干山旅游度假区的规划编制工作，选择国际水准的规划编制单位，整合一流旅游策划单位，编制一体化发展规划，明确区域今后发展方向和定位，并以规划引领发展建设。建立健全联系协调会议制度，定期召开例会，商讨联动发展事宜，并互派干部挂职，促进联系、沟通和协调，共同推进联动发展。

4. 与文旅局合署模式

采用属地文旅部门直接管辖或合署这类管理模式的旅游度假区较多，如1998年成立的平湖九龙山旅游度假区、2007年成立的淳安千岛湖旅游度假区、2013年成立的舟山群岛普陀国际旅游度假区等，均采用属地文旅部门直接管辖或合署的管理模式。

浙江省人民政府（浙政发〔1998〕210号）批准成立浙江省平湖九龙山旅游度假区。2005年4月29日，九龙山旅游度假区总体规划获得浙江省人民政府批准（浙政发〔2005〕25号）。2018年，市旅游局、九龙山管委会合署办公；2019年重新单独设立九龙山旅游度假区管委会。平湖九龙山旅游度假区采取“封闭运作”的开发模式，由浙江九龙山开发公司负责旅游度假区的招商、建设和后续运营。九龙山管委会分别于2002年、2004年、2013年、2018年与九龙山开发公司分别签订了《九龙山区域开发建设协议书》《九龙山区域首期开发建设补充协议书》《九龙山区域开发补充协议》《浙江省平湖九龙山旅游度假区开发建设运营管理合作协议》，并于2018年出台《九龙山资金池管理办法》，确保政府专项资金能够切实用于九龙山基础设施建设。市财政通过地方税收比例返还、基础设施上浮比例的资金补助方式支持旅游度假区建设，同时市文旅局、市服务业发展局依据《平湖市全域旅游补助政策》对旅游度假区企业获得的省级以上品牌、各类展会等进行专项补助。

2013年，舟山群岛普陀国际旅游度假区批复成立。2017年浙江舟山群岛新区普陀山—朱家尖管委会、舟山市普陀山风景名胜区管委会下设立舟山群岛普陀国际旅游度假区管委会，与旅游局合署办公，实行一套班子、两块牌子运作模式，旅游度假区管委会主要负责规划修编审批、对外联络、形象推广等日常事务工作。随着市区两级联动的新区体制改革，普陀山、朱家尖实现一体化管理，新的经济功能区正式运作，普陀国际旅游度假区管委会的机构编制，有望在更高层面进行创新式设置。

然而，也有部分旅游度假区存在体制不顺、职能不强、管理不佳等问题，更有少数旅游度假区还未设立管理机构，制约并影响旅游度假区的开发建设与管理。部分省级旅游度假区由县文体旅广电局统一行使管理机构职能，实际上并未单独成立旅游度假区专门的管理委员会。也有一些旅游度假区存在机构改革不够明晰、管理职能弱化的情况。有些旅游度假区增设了管理机构，但人员编制没有增加，旅游局（委）和旅游度假区两块牌子一套人马。有些旅游度假区人员增加，但管理职能依旧弱化，协调能力不足，管理水平低下。

根据浙江省实际情况综合来看，以政府管平台、企业管经营，两者相结合的模式较为有利。一是整合管理资源，提升管理主体统筹协调能力，构建自上而下的统筹协调平台，保障行政指令贯彻落实，实现项目建设可协调、工期可控制。二是加深多方整合运作的深度，重视资源共享机制，围绕旅游度假区开发建设总目标以及分项分阶段目标，尽可能广泛地整合相关部门与机构。三是开发经营市场化，通过企业主导开发、政府有限参与、政企沟通合作的模式取得更好的综合成效。

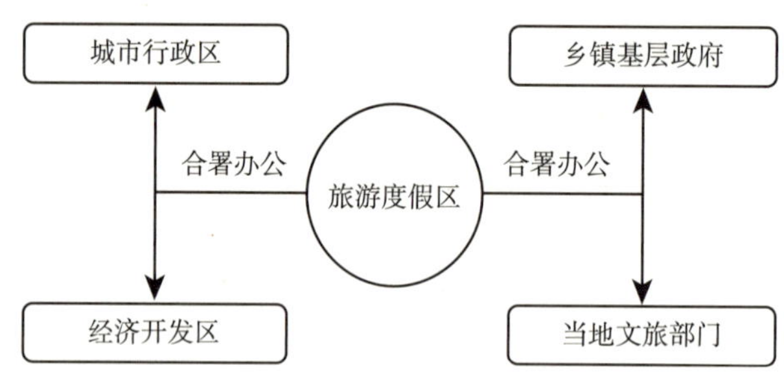

图 3-7　浙江旅游度假区的四种管理体制模式

（二）蓝图变实景

规划建设高效集约，总体规划是旅游度假区开发、建设和管理的基本依据。《浙江省省级旅游度假区管理办法》中明确要求，“旅游度假区所在地市或县（市、区）政府应在省级旅游度假区批复设立后两年内完成总体规划编制和规划环境影响评价工作，总体规划经省文化和旅游行政部门会同有关部门审查后，报请省政府批准。总体规划一经批准应严格执行，不得擅自变更。在实施过程中，因调整总体布局、建设规模、用地性质和功能分区、重大建设项目等，确需对总体规划进行修编的，应按照总体规划报批程序进行。因扩容等原因，确需调整省级旅游度假区空间范围的，应按照申报与设立正式审批程序进行。在批复规划期限内调整空间范围的，空间范围调整和总体规划修编审批程序可同步开展”。总体规划的编制、修订要与当地经济社会发展规划、土地利用总体规划、城市总体规划、林地保护利用规划、水资源综合规划、生态环境功能区规划等国土空间相关规划有机衔接，符合相应管控要求。旅游度假区各项建设活动必须符合总体规划要求，切实加强生态环境、景观环境和人文环境保护，集约利用土地、林业和水资源。挖掘主题内涵，突出度假特色，加大项目建设力度，完善公共服务设施，实现旅游度假区经济效益、社会效益和生态效益的有机统一，带动区域经济发展和群众致富。

浙江各级政府积极提高旅游度假区总体规划编制效率，扎实深入到规划设计工作中，吸引高水平的规划公司参与旅游度假区规划。目前全省已有 16 家旅游度假区总体规划获批。例如，作为老牌旅游度假区，东钱湖始终坚持规划引领为纲。始终秉持一流梦想，重视规划、遵守规划、落实规划，不因人而异。为了保证规划执行的严肃性，管委会大力推动地方立法，2008 年《东钱湖旅游度假区条例》由省人大批准，明确了东钱湖的法律地位，解决了执法依据等问题；2013 年《东钱湖水域管理办法》由市政府颁布，对科学保护水环境、合理利用水资源作出规定。为了保证规划结构的系统性，投入 7400 多万元，构建了全方位的规划体系，从顶层设计的区域概念规划，到整体控制的土地利用规划、城乡建设详细规划、经济社会与文化发展规划，再到细节厘定的色彩规划、竖向规划；从分片的新城规划、老镇规划、乡村规划，到连线的旅游交通规划、岸线规划，再到“定点”的项目单体规划，共 159 项。为了保证规划编制的科学性，建立了专家库和专家咨询委员会，使项目落地之前能有充分的策划研究过程。

也有不少旅游度假区在省政府批准设立范围之后，随着发展需要，出现调整与空间规划衔接吻合及调整边界范围的需求。旅游度假区的范围边界划定，主要考虑未来开发区域的实施规模和相关管辖主体边界的确定，应遵循行政区划、自然界线和人工界线原则。2015 年就出现了《浙江省人民政府关于调整湘湖等省级旅游度假区规划范围的批复》(浙政函〔2015〕148号)，针对杭州湘湖、淳安千岛湖、宁波松兰山、湖州太湖、嘉兴湘家荡、金华仙源湖、龙游石窟、临海牛头山、神仙居9家旅游度假区扩大范围的需求加以批复。杭州湘湖在原基础上考量旅游度假区山水资源一体化的整合保护和开发利用、产品体系的丰富性，从原来的9.25平方千米调整到35平方千米；千岛湖从原来仅有进贤湾区块的10.64平方千米调整到包含了进贤湾区块、界首区块、主城区沿湖区块、排岭半岛四大区块共30.8平方千米范围；湖州太湖旅游度假区则从原来的5平方千米调整扩大到22.9平方千米，一方面保证区域功能的协调性，另一方面凸显旅游度假区规模的集聚效应；神仙居由原来的10.1平方千米扩大到49.3平方千米，包含神仙居和温泉两大区块；2019年浙江省兰溪旅游度假区将原范围总面积12.965平方千米调整到总面积21.85平方千米。

（三）亩均论英雄

浙江深入推进“全国国土资源节约集约模范示范省”创建，深化“亩均论英雄”改革，积极推进城镇低效用地再开发，建立完善存量建设用地盘活与新增建设用地计划分配挂钩机制，以“增量撬动存量”。针对以往工业开发区、园区企业在评选、制定奖励政策时，只将其销售额、上缴税收等作为主要指标，只算其对地方经济总量的“贡献账”，不算其工业用地亩均的“产出账”，导致以发展为名的“圈地运动”和各种形式的资源浪费频现的现象，浙江如温州、绍兴等多地逐渐提出试行“以亩产论英雄”的制度创新。“以亩产论英雄”评估制度即通过将企业经营情况、土地厂房情况以及产出税收情况收集入库，以亩均投入、亩均销售、亩均税收给企业排序，再以企业亩均税收为考核指标，按企业亩均税收贡献率给企业评优，在土地、资金、能源等资源供给上给予倾斜，从而使企业自觉提高自主创新能力，加强节能和清洁生产，最终达到促进产业转型升级的目的。通过建立用地信息卡，可以估量企业土地单位产出效益，从而对企业经营予以奖励，形成倒逼机制，促进企业提高单位产出效率、走科学发展之路。

浙江旅游度假区面积规模趋于集约化发展，在用地指标、生态红线、基本农田保护等诸多方面因素的制约下，在申报面积范围划定等方面慎之又慎。浙江省一直将旅游度假区定位为文化和旅游产业集聚区、高质量发展示范区、改革创新先行区，如何在资源要素约束前提下以高质量供给引领和创造新需求，需要更高更广更精准的统筹谋划，以全面开放的思维、方法和姿态拓展发展空间，聚集创新要素、提升资源供给能力，在有限的国土空间范围内尽量创造出更多的经济、社会、生态、文化等综合价值，是浙江省发展度假旅游产业过程中高度重视的议题。因此在浙江全省旅游度假区发展中，隐含“亩均论英雄”的产出效率评估制度，包括单位面积产值、人均消费等指标。人均消费指标是《浙江省旅游度假区考核》中明确提出的指标。在满分 150 分的要求中，发展水平板块占分为 20 分，详细衡量的指标就包括接待总人数（万人次）、旅游度假区旅游综合收入（亿元）、游客平均逗留天数（天）、境外游客总人数（万人次）、人均消费（元 / 天）、游客满意度共 6 项内容。

数据显示，当前浙江全省旅游度假区所占国土面积为 2126.22 平方千米，其中国家级旅游度假区占面积 296.27 平方千米，省级旅游度假区占面积 1829.95 平方千米。其中国家级旅游度假区申报面积最大的为湖州市安吉灵峰旅游度假区 84 平方千米，最小的为湖州太湖旅游度假区 22.5 平方千米。省级旅游度假区申报面积最大的为海宁盐官旅游度假区 120 平方千米，最小的为宁波苏湖旅游度假区 9.3 平方千米。城市型和主题型的旅游度假区面积相对较集约，中西部山林河湖型的旅游度假区面积较大。

从空间面积来衡量旅游接待收入的产出效率，浙江旅游度假区单位面积产值为 3026 万元 / 平方千米，其中国家级旅游度假区单位面积产值为 4647 万元 / 平方千米，省级旅游度假区单位面积产值为 2764 万元 / 平方千米。

表 3–7　浙江旅游度假区单位面积产值情况

级别	浙江省		
	面积（km^2）	旅游收入（万元）	单位面积产值（万元 /km^2）
国家级旅游度假区	296	1376784	4647
省级旅游度假区	1830	5058123	2764
合计	2126	6434907	3026

（四）设计塑品质

作为长三角区域重要的旅游目的地，浙江对旅游度假区的品质打造始终坚持国际化道路，极力在旅游度假区的广阔天地中探索最优质的环境景观设计、建筑设计、标识标牌设计、文创品牌设计实践。大型度假酒店综合体如安吉灵峰旅游度假区的悦榕庄、东钱湖旅游度假区的柏悦酒店、乌镇—石门度假区的阿丽拉酒店等，在建筑设计、公共环境景观的美化改造上力求精致化、细节化，对空间布局、材质肌理、景观质量和建筑细节的严苛把控，对空间调性的极致玩味，积极发掘江南人文底蕴、营造度假景观美学、设计温馨生活空间，使之不仅作为住宿设施，也是旅游产品和重要吸引物，同时也推动了高品质休闲度假生活方式的营造和引领。

引领环莫干山“洋家乐”乡村民宿集群的裸心谷，由南非籍企业高管高天成及其哈佛大学建筑设计毕业的妻子叶凯欣首创设计，成为中国国内首个荣获国际LEED绿色建筑铂金级认证的生态度假村，其营造的“裸心、自然”疗愈生活方式也带动了旅游度假区内民宿的品质化发展。整个度假村有30栋树顶别墅、40个夯土茅屋共121间客房，分布于竹林茂盛的山坡上，所有建筑的设计都结合自然材料，顺应地理环境，以低密度、小规模的方式开发。配套设施也很齐全，包括餐厅、露天泳池、活动中心、健身中心、儿童手工作坊、裸叶水疗中心以及私人马场等。住客可根据需求参与瑜伽、竹筏漂流、定向越野、骑山地车、骑马、采茶、挖笋、垂钓、射箭等活动，体验最自然的乡野生活。在初期外籍客人的比例高达80%。裸心谷从乡野大自然中汲取规划设计的全部灵感，大胆采用最前沿的可持续发展技术，没有过度开挖山体、破坏树林，度假小屋的单体建筑采用可持续保温板结合现代钢结构预制而成，在现场可快速拼装搭建，不产生大量建筑垃圾或废弃物，室内陈设也保持了原生的夯土墙肌理，减少装修材料的消耗。之后喜欢中国文化和乡村环境的外国人司徒夫也跟着建造了法国山居。这些融合了设计品质和生活美学的“洋家乐”也带动了一众有乡野情怀的国内设计师的纷纷实践探索，衍生出了包括西坡、大乐之野等度假住宿品牌。这些散布于市井乡间的民宿尊重当地民居建筑特色、传统文化习俗、应用自然材料，在维持乡村原有的本色韵味基础上，景观房、主题房、家庭亲子空间、无边泳池等也更是乡野民宿的标配，小溪、流水、石板桥、石子路、秋千椅、木马凳以及各类文创产品等文化与趣味兼具的景观构造更是为到访游客带来处处惊喜。而其他地市的旅游度假区也在这一热潮中积极比学赶超，如湘湖旅游度假区内的开元森泊度假乐园，邀请了同济大学建筑设计院设计了极其可爱的树屋别墅，一经推出便成为亲子家庭游客热捧甚至到了一房难求的地步。西塞山旅游度假区的长颈鹿庄园、慧心谷、廿舍、霍比特小屋等，也是款款设计师精品，款款获游客喜爱。

高品质度假产品的作用是双向的，不仅大量吸引了高层次、高消费的游客，也反过来悄悄影响着当地工作人员和村民的审美品位、生活方式和服务意识。如今，当地人更加注重维护环境的整洁美观，更加注重品质服务，更加注重与人为善、维护旅游度假区的整体声誉，更加懂得和谐文明的区域环境风气会带来更多的机遇和财富。

图 3-8　桐乡乌镇—石门旅游度假区乌镇阿丽拉酒店

图 3-9　西塞山旅游度假区长颈鹿庄园客房内的主题文创陈设设计

四、联动保障、多层谋全

浙江鼓励资源、资本、人才、技术等要素在文化和旅游业发展中自由流动，进一步打破行业和地区壁垒，推动度假旅游市场向社会资本全面开放，激发多元市场主体的积极性。

（一）生态优先、环境保障

“绿水青山就是金山银山”理念诞生于浙江、扎根于浙江、开花结果于浙江，如今这一理念在浙江深入人心，已经成为浙江各级政府、各界领域共识，也成为旅游度假区研究领域的高频词，它是新发展理念中绿色发展理念的核心内容之一，有效梳理了发展与生态之间的关系，要在保护生态环境的基础上实现经济发展，实现生态效益、社会效益、经济效益的统一。浙江建设旅游度假区的实践，始终贯穿着对这一理念的践行。保护生态环境、护美护好绿水青山的思想已形成一种自觉性，在全省旅游度假区的建设运营中不断得到体现。

生态优先的理念为旅游度假区确定了基调，明确了发展与保护的关系；通过协同发展的理念明确了旅游度假区发展与地方发展的关系，为旅游度假区承担城乡统筹的抓手功能、产业融合发展的平台功能等提供了方法和路径。生态优先理念，要求旅游度假区总体规划必须通过环境影响评价，严格控制以旅游度假区之名变相搞房地产，对旅游度假区内污染的企业限时搬迁清退。全省旅游度假区始终坚持两山理念，发展资源节约型度假设施，开展环境友好型度假体验，护好绿水青山。协同发展的理念指导省厅自身和各级旅游主管部门主动协调自然资源、发改、林业、水利、生态环境等兄弟部门，发挥相关部门的作用，共同参与旅游度假区设立审核、规划审查、年度考核及项目论证。

图 3-10　宁波东钱湖旅游度假区持续改善湖水环境

图 3-11　衢州江山江郎山旅游度假区开展环境整治

浙江旅游度假区在发展中注重生态环境与低碳经济的协调，切实将“绿水青山就是金山银山”理念落到实处，并将碳达峰、碳中和纳入旅游产业发展总体布局中，对环境影响进行总体评价。湖州市从资源占用、环境配套工程、生态影响和污染排放等方面入手实现生态保障。通过做好健康、环保旅游经济发展规划，落实健康消费方案，大力提倡绿色消费观念，倡导公共交通、景区接驳、骑行或徒步等绿色生态出行方式；鼓励游客在保证安全的前提下低碳出行；要求酒店、民宿等提供低值易耗品、减少一次性用品的使用；积极引导游客错峰出行，坚持限流、景区预约机制等措施，提高景区的环境承载力，有效降低能耗指标和对生态环境质量的影响。安吉山川旅游度假区实施美丽城镇再提升行动，探索经营性排污收费机制，实施全域精细化管护；台州神仙居旅游度假区实施小流域治理，改善旅游度假区水环境；莫干山国际旅游度假区内民宿酒店全面推行循环用水、节约用能等环保模式，推广使用电动车、太阳能等低碳产品，约束民宿不主动提供一次性用品……可以说，旅游度假区的建设不仅没有带来生态上的破坏，反而提升了生态环保的层次和境界。

（二）用地创新、要素保障

土地是文化和旅游活动的空间载体，也是文化和旅游产业发展的前提性、基础性要素。近年来省级相关部门以及地方政府为旅游度假区在旅游土地指标、建设资金等要素上给予了较大支持，为旅游度假区的开发建设提供了有力保障。但总体来说，大部分旅游度假区现有的旅游土地指标供应及基础设施建设投入，与旅游度假区快速发展所需要的要素配套相比仍然存在较大差距。土地、资金等要素制约仍是旅游度假区快速发展的重要瓶颈，土地因素制约明显，导致一些重点项目迟迟不能落地，影响旅游度假区建设进度。然而这些问题对于浙江省的旅游度假区来说，得到了创新有效地缓解，浙江在发展旅游度假区度假产业，坚持从“存量”和“增量”两方面，创新土地要素供给。

2021 年 4 月，浙江 6 部门联合印发《浙江省旅游业“微改造、精提升”五年行动计划》《关于加快推动山区 26 县旅游业高质量发展的意见》，明确支持将 5 亿元以上旅游项目列入省重大产业项目，按规定予以用地保障。每年安排 1000 亩规划建设用地指标对旅游业发展前列县（市、区）予以奖励。各地统筹新增计划、增减挂钩指标、存量建设用地保障旅游项目用地。支持农村集体经济组织利用森林资源、非耕农用地，在不改变土地农用性质的前提下，采取作价入股、土地合作等方式参与文化旅游和乡村休闲项目开发。此外，各市县还积极响应国务院关于落实有关重大政策真抓实干成效明显地方的激励政策，以争取 1000 亩用地计划指标奖励。宁海森林温泉旅游度假区、莫干山国际旅游度假区、吴兴西塞山旅游度假区等有效利用坡地村镇差别化用地政策，为旅游度假区发展做好土地要素保障，是全省目前利用差别化用地政策，打造旅游产品较为成功的旅游度假区。

湖州市旅游业发展十四五规划中指出，要强化规划引导和用地空间保障，将旅游项目新增用地需求纳入国土空间规划，落实用地指标。对列入省重大产业项目库的旅游项目、成功创建省级以上全域旅游示范区、省级以上旅游度假区的单位，优先予以用地保障。深化旅游建设项目“坡地村镇”用地试点，探索通过点状供地、先租后让、租让结合、盘活存量资源等方式建设旅游服务设施。莫干山国际旅游度假区大胆改革创新，“三块地”改革先行，深入开展“农地入市”“坡地村镇”、农业供给侧结构性改革等重点领域改革，8 个旅游产业重点项目入选省级“坡地村镇”试点项目，向上争取土地指标 426 亩。全国首宗集体经营性建设用地入市在旅游度假区仙潭村诞生，区内的醉清风酒店是“农地入市”的全国第一宗、登记第一证、抵押第一单。

图 3-12　莫干山国际旅游度假区裸心堡项目开发用地创新探索

德清县也是全省首批“坡地村镇”建设用地试点地区，首批实施 33 个坡地项目，共节约建设用地指标 6000 多亩，有效破解了产业发展中的主要制约因素。2016—2019 年千岛湖旅游度假区总计解决用地指标 796 亩，其中针对区内重大旅游项目千岛湖鲁能胜地项目通过积极向上争取土地指标，2017 年、2018 年解决亚运场馆及亚运分村指标 518 亩，全面保障项目开工建设。旅游度假区范围内牧心谷项目于 2017 年经省国土资源厅专项下达“坡地村镇”建设用地试点，新增建设用地指标 63 亩，以差别化用地政策有力促进项目落地。

浙江旅游度假区土地得到了属地政府的关心支持，及时出面协调解决旅游度假区建设推进过程中遇到的困难与问题。省级、市级旅游主管部门积极发挥综合协调职能，制定出台旅游度假区发展的相关配套政策，落实具体措施，强化政策保障。通过召开部门联席会议等形式，帮助解决发展中的土地配置、金融扶持、资源保护、城乡统筹等重大问题，并积极推动旅游度假区建设运营融入区域一体化战略红利中。莫干山、长兴太湖图影、嘉善大云、鉴湖等旅游度假区抓住长三角一体化机遇和区位优势，探索市场共拓、活动共办、设施共建、环境共治、服务共享等一体化发展模式，推动旅游度假区共赢发展。

在激励机制方面，严格旅游度假区日常监管和年度评价考核。对党委政府重视、有大项目支撑、有土地等要素保障、有良好度假资源的旅游区域鼓励其申报国家级旅游度假区，鼓励旅游度假区申报国家级旅游品牌。对发展差、进展慢的旅游度假区予以撤销，并通过动态考核管理推动真正形成全省旅游度假区优胜劣汰的竞争机制、发展合力。杭州市对成功创建国家 5A 级旅游景区、国家级旅游度假区的，给予最高 100 万元补助；对新评的国家五星级饭店、国家级“金树叶级”绿色旅游饭店、国家级金鼎级文化主题旅游饭店，给予最高 50 万元补助；对新评的国家、省、市级等级民宿，给予最高 20 万元补助。

在资金支持方面，浙江省积极推进旅游度假区的融资方式创新，拓展多元化融资渠道，通过建立旅游度假区发展基金、PPP 模式融资、特许经营权拍卖融资等方式，解决旅游度假区建设开发资金平衡问题。同时也广泛吸引社会资本，优化项目包装，积极申报政府专项债券，保持与银行合作，保证续贷项目，加强与基金公司、证券公司等商洽，通过信托、发行私募债等方式推动融资。例如，吴兴西塞山出台了旅游度假区民宿管理办法、招商引资奖励办法，保障了旅游度假区项目建设健康有序推进。

（三）标准引领、品质保障

浙江省历来注重标准化建设工作，并积极推动以“标准带项目、项目带资金”

的改革思路，以标准化管理促进文化和旅游业质量提升。标准是法律法规和政策的重要补充，是完善新时代文化和旅游治理体系的重要支撑，是实现文化和旅游高质量发展的重要抓手。《浙江省文化和旅游标准化建设行动计划》（浙文旅科教〔2019〕12号）明确提出积极拓展文化和旅游标准化工作内容，推进创新成果向标准转化，加快构建覆盖文旅各领域、支撑高质量发展、具有浙江特色的文旅标准体系，并建立基于标准化之上的评价指标体系，形成公共服务有标可保、文旅管理有标可循、产业发展有标可依、业务建设有标可量的新局面，以先进的标准促进文旅融合、提升发展质量，创造浙江文旅发展新优势。

浙江省主动承担、参与国家标准和行业标准的研究与起草工作。主动对接国家文化和旅游部标准化工作规划，积极争取国家级文旅标准化试点。“十三五”以来浙江省已牵头承担制定4项国家标准和行业标准，12项标准经立项列为省地方标准，“文化和旅游融合发展标准化试点项目”被列入省标准化战略重大试点项目。牵头制定的国家标准《旅游民宿基本要求与等级划分》（GB/T 41648—2022），截至2022年年底，浙江省按照国标省标要求积极推动等级民宿的评定工作，共获评国家甲乙级民宿9家，数量全国第一，其中甲级民宿5家、乙级民宿4家；省等级民宿共认定等级民宿859家，其中白金级民宿52家，金宿级民宿138家，银宿级民宿669家。现有文化主题（非遗）民宿40家。还积极参与《海洋旅游安全规范》《旅游民宿设施与服务规范》国家标准制定、《旅游民宿基本要求与评价》行业标准修订、《餐馆星级的划分与评定》（DB33/T 500—2004）地方标准修订等工作。除了全省统筹规划，各地市也认真总结浙江在文旅发展方面的先发优势和经验做法，加大先试先行，主动研究制定具有先导性、示范性的文旅标准。如东钱湖旅游度假区曾率先与清华大学等作为国家标准《旅游度假区等级划分》（GB/T 26358—2010）的起草单位，提前跟进新标准的研究制定环节。同时借助国际休闲湖泊联盟向全世界发布了《休闲湖泊评定标准》，在中国湖泊开发建设事业中写下了浓重一笔。湖州市文旅广电局推动发布了《湖州市乡村旅游促进条例》，成为全国首部乡村旅游领域地方性法规。

浙江还积极协同推进长三角文旅标准一体化。根据长三角发展一体化发展战略，加强浙、沪、苏、皖四地文旅和标准化主管部门的合作，健全完善长三角文旅标准化协作会议制度和联合工作制度，建立健全跨区域协调机制。主动输出2项浙江特色文旅标准，共同制修定并贯彻《采摘体验基地旅游服务规范》《房车旅游服务区基本要求》《会议服务机构等级划定和评定规范》等长三角地区通用的地方标准，继续共同制定、统一发布长三角通用的地方标准。根据基本公共文化服务标准化均等化的要求，着重围绕文旅融合发展、创新发展、率先发展的需要，加强本省急需标准的制修订。包括编制《浙江省县级博物馆建设规范》《浙江省乡村陈列馆建设规范》等建设标准，研究编制《博物馆开放服务规范》《公共美术馆服务规范》《精品（美好）乡宿设施与服务规范》等，探索《社区公共文化服务规范》等，促进基层公共文化服务体系建设。根据全省文旅领域不断涌现的新业态、新产品、新技术，研究编制《研学旅行课程与线路设计指南》《研学旅行系列规范》等，不断拓展文旅创新发展空间，提升服务水平和质量。推动管理工作标准化，全面提升管理效能，制定适应文化强省、旅游强省建设需求的现代治理标准体系。如研究编制《乡村旅游区运营管理与服务规范》《乡村景区运营管理与服务规范》《考古出土文物管理规范》《文化和旅游大数据建设系列规范》等。着眼于提升发展水平和服务质量，进一步完善和规范文旅领域各类评价载体和评价指标，研究编制《品质饭店评价指南》《会议服务机构等级划定和评定规范》等，按照标准要求进行考评和定级活动，发挥好评价“指挥棒”和“风向标”作用。“十四五”期间浙江省将重点制定一批抢占发展制高点的文旅标准。这一系列的标准从全局上促进了旅游度假区的经营管理和产品品质的提升，为区域内众多的经营主体、产品主体和业态主体界定了高质量发展的准绳。

（四）文旅铁军、人才保障

从人的角度而言，浙江旅游度假区能在全国引领发展，离不开全省旅游系统自上而下高效率的人才干部队伍。浙江省旅游系统全面加强政治建设、能力建设、作风建设和廉政建设，打造一支勇立潮头的浙江旅游铁军。从省、市、县到度假区乃至到乡村基层，干部队伍实干为民、担当有为、作风扎实，从上到下务实工作，向改革要红利、向创新要效益、向空间要质量、向产业要动力。领导干部勇于担当、勇立潮头，将工作关键在于落实的理念贯彻到底。正因为有这样一支担当务实的干部队伍，成为完善浙江旅游营商环境、推动浙江旅游度假区高质量发展的重要保障。在推进全省政务改革过程中，旅游系统也全面推进政务改革的工作目标。针对下属单位、行业协会、经营主体、项目实施方、居民群众等服务对象多的特点，在做好最多跑一次的基础上，坚持问计于基层、问需于百姓，通过下基层、摸事情、解难题，切实提升了旅游度假区经营管理工作的效率。

旅游度假区的高质量发展，带动了全省旅游就业率的提升，至2019年全省旅游度假区已吸纳旅游从业人员超过23万人。疫情发生之后，浙江旅游度假区平均旅游从业人员数略有下降，但旅游从业者中非固定从业人数却逐年增加。

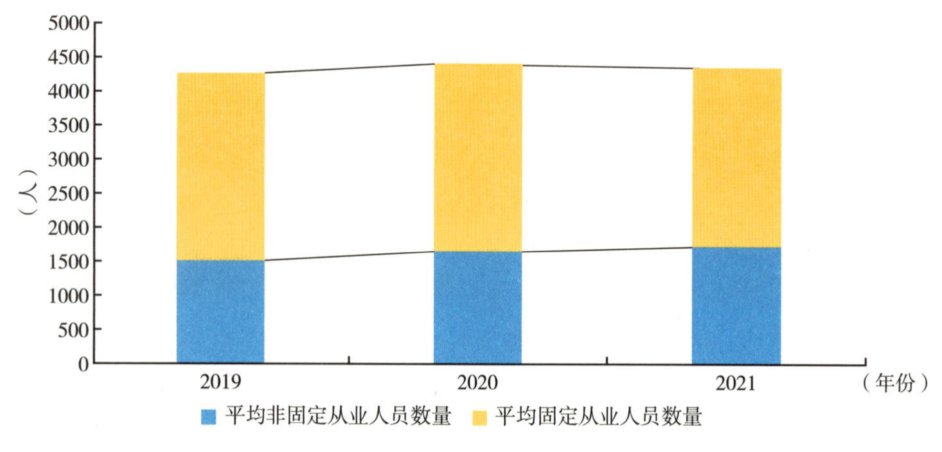

图3–13　浙江旅游度假区旅游从业人员情况

此外，浙江旅游度假区也极其注重相关经营管理专业人才的培养，以能力建设为主线，抓好人才队伍建设，同时充分借助浙江省旅游产业在人力资源保障方面的东风，带动旅游度假区的高质量发展。坚持省、市、县三级联动，政、企、校三方互动，充分发挥旅游院校和各级旅游培训中心的作用，重点实施导游员、景区讲解员、饭店服务员、职业经理人等一线员工，以及乡村民宿、旅游商品设计、旅游电商、旅游创意等创新人才培养计划，切实提高旅游从业者的业务水平。加强与高校合作，开展多层次全方位的职业教育培训，如湖州市鼓励和支持民宿学院等培训机构开展特色化专业化的培训，实施百名文旅领军人才培养计划，支持“领军人才+团队+项目”运作模式。联合相关部门开展“最美文旅”系列评选，展现浙江旅游人风采。探索民宿职业评价规范，推出民宿管理师等新兴职业，落实导游薪酬和社会保险制度，保障导游的合法权益。继续实行特级、高级和金牌导游（讲解员）评选奖励机制。旅游企业弘扬“工匠精神”，扩规模、优结构、强实力、树品牌，积极拓展机会做大做强。联合行业协会、媒体资源，推进旅游度假区做精做特，多元发展。

图 3–14 莫干山国家级旅游度假区开展员工花艺培训

图 3–15 莫干山国家级旅游度假区中开展民宿阿姨培训

图 3–16 设立于莫干山国家级旅游度假区中的民宿管家培训中心

（五）优化环境、政策保障

1. 优化审批改革

浙江旅游度假区的高质量发展，离不开全省行政审批制度改革大环境的支撑，尤其是涉及旅游度假区内各类工程建设项目的审批制度，主要包括“最多跑一次”“一窗服务”“标准地”、承诺制、“区域环评 + 区域能评”等企业投资项目审批领域“一件事”集成改革。

浙江的市场化程度在全国长期处于领先地位，民营经济独占鳌头。而近年来，浙江省在行政审批制度改革方面一直走在全国前列，极力创造释放体制机制改革反哺市场经济的最大红利。2013 年起，作为全国唯一试点省，浙江启动以“权力清单”

为基础的“四张清单一张网”建设。2016年，在“四张清单一张网”基础上，浙江推出了“最多跑一次”改革——力求通过进一步改革，推动各级政府办事更高效，群众办事更简便。浙江省委、省政府明确提出“全力打造行政审批速度最快的省份”，完善“审批事项最少、审批速度最快、办事效率最高、投资环境最优”的体制机制。“最多跑一次”，就是群众和企业到政府办理一件事情，在申请材料齐全、符合法定受理条件时，做到从受理申请到形成办理结果全过程只需一次上门或零上门。“最多跑一次”改革涉及三个方面：一是贯穿省市县乡村“五级联动”的政务服务体系，其核心是“一窗受理、集成服务”，通过“受办”分离改革——“受理”与“办理”分离，下放审批权限，打破部门、专业限制，业务流程得以重构，尽可能减少中间环节，群众所有申报事项，在一个窗口“无差别”受理；二是网上办事大厅，这是“一窗受理、集成服务”在互联网的延伸，打破“信息孤岛”，实现省、市、县、乡数据网上共享；三是“12345”统一政务咨询投诉举报平台，为“一窗受理、集成服务”提供办事咨询、效能监督和评价渠道。至2018年浙江已实现省级部门非涉密办事项目网上申请渠道全覆盖，“最多跑一次”实现率达到87.9%。企业投资项目全流程审批时间由原来的345天缩短到100天，其中行政审批时间仅35天。

以国家级旅游度假区数量最多的湖州市为例。湖州市在深化党中央、国务院“放管服”改革、优化营商环境的部署要求、深化“最多跑一次”改革、推进政府数字化转型的决策部署下，在全省率先积极推进工程建设项目、企业投资项目等审批制度改革试点工作①。

其一，对于工程建设项目，探索多规合一、并联审批的制度改革。

2018年9月《湖州市工程建设项目审批制度改革试点实施方案》出台，要求以房屋建筑和城市基础设施等工程建设项目为主要对象，在本市“最多跑一次”改革的基础上进一步解放思想，坚持问题导向，通过统一审批流程、精简审批环节、完善审批体系、强化监督管理等措施，全面提升工程建设项目审批服务效能。

2018年10月底，湖州市基本形成了“多规合一”的“一张蓝图”，整合各类规划成果，完成差异图斑分析，消除空间规划矛盾，在一张蓝图上划定各类控制线，形成了管控边界清晰、责任主体明确、管控规则明了的空间规划一张图①。建立统一的空间规划体系，是“一张蓝图”的整体框架。平台整合了4个大类、10个中类、

① 陈昕. 空间协同策划协同审批协同——湖州工程建设项目审批制度迎来全面改革［J］. 中国建设信息化，2019（16）：3.

65个专题数据，涉及发改、规划、国土、环保等十余个部门，通过一张图上编制、审批、管控，避免“规划打架”，减少审批时限。同时，各接入平台部门能够对空间数据共享、共用、共管。“原先各个部门都有各自的规划体系，规划系统有‘城乡规划’，国土部门有‘土地利用规划’，发改部门有‘主体功能区规划’，环保部门有‘生态保护规划’等。经这个平台发起的项目，可以通过发改、规划、国土、环保等多部门在线协商，提前落实投资、预选址、用地指标和建设条件，促使策划生成的项目快决策、快落地、快实施。“多规合一”业务协同平台规定了在线协商的时限。要求各部门在5个工作日内完成项目的合规性审查、建设条件的确定，以此倒逼相关部门提升审批速度，加速项目落地。

到2018年年底，全市基本建成工程建设项目审批制度框架和管理系统，政府投资类项目审批时间压减至100个工作日以内（包括房屋建筑类和城市基础设施工程类，开工前最多70个工作日）；企业投资民用建筑类项目审批时间压减至70个工作日以内（开工前最多50个工作日）；企业投资工业类项目审批时间压减至50个工作日以内（开工前最多30个工作日）；小型工程项目和不供地项目进一步压减审批时间（小型工程项目开工前最多20个工作日，不供地项目实现承诺即办当天发证）。

工程建设项目审批流程主要划分为立项用地规划许可、工程建设许可、施工许可、竣工验收四个阶段。其中，立项用地规划许可阶段主要包括项目审批核准备案、选址意见书核发、用地预审、用地规划许可等。工程建设许可阶段主要包括设计方案审查、建设工程规划许可证核发等。施工许可阶段主要包括消防、人防等设计审核确认和施工许可证核发等。竣工验收阶段主要包括规划、国土、消防、人防等验收及竣工验收备案等。其他行政许可、涉及安全的强制性评估、中介服务、市政公用服务以及备案等事项纳入相关阶段办理或与相关阶段并行推进。

大力推广并联审批，实行“一家牵头、并联审批、限时办结”的原则。按照“统一标准、联合测绘，以测带核、核审分离，多验整合、依法监管”的原则，全面推行建筑工程项目竣工“联合验收”“测验合一”改革。市发改委牵头立项用地规划许可阶段，市规划局牵头建设工程规划许可阶段，市建设局牵头施工许可阶段和竣工验收阶段。政府投资房屋建筑类项目和城市基础设施工程类项目原则上按四个阶段整合办理环节；企业投资民用建筑类项目和工业类项目原则上按后三个阶段整合办理环节；企业投资小型工程项目原则上按后两个阶段整合办理环节。对按“标准地”制度出让的工业项目和不供地项目，要进一步合并、精简办理事项，缩短办理时间。精简审批事项和条件，取消不合理、不必要的审批事项。

其二，对于企业投资项目，探索标准地 + 承诺报备的制度改革。

在与旅游、休闲、服务业等相关的企业投资和建设用地审批的创新探索方面，浙江也成为全国率先吃螃蟹的弄潮儿之一。2015 年《德清县重大旅游业项用地管理办法》中，就提出需要配给用地指标的重大旅游业项目必须满足两个条件：①固定资产投资 5000 万元以上，投资强度中心城市Ⅲ级（含Ⅲ级）以上区域内不低于 200 万 / 亩，其他区域不低于 160 万 / 亩；②项目建成后亩均税收产出中心城市Ⅲ级（含Ⅲ级）以上区域内不低于 12 万元，其他区域不低于 10 万元。2017 年 8 月，德清县在全国率先探索开展“事先作评价、事前定标准、事中做承诺、事后强监管”的企业投资项目“标准地”改革试点。在总结德清试点经验基础上，湖州市同年在全省率先出台《企业投资项目承诺制改革实施方案》，进一步创新实践“以标准为基准、以承诺为前提、以备案为核心、以监管为重点、以惩戒为保证”的企业投资项目全程备案制改革试点。此后，“标准地”制度陆续在全省各地市得到广泛探索。2018 年 7 月国务院办公厅通报了部分地方优化营商环境典型做法，浙江“最多跑一次”改革的并联审批、多图联审、区域评估、“标准地”、限时联合验收等改革成果，以及全省数据共享举措、政务服务系统建设模式、无差别全科受理等实践作为优化营商环境典型做法，被国务院通报推广。浙江的实践表明，“标准地”制度有利于推动市场在土地资源要素配置中发挥决定性作用，实现政府“有为”之手和市场“有效”之手的有机统一。2018 年 10 月，国务院办公厅《关于聚焦企业关切进一步推动优化营商环境政策落实的通知》明确“有条件的地方可探索试行新批工业用地标准地制度”，标准地制度在全国有了形成可复制可推广的范本。

“标准地”制度，就是在国有建设用地出让前，由政府统一组织开展区域评估，研究制定固定资产投资强度、容积率、单位能耗标准、单位排放标准、亩均税收等至少五项基本指标，地块带着指标向社会公告“招拍挂”出让。企业通过对标竞价，按照约定条件取得出让土地并按指标要求开展建设运营管理。“标准地”出让后，各地市对企业投资项目落地建立了全程集成办理机制，组建专业代办机构和人员，变“企业跑”为“政府跑、中介跑、数据跑”。同时，在市区实行政府购买中介服务机制，企业投资项目涉及的环境影响报告、节能评估、建筑测绘等涉审中介服务费由政府埋单。2018 年各省级平台共出让“标准地”124 宗，占工业用地宗数的 91.2%，总用地面积 4300 亩，占工业用地亩数的 91.8%，企业投资项目开工前平均审批时间从改革前的 192 天压缩到 27 天。有的企业在土地拿地当日就同步获得不动产权证、建设用地规划许可证、建设工程规划许可证、建设工程施工许可证“四证联发”。据测算，每年可以为相关企业节省 1000 余万元。“标准地”的改革，颠覆了政府的供地模式、服务模式和招商模式。一方面，约束政府，倒逼政府职能转变，让招商引资和监管全过程阳光透明；另一方面，约束企业，以亩均税收倒逼产业创新发展转型升级。根据浙江大学第三方研究报告，94.24% 的企业家更偏好“标准地”出让方式；96.27% 的企业家认为“标准地”提高企业参与土地招拍挂公平性；96.15% 的企业家认为“标准地”提高土地出让信息透明程度。

在旅游度假区中探索旅游“标准地”试点。2021 年年底，《浙江省营商环境优化提升行动方案》发布，其中提出深化“标准地”改革，除负面清单外，新批工业用地 100% 按照“标准地”供地，探索推进生产性服务业“标准地”改革。因此，在工业“标准地”、农业“标准地”政策基础上，浙江各地市的旅游部门也陆续研究出台了旅游“标准地”试点。旅游业涉及的用地建设项目多，旅游用地价值也是项目亩均税收指标设置的重点考量因素，通过为每块土地配置“门当户对”的项目，努力让每块土地都实现最大价值，从源头上强化了服务业发展的亩产论英雄导向。2020 年安吉灵峰国家级旅游度假区成功出让全国首宗旅游“标准地”。旅游“标准地”是指在旅游区内以文旅特色优势产业为基础的餐饮服务、酒店宾馆、主题游娱、文创商业、总部经济、会展服务等服务业发展项目建设用地。旅游“标准地”准入实行“3X”模式，“3”分别指投资强度、容积率、亩均税收，“X”指年度客流量、绿地率、建筑密度、建筑限高等其他控制性指标和动态调整机制。灵峰度假区管委会 2020–1 地块 8.96 亩土地被安吉乐圩休闲农业以 1051 万元的价格成功摘得，乐圩休闲农业作为住宿餐饮商业零售类项目，在该地块的固定资产投资强度要求大于等于 400 万元 / 亩，年度客流量需达到 0.2 万人次 / 亩、年度亩均税收不少于 10 万元。为确保旅游“标准地”改革落地，灵峰度假区管委会还设计了管理操作流程图，制定了部门联审、一窗服务、竣工验收、运营复核等具体的流程操作方法，并同步精简审批材料；构建了项目设计、工程建设、达产复核、股权变更等各环节监测机制，对项目实施全覆盖、全过程的联动协同监管。此外，灵峰旅游度假区管委会正积极探索“标准地”企业投资项目信用评价体系和严重失信名单制度，将信用情况作为企业享受差别化优惠政策的重要依据，倒逼企业提升土地综合利用水平。

总体而言，浙江省的改革行政审批制度推动了政府职能的转变，减少政府对具体经济事务的管理，把工作重点切实转到搞好宏观调控、维护市场秩序、创造良好环境、提供公共服务上来，规范了行政审批行为，对于社会主义市场经济的健康发展、营造良好的经商环境，起到了重要的推动作用。浙江旅游度假区的高质量发展，处理好政府和市场的关系是体制机制改革的“重中之重”，而全省持续推动的一系列深化行政审批制度改革措施，为旅游度假区内各类企业投资和工程建设项目提供了良好的营商环境，抓住了快速推进体制机制新优势、释放市场资本活力的“牛鼻子”和“切入点”。

2. 激发市场活力

政策创新方面，积极探索利于激发市场活力的新政策，为市场主体提供高效的政策环境保障。在扶持旅游业发展方面，政府制定了一系列优惠政策，包括财税金融扶持和市级旅游发展专项奖补等政策。专项资金奖补政策中针对引导高品质重大项目建设、扶持企业发展、各类高水平创建、旅游市场拓展、行业人才培育、提升公共服务水平以及地方政府确认的其他事项，都予以了一定的现金奖励。在财税金融扶持方面，鼓励金融机构加大对旅游企业和乡村旅游的信贷支持力度。充分发挥银行、保险、担保、基金、证券等金融机构在创新旅游金融产品和服务方面的作用功能。拓宽投融资渠道，探索利用旅游度假区经营权、门票收入权以及旅游企业建设用地使用权、林权等质押贷款。支持有条件的企业通过发行债券、股权转让、风险投资、PPP 等方式融资。扶持优质旅游企业科创板上市。

2013 年，杭州市萧山区人民政府为助推湘湖旅游度假区，颁布一项《关于加快旅游业发展的实施细则》，其中就对旅游品牌的引进培育和项目的提质升级提供了诸多促进和奖励办法。其一，鼓励旅游企业引进国际知名品牌。对新引进或委托全球酒店集团 100 强、中国饭店业集团 10 强（由旅游部门核准）的著名饭店集团管理，且管理期限在 3 年以上的高星级标准饭店，分别一次性给予 50 万元、30 万元奖励；对新开业规模在 120 个标间以上、知名连锁品牌在全国排名 10 强的经济型酒店，经旅游主管部门核定后，一次性给予 10 万元奖励。其二，鼓励旅游企业创建国内民族品牌。对在萧山区注册的旅游集团开展连锁经营，且当年冠统一名称连锁经营达到 5 家以上的，一次性给予 30 万元奖励；对在国家、省旅游部门（旅游协会）主办的金星奖等评比中获奖的，分别一次性给予 20 万元、10 万元奖励；对于荣获国家、省、市旅游部门（旅游协会）组织的旅游行业技术比武中获得团体（前三名）荣誉称号的，分别一次性给予 20 万元、10 万元和 5 万元奖励。其三，鼓励旅游饭店升星提质。对新评定为五星、四星、三星级饭店的，分别一次性给予 50 万元、30 万元和 10 万元奖励；对新评定为国家金叶级、银叶级和省级绿色旅游饭店的，分别一次性给予 15 万元、10 万元和 5 万元奖励；年度被评为"浙江省最佳品质饭店""杭州市十佳星级饭店"的，分别一次性给予 20 万元奖励；年度被评为"浙江省优秀品质饭店""杭州市优秀星级饭店"的，分别一次性给予 10 万元奖励；对新评定为"浙江省特色文化主题酒店"的，一次性给予 10 万元奖励。其四，扶持旅游重点项目。对列入区级旅游重点项目，在用地指标、基础配套、资金贷款、项目审批等方面予以重点扶持；对重点旅游项目（不含旅游房产、政府性投资）完成建设并经旅游等部门验收，其投资额在 5000 万（含）~1 亿元、1 亿（含）~2 亿元、2 亿元（含）以上，分别一次性给予 50 万元、100 万元、200 万元奖励。

表 3–8　2018 年德清县鼓励加快旅游项目建设（不含房地产）

奖励项目	奖励标准	奖励资金渠道
实际投资额在 5000 万 ~2 亿元	30 万元	县财政
实际投资额在 2 亿 ~5 亿元	50 万元	
实际投资额在 5 亿 ~10 亿元	100 万元	
实际投资额在 10 亿 ~20 亿元	200 万元	

表 3–9　2018 年德清县鼓励加大旅游产业培育

奖励项目	奖励标准	奖励资金渠道
获得省级以上农旅、工旅、休闲示范类称号的企业	10 万元	县财政
注册在德清且正常营业 3 年以上的旅游文化企业	一次性补助 10 万元	
经过德清县民宿发展协调领导小组办公室认定的精品民宿	5 间客房 10 张床位以上（含）的，按 5000 元 / 间予以一次性补助，单户最高补助不超过 20 万元（已享受项目奖励与补助不再享受该政策）	
对整体发展旅游产业的行政村	对用于发展文化创意、精品民宿的单体建筑，每幢 2 万元标准一次性补助村集体	

表 3–10　2018 年德清县鼓励扶持旅游企业

奖励项目	奖励标准		奖励资金渠道
扶持旅游企业	对民营旅游企业年入库税收首次达到 50 万元，且比上年增长 10% 以上的	给予企业法人一次性 3 万元的奖励	县财政服务业发展专项引导资金中列支（德委办〔2012〕15 号）
	对民营旅游企业年入库税首次达到 100 万元，且比上年增长 10% 以上的	给予企业法人一次性 5 万元的奖励	
	对民营旅游企业年入库税首次达到 200 万元，且比上年增长 10% 以上的	给予企业法人一次性 10 万元的奖励	
	对民营旅游企业年入库税首次达到 500 万元，且比上年增长 10% 以上的	给予企业法人一次性 30 万元的奖励	

2018 年，德清县政府为了引进“大好高”旅游项目也出台了不少资金奖励扶持政策。对实际投资额在 5000 万 ~20 亿元（含 20 亿元）的旅游项目（不含房地产），给予 30 万 ~200 万元奖励（表 3–8）。并且加大了度假酒店品牌培育支持力度，鼓励品牌创建。对新引进国际顶级精品度假酒店品牌的企业，给予一定奖励；对注册在德清，经营 5 年以上，品牌经过打造提升有一定影响力的企业给予一定奖励。对县所辖范围内的镇（乡）、村的品牌创建，分别一次性给予 3 万 ~20 万元奖励；对旅游景区、旅游饭店、旅行社创星、创级等品牌创建，分别一次性给予 3 万 ~100 万元奖励。鼓励旅游商品开发推广，旅游商品参展参赛，获得国家级、省级大赛奖项的，分别给予 1 万 ~10 万元奖励；对旅游商品产业化和市场推广视规模给予奖励。

第四章

发展动能审视：供需两旺、市场有效

如何实现从“绿水青山”向“金山银山”的转化，打通“两山”转化通道，是度假区发展必须面对的一道考题。浙江在建设旅游度假区的实践中交出的答案是：从综合产业的培育入手，积极布局项目、发展业态，不断提升旅游度假区的附加值和吸引力，进而充分发挥旅游的综合带动效应，让旅游度假区为当地经济社会发展贡献力量。

浙江对旅游度假区的管理始终坚持以市场化为导向，强化“政府搭台、企业唱戏”的管理模式，整合管理和运营资源，搭建资源交流共建互助平台，推动各大主体项目落地和运营能力的提升。全面推动旅游度假区在快速发展中实现动力变革、效率变革、质量变革，形成需求牵引供给、供给创造需求的更高水平动态平衡，从而实现持续性、高质量发展。

一、从项目到项目群：供给侧改革为主线

投资在短期体现为需求，在中长期体现为供给，既是扩大内需的关键因素，又是稳增长、调结构的重要结合点。今天的项目是未来的产品，浙江把项目投资作为度假区建设的“牛鼻子”工程，迭代“四十百千”项目投资计划，启动实施文旅投资“双百”计划，滚动推进 100 个在建实施类、100 个谋划招引类重大项目，其中度假区项目 20 余个，以“当下的大投入”为“未来的大产出”蓄能，努力形成撬

动休闲度假旅游的杠杆效应。近年来浙江旅游度假区引进项目品质较高，市场定位清晰，尤其是休闲度假产品极其注重品质化、个性化和特色化，充分体现了旅游度假区的核心竞争力。项目为王的理念保障了旅游度假区建设发展的动力，促进了浙江旅游度假区快速做大做强。

（一）培育投资热土

浙江把扩大有效投资作为畅通经济循环、构建新发展格局、推动高质量发展的关键举措，克服疫情暴发、经济疲软的影响，文旅项目投资呈现总量高、势头足、进度快的整体趋势。树立“项目为王”理念，形成“抓旅游就是抓项目，抓项目就是抓发展”的高度共识，全面掀起了抓项目、抓招商热潮。项目投资是文旅高质量发展的“发动机”和“压舱石”。

近年来，始终坚持项目为王理念，抓大项目、大抓项目，文旅投资成效显著。2021 年曾获省政府主要领导批示肯定：“特殊年份的特殊成效，不容易，好！”

2019 年，全年实际完成投资 2084 亿元，同比增长 15.6%，年度指标完成率 141%。2020 年一季度受疫情影响文旅投资同比下降 1/3，仅 294.8 亿元，4 月实现反弹，全年实际完成投资 2584.7 亿元，同比增长 24%，实现 V 形反转。2021 年，全年实际完成投资 2769.7 亿元，同比增长 7.2%，相当于浙江全省固定资产投资（42862.8 亿元）的 6.5%，相当于基础设施投资（12685.9 亿元）的 21.83%，相当于制造业投资（11720.0 亿元）的 23.63%，相当于综合交通建设投资（3379.2 亿元）的 82%。

在省级层面，全省旅游度假区以市场和绩效为导向，努力推进上下联动、资源共享、优势互补，已成为有效旅游投资的新高地和重要领域。在《浙江省级旅游度假区管理办法》的申报与设立程序中要求“建成、在建和已签订合同的旅游项目总投资达 50 亿元以上（26 个加快发展县〔市、区〕达 30 亿元以上）”。因此浙江旅游度假区不走“等、靠、要”的创建路径，而是主动请缨，坚持创新为魂，始终树立争先意识，谋定动力求超前。在旅游项目推进方面讲究创新思维和创新方法，做理念的先行者和机遇的主导者。各地市的旅游度假区积极通过招商引资，不断探索和尝试适合浙江各地特色的度假类产品和度假新型项目，牢牢抓住项目这个牛鼻子，通过项目建设把资源优势转化为发展优势。浙江全省旅游度假区综合效益均十分显著，在吸引投资、带动就业和旅游扶贫方面潜力巨大。截至疫情前 2019 年年末，全省旅游度假区重大旅游投资经营项目达到 320 个，累计总投资达 2833.75 亿元。全省旅游度假区累计旅游投资经营总额和当年新增投资经营额均排在全国第一，超过其他旅游度假区发展大省。

旅游项目的投入和推进极大地带动了旅游度假区的快速发展，尤其是在创建国家级旅游度假区和新批复成立的省级旅游度假区，招商引资推进势头喜人。湘湖、千岛湖、东钱湖、太湖等 15 个旅游度假区年度实际完成投入超 10 亿元。太湖图影旅游度假区投资 200 多亿元的太湖龙之梦乐园项目自 2016 年上半年动工以来，400 多个施工点位全面开工建设，进展迅速，到 2020 年钻石酒店、演艺中心、动物园等已经陆续对外营业，营业后累计接待游客 300 万人次，旅游收入破 1 亿元。太湖旅游度假区的鑫远国际健康城、湖州影视城一期民国城、乌镇国际健康生态产业园、朱家尖禅意小镇等一批旅游项目加快建设。宁海深甽镇引进了总投资 20 亿元的温泉乡根小镇等项目，泰顺“华东大峡谷—氡泉旅游度假区项目”总投资约 166 亿元，是省“152”工程项目、“大花园”十大标志性项目，也是整个温州迄今为止单体投资最大的招商引资项目。东钱湖旅游度假区韩岭艺文小镇、海宁盐官旅游度假区古城开元观潮阁酒店等一大批项目建成开放并投入使用。湘湖旅游度假区内世界旅游联盟总部暨世界旅游博物馆项目稳步推进，2020 年年底实现正式交付。无论是培育产业，还是打造产品，最终支撑的都是一个个具体项目。鉴湖旅游度假区近年先后引进并建成总投资 300 亿元的金沙 · 东方山水乐园、浙江国际赛车场、兜率天景区、乔波冰雪世界等文旅“金名片”项目，针对各类客群推出了运动健身、休闲娱乐、康体疗养、夜游、节庆演艺等多样化、全年候的休闲度假产品，形成了完善的旅游产业体系，直接带动相关行业从业人员超过 10000 人，实现旅游年收入超 45 亿元。浙江省推动旅游度假区建设，主要还是为了更好推动“美丽资源”变成“美丽经济”，为产业添动能，改善老百姓的生活品质。站在“十四五”谋篇开局、国内国际双循环的新时代背景下，浙江将在体制创新、谋划布局、项目推进、政策支持等方面持续发力，力争让一个个旅游度假区成为浙江建设“重要窗口”的标杆区和示范区。

表 4–1 2019—2020 年全省旅游度假区项目投资情况

年份	累计旅游投资经营项目总投资额（亿元）	新增旅游投资经营项目总投资额（亿元）	重大旅游投资经营项目数量（个）	重大旅游投资经营项目总投资额（亿元）
2019	2827.94	576.25	320	561.51
2020	3289.53	343.35	268	407.07

2020 年以来疫情冲击下，全国旅游市场断崖式下跌，旅游投资市场不容乐观。以 2019 年至 2021 年三年数据比较为例，古城古镇类旅游度假区新增旅游投资最多，其次是河湖类和山林类。而平均新增旅游投资连续下降，国家级旅游度假区投资下降程度较大。

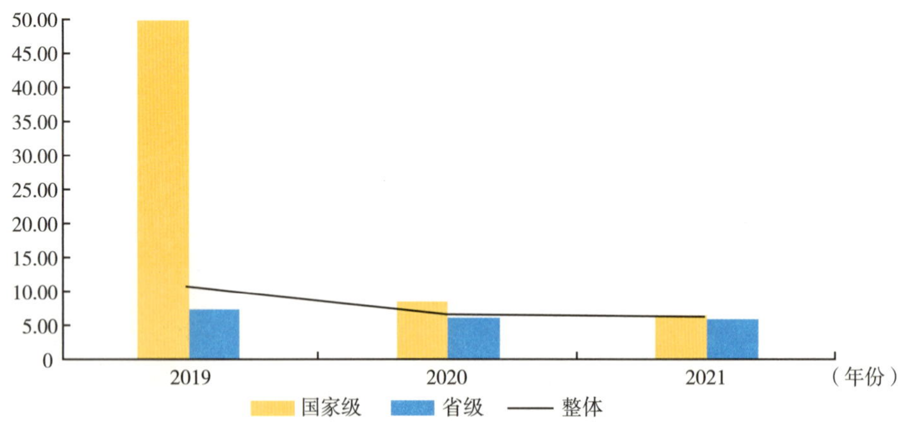

图 4-1　2019—2021 年浙江旅游度假区平均新增旅游投资变化

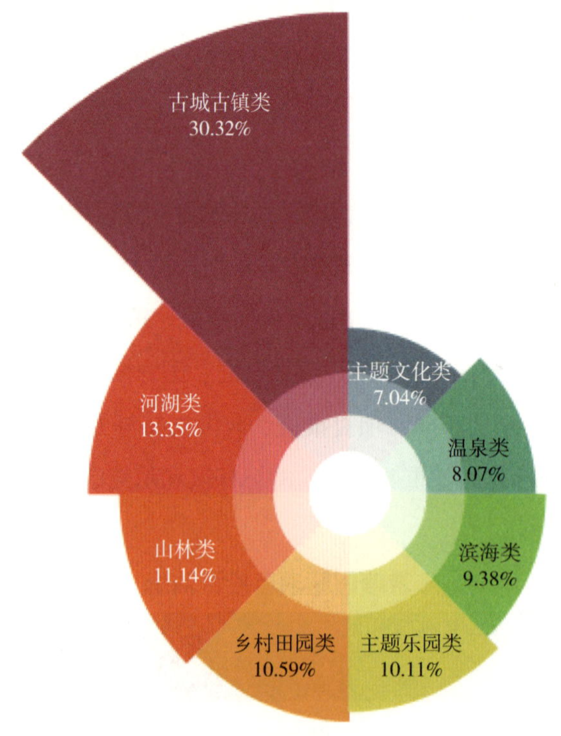

图 4-2　2021 年浙江各类型旅游度假区平均新增旅游投资额占比示意图

后疫情时代旅游开发一个显著的趋势变化是，带状布局取代传统的点状发散，已成为文旅发展的大趋势。浙江统筹推出五条文化旅游带（之江文化产业带、四条诗路文化带、红色文化旅游带、蓝色海洋文化旅游带、绿色生态文化旅游带）；并辅以串珠成链“十大百亿”重大工程予以支撑，涵盖海洋度假、乡村休闲、主题公园等，将容易虚泛的产业带转化为更可落地的项目群、载体群。

（二）注重前瞻谋划

浙江推进项目投资，强化前置谋划、超前谋划，聚焦群众所盼、市场所需、未来所向，顺应新发展格局，对应国家发展导向，谋划一批打基础、管长远、增后劲的好项目，切实提高旅游度假区项目谋划成效。在浙江全省的旅游度假区中，挑选一些较有代表性的度假代表性项目，来分析旅游度假区内市场型项目的强大驱动力。这些项目或以航母级的建设规模与投资力度，或以广泛的市场吸引力和品牌影响力，或以政府强有力的支持力度，成为所在区域的领头雁乃至网红打卡地，与旅游度假区相辅相成、相互促进、共同发展，也为当地带来极大的经济效益与社会效益。

一是标志性项目。浙江建立文旅重大"项目库"，聚焦服务国家、浙江重大战略，谋划、储备和招引一批规模块头大、产出效益高、发展前景好、综合带动强的重点项目、标志性项目。全省旅游度假区始终着眼项目落地，提升区域发展能级，以项目落地为最终目标精准发力，形成招商引资的良好氛围。浙江不断推动大项目、大板块、大平台的建设和打造，不仅极力推动重大项目工程在旅游度假区范围内的开发建设和落地运营，同时也将旅游度假区的重大项目纳入全省重大项目名单，从全局高度为推动全省旅游度假区产业的规模化、集群化和品质化发展、进一步增强全省旅游度假区的品牌影响力和产业竞争力提供了有力支撑。航母式综合体，以庞大的建设规模与投资力度引领旅游度假区发展。位于太湖图影旅游度假区的龙之梦乐园项目，2016 年起由民营企业上海长峰房地产有限公司总投资 251 亿元兴建，占地面积约 11600 亩，目标接待游客量为 3000 万人次 / 年，预计年旅游收入 300 亿元，税收 30 亿元，为省重点项目、"十三五"浙江重大建设项目；位于泰顺廊桥—氡泉旅游度假区的华东大峡谷项目，2018 年起由民营企业亿联控股集团投资建设和运营，总投资超 200 亿元人民币，规划总用地面积约 23.66 平方千米，预计建成后年创税超亿元，是泰顺有史以来最大的招商引资项目、温州历史上单体投资最大的旅游项目、浙江省重大产业示范项目；位于鉴湖旅游度假区的东方山水乐园项目，2015 年起由民营企业上海华昌集团总投资 180 亿元建设，总占地面积 890 亩，估计全年可接待游客 1100 万人次，是省级重点旅游投资项目；位于千岛湖旅游度假区的鲁能胜地（亚运）项目，2020 年起由中央企业中国绿发投资集团有限公司投资约 100 亿元兴建，占地约 12600 亩。

二是新业态项目。坚持思维和方法的创新，以旅游度假区为项目投资的主阵地之一，充分发挥省旅游产业基金引领投资功能，引导各类资本重点投向健康养老、运动休闲、文化创意、特色民宿、房车自驾车营地等新业态和旅游公共服务设施，助力度假区全域全产业链的延伸开发。结合海洋、湖泊、森林、乡村等创新开发新型度假产品逐渐兴起，集多业态于一体的大项目开始增多，开元森泊乐园、安吉云上草原、长颈鹿庄园等一批网红项目不断涌现，优质文旅供给持续增加，满足了游客多样化需求。投资力度中等但市场响亮的精品项目，为旅游度假区带来广泛的市场吸引力和品牌影响力。准确把握休闲时代到来的历史机遇和市场需求，实施精品建设和精细管理，推进项目建设，做足特色、做出亮点、做成体系。如经过调研，东钱湖旅游度假区管委会将高尔夫、游艇、温泉纳入“国际会议基地”发展战略，引进了依山傍湖型的高尔夫俱乐部、游艇俱乐部及温泉酒店。得益于精准的市场定位，2020 年实现旅游总收入 8.01 亿元，同比 2019 年增长 69.34%；其中住宿业总收入为 3.76 亿元，同比 2019 年增长 255%。湖州吴兴区的西塞山旅游度假区在 2015 年 12 月获批省级旅游度假区后，连续引进原乡小镇、慧心谷、西塞山前、廿一农旅、长颈鹿庄园等优质市场主体，丰富了休闲度假、观光旅游、教育研学为一体的一站式旅游目的地，成为近年尤其疫情以来全国表现极为亮眼的网红打卡度假地。依托西塞山旅游度假区原生态的自然环境和得天独厚的区位优势，长颈鹿庄园以中国首家长颈鹿主题的互动式庄园，布局了鸟类湿地公园、萌宠部落、竹林飞跃拓展、台湾美食自助、高端野奢民宿五大板块的空间内容，同时借助网红明星入住长颈鹿庄园的营销模式，持续推动了旅游度假区的热度和影响力。

位于安吉山川旅游度假区的云上草原项目，2017 年起由常州景尚旅业和常运集团联合投资兴建，总投资 60 亿元，占地约 5000 亩，为湖州市重大旅游项目，2019 年 7 月对外开放，2021 年实现全年游客接待量约 90 万人次，全年营收 3.06 亿元，税收合计约 4700 万元；安吉云上草原以“山地旅游之高山度假”为主题，聚焦安吉山川乡创建安吉云上草原，打造了国内首个集观光游览、休闲度假、山地运动等旅游业态为一体，服务与设施一流的综合性特色山地旅游度假目的地。将良好的山地条件与极限运动相结合，加以良好的营销策略，吸引了不少年轻人来此游玩。项目利用南方稀缺的高山自然资源，推动生态度假旅游全域发展。项目规划有雪岭峰、云山境、云农场、七星谷、浮云镇五大板块，重点打造“高山滑雪、悬崖乐园、无动力滑草乐园、水上乐园、野奢酒店群”五大内核，配套“七星谷、民宿村、云山境、温泉度假、云农场、滑雪小镇”六大休闲度假体，实现以“春登山、夏避暑、秋观星、冬滑雪”为核心的高山四季度假体验，造就“云上一天，草原四季”的独特美域，为游客提供全方位立体化的一站式旅游度假方案。云上草原的核心产品是高山户外滑雪场，悬崖高山游乐和滑雪为主的游乐产品具有低可复制性。云上草原还拥有三大官方野奢酒店：主打“家外之家”的云山境度假公寓、“八大行星”主题的 1168 星空天文酒店，以及“宠物友好酒店”松鼠部落酒店。未来，云上草原将以目前国内较为稀少的山地运动度假区的概念发展，不断强化现有产品的运动属性和全域度假性，打造南方乃至国内独一无二的山地运动度假区。

位于嘉善大云温泉旅游度假区的歌斐颂巧克力小镇项目，2011 年起由歌斐颂巧克力小镇集团投资的浙江省省级重点项目，规划用地 430 亩，计划总投资 55 亿元，是一家集巧克力生产研发、展示体验、文化教育和休闲度假于一体的旅游综合体，截至 2021 年年底，基地累计接待游客超 800 万人次，直接经营性收入超 3 亿元。歌斐颂巧乐力小镇以巧克力为主题，整体以“工业旅游 + 主题乐园”为主要业态，将巧克力“体验”与“文化”相结合，形成了集巧克力生产、研发、展示、体验、休闲度假于一体的特色度假产品。小镇以深耕巧克力产业为核心，借力工业旅游和儿童友好教育两大引擎，推动巧克力亲子游、文化研学游、婚恋游与休闲度假游四位一体发展。项目围绕巧克力生产，融入工业旅游、定制体验、婚庆产业、花海种养等业态，致力生态发展，把资源集约、精美发展作为特色小镇建设的重要环节，完成了从废弃农场到特色小镇的华丽蜕变。

图 4-3　嘉善大云温泉旅游度假区歌斐颂巧乐力小镇项目

位于吴兴西塞山旅游度假区的长颈鹿庄园，2017 年起由云南湄公河集团投资打造，总投资约 6 亿元，是中国首个真实版的长颈鹿互动式庄园。项目总用地约 1200 亩（建设用地 225 亩），新增建筑面积 3.5 万平方米。2020 年长颈鹿庄园全年接待游客总数约 11.96 万人次，销售客房 9303 间次，营业收入总额达到 3000 万元。长颈鹿庄园以长颈鹿为主题，包括长颈鹿主题乐园、鸟类湿地公园、萌宠部落、竹林飞跃拓展、台湾美食自助、高端野奢民宿六大板块，是集休闲度假、观光旅游、教育研学为一身的一站式旅游目的地。围绕“酒店 + 动物互动式乐园”，在产品性能和业态的设计上，以人与动物和谐相处、互动体验为主要吸引点，以“同长颈鹿一起早餐”为酒店的主打特色，形成独具特色的儿童亲子类度假产品。针对庄园现有资源环境，长颈鹿庄园不断完善各类配套设施，打造“研学 +”新模式，不断进行文创开发，依托丰富的自然与动物资源，形成主题突出、特色鲜明的市场影响力，打造了一个以自然亲子度假、科普教育研学、高端野奢客房、精品美食餐饮为特色的综合旅游目的地。

图 4–4　湖州吴兴西塞山旅游度假区长颈鹿庄园项目

表 4–2　典型度假综合体项目投资经营情况

项目名称	所在度假区	投资运营方	创建年份 / 年	占地面积 / 亩	投资额 / 亿元	年接待量 / 万人次	年收入
华东大峡谷项目	泰顺廊桥—氡泉旅游度假区	亿联控股集团	2018	35490	200	300	创税超亿元
龙之梦乐园项目	太湖图影旅游度假区	上海长峰房地产有限公司	2016	12000	251	3000	300 亿元，税收 30 亿元
云上草原项目	安吉山川旅游度假区	常州景尚旅业和常运集团联合投资	2017	5000	60	90	3.06 亿元，税收 4700 万元

续表

项目名称	所在度假区	投资运营方	创建年份 / 年	占地面积 / 亩	投资额 / 亿元	年接待量 / 万人次	年收入
东方山水乐园项目	鉴湖—柯桥旅游度假区	上海华昌集团	2015	890	180	1100	超 12 亿元
鲁能胜地（亚运）项目	千岛湖旅游度假区	中国绿发投资集团有限公司	2020	12600	100	—	—
歌斐颂巧克力小镇	嘉善大云温泉旅游度假区	歌斐颂巧克力小镇集团	2011	5805	55	800	超 3 亿元
万博鱼度假区项目	宁波梅山湾旅游度假区	北京万年基业投资集团	2014	1000	20	30	—
长颈鹿庄园	吴兴西塞山旅游度假区	金洲集团、云南湄公河集团	2017	1400	6	11.96	3000 多万元

三是主题类项目。充分利用当地的自然资源与文化资源，辅以丰富的配套业态，形成独家卖点作为项目产品的核心竞争力。华东大峡谷项目依托森林资源推广生态旅游，依次形成“森休闲、森田园、森律动”等森乐学康养体系，是集温泉度假、文化体验、峡谷观光、农旅体验、主题乐园于一体的氡泉峡谷森林养生综合体。龙之梦乐园项目主打乐园主题，集成了酒店、古镇街区、演艺剧场、动物乐园、海洋乐园等业态，用工业装配式的快速集成手段在太湖和弁山之间配置了能够年接待 3000 万游客的大型旅游综合体，包括 28000 间酒店客房、80000 张床、45 个剧场、75000 个演艺席位、23000 个地下停车位、20 万平方米宴会厅、20 万个餐位，引进 400 余种、30000 余头 / 只陆生和海生动物。项目以“共享节约”“老少皆宜”“贫富齐享”的思路，打造集“食、住、行、游、购、娱、养、育、展”的一站式旅游目的地体系。绍兴东方山水乐园也是主打乐园主题，是集游乐、酒店、餐饮、研学、商业于一体的高端旅游度假胜地。乐园一期山之王国和水之王国于 2016 年 6 月 1 日起试营业，依托“全室内、全恒温、全天候、全年龄”的特色，打造不受任何极端天气影响的特色家庭式休闲乐园。二期酷玩王国于 2019 年 8 月 3 日试营业，是柯桥区投资最高、规模最大的室外现代游乐项目。乐园内还拥有东方山水金沙酒店、东方山水金沙别墅酒店两间住宿设施，超过 550 间客房，融住宿、餐饮、休闲于一体。

图 4-5　湖州安吉山川旅游度假区云上草原项目

位于宁波梅山湾旅游度假区的万博鱼度假区项目，以“体育旅游休闲度假综合体”为鲜明特色，2014 年起由北京万年基业投资集团开发建设，投资额度约 20 亿元，总占地约 1000 亩，2018 年正式投入运营，2020 年游客接待量达 30 万人次，实现营收近 1 亿元。万博鱼度假区项目，是国内首个创新型以体育旅游为特色的休闲度假综合体，是亚洲第二个向公众开放的全民性游艇主题度假小镇。在营及在建的有生态游艇港、海港商业街、接待中心、海景酒店及幸福社区等主要内容，集游艇贸易、水上运动、文化创意、婚庆基地、购物娱乐、主题演艺、IP 实景娱乐等产业体验为一体，是长三角独具魅力的滨海旅游度假目的地。万博鱼将产业链不断延伸，着力推进水上休闲运动与旅游培训深度融合。开设帆船、赛艇、摩托艇等培训课程，成为世界知名的 WMRT 官方认证的国际职业选手培训学院，也是美国 US-

图 4-6　宁波梅山湾旅游度假区万博鱼度假区项目

图 4-7　台州神仙居旅游度假区 SPA 养生度假基地项目

Sailing 的宁波培训中心。神仙居 SPA 养生度假基地项目是神仙居省级旅游度假区引进的重大特色招商引资项目，整体以 SPA 美容养生为核心主题，将项目打造成国内高端 SPA 美容养生基地。登云国际 · 神仙居 SPA 养生度假基地规划了 5 大养生区和 8 种美容养生模式，设有康复疗养、高端养生、美容美体等项目，重点发展以养生养老、休闲度假、康体美容和医养结合的大健康产业及休闲文化产业。养生基地将依托便捷的交通、优美的风景、优质的服务成为辐射“长三角”的度假养生圣地。同时，此地也将打造世界一流的抗衰老研发中心，将服务于千千万万的国民乃至来自世界各地的养生人士。

千岛鲁能胜地项目以运动康养为主题，致力于打造集亚运赛事、运动康养、休闲度假、生态体验、文化创意于一体的世界顶级湖岛生态旅居胜地。基地内湖岛相间，港湾错综，错落有致，滨湖景观及生态资源极佳。东部片区借亚运赛事契机，打造以国际度假村和活力运动主题景区双核驱动的滨湖生态休闲度假目的地，辅以千岛水乐园、格林 7 号乐园等休闲娱乐配套；中部片区以“高端商务、绿野康养”为主题打造精品居住区，辅以精品宿集、高端商务会馆等体验配套；西部片区以“奢境、私密”为特色打造高品级旅居度假胜地。酒店包括地中海俱乐部酒店和鲁能泰山 7 号酒店，其中地中海酒店项目总用地面积 50506 平方米，总建筑面积 32185 平方米，总客房数 222 间，包含大堂、国际自助餐厅、室内运动场、迷你俱乐部、水疗 SPA 等功能区；鲁能泰山 7 号酒店项目总用地面积 20945 平方米，总建筑面积10472平方米，总客房数186间。项目坐拥湖山大境，依托千岛湖优越生态环境，承接亚运精神，以“两核两带七区”大盘规划格局，打造集亚运赛事、运动康养、休闲度假、生态体验、文创艺术于一体的国际生态旅游度假区。

此外，为适应旅游消费大众化、多元化趋势，浙江坚持“抓大不放小”原则，抓好上马快、见效快的亿元以下的“小微”项目。把旅游业“微改造”行动落实到一个个小项目上，如度假区内量大面广的民宿、文创产业、数字体验、城市服务等，打造微旅游、微度假项目，为人民群众谋划一些“家门口的好去处”，做好“微改造”的绣花功夫。要全面优化旅游项目结构，提高旅游供给质量，增强旅游业发展后劲。

图4-8　代表度假综合体项目典型产品体系词云图

（三）强化精准服务

在项目服务上，浙江践行“服务一线、一线服务”理念，项目服务“店小二”服务意识浓，形成项目建设全周期的服务保障体系。坚持“要素跟着项目走”，以更加优质的服务和保障集成要素资源，协调解决项目政策保障问题，形成政策洼地。充分借助旅游专班作用，争取更多项目列入上级计划盘子各类重点项目，争取文化和旅游重点项目列入省重大工程、“省、市、县长工程”。建立省市县三级文旅部门领导对口联系项目制度，千方百计为企业搞好要素保障和全方位服务，提升项目服务效率，努力为项目建设保驾护航。

浙江旅游度假区的发展成绩离不开多年来一系列关于优化创新旅游招商选商机制、改善旅游投资服务环境的有效措施，包括在旅游度假区中极力推进牵引性、战略性、带动性强的重大旅游项目建设，推行土地、能耗、资金等投资要素跟着项目走，具有良好带动能力的度假综合体项目擅于有效利用国家和地方的扶持政策，地方政府、度假区管委会等职能部门也在管理、用地、资金、宣传、配套设施等方面提供了大量的支持和配合。浙江旅游度假区注重“项目为王”，通过招商引资，不断探索和尝试适合浙江各地特色的度假类产品和度假新型项目，牢牢抓住项目这个牛鼻子，通过项目建设把资源优势转化为发展优势，把优秀文化基因植入产品业态。

云上草原项目建设期间，为加快项目推进，更好地服务企业，乡政府固定每周四在云上草原项目部召开项目推进例会，就项目建设过程中遇到的各种困难，进行及时的沟通协调，当场给出解决方案，安排责任人，限期落实到位。县、乡出台各项经济奖励政策，如《安吉县人民政府关于进一步促进服务业高质量发展的若干意见》（安政发〔2021〕15号）《山川乡山川乡关于加快经济发展若干意见》等文件，对项目建设及项目运营期间，给予相关资金配套支持；疫情期间，县专门出台《安吉县旅游服务业疫期纾困扶持若干政策的通知》（安政办发〔2022〕20号）《安吉县关于促进服务业领域困难行业恢复发展的二十五条政策意见》（安发改〔2022〕36号）等文件，加大力度帮助服务业困难行业渡过难关、恢复发展，提供金融贴息、税费减免、租金减免、用能降价、保费缓缴、疗休养等扶持。

千岛湖度假区管委会作为鲁能胜地（亚运）项目推进的主管单位，紧紧围绕县党代会提出“做优旅游度假区”的目标，持续抓好亚运项目、招商引资、项目推进、产业发展等工作，健全谋划、盯引、审批、落地的招商工作闭环，事前预评估提高项目质量，“一对一”督促项目提速投效。深化重大项目服务机制，建立亚运项目临时党支部和亚运项目推进攻坚小组，开通“绿色通道”全速助推项目建设。同时直击历史遗留问题，按照“一案一策”倒逼责任、倒逼进度，精准指导、逐一解决各类难题，存量项目攻坚上取得重大突破，玲珑湾、蓝德项目、智汇欣态等项目都已重启建设，为度假区的形象提升和生态发展打下了一剂“强心针”。精准谋划鲁能胜地区块定位发展，围绕“运动、亲子、康养、文创”等主题，努力推动将鲁能胜地打造成独具标志性的综合性亚运主题公园，成为旅游度假新亮点；推进项目扎实稳步，界首区块鲁能胜地项目计划总投资80亿元。

地方政府在公共服务设施配套建设方面也发挥了极大作用，如交通道路建设、环境整治与提升、市政管网基础设施等，为这些精品项目提供了良好的外部大环境。如针对太湖龙之梦乐园项目，已开设每天由上海中山公园、人民广场等交通枢纽定时定点向龙之梦发送的直达班车。未来，龙之梦希望能够实现长三角主要城市游客接驳的公交化，降低游客出行成本，打造长三角最大的旅游集散中心。又如，华东大峡谷的氡水世界、氡水极限乐园、玄女大瀑布等景点的建设都离不开水。项目所在地雅阳镇政府未雨绸缪，投入近3亿元建设黄坑水库、黄坑二级水库、宝林湖水库等五大水利工程。这些水利工程既可改善区域水生态及水景观，打造美丽的水利风景区，又可满足下游打造特色景观瀑布的需要，同时也是雅阳镇应急备用水源，是提高城乡供水保障程度、缩小城乡供水差异、促进乡村经济发展的需要。而千岛湖旅游度假区为助力千岛鲁能胜地项目建设，成立千岛鲁能胜地乡村振兴专项工作组及浙江首个乡村共富学院，引入外部资源要素，为当地群众提供民宿经营、亚运接待、生态保护等方面的专业培训，不断提升村民文明文化程度及民宿产业经营管理水平，开启共同富裕新征程。

（四）创新闭环机制

坚持全面统筹，综合推进，将项目投资纳入省旅游专班职能，形成推进合力。完善“规划储备—前期工作—招商引资—开工建设—竣工营业”推进闭环机制，招商项目要抓签约、保落地，新建项目要抓对接、保开工，在建项目要抓进度、保建成，竣工项目要抓运营、保达效。浙江在抓项目的过程中，坚持谋划一批、立项一批、开工一批、竣工一批的工作制度，创新推出并在实践中不断完善形成了“八个一”工作机制，即“识别一张图、项目一个库、进度一张表、考核一指数、指挥一平台、工作一机制、一月一例会、一年一表彰”的全周期管理工作体系。搭建项目推进“晾晒台”，建立“红黑榜”，实行“赛马比拼”机制，定期对全省90个县（市、区）的项目投资进度进行分析研判，形成了比学赶超、争先进位氛围。建立重大项目动态清单管理机制和退出机制等。

在县级层面上，政府建立了项目引进的预评估机制和项目筛选制度。主要为避免各个旅游度假区定位及产品类型的雷同，是政府对市场行为的引导制度，涉及项目在整个区域内的布局。评估过程中重点强化对土地、交通、环保等因素的关注和综合考虑。如湖州市要求各县（区）要结合本地旅游规划及项目推进实际情况，探索建立休闲旅游产业导向目录，作为项目预评估的重要依据，明确鼓励引进类项目、一般鼓励类项目、限制类项目和禁止类项目，并定期进行动态调整。湖州市还对预评估成果进行有效利用，成果可作为项目引进的决策依据，未通过预评估的项目原则上不予引进和签约；同时，评估成果可作为发改部门立项、规划部门规划论证、国土部门用地预审的重要参考。强化对通过预评估项目的服务和推进，加快推动项目签约、审批和要素保障。

项目落实机制保障方面，清晰界定点、线、面的关系，捋顺高效机制项目加快推进。对旅游度假区的重点项目，主动提请省领导协调解决项目建设用地指标问题。地方政府也高度重视旅游度假区项目招商引资，多个县市区一把手每年亲自调研，狠抓项目。通过文旅项目定期通报、领导联系等有效机制，推行“一图一表一指数”，推进晾晒和互比互看，督促推进旅游度假区内重大项目建设。通过定期召开部门联席会议等形式，帮助解决旅游度假区土地配置、资源保护、城乡统筹、公共服务体系建设等困难。一批类型优、业态新、特色明、带动强、效益好的大项目成为浙江旅游发展的最大潜力和转型升级的方向所在。例如，在广袤的杭嘉湖平原上，杭州国际金融会展中心、千岛湖国际商务度假中心、湖州安吉天使乐园、长兴太湖龙之梦乐园、嘉兴大云温泉旅游度假综合体等项目投产营业，成为人们心向往之的旅游目的地；在宁波，华侨城欢乐海岸、宁海上金国际商业文化旅游区、北仑万年基业梅山湾游艇港城等项目；在浙中，东阳横店万花园、衢州新加坡（颐怀园）生态健康休闲谷、龙游红木家居文化园、仙居神仙温泉旅游综合体等项目也插上发展的翅膀；在浙南，丽水千峡湖旅游综合体、缙云仙都景区提升工程、温州雁荡山—楠溪江景区提升工程等项目被列入发展的重点。此外，一些依托特色小镇和景区村庄发展起来的旅游度假区呈现“小而美”、特色鲜明的优势，逐渐形成浙江旅游产业集群的重要平台，也成为市场新一轮投资的主平台和主阵地。

图 4-9　宁波松兰山旅游度假区亚帆中心项目

图 4-10　杭州淳安千岛湖旅游度假区鲁能胜地项目

图 4-11　温州泰顺廊桥—氡泉旅游度假区华东大峡谷项目

图 4-12　绍兴鉴湖旅游度假区东方山水乐园项目

（五）追求综合效益

度假项目在提升自身发展竞争力的过程中，不仅成为构建旅游度假区完整业态的重要贡献者，同时也与周边当地的全域旅游资源点之间通过区域联动、资源共享、贡献持续活力等方式，形成有机互补的共赢模式，营造了丰富、浓厚的文化旅游氛围，为促进地方就业、带动经济增长、实现共同富裕、提升地方旅游目的地品牌知名度和竞争力发挥了极大的促进作用，社会综合效益显著。如长颈鹿庄园项目紧紧围绕“为浙江高质量发展建设共同富裕示范区提供致富之路、智力之源和精神之力”定位，带动庄园附近周边居民多渠道提高收入，让当地老百姓共享文化和旅游发展的成果，切实提升获得感和幸福感。宁波梅山湾旅游度假区的万博鱼度假区项目打造的赛事 IP 带热了当地经济，为当地积极引进各项群众性水上赛事和活动。近年来已经成功举办多场国家级、省级赛事活动，包括中国家庭帆船赛、一带一路帆船赛、梅山湾摩托艇争霸赛、梅山湾马拉松游泳挑战赛等，使当地人气大增。其中，中国家庭帆船赛得到中国帆船帆板运动协会的肯定和各界好评。依托山海蓝湾的自然资源优势和已建的滨水核心资源项目，项目积极引进培育全国甚至国际有影响力的专业赛事 IP，打造集体验、培训、训练等功能于一体的长三角水上运动基地，打造宁波滨海特色旅游的金名片。歌斐颂巧克力小镇利用特色产业带动乡村发展，并受到了社会各界的广泛关注。2021 年 7 月，在党中央宣传部的组织下中央媒体团走进小镇，解密共同富裕的甜蜜印象；央视新闻频道和《焦点访谈》节目对歌斐颂巧克力小镇进行了深入报道。小镇的建设，在促进大云镇旅游业快速发展的同时能够引导社会资源、投资向更优质的且具有市场前景的项目聚集，既直接拉动区域有效投资增长，又可优化产业投资结构，提升嘉善现代服务业发展水平。鲁能胜地（亚运）项目发挥其规模效应，对周边乡村产生共同富裕辐射带动。金山坪亚运小镇、格林 7 号公园自开放以

图 4-13　代表性度假综合体项目获得地方部门支持的词云图

来接待游客 20 余万人次，带动周边村民就业 325 人；建设“千岛农品亚运分馆”，推动“淳六味”中药材、土特产、茶叶等优质“千岛农品”进亚运分村，提升健康产品知名度；启动淳安县亚运场馆惠民行动，面向市民游客发放 100 万元界首体育中心体育旅游消费券，串联亚运场馆、界橘基地、樱花岛及鳌山渔村等特色景点，开通亚运旅游专线，促进乡村旅游、体育赛事、休闲农业等全域产业协同发展。同时，通过改善周边村庄环境、挖掘村落文化底蕴，将传统村落、农居生活、农业生产融入住宿业，形成特色民宿村落群，走出了一条农文旅有机融合助力乡村振兴的富民之路。

二、从产品到产业群：需求侧管理为引领

2020 年的中央经济工作会议提出，要紧紧扭住供给侧结构性改革这条主线，注重需求侧管理。“需求侧管理”被首次提及。供给和需求是构成市场的两个不可或缺的方面。没有高质量的产品和服务供给，人民对美好生活的需要就得不到满足。没有需求侧的消费需求牵引，供给也无法实现[①]。浙江始终坚持产品为本、体验为本的理念，根据市场需求为引领，培育特色的度假产品产业体系。

（一）产品体系化

浙江旅游度假区通过开发培育度假产品，做深做透产业大文章，加快空间整合、布局整合和产业整合，让旅游度假区成为“绿水青山就是金山银山”转化实践示范的重要通道，浙江的旅游度假区产品体系十分全面，涵盖了住宿类、餐饮类、购物类、运动类、康养类、观光游览类、主题娱乐类、文化休闲类、儿童亲子类、夜游类、演艺类、会展节事类、科普研学类、蜜月婚庆类、交通融合类、产业融合类等多种类型且品质优良。

旅游接待收入的业态占比方面如表 4–3 所示，浙江省的旅游度假区以零售业、住宿业、餐饮业为最主要的三大营收板块，占比分别为 27%、23%、22%。尤其是当前 8 家国家级旅游度假区住宿业收入占比更是高达 36%。相比而言，省级旅游度假区更多的依靠餐饮业和零售业收入，在餐饮业、文化娱乐业、交通运输业和 A 级

① 张占斌，杜庆昊．把“需求侧管理”与供给侧结构性改革结合起来［N］．光明日报，2021-01-05（11）．

景区门票收入方面都比国家级旅游度假区高，但住宿业收入占比仅为19%。此外，在严格的景区免票制度下，虽然浙江旅游度假区中有很多A级景区及景区村庄，但景区门票收入在旅游度假区旅游接待收入中的占比仅约9%。

由此可见，旅游度假区的高质量发展，需要从观光业态向度假休闲业态转型，而国家级旅游度假区的住宿业态高占比也充分说明了高品质的度假业态应以优质的"住"为核心竞争力，全面提升旅游度假区的住宿品质和吸引力是增加旅游消费刺激、提高旅游接待收入的重要手段，也是推动旅游度假区高质量发展的重要阵地。

表4–3 浙江旅游度假区旅游接待收入中各类业态收入占比情况

等级	A级景区	住宿业	餐饮业	文化娱乐业	交通运输业	零售业
国家级	8%	36%	12%	4%	1%	26%
省级	10%	19%	25%	8%	6%	27%
全省	9%	23%	22%	7%	5%	27%

高品质的旅游度假区注重根据不同度假旅游者的消费需求，引进各类不同特色并能与旅游度假区定位高度匹配的旅游项目，补齐旅游度假区短板并打造出丰富完善的休闲度假产品体系。同时做好各项基础设施配套建设，包括专门为旅游度假区发展而投入的水、电、路基础设施项目，以及绿化、美化、亮化等景观提升项目（不含房地产项目）。

（二）住宿品质化

浙江的旅游度假区深谙"住"的品质对于休闲度假产业的重要性，其住宿接待设施类型的丰富度和服务品质在全国处于领先地位，尤其是高品质住宿接待设施的占比居于全国各省前列。在长三角成熟的旅游消费市场中，通过弹性的供需协调进一步缩小旅游度假区中旅游住宿供给的结构性矛盾，使产品、服务和制度等供给尤其是公共服务产品跟上散客化和品质化的消费需求，降低星级饭店和经济型酒店的结构配比、消减同质化低端产品，是推动旅游供给侧改革实现高质量发展的最佳样板。

浙江旅游度假区的住宿接待设施包括酒店类和民宿类。酒店类以高档非星级度假酒店、主题酒店等为主，星级酒店在旅游度假区中的吸引力不大。民宿类积聚了众多精品民宿，白金宿级、金宿级、银宿级的旅游民宿占比居多。

图 4-14 莫干山国际旅游度假区裸心谷

浙江旅游度假区的住宿接待设施中不同档次的比例与市场需求相匹配，尤其是在高品质的住宿接待设施与服务活动方面表现极佳，吸引了众多江浙沪及国际高端消费客群。浙江的省级旅游度假区高品质住宿设施占比为 17%，客房数占比为 51%。相当于平均每家省级旅游度假区拥有 13 处高品质住宿接待设施、948 间客房。而国家级旅游度假区的高品质住宿设施占比更高，占比超过 1/3（34%），客房

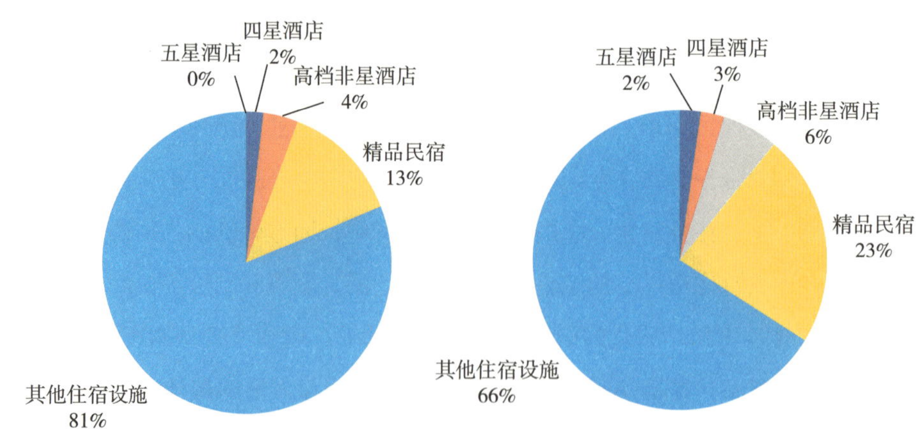

图 4-15 浙江旅游度假区住宿设施档次分布
（注：高品质住宿设施为四星、五星、高档非星酒店及民宿之和）

数占比更是高达63%，平均每家国家级旅游度假区拥有37处高品质住宿接待设施、2272间客房，远远高于《旅游度假区等级划分》GB/T 26358国家标准中要求的指标，这一点也充分说明了浙江旅游度假区对于度假住宿的品质打磨比其他地方更为优异。

此外，浙江旅游度假区中还配备了不少高品质的非标准住宿接待设施，主要为房车及帐篷露营地设施。其中，大多数为帐篷营地，占比超过60%，少数为房车营地。帐篷营地匹配的营位规模较大，价格相对低廉。而房车营地的营位规模相对而言较小，高品质的房车营地如海宁盐官旅游度假区的开元芳草青青房车营地、杭州湘湖旅游度假区的沐心岛房车营地、宁海森林温泉旅游度假区的最忆星空房车营地等，神仙居旅游度假区也新引进了新吉奥开元芳草青青房车营地。高品质房车营地一般都设置在风景优美的自然环境中，由于房车价格不菲，营地房车数量一般不多，每间房车的整租价格基本也在千元以上。

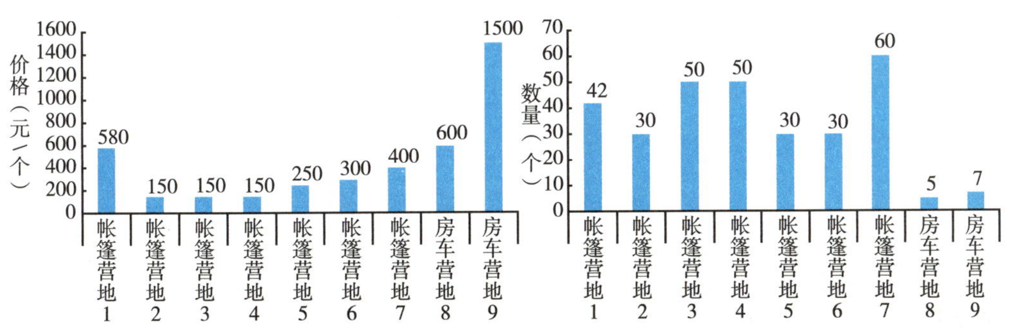

序号	度假区名称	营地名称
营地 1	杭州临安清凉峰旅游度假区	风之谷自然学校
营地 2	嘉兴平湖九龙山旅游度假区	九龙山航空营地
营地 3	嘉兴平湖九龙山旅游度假区	高尔夫营地
营地 4	嘉兴平湖九龙山旅游度假区	马会营地
营地 5	丽水景宁畲族风情旅游度假区	大张坑红畲公社
营地 6	丽水景宁畲族风情旅游度假区	东弄畲家田园综合体
营地 7	绍兴鉴湖旅游度假区	柯岩鉴湖露营基地
营地 8	宁波梅山湾旅游度假区	爱尚梅山湾皮划艇俱乐部
营地 9	宁波宁海森林温泉旅游度假区	最忆星空房车营地

图 4-16 浙江旅游度假区营地设施信息

1. 度假酒店

整体来看，浙江省大部分旅游度假区引进的住宿项目品质较高，市场定位清晰，尤其是配套的休闲度假产品注重品质化、个性化，国际品牌酒店、精品民宿、主题酒店产品更加丰富，符合当下消费升级的趋势。近年来华茂希尔顿、雅达Alila、君澜、开元等国内外知名品牌酒店纷纷入驻。高端度假型、会议商务型、大众连锁性、主题文化型、民宿客栈型以及房车、帐篷、木屋等特种体验型酒店在全省旅游度假区落地，极大地丰富了浙江旅游度假区住宿设施的类型，也满足了不同休闲度假消费群体的差异化需求。

在客房价格方面，酒店类型的客房规模较大，供应房源更多，品牌酒店的房间均价跨度较大，大部分集中在2000元以内，也有少数高达5000元的高消费酒店。中高档住宿设施的单房价格集中分布在400元到1200元，个别设施接近3000元；中档住宿设施房间均价在200元到600元分布；低档住宿设施房间均价在100元到300元分布。高档住宿设施受淡季旺季影响较小，R平方值接近1，趋势线对于散点的描述准确度较好，中高档、中档、低档住宿设施的淡季房间均价分别为旺季房间均价的70%、65%、60%，R平方值离1略远，趋势线对散点的描述准确度较差，受季节影响的程度显著。

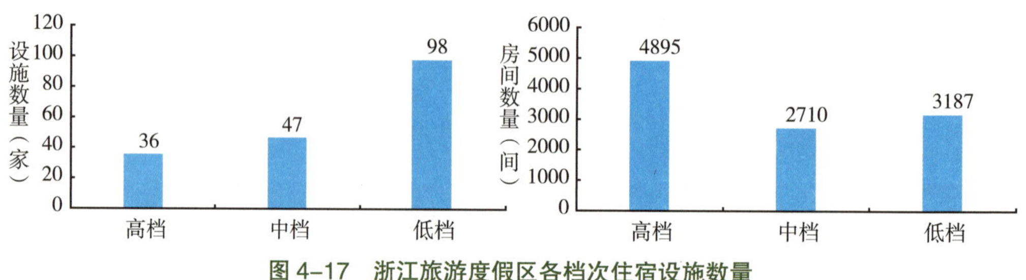

图 4-17 浙江旅游度假区各档次住宿设施数量

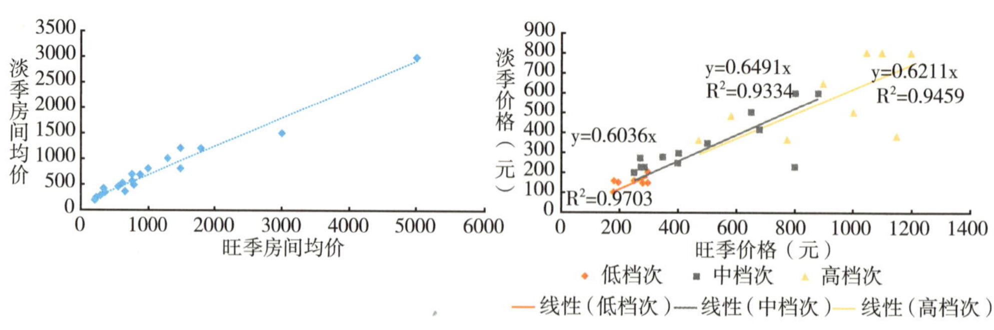

图 4-18 浙江省旅游度假区品牌酒店淡季旺季房间均价趋势分析（单元：元/间）

图 4-19 浙江旅游度假区各档次住宿设施淡季旺季均价

此外，浙江省的国家级旅游度假区在住宿接待设施的体系性方面也十分完善。如莫干山国际旅游度假区拥有主题特色型、中档型、舒适型、家庭型、低碳环保型等608家不同类型的住宿接待设施，总房间数为6542间，床位数为9813个。其中主题特色型占总体房间数的46.71%；中档型占总体房间数的52.02%；舒适型占总体房间数的90.49%；家庭型占总体房间数的77.22%；低碳环保型占总体房间数的24.73%。旅游度假区内主要度假酒店及其房型配比也非常典型，例如：①裸心谷共121间客房；②裸心堡共95间客房，包括30间厢房、30间崖景套房、25间高品质小院、10间城堡套房；③郡安里君澜度假酒店共有建筑210幢，662间客房；④法国山居共45间客房，每间房的建筑面积在50平方米到90平方米；⑤久祺雷迪森庄园占地700亩，客房230间；⑥悦榕庄度假村（在建）共234间客房，447个床位；⑦洲际英迪格酒店（在建）共400间客房。

又如淳安千岛湖旅游度假区内拥有39家优质酒店，客房数5734间，拥有千岛湖绿城喜来登、诺富特度假酒店、地中海俱乐部等国际品牌；拥有开元、绿城度假、润和建国、梅地亚君澜、祺悦、伯瑞特具有国际水准的品牌酒店6家，配套设施完善、服务品质优良，包含主题特色、中档舒适、环保低碳、家庭型等多种类型，能够满足不同游客需求。

“十三五”以来，浙江省旅游饭店星级评定委员会通过全省品质饭店（金/银桂）、特色文化主题饭店（金/银鼎）、绿色饭店（金/银树叶）创评工作，来推动浙江省旅游饭店业的高质量发展，至今已多批次完成全省品质饭店、特色文化主题饭店、绿色饭店的评价认定工作。2020年《浙江省旅游饭店业品质提升专项活动方案》提出，到2020年年底完成复核60家四星级旅游饭店，评定50家品质饭店、20家特色文化主题饭店、20家绿色旅游饭店的目标。

特色文化主题饭店按照《特色文化主题饭店基本要求与评定》标准（DB33/T 871—2012）和《特色文化主题饭店评定实施办法》，对申报饭店进行统一汇报、现场检查、征询意见和专家汇总等流程，并进行了正式评定。2018年12月评定6家金鼎级特色文化主题饭店，11家银鼎级特色文化主题饭店；2019年11月评定10家金鼎级特色文化主题饭店，22家银鼎级特色文化主题饭店。

绿色旅游饭店按照《绿色旅游饭店》标准（LB/T 007—2015）进行认定和管理，从2017年8月开始全面开展了全省绿色旅游饭店的对标复核工作。2018年度全省接受复核的408家绿色旅游饭店中，其中金树叶级50家，银树叶级358家。通过复核257家，其中金树叶级41家，银树叶级216家；退出116家，延期复核35家。金树叶级绿色旅游饭店由省星评委组织复评，银树叶级绿色旅游饭店由各市饭店星评委组织复评。

品质饭店按照浙江省地方标准《品质饭店评价规范》（DB33/T 2218—2019）及其实施细则，2019 年已正式评定金桂品质饭店 37 家，银桂品质饭店 43 家。

在相应品质标准的高规格要求下，各地市对于旅游饭店业的高质量发展也非常重视。例如，湖州市"十三五"以来全面实施"十百千万"旅游领军企业培育战略和"旅游企业上市会战行动"，引导旅游企业集团化、规模化、多元化、特色化、品质化、国际化、品牌化发展，同时加强行业监管，扎实提升旅游饭店品质，至 2021 年全市共有特色文化主题饭店 11 家，居全省第三，其中金鼎级 6 家，居全省第二，银鼎级 5 家，居全省第三；绿色饭店 23 家，其中金树叶级 5 家，银树叶级 18 家。湖州市湖州白苹州大酒店、长兴东方明珠大酒店 2 家单位获评 2018 年浙江省银树叶级绿色旅游饭店，湖州红木房雅阁璞邸酒店单位获评 2018 年浙江省金树叶级绿色旅游饭店，德清先秦文化艺术有限公司（莫干山居图）获评银鼎级特色文化主题饭店，大年初一旅业投资有限公司单位获评金鼎级特色文化主题饭店。

又如，浙旅投集团旗下蝶来、雷迪森、梅苑等品牌系列也高度重视新产品研发，着力提升品牌知名度和市场占有率。其中蝶来望湖宾馆、蝶来雅谷泉山庄、杭州梅苑宾馆入围"金桂品质饭店"，金华伟达雷迪森广场酒店符合金树叶级绿色饭店的评审标准，荣膺浙江省旅游饭店"金树叶级绿色旅游饭店"。

表 4–4　浙江旅游度假区中各类标准等级饭店的分布情况（不完全统计）

类型	等级	饭店名称	所处旅游度假区
特色文化主题饭店（金 / 银鼎，10 家）	金鼎级	海宁市宏达置业有限公司钱江君廷酒店	海宁盐官旅游度假区
	金鼎级	普陀山大酒店	舟山群岛普陀国际旅游度假区
	金鼎级	杭州开元森泊度假乐园	湘湖国家级旅游度假区
	金鼎级	南浔巨人君澜度假酒店	南浔古镇旅游度假区
	金鼎级	湖州美泉宫温泉度假酒店	湖州太湖旅游度假区
	银鼎级	德清先秦文化艺术有限公司（莫干山居图）	莫干山国际旅游度假区

续表

类型	等级	饭店名称	所处旅游度假区
特色文化主题饭店（金 / 银鼎，10 家）	银鼎级	阳明温泉山庄	余姚四明山省级旅游度假区
	银鼎级	湖州莫干山隐花坞	莫干山国际旅游度假区
	银鼎级	桐乡市乌镇适园登瀛宾馆	乌镇—石门旅游度假区
	银鼎级	绍兴鉴湖大酒店	鉴湖—柯桥旅游度假区
绿色饭店（金 / 银树叶，2 家）	金树叶	湖州红木房雅阁璞邸酒店	湖州太湖国家级旅游度假区
	银树叶	龙之梦大酒店	湖州太湖图影旅游度假区
品质饭店（金 / 银桂，5 家）	金桂	舟山市普陀山雷迪森庄园	省级舟山群岛普陀国际旅游度假区
	银桂	杭州海外海置业有限公司（千岛湖海外海假日酒店）	浙江省淳安千岛湖旅游度假区
	银桂	宁海县心泉房地产开发有限公司（安岚酒店）	宁海森林温泉旅游度假区
	银桂	普陀山大酒店	省级舟山群岛普陀国际旅游度假区
	银桂	浙江舟山旅游集团息耒小庄	省级舟山群岛普陀国际旅游度假区

2. 旅游民宿

在浙江全省 859 家等级民宿中，初步统计有近 32% 白金宿、30% 金宿、24% 银宿都分布于旅游度假区范围内。2018 年以来，浙江省民宿评定管理委员会依据浙江省《民宿基本要求与评价》地方标准，已经连续三年开展了浙江省白金级、金宿级和银宿级民宿的评定工作，高效带动了全省民宿的提质升级速度。2020 年评定了 11 家白金宿、22 家金宿、174 家银宿；2019 年评定了 13 家白金宿、21 家金宿、149 家银宿；2018 年评定了 20 家白金宿、51 家金宿、114 家银宿。据不完全统计，有 121 家等级民宿分布于 35 家旅游度假区范围内，包括 14 家白金宿、28 家金宿、79 家银宿。其中，莫干山国际旅游度假区、安吉灵峰旅游度假区、乌镇—石门旅游度假区、神仙居旅游度假区、磐安云山旅游度假区等范围内的等级民宿数量显著。说明旅游度假区对民宿品质的高质量发展极其重视，同时民宿反过来也为旅游度假区赋能，尤其是白金宿、金宿等金字招牌，成为了度假区内更多元的核心竞争力所在。

图 4-20　台州仙居神仙居旅游度假区白金宿杜若山居

图 4-21　嘉兴桐乡乌镇—石门旅游度假区白金宿谭家栖巷

浙江旅游度假区民宿数量众多。与酒店相比，民宿的精品数量占比较小。对部分精品民宿具体经营情况进行统计，由图可知，民宿房间均价的高低与民宿等级相关性较小，各等级内部差异性远大于等级间差异性。普通民宿的价格分布区域相对偏低，在 200 元到 1500 元，等级民宿的价格分布区域相对偏高，在 400 元

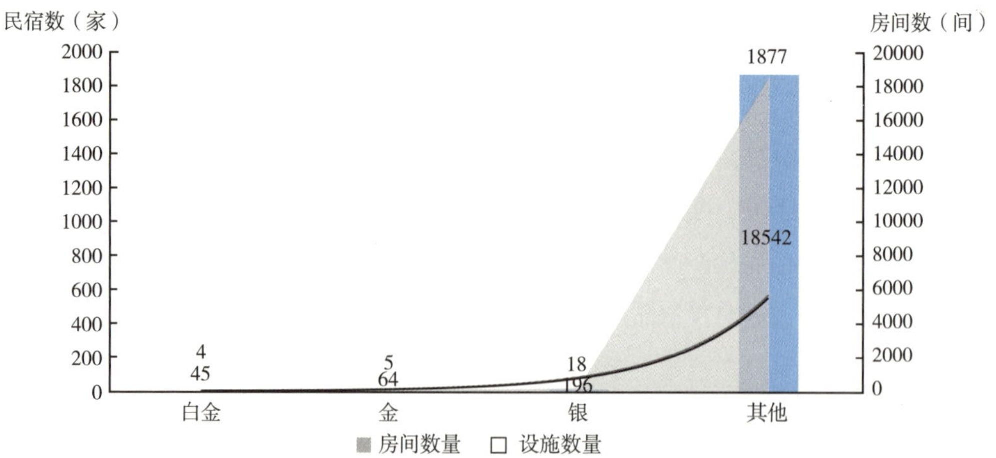

图 4-22　浙江旅游度假区民宿各档次数量

到 2400 元。民宿整体淡季价格为旺季的 67%。开展民俗和农事活动的民宿多为等级民宿，高于 1800 元价位的民宿都举办了至少一种活动，说明活动的举办对于民宿经营存在明显益处。在各项活动中，农事活动对于民宿经营的提升最大，举办农事活动的民宿房价，比单纯举办民俗活动的民宿房价平均高出 500~1000 元。

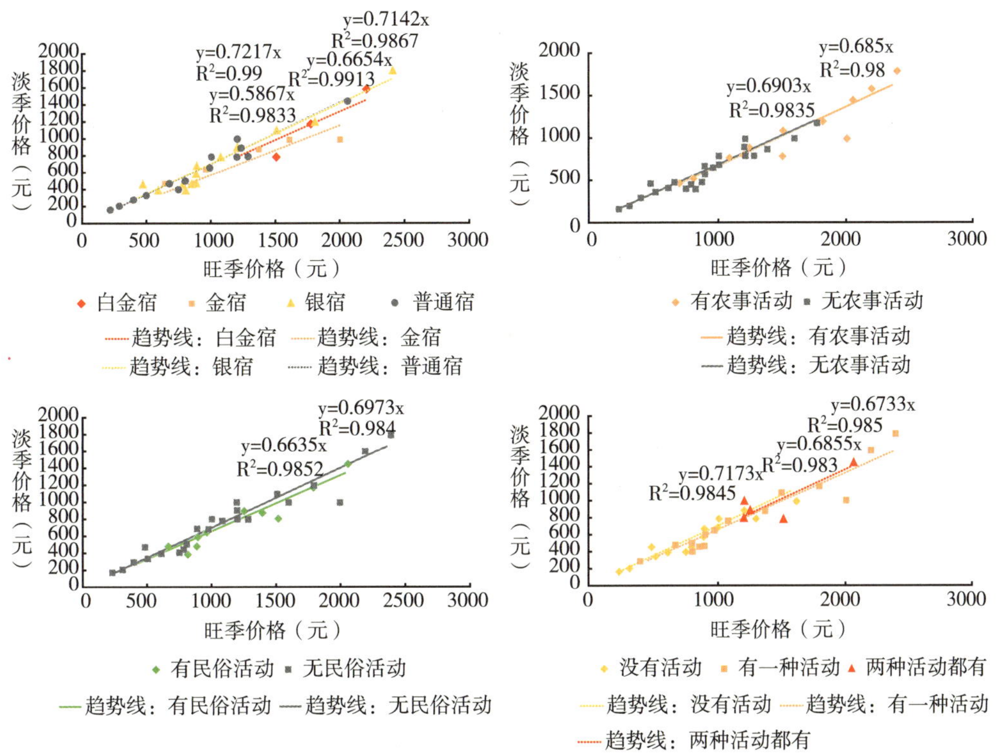

图 4-23　浙江旅游度假区民宿各档次淡季旺季均价与开展活动

表 4-5　浙江旅游度假区中等级民宿的分布情况（不完全统计）（单位：家）

等级民宿	评级年份（年）	白金宿	金宿	银宿	认定数量
历次评级	2020	11	22	174	207
	2019	13	21	149	183
	2018	20	51	N/A	71
	总计	44	94	323	461
度假区内	数量	14	28	79	121
	占比	32%	30%	24%	26%

表 4-6 浙江旅游度假区中等级民宿的具体分布（不完全统计）

所处旅游度假区	民宿名称	等级	评级年份
莫干山国际旅游度假区（16 家）	塔莎杜朵民宿	白金宿	2020
	三秋美宿	白金宿	2019
	一叶山居	金宿	2019
	十八迈民宿	金宿	2018
	大乐之野民宿	金宿	2018
	莫梵民宿	金宿	2018
	卜宿喜度民宿	银宿	2020
	映拾山民宿	银宿	2020
	应物心民宿	银宿	2020
	叠云民宿	银宿	2020
	游子山居	银宿	2019
	拉费尔花园民宿	银宿	2019
	清妍民宿	银宿	2018
	莫干山尚坡 ARCADIA 度假别墅	银宿	2018
	友赞山居	银宿	2018
	莫干山竹迹风情民宿	银宿	2018
乌镇—石门旅游度假区（13 家）	乌镇谭家栖巷民宿	白金宿	2019
	隐河三居	金宿	2020
	青里民宿	金宿	2018
	那年晚村民宿	金宿	2018
	乌镇璞意隐居	银宿	2020
	乌镇既篱九归民宿	银宿	2020
乌镇—石门旅游度假区（13 家）	乌镇南堂御宿	银宿	2020
	乌镇木集曼茉民宿	银宿	2020
	未远民宿	银宿	2019
	那茉民宿	银宿	2019
	乌镇林鹿民宿	银宿	2018
	乌镇黄粱一梦民宿	银宿	2018
	悦己民宿	银宿	2018

续表

所处旅游度假区	民宿名称	等级	评级年份
安吉灵峰旅游度假区（11 家）	尚庭民宿	白金宿	2019
	阿忠的家	白金宿	2018
	rice 米家	金宿	2020
	息心庐民宿	金宿	2018
	简爱民宿	金宿	2018
	半日闲民宿	银宿	2020
	杭垓竹宿	银宿	2020
	醉美梯田民宿	银宿	2020
	凡人微舍	银宿	2020
	双鱼堂民宿	银宿	2018
	朝花夕舍	银宿	2018
浙江省磐安云山旅游度假区（7 家）	汇森绘舍	白金宿	2020
	微雨心宿	银宿	2020
	清心居	银宿	2020
	晚枫小筑	银宿	2019
	紫竹小院	银宿	2019
	印象人家	银宿	2019
	尖山云顶民宿	银宿	2018
浙江省神仙居旅游度假区（7 家）	杜若山居	白金宿	2020
	尚仁善居	白金宿	2018
	坐看云起民宿	银宿	2020
	任光阴民宿	银宿	2019
	今夕何夕客栈	银宿	2019
	陌上花开暖宿	银宿	2019
	彬枫雅筑	银宿	2018
文成天湖旅游度假区（5 家）	水云见源民宿	白金宿	2018
	百汇阳轩	银宿	2020
	寒舍回塘	银宿	2020
	龙悦山居	银宿	2019
	石门台民宿	银宿	2018

续表

所处旅游度假区	民宿名称	等级	评级年份
安吉山川省级旅游度假区（4家）	缦居小院	银宿	2019
	汀溪山居	银宿	2019
	隐川居	银宿	2019
	迈岚民宿	银宿	2019
新昌天姥山十里潜溪旅游度假区（4家）	尚诗堂民宿	白金宿	2018
	七间半民宿	金宿	2019
	有一居	银宿	2020
	沁云小筑	银宿	2019
遂昌黄金旅游度假区（4家）	溪云里民宿	金宿	2020
	诗里民宿	金宿	2018
	尚墅民宿	银宿	2018
	玉茗民宿	银宿	2018
台州石塘半岛旅游度假区（4家）	奢野一宅	白金宿	2019
	梦情海湾民宿	银宿	2020
	括苍山米筛浪农家乐园	银宿	2020
	渔村影像民宿	银宿	2018
淳安千岛湖旅游度假区（4家）	鱼儿的家	白金宿	2019
	美客爱途民宿	金宿	2018
	果儿熟了民宿	银宿	2020
	民之宿	银宿	2020
开化钱江源旅游度假区（4家）	三缘堂	金宿	2020
	久山半民宿	银宿	2020
	品水留云民宿	银宿	2019
	说时依旧民宿	银宿	2018
省级舟山群岛定海国际旅游度假区（4家）	尘曦民宿	金宿	2020
	东极国际青年民宿	金宿	2019
	青浜记忆民宿	银宿	2018
	本屋民宿	银宿	2018
南浔古镇旅游度假区（3家）	落花老屋民宿	银宿	2018
	浔居河畔客栈	银宿	2018
	奕墨别苑	银宿	2018

续表

所处旅游度假区	民宿名称	等级	评级年份
浦江仙华山旅游度假区（3 家）	泊隐柳秀民宿	金宿	2019
	青致吾庐	金宿	2018
	乌台门民宿	银宿	2018
余姚四明山省级旅游度假区（3 家）	壹周稻田里民宿	金宿	2018
	大乐之野谷舍	银宿	2018
	小隐东湾民宿	银宿	2018
云和湖旅游度假区（3 家）	云和县：云谷山房	白金宿	2020
	山都雅舍	银宿	2020
	漫长汀民宿	银宿	2018
浙江省景宁畲族风情旅游度假区（3 家）	清泉石上居	金宿	2019
	石上溪民宿	银宿	2019
	宿叶民宿	银宿	2018
浙江省临海牛头山旅游度假区（2 家）	胜坑草宿	白金宿	2018
	三抚一宅	金宿	2020
温州泰顺廊桥—氡泉旅游度假区（2 家）	月笼溪沙民宿	金宿	2020
	迷途七厝	金宿	2018
浙江省武义温泉旅游度假区（2 家）	一水间民宿	金宿	2018
	悦泉居温泉民宿	银宿	2020
吴兴西塞山旅游度假区（1 家）	泊心湾民宿	银宿	2019
义乌市佛堂旅游度假区（1 家）	景澜双林精舍	金宿	2018
绍兴鉴湖—柯岩旅游度假区（1 家）	一湖酒场朴筑	银宿	2019
龙泉青瓷文化省级旅游度假区（1 家）	陌上归人民宿	银宿	2020
宁波梅山湾省级旅游度假区（1 家）	松歌小院	银宿	2020
宁波苏湖旅游度假区（1 家）	六间房民宿	银宿	2019
宁海森林温泉旅游度假区（1 家）	拾贰忆南溪温泉民宿	金宿	2018
浙江省兰溪旅游度假区（1 家）	陌领那澜民宿	金宿	2018
宁波松兰山旅游度假区（1 家）	三希棠民宿	银宿	2020
宁波东钱湖旅游度假区（1 家）	湖沁舍	银宿	2019
湖州太湖旅游度假区（1 家）	素写生活民宿	银宿	2018
东阳东白山旅游度假区（1 家）	步舍寻梦民宿	银宿	2019
椒江大陈岛旅游度假区（1 家）	望汐民宿	银宿	2020

（根据浙江省 2018—2020 年三批等级民宿数据整理）

浙江省旅游民宿产业总量大、品质高、标准先、力度强、成效好，在旅游度假区范围中的分布极多，对于推动品质化、特色化、地方化的核心“住”体验、促进旅游度假区高质量发展提供了极为有利的基石。浙江省旅游民宿产业的发展体现出以下几大主要特点：

（1）顶层重视。从全省顶层设计方面，将“大力发展民宿经济”写入省第十四次党代会报告，列入《浙江省旅游条例》地方性法规范畴，赋予民宿法定地位。同时以行政规范性文件形式出台民宿指导意见，首次明确提出民宿的概念、范围和安全条件。到各地的实施过程中，将旅游民宿提质富民工作作为乡村振兴的重要抓手列入当地党委、政府工作重点，纳入政府年度工作计划和相关考核体系。由相关部门、行业协会和游客共同参与建立民宿发展评价考核机制。同时也允许和鼓励符合条件的乡村旅游点和民宿积极承接通过政府采购、购买服务等方式开展的公务活动和工会组织的职工疗休养活动，充分参与市场竞争。2019年浙江省文化和旅游厅印发《浙江省乡村民宿提质富民三年行动计划（2020—2022）》，创新性地提出“民宿姓民，既要为民惠民，更要民办民享”“民宿有主，既要有主人，也要有主题”“民宿要融，既要融住游一体，也要融城乡一体”“民宿重情，既要求真情，更要讲情怀”等发展理念，为推动旅游民宿产业的创新改革又提供了更多的渠道和方向。

（2）标准引领。2016年12月，浙江省出台《关于确定民宿范围和条件的指导意见》，之后《民宿基本要求与评价（DB/T 2048—2017）》浙江地方标准、《旅游民宿基本要求与评价（LB/T 065—2019）》行业标准相继推出。2018年起浙江省民宿评定管理委员会依据浙江省《民宿基本要求与评价》地方标准，开展浙江省白金宿级、金宿级和银宿级民宿的评定工作，并通过民宿等级评定工作来推动浙江民宿产业的高质量发展。正因为在全国尚无可借鉴学习的经验，浙江省在创新摸索的过程中对民宿等级评定工作也更为谨慎严格。通过出台评定细则，遵循自愿申报和相关部门推荐相结合；明查与暗访相结合；集中汇报与分组检查相结合；线上口碑评价与线下专家评审相结合的原则，坚持公平、公正，确保品质，严格对照评价标准要求，确保达标。评审队伍由来自公安、消防、宣传、文化、市场监督管理等十几个部门的工作人员以及专家学者、民宿业主组成。他们在评出一家民宿的时候，也成为这家民宿的推荐人，要在评定报告书上签下自己的名字，他们还承担着帮扶这家民宿成长的义务。因此，每一位评审员在推荐民宿的时候都更加谨慎，不会随便给出高分。评定办法中还写入了退出机制，将暗访逐步常态化，对获得“等级”资质的民宿进行三年一次的评定性复核，对不符合要求的民宿要么降级要么退出[①]。截至2020年8月，全省拥有民宿1.9万余家，总床位超20万张，年营业收入超60亿元，就业人数超15万人。其中持证经营的民宿已经达到了90%以上，获得“官方认证”的等级民宿已经达到311家，而这些高品质的等级民宿大多分布于旅游度假区中。在“评”的同时，浙江省文化和旅游厅也在“使劲”帮助已经评定上的民宿包装、宣传、推广，甚至在高德导航的电子地图上有浙江民宿的电子导览图，游客可以一键导航到浙江首批已评定的民宿。

表4–7　浙江省旅游民宿等级评定情况（单位：家）

年份 / 批次	白金宿	金宿	银宿	认定数量
2020	11	22	174	207
2019	13	21	149	183
2018	20	51	N/A	71
总计	44	94	323	461

（3）部门合力。除了严格评审流程外，还需要适应市场，让标准生长在行业的土壤之中，有利于企业成长与发展，标准才会有力量、有权威。《民宿基本要求与评价》标准的出台就是以浙江地方民宿具体关键问题为导向，站在市场角度切实解决民宿业主的痛点问题。按照标准要求参加评定的民宿必须持有一照三证（营业执照、特种行业许可证、食品经营许可证、卫生许可证）。若民宿无法实现安全、卫生、合法，就难以规范有序发展。浙江省通过部门合力保障、推动制度优化措施来逐渐引导解决这个最基础的问题。自2016年以来，省公安厅制定出台了《浙江省民宿（农家乐）治安消防管理暂行规定》，明确了民宿治安消防安全条件和特种行业许可证的审核发放程序。原省工商局完善民宿等级准入机制，实行“五证合一”，从政策层面解决民宿市场准入难题。原省农办不断整合资金，持续推进美丽乡村建设，加大乡村基础设施投入（如完善民宿公路、建设民宿配套停车场、完善民宿给水排污系统等），夯实了乡村旅游和民宿发展基础。省住建厅持续开展农村危房全面治理改造，保证民宿房屋安全。省工会将民宿纳入职工疗休养采购项目，从省委

① 王玮．浙江：让标准生长在行业的沃土中［N］．中国旅游报，2019.

书记、省长到全省各级公职人员出差住民宿成为重要选择。省妇联把民宿业务的培训纳入各级妇联对女性素质提升的培训计划当中，专门出台了《助力乡村旅游促进巾帼创业三年行动计划》等文件，支持乡村旅游、民宿发展。

（4）行业自律。2018年浙江省旅游民宿产业联合会成立，在提升服务水平、加强政策宣贯、共享信息资源、维护行业利益、加强内外交流上充分发挥引领带动作用。2023年以来，面对疫情冲击，省旅游民宿产业联合会率先在全国发布《民宿应对疫情安全操作指南》，为全国民宿抗击疫情，做好安全操作提供专业指导。浙江民宿经营者对于能够获得这样“给力”的“金字招牌”也非常重视，从引领绿色发展、传承当地文化到产品创新与特色、品牌建设与管理，不仅重视创意设计、文化植入、产业相融、生活体验、个性服务，还积极当好创意家、情感家、生活家、运营家、管理家，扛起了“乡村振兴、富民增收”的时代担当，为美丽浙江和乡村振兴彰显价值、贡献力量，也逐渐成为“诗画江南、活力浙江”的金名片，助推浙江成为中国民宿目的地、中国民宿发展样板地。

（三）体验多元化

在评判旅游度假区的高质量发展过程中，休闲度假产品的类型丰富性和品质独特性极其重要，也是市场吸引力和品牌竞争力的重要体现。作为全国市场活跃度最强、市场培育基础最好的区域，浙江对于休闲度假旅游产品的设施建设、品质保障和服务创新方面极为重视。

在浙江的旅游度假区中，休闲度假产品的类型涵盖景区游览类、运动类、娱乐类、康养类、文化休闲类、交通类、儿童亲子类、夜游类、节事展演类、购物类、科普研学类、蜜月婚庆类12门类，充分满足了“食、住、行、游、购、娱”传统六要素和当代时尚休闲旅游的需求，同时在文旅融合、乡村振兴、生态文明方面又有诸多创新转化和体现。值得注意的是，在浙江现有的国家级旅游度假区中，度假产品全部实现了观光游览类、文化休闲类、康养类、运动类、夜游类这五种类型的覆盖，并在亲子、婚庆、购物等类型方面有所差异化发展，且即便同一种类型，每家均有独特产品的项目支持。如表4–8所示，作为老牌的城市型旅游度假区，湖州太湖旅游度假区12种度假产品类型全覆盖。淳安千岛湖旅游度假区区域面积较大，除了未着重发展蜜月婚庆类，其他11种类型也基本齐全。杭州湘湖旅游度假区除交通类、购物类也拥有10种类型度假产品。浙江省国家级旅游度假区平均每家拥有产品类型为 9 类，省级旅游度假区平均每家拥有产品类型为 6 类。

表 4–8　浙江旅游度假区休闲度假产品类型情况（单位：家）

度假产品类型	国家级旅游度假区		省级旅游度假区	
	类型拥有家数	占比	类型拥有家数	占比
景区游览类	6	100%	40	85%
文化休闲类	6	100%	39	83%
康养类	6	100%	33	70%
运动类	6	100%	28	60%
娱乐类	4	67%	27	57%
儿童亲子类	5	83%	24	51%
科普研学类	3	50%	22	47%
节事展演类	5	83%	18	38%
蜜月婚庆类	4	67%	14	30%
夜游类	6	100%	11	23%
购物类	2	33%	11	23%
交通类	2	33%	6	13%

国家级旅游度假区	度假产品拥有类型量（类）
杭州湘湖旅游度假区	10
宁波东钱湖旅游度假区	6
湖州太湖旅游度假区	12
湖州安吉灵峰旅游度假区	7
杭州淳安千岛湖旅游度假区	11
湖州德清莫干山旅游度假区	9
绍兴鉴湖旅游度假区	10
温州泰顺廊桥—氡泉旅游度假区	9
国家级平均每旅游度假区拥有产品类型量	9
省级平均每家拥有度假产品类型量	6

相比而言，省级旅游度假区多以景区游览和文化休闲类为主，康养成为休闲度假产品增长的主要方向，同时在运动类、娱乐类、亲子类和科普研学方面的投入也趋热，但相比于国家级旅游度假区，省级的夜游经济培育较为不足。在对全省部分省级及国家级旅游度假区休闲度假产品类型的抽样调查中发现，多数旅游度假区的

核心产品更集中于文化休闲类、景区游览类、康养类和运动类，而蜜月婚庆类数量最少（如图 4-24 所示）。依据文旅融合、乡村振兴、生态文明三方面，对样本度假区的核心项目进行归类，发现文旅融合是大多数旅游度假区都在努力进行的创新转化；乡村振兴次之；生态文明则数量最少。

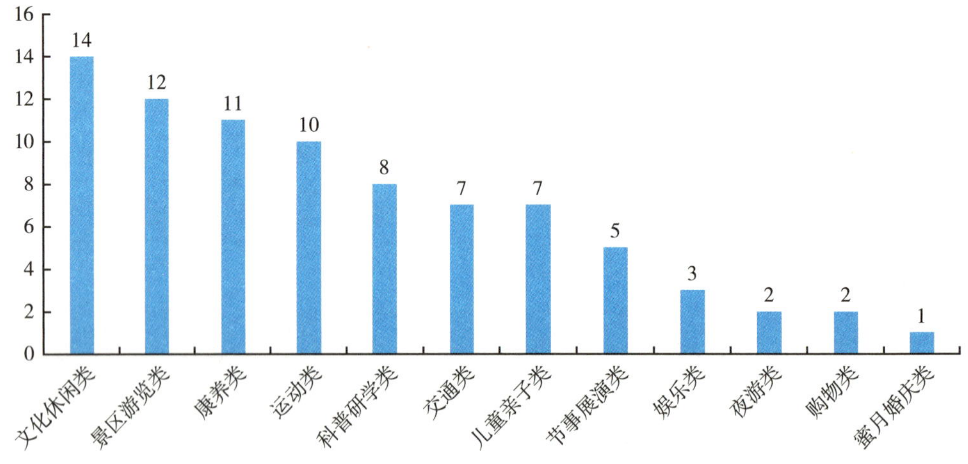

图 4-24　各项休闲度假产品在旅游度假区普及情况（单位：家）

增加度假产品类型的丰富程度不仅保障了对游客的最大吸引力，增加游客的驻留时长和消费机会，也利于平衡旅游度假区的淡旺季收益和项目投资风险。此外，在传统业态打磨、提质的基础上，浙江旅游度假区的新产品、新模式、新业态层出不穷。太湖、千岛湖、莫干山等旅游度假区引进的水上、陆上运动休闲项目、环湖自行车、极限越野、帆船、帆板、皮划艇等项目越来越被度假市场认可。舟山定海国际旅游度假区、松兰山、石塘半岛、大陈岛旅游度假区等滨海型旅游度假区大力推进邮轮游艇等业态布局，打造游艇自驾、游艇垂钓与游艇观光等综合性服务平台。东钱湖旅游度假区推出包价旅游产品，打造度假助理团队，为游客提供定制化的旅游体验。同时，临安清凉峰的大明山滑雪，乌镇—石门的古镇夜游等产品填补了浙江旅游度假区冬季和夜晚旅游产品的空白，度假产品的淡旺季差异也逐渐缩减。以旅游资源为依托，主动谋求差异化发展，寻求鲜明突出的定位，度假产品的主题性、文化性与时尚性都明显提升。此外，高端度假型、会议商务型、大众连锁型、主题文化型、民宿客栈型以及房车、帐篷、木屋等特种体验型酒店在全省旅游度假区落户，极大地丰富了浙江旅游度假区住宿设施类型，也满足了不同休闲度假消费群体的差异化需求。

（四）景区互补化

随着体验经济时代的到来，我国居民度假休闲需求快速增长，推动市场形成了景区观光旅游和休闲度假并重、传统业态和新业态齐升的双轮驱动格局，加之我国文化和旅游不断深化融合，旅游产业高质量发展的路径不断拓宽。仅依靠资源优势和门票经济的传统观光景区已经无法满足市场的需求变化，基于转型升级的发展需要，越来越多的景区主动开拓度假旅游市场，度假休闲成为传统观光景区转型升级发展的重要方向，度假业态不断融入景区内及周边区域，新产品、新模式层出不穷。旅游企业逐步深耕细分市场，借助技术进步提升品质服务，转向有更大弹性空间的体验、娱乐、康养、健身、研学、教育、文创产品等消费领域，融度假元素于观光旅游，以度假类产品丰富景区内容。与此同时，以高等级的观光景区为基础在周边发展旅游度假区也是景区转型升级的重要路径。

数据显示，我国省级以上旅游度假区拥有或毗邻的4A级及以上景区占87%，可见，发展度假旅游是实现景区转型升级并带动区域发展的重要路径之一。浙江省的旅游产业发达，传统的景区观光资源发展积淀较为雄厚，当前全省拥有的A级旅游景区已经接近800家。同时全省早在2015年发布的《浙江省旅游景区提升三年行动计划》中就提出，“坚持A级景区创建与提升并重，突出景区业态、内涵品质、综合功能、配套设施、管理服务、生态环境六大重点，全面推进旅游景区的转型升级”。同时，“大力创建高等级景区和旅游度假区，推动发展基础好、发展潜力大的旅游景区和省级旅游度假区创建4A以上景区和国家级旅游度假区，以创建促提升”。浙江省得益于多年来对度假休闲旅游产业的政策引导和市场培育，旅游度假区和旅游景区的发展相辅相成、相得益彰。当前55家旅游度假区范围内就有103家A级景区，全省A级景区中超过24%的4A级（含）以上旅游景区毗邻或包含在旅游度假区空间范围内。其中，4A级景区数量最多（53家），空间占比最大（度假区内的4A级景区面积占旅游度假区总面积的18%）；其次是3A级景区（36家，空间占比7%）。而5A级景区包括普陀山风景旅游区、神仙居景区、南浔古镇景区、千岛湖风景名胜区、根宫佛国文化旅游景区等，通过在原有景区基础上进一步拓展旅游度假业务板块，也完成了旅游度假区的身份转化。综上可见，发展休闲度假、打造旅游度假区，是浙江省旅游景区转型升级的主要路径之一。

同时旅游度假区和景区的空间范围关系也处理得比较合理，全省旅游度假区中，旅游度假区内景区面积占旅游度假区总体面积的比例为 28%，其中省级旅游度假区中，旅游度假区内景区面积占旅游度假区总体面积的比例为 30%，而国家级旅游度假区中，旅游度假区内景区面积占旅游度假区总体面积的比例仅为 18%（表 4–10）。全省旅游度假区中，非景区空间范围达到 72%，既包括城镇社区、乡村民宅等，也包括了山水林田湖等自然景观，并完全符合生态红线、环保督察等方面的要求。

表 4–9　浙江旅游度假区中的景区分布情况（单位：家）

等级	5A 级景区	4A 级景区	3A 级景区	2A 级景区	1A 级景区
国家级旅游度假区	0	10	8	0	1
省级旅游度假区	4	43	28	8	1
位于旅游度假区中的景区合计	4	53	36	8	2
全省 A 级景区数量总计	18	217	446	109	8
度假区中的景区在相应级别景区中的占比	22%	24%	8%	7%	25%

表 4–10　浙江旅游度假区景区空间占比情况

等级	旅游度假区内景区面积	旅游度假区面积	景区在旅游度假区中的面积占比
国家级旅游度假区	55	296	18%
省级旅游度假区	547	1830	30%
总计	602	2126	28%

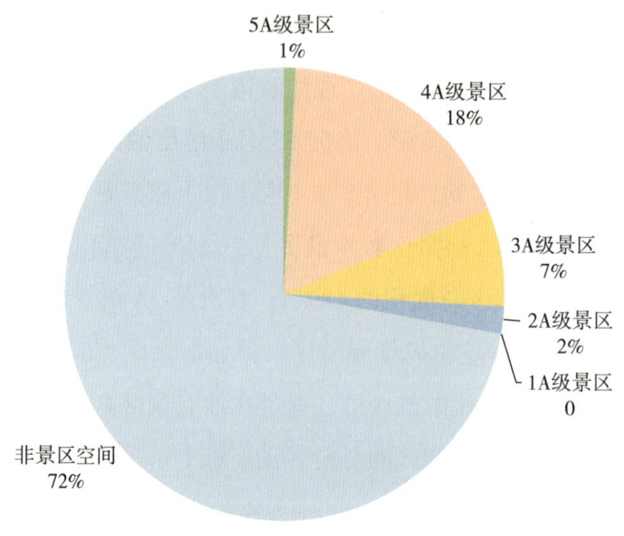

图 4–25　浙江旅游度假区中景区空间占比

（五）文旅融合化

依据对浙江全省近30家旅游度假区进行的抽样调查，浙江旅游度假区的文旅融合突出表现在度假产品的主题化上，主要以主题餐饮、主题文化活动为主，分别占据样本的31%、28%；排名其后的是主题娱乐、主题住宿，分别占据样本的20%、17%；主题休闲占比最小，仅占据样本的4%。各类主题的度假产品到访率不同，康养类和景区游览类的到访率较高，分别为80%和77%；购物类到访率最低，为19%；其余类型度假产品到访率在60%上下。

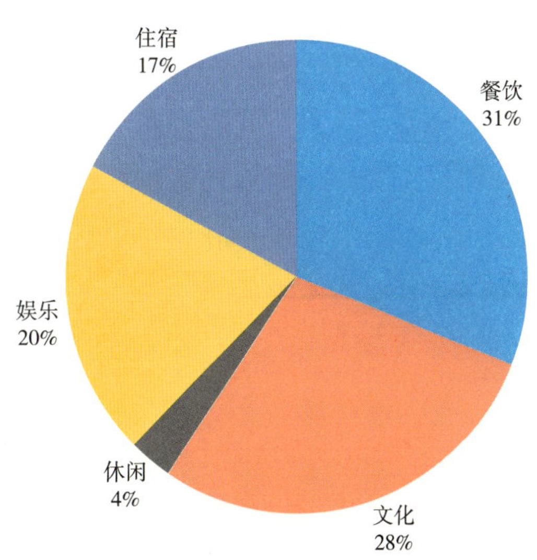

图4-26 浙江旅游度假区主题类度假产品类型占比

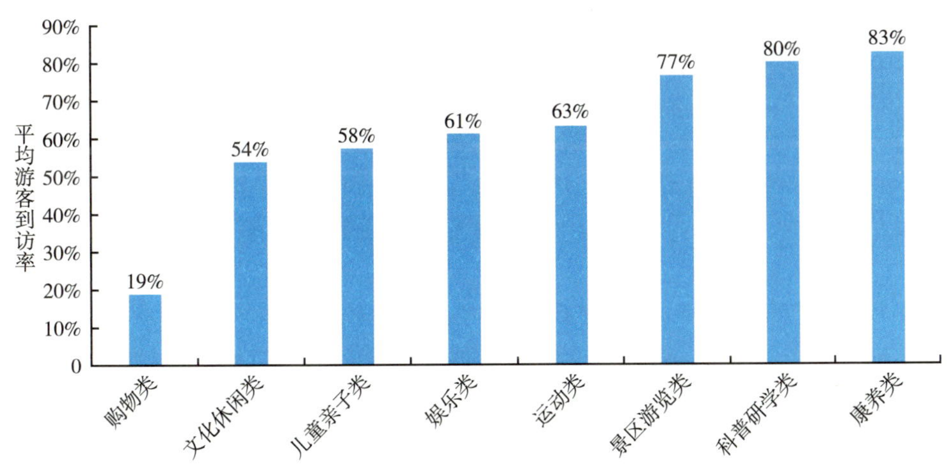

图4-27 浙江旅游度假区各主题类度假产品游客到访率均值

常见的文旅融合产品主要为演艺类产品、非遗转化类产品、古建筑古村落产品、研学类产品和文创商品。

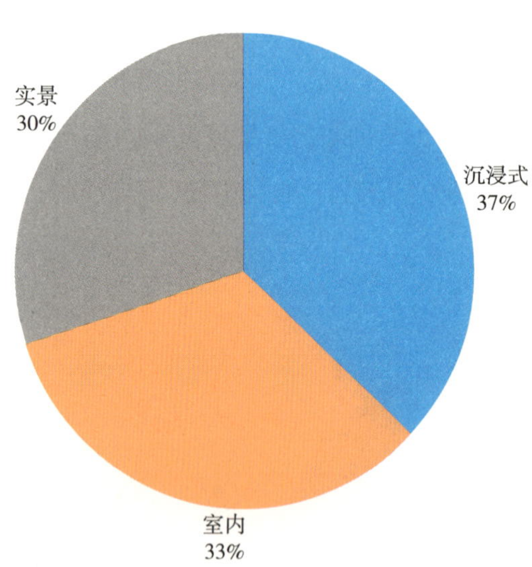

图 4-28 旅游度假区演艺类产品形式分类

一是演艺类度假产品。演艺类度假产品形式丰富多样，占比均衡，据样本数据显示，分别拥有沉浸式演艺、室内演艺、实景演艺的旅游度假区占比相差不大，有些甚至有两种以上的演艺类产品。而到访旅游度假区的游客中，专门参与体验演艺类度假产品的游客占比普遍较高，其中，到访率最高的是秀场表演类产品，达到65%；电影动漫、古典文化体验等到访率也比较高；但民俗风情类产品的到访率仅有26%。

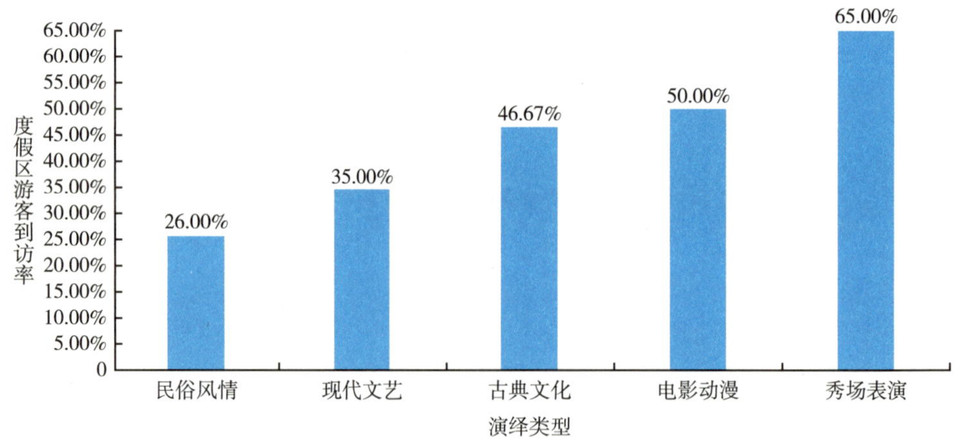

图 4-29 旅游度假区演艺类产品主题与到访率

二是非遗转化类产品。浙江旅游度假区用于产品转化的非遗中，传统技艺的数量占了绝大多数，另有一定比例的民俗非遗。各类非遗产品的到访率差异较大，传统技艺、传统戏剧、民俗都有表现不俗的产品，但也都存在到访率差的产品。

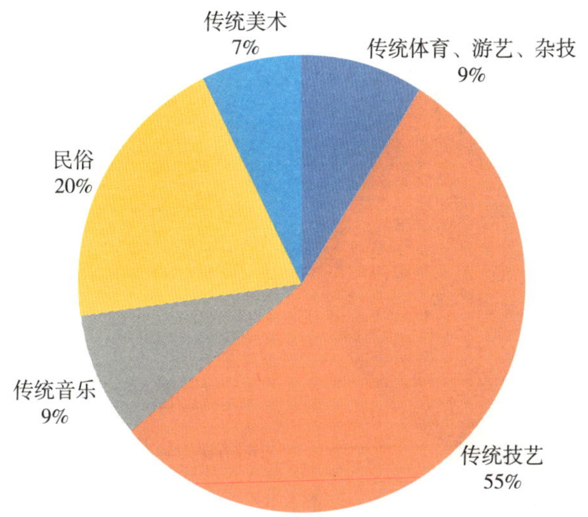

图 4-30　浙江旅游度假区非遗转化产品的非遗类型占比

三是古建筑、古村落产品。在拥有古建筑、古村落资源的旅游度假区中，能将其有效转化为可供度假旅游者消费的形式大致分为三种：建筑村落本体开放参观体验、围绕建筑村落打造整体景区、利用建筑村落发展民宿客栈。从到访率来看，同等保护等级下，三种转化方式中效果由好到差依次为：民宿客栈、整体景区、参观体验。与此同时，国保单位虽然采取了效果较差的开放参观体验，但到访率依旧较高，说明保护级别高对于游客吸引力很大，采取更好的转化方式还能让到访率进一步提升。

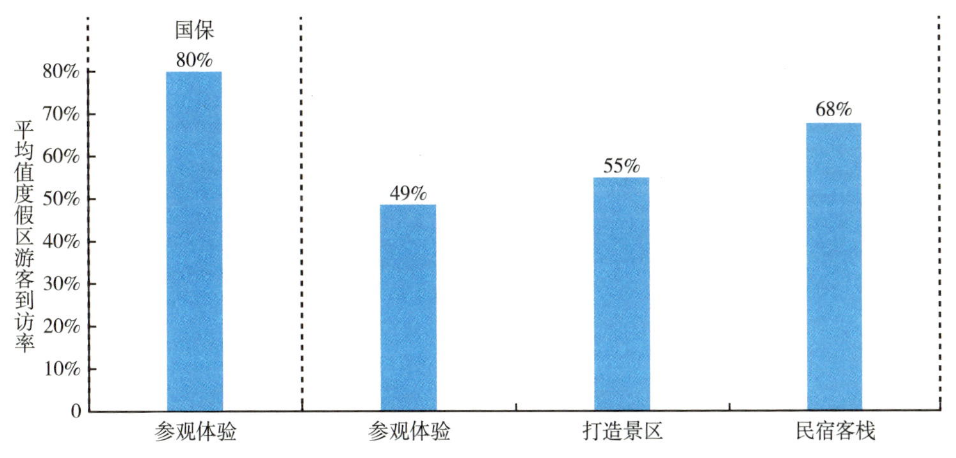

图 4-31　浙江旅游度假区古建筑转化方式与游客到访率

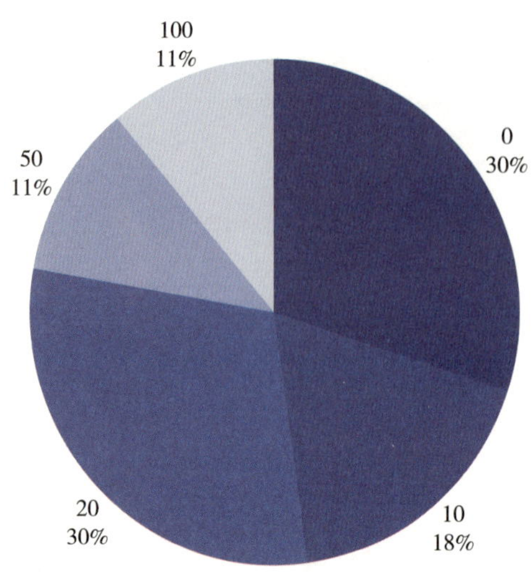

图 4-32　研学产品活动年均场次统计图（单位：个）

四是研学类产品。根据收集到的样本信息反馈，77% 的研学产品年均场次在 50 场以下。研学产品频率的跨度从每月一次到三天一次，各种频次都有对应产品。在各主题研学产品中，自然农业和历史文化研学产品数量最多，其中历史文化类研学参与人数最多。

五是文创商品。此外，在旅游文创商品的开发和转化方面，多数旅游度假区内文创商品的开发模式以管理机构统

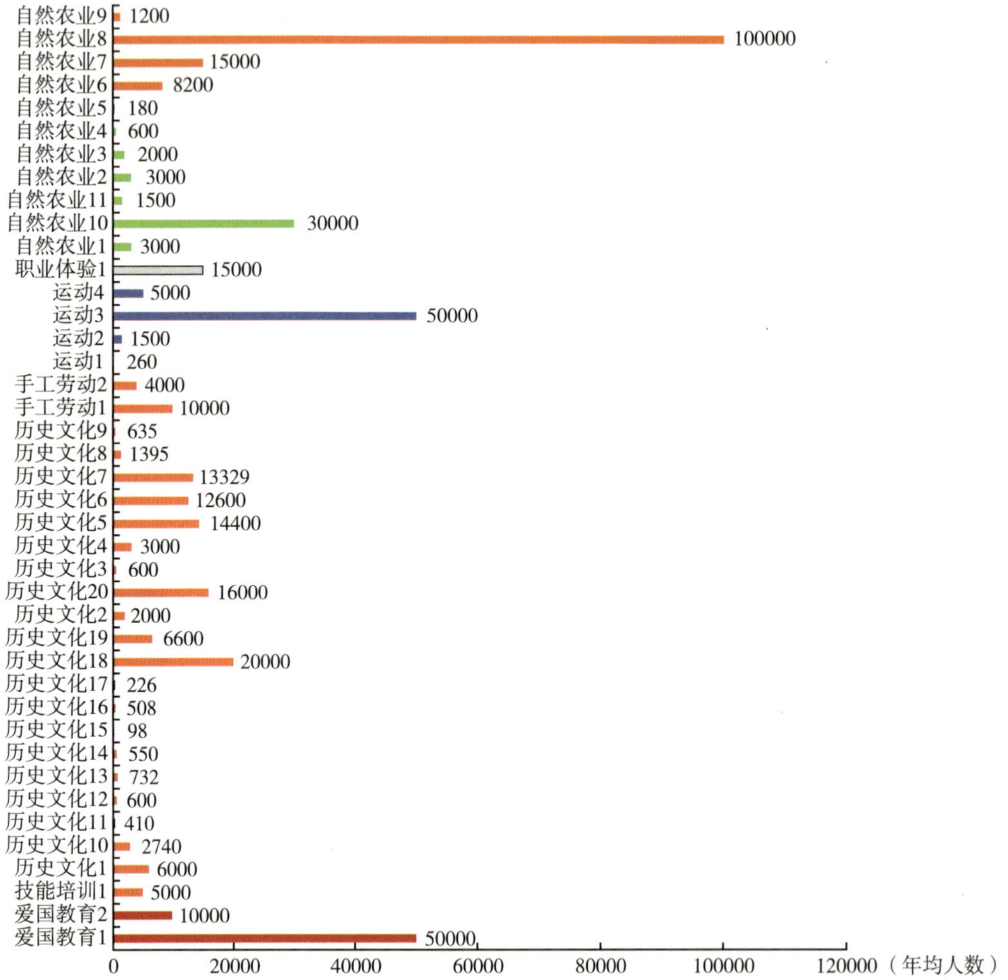

	年均人数
自然农业9	1200
自然农业8	100000
自然农业7	15000
自然农业6	8200
自然农业5	180
自然农业4	600
自然农业3	2000
自然农业2	3000
自然农业11	1500
自然农业10	30000
自然农业1	3000
职业体验1	15000
运动4	5000
运动3	50000
运动2	1500
运动1	260
手工劳动2	4000
手工劳动1	10000
历史文化9	635
历史文化8	1395
历史文化7	13329
历史文化6	12600
历史文化5	14400
历史文化4	3000
历史文化3	600
历史文化20	16000
历史文化2	2000
历史文化19	6600
历史文化18	20000
历史文化17	226
历史文化16	508
历史文化15	98
历史文化14	550
历史文化13	732
历史文化12	600
历史文化11	410
历史文化10	2740
历史文化1	6000
技能培训1	5000
爱国教育2	10000
爱国教育1	50000

0　20000　40000　60000　80000　100000　120000（年均人数）

图 4-33　浙江旅游度假区研学产品类型与年均人数

一开发或经营主体各自开发两种形式为主，其中有 52% 的文创商品为经营主体的自主化开发，而 48% 为旅游度假区管理机构统一推动开发的商品。

（六）业态跨界化

浙江大力实施“旅游 +”“+ 旅游”工程，以更大力度、更宽视野推进旅游业与一二三产业的融合发展。除了“旅游 + 乡村”“旅游 + 海洋”以外，“旅游 + 文化”“旅游 + 体育”“旅游 + 研学”“旅游 + 会展”“旅游 + 工业”等新形式、新业态层出不穷，不断拓宽旅游业发展空间，丰富旅游产品业态，创新旅游商业模式，培育旅游经济发展新动能[①]。产业链的延伸和融合发展，为旅游度假区发展提供原生的内在驱动力。同时，也能让旅游度假区在区域范围内起到更好的带动作用。

产业融合型产品涉及多产业的交叉，其业态新颖，但往往也带来管理归属的难题，从全国范围来看，很多产业融合型产品由于跨行业的特征，出现了“三不管”的情况，无法在有序的监管和审批流程下规范化发展，一些新业态在夹缝中生存，常常找不到“东家”来管，随时冒着可能被关停的风险。针对这种情况，浙江省不少地市各级政府及时出台了相应的保障机制，包括土地配套、资金扶持、安全监管等方面。对于旅游新业态的管理创新，浙江湖州市率先总结出了一套成熟的管理模式，即“1+1+1+N”，一套管理班子、一个管理办法、一个实施办法、若干个业态安全管理规范。其中，一个组织有力、责任到人的管理班子是顶层设计的核心。政府为旅游新业态项目安全监管，专门成立了领导小组，该小组由市委宣传部牵头，广电、发改、自资、建设、公安、交通、农业、文化、应急管理、综合执法、体育等多部门一二把手参与组成。管理班子同时明确了领导小组成员所属单位和项目属地政府职责，为各部门落实工作提供了依据和准则，避免在多部门协同工作中各自为政或推诿、不作为等可能性。一个管理办法，即《湖州市旅游新业态安全监督管理办法》，该办法是湖州市旅游新业态项目落地管理的总章程。该办法以“谁审批，谁监管”“谁投资，谁负责”“谁建设，谁负责”“谁运营，谁负责”和属地管理为基本原则。明确了旅游新业态安全监督的范围、各个政府职能部门、属地乡镇和运营单位的职责、项目审批流程和责任追究办法。一个实施办法，即《湖州市旅游新业态项目多部门全过程联合监管实施办法》，该办法是旅游新业态项目的审批、监

① 黄丽丽，潘洋．推动旅游业迈向更高水平［N］．浙江日报，2017.

管的具体落地办法。该办法在明确范围职责的基础上，进一步对全市范围内的旅游新业态项目进行了罗列，根据不同类型的特征划分到各个职能部门，并制定了各个职能部门联合监管和验收的审查制度。基于以上“三个一”的顶层制度，政府在针对各个新业态项目具体的安全管理规范中，进一步明确了该项目类型的建设和运营资质、运营管理办法、维护保养、维修、应急处置等措施。在各个新业态项目安全管理规范的制定过程中，湖州市由市委宣传部牵头、市文旅局组织和协调，参照了各个行业标准和各地政府的一些既有经验，再结合湖州本地情况和各个相关职能部门意见而制定，可以说是动了一番脑筋和气力。

安吉的灵峰旅游度假区在成功创建国家级旅游度假区以后，进一步积极谋划产业融合发展的路径，以休闲度假为核心，融合健康、文化、体育产业，促进和带动了属地村庄的产业发展。灵峰旅游度假区以“宜农则农、宜商则商、宜游则游”为原则，积极探索特色发展道路。它将电商业和农业种植等，与旅游产业结合起来，实现了产业融合发展。例如，以蔬香实验小镇为基础，开展休闲观光农业，丰富农事活动业态，开发了农事研学基地。灵峰还重点扶持了以推广旅游商品为主导、以销售绿色生态产品为特色的农村电商 30 家。安吉灵峰旅游度假区 2020 年实现了村均集体经营性收入 498.8 万元，财政收入 5.795 万元，同比增长 12.9%，度假产业的带动效益可见一斑。

再以莫干山国际旅游度假区为例，旅游度假与农业、体育运动、文创等产业协同发展，形成了活力十足的产业融合局面。度假与体育产业结合方面，莫干山利用自身的山地特点，引进 discovery 探索基地等山地运动品牌，通过举办凯乐石、斯巴达等市场化的体育赛事，吸引户外运动爱好者前来观赛、参赛，从而促进了旅游度假的发展。度假与农业产业结合方面，莫干山传统茶叶黄芽，品质优良，但是产量有限，限制了它创造更大的经济价值。如今，在旅游产业的带动下，黄芽的销售单价得到了大幅度的提升。另外，在文创产业进乡村方面，莫干山也做了很多尝试，打造了 1932 文创园和富硒水街，推动乡村创业创新。

在具体的产品项目上，如太湖、千岛湖等旅游度假区纷纷引进陆上、水上的运动休闲项目，环湖自行车、极限越野、帆船、帆板、皮划艇等项目越来越被度假市场认可。宁波梅山湾旅游度假区、松兰山旅游度假区、温岭石塘半岛旅游度假区等滨海型旅游度假区大力推进游艇业态布局，打造游艇自驾、游艇垂钓和游艇观光等综合性服务平台，椒江大陈岛旅游度假区以邮轮作为拳头产品。嘉善大云温泉、泰

古韵灵山

凯蒂猫乐园

灵峰葵园

图 4–34 安吉灵峰国家级旅游度假区

顺廊桥—氡泉等温泉养生型旅游度假区把温泉度假与健康养生有机融合，让游客体验温泉养生文化的精髓。东钱湖旅游度假区主打湖泊休闲基地、帆船、龙舟、营地，推出包价旅游产品，打造度假助理团队，为游客提供定制化的旅游体验，并以此为经营特色提升了旅游度假区的持续吸引力。

此外还有临安清凉峰的大明山滑雪，乌镇—石门的古镇夜游等产品填补了浙江旅游度假区冬季和夜晚旅游产品的空白，度假产品的淡旺季差异逐渐缩减。比如，宁波苏湖旅游度假区，依托优越的区位条件，以文化、休闲、游乐为主题，打造“城郊运动休闲”型旅游度假区。形成了苏湖小镇、苏湖“五棋一牌”训练竞赛基地、保国寺建筑文化体验基地、宁波现代农业休闲示范基地的“一镇三基地”格局，先后被授予国家 4A 级旅游景区、国家农业旅游示范点、全国棋牌运动推广基地等荣誉称号。龙泉青瓷文化旅游度假区，由于中国青瓷小镇上垟镇保留有大量古窑址，是近代龙泉青瓷最集中的产区，因此，旅游度假区紧扣“青瓷文化”主题，以“传承青瓷文化、弘扬人类非遗，发展度假产业、享受度假生活”为主旨，打造融合青瓷文化体验、美丽乡村度假、高山休闲养生、宗教文化休闲、户外健康运动等功能于一体的高品质文化体验型休闲旅游度假区。

嘉兴运河文化旅游度假区，以浙北水乡平原及湖荡、湿地生态环境为依托，打造以运河文化展示、休闲度假及运河民俗体验为核心功能，汇集农业休闲、湖泊度假、湿地科普等多元业态的高品质文化体验型休闲度假胜地[①]。宁波梅山湾旅游度假区，以长三角唯一的蓝色海湾、罕见的金色沙滩为依托，打造以滨海度假、运动赛事为核心，汇集海洋主题游乐、健康养生、保税展销等多元业态的高品质滨海运动休闲度假胜地。还有以"文化休闲、禅意养生"为核心理念打造中国"最具禅意"的义乌市佛堂省级旅游度假区等，都是浙江省优秀的产业融合型度假产品的案例，有利于优化和丰富旅游产品结构，培育新的旅游经济增长点。

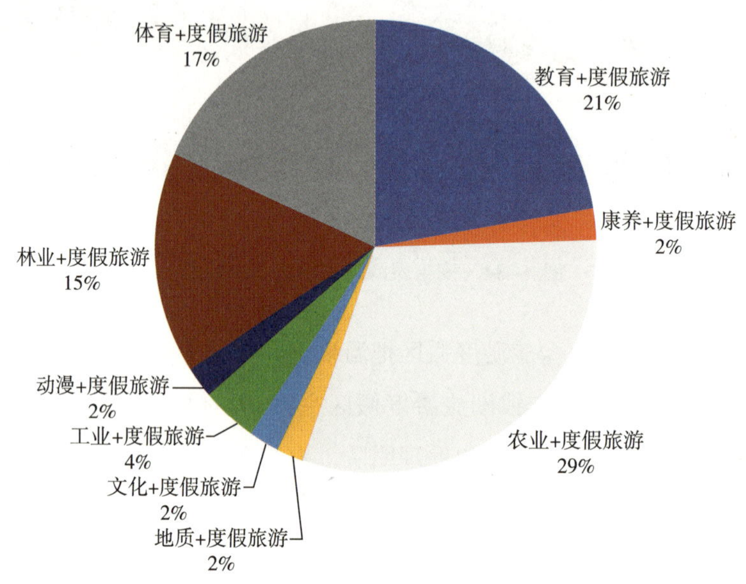

图 4-35　开发者青睐的产业融合方向占比

从供需偏差的方面看，依据对浙江全省近 30 家旅游度假区进行的抽样调查，最受旅游度假区开发者青睐的融合产业是农业、体育、教育和林业，而最受消费者青睐的融合产业则是康养、水利和动漫。开发者青睐的农业和林业在到访率上表现平平，教育和体育则表现不佳，说明开发者思路和消费者偏好存在一定差异。

① 朱胜伟，蒋彧森．王江泾打造秀洲"北部大花园"[N]．嘉兴日报，2017.

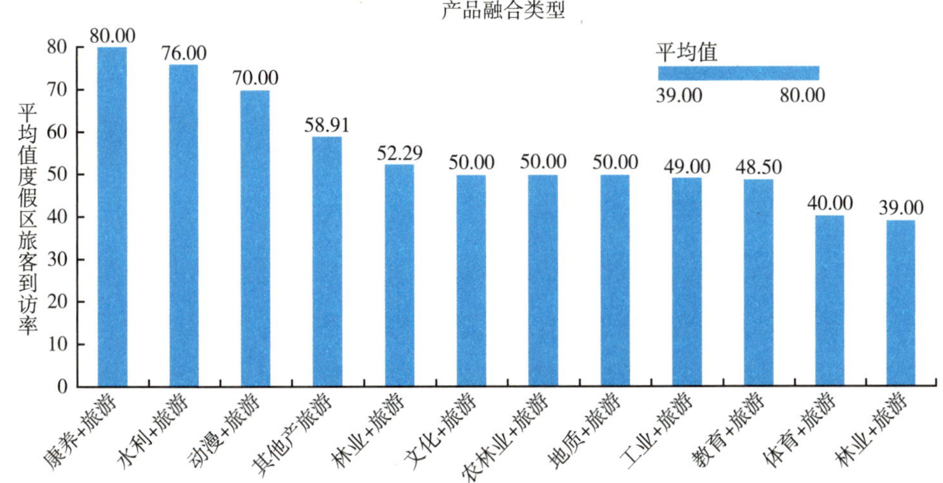

图 4-36 浙江旅游度假区产业融合性度假产品的游客到访率

通过加强旅游与文化、体育、农业、工业、林业、水利、交通、商业等相关产业和行业的融合，旅游业综合性、关联性、带动性强的特点进一步发挥，不断催生出新产品、新业态和新模式，增加了旅游消费市场的有效供给，使旅游业进一步成为带动国民经济转型发展和满足国民旅游消费需求的综合性大产业①。

三、从品牌到品牌群：市场化运营为导向

品牌价值是供给者的生产追求，也是消费者的高维需求，是供给侧和需求侧共同升级的方向。优质的市场品牌对于旅游度假区的可持续发展至关重要，浙江凭借优质的营商环境，着力引进市场反应好、评价高、有潜力的优质市场主体，包括国际知名的度假酒店、度假村、休闲娱乐项目连锁品牌，也包括中国本土、浙江本地成长起来的诸多民族精英品牌，为丰富旅游度假区的产业竞争力、优化产业链布局、带动区域的良性发展发挥了极大的促进作用。投资结构持续优化。全省文化和旅游实际完成投资中，政府投资占比 33%，企业投资占比 67%。企业投资中既有融创文旅、世茂集团、华侨城等省外企业，也有乌镇旅游、宋城、开元等本土企业，省内省外齐参与，“筑巢引凤”见效果。“跳出浙江发展浙江”，围绕“地瓜经济”提能升级，举办文旅产业投融资对接大会，引驻一批牵引性、战略性、带动性的大企

① 黄丽丽，潘洋．推动旅游业迈向更高水平［N］．浙江日报，2017.

业大项目。充分借助世界旅游联盟总部、杭州亚运会等平台，深度推进长三角一体化，共建杭黄世界级生态廊道、浙皖闽赣国家生态旅游协作区等，共促跨省域休闲度假及新业态发展。

（一）形象品牌矩阵

在“诗画江南、活力浙江”浙江省域品牌统领下，在“诗画浙江”旅游品牌的统筹下，浙江坚持以品牌化思维打造旅游度假区，着力构建“市场认可、特色鲜明”的浙江旅游度假区品牌矩阵，变“产品营销”为“品牌营销”，强化品牌意识，推动品牌创新，提高品牌价值，持续打响旅游度假区品牌，品牌形象建构是浙江提升浙江旅游度假区品牌知名度、美誉度、影响力的重要一环。同时，让旅游度假区成为“世界看浙江”的重要窗口，全面提升国际影响力。

浙江旅游度假区品牌建设充分融入到浙江省、市、县三级宣传品牌矩阵，提炼宣传口号、推出标识体系、打造吉祥物等，作为主打品牌推出一系列宣传“组合拳”，投放权威主流媒体、头部新媒体、新兴融媒体等平台，形成推广“排浪式”宣传推广阵势。在度假区自身品牌建设上，浙江旅游度假区为进一步树立旅游度假区形象，提高度假区的旅游知名度和影响力，采取全球招标、社会征集的方式，在一开始就做足宣传。如泰顺廊桥—氡泉旅游度假区、西塞山旅游度假区面向全社会公开征集度假区品牌形象宣传口号，绍兴鉴湖旅游度假区在全球范围内开展鉴湖概念规划与方案设计国际竞赛，历时近一年，共计有全球 19 个国家报名参赛，引发业界广泛关注，这事件本身就是一场针对度假区的品牌宣传。此外，浙江引导鼓励各旅游度假区探索品牌授权、市场化运作模式，支持符合条件的企业、产品免费使用，提高品牌曝光度、市场使用率和群众认可度。

对外不断强化外宣，让“酒香出巷子”，针对长三角、华东等周边客源市场，珠三角、中原地区等中程客源市场，京津冀、云贵川等远程客源市场，量身定做、精准推出专门营销活动，实施旅游宣传推广联盟示范建设专项行动，加快在旅游在线服务平台（OTA）开设专窗专栏，组织“诗画浙江与世界对话”系列活动，支持中非文化合作交流示范区、浙江（青田）华侨经济文化试验区建设，加快布局境外宣传营销渠道，探索建立境外旅游推广中心（点），聘选一批传播达人、浙江友好使者，宣传浙江旅游度假区。实施浙江“金名片”海外推广工程，打造海外推广精品，打响“浙里有乐”“浙里有戏”“听瓷语 · 观世界”等交流品牌。

对内持续修炼内功，变“流量”为“留量”。浙江将度假区品牌形象建构深入到度假区环境设施中，着重提升旅游度假区整体形象，引导旅游度假区从硬件入手不断提升软实力，围绕度假区主题品牌，打造文化味浓、特色化强、辨识度高的度假区门户形象，推行风格统一、设计精致、简介明晰的标识标牌系统，烘托整体文化景观和度假氛围。加快在高速口、机场、码头、通景公路等交通客流节点，规范度假区招牌标识、门楼牌坊、主题雕塑、石刻等辨识性景观小品的设置与建设。根据主题特色，打造体现文化特色元素的游客中心、旅游厕所、无线网络、标识标牌、应急救援等度假服务设施。提升度假区整体视觉风貌，在景区道路、房屋外立面、停车场、电线杆、垃圾桶等设施设备植入度假主题元素。浙江旅游度假区内持续打响中国徐霞客开游节、浙江山水文化旅游节、大禹祭典、仙都黄帝祭典、舟山东海音乐节等品牌活动，鼓励各地打造中国（象山）开渔节、钱江（海宁）观潮节、景宁畲乡三月三等地方特色节庆活动。

长三角地区具有强大的旅游市场消费潜力和全国前列的人均可支配收入，充分发掘长三角区域一体化给旅游市场带来的红利，是浙江省度假旅游项目在营销上的优势。一些小而精、小而美的项目在市场宣传营销方面建立了良好的机制和渠道，找准市场定位与目标客户群，积极布局开拓周边市场，以上海、江苏、安徽等周边省市为主要客源地，尤其在年轻消费群体喜闻乐见的微博、抖音、B 站、小红书、OTA 等平台上开展大量的引流布局与精准营销，为项目和所在的旅游度假区带来了丰富的客源、市场知名度和品牌影响力。

作为华东地区近几年的网红景点，云上草原在微信公众号、抖音等平台做了大量宣传，还邀请了抖音千万粉丝抖音达人房琪和“睡遍全国酒店”的山姆大叔前来游玩，在宣传上下足功夫。自 2019 年 7 月对外开放以来，2019 年全年市场营销费用投入 800 万元，2020 年 1600 万元，2021 年 2400 万元，主要市场营销平台为：抖音、朋友圈广告、微博话题广告、小红书等线上广告；携程、美团、同程、飞猪、马蜂窝等 OTA 渠道平台；地铁广告、公交车车身广告、一二线城市商住楼电梯广告、电台广告等。其中抖音全平台云上草原曝光量达 72 亿。用工方面，2019 年至 2022 年，整个市场营销团队维持在 100~150 人，在市场广告推广和线下渠道营销方面开展工作。通过打造山地度假品牌，凸显山里特色，做大运动产业，做精度假产品，做美休闲环境，成为长三角山地运动度假重要品牌。

长颈鹿庄园利用独具特色的项目内容吸引了包括张歆艺、张鲁一、江一燕、蔡少芬等明星打卡，同时也吸引了浙江卫视《奔跑吧，兄弟》《青春环游记》，湖南卫视《女儿们的恋爱》《天天向上》等多个大型综艺节目录制。先后获得“2020 年度最具影响力酒店”“华东地区第一网红亲子酒店”“吴兴区服务业重点项目建设先进单位”等多个荣誉。

歌斐颂巧克力小镇在传统线下渠道的基础上，积极导入数字技术赋能发展创新理念，多环节推进数字化、信息化、智能化转型。借势电商平台快速发展，积极布局线上全平台业务。B 站十万级点击量视频 30 余条，小红书相关推文 200 余条，2020 年通过 KOL 引流、平台推广电商板块实现销量环比增长 200%。通过 CRM 创新线上线下全渠道融合发展新模式。歌斐颂在线上线下全渠道推进 CRM 体系运营，建立以微信公众号为主要阵地的社群运营模式。

图 4–37　典型度假综合体项目高频市场营销方式

（二）产品品牌体系

进入后疫情时代，浙江推出文旅消费品牌创建，在全省“百县千碗”工程的基础上，迭代升级推出“食、住、游、购、娱”系列消费品牌打造，在全省范围内，滚动推出系列 TOP1000 风味美食、精品民宿、文创好礼、文化演艺、文旅市集等。做精“浙江味道 · 百县千碗”品牌。创新理念、创新方式推广浙江美食，浙江美食品种繁多，有序推出各类挑战赛，将浙江风味美食的牌子创得更响。

打造“浙韵千宿”品牌。浙江精选推出 1000 余家家首批培育名单，鼓励按“一个主人、一个故事、一桌佳肴、一组活动、一打伴手礼、一种文化共鸣”的创意，增进诗意栖居的独特韵味。同时，按照成熟一批推一批的思路，稳步做好具有地方文化内涵、发展特色的文创、演艺、市集等品牌培育工作，通过构建大批文旅消费“微品牌”，以小切口拓展产业链、服务链，在人民群众吃住游购的“烟火气”中促进文旅深度融合，绘就现代宋韵“清明上河图”。

1. 建设高品质住宿品牌

构建人性化、品质化、多元化住宿品牌体系，积极引进国际知名品牌酒店，培育本土特色度假酒店，提升高星级酒店、文化主题旅游饭店、精品旅游饭店，发展精品旅游民宿、乡村度假酒店、品质露营、租赁式公寓等个性化住宿。支持“开元”“君澜”“雷迪森”等浙江酒店品牌进一步做大做强，形成浙系酒店集团品牌矩阵。

2. 提升特色化餐饮品牌

依托各地饮食文化，提供富有地方特色、品质优良、多种档次、各种品位的美食产品。近年来浙江建设一批成熟得到市场认可的“百县千碗”体验中心、旗舰店、体验店，大力培育一批特色美食小镇、特色美食街区和美食园区、特色美食店等美食文化体验场所，培育了一批名师大厨，推出地方主题文化餐饮和特色小吃，展现舌尖上的美食文化魅力。

3. 推出主题游览品牌

浙江鼓励在旅游度假区内按公路沿线，布局一批自驾车旅居车营地和旅游驿站，推进度假区内绿道、骑行道、游憩道等建设，提升游客和居民休憩体验。鼓励沿海有条件旅游度假区发展海上邮轮航线服务站点，推出一批适合大众消费的游艇项目，浙江努力“让岛游起来、热起来、富起来”，加快海岛串珠成链，强化与维京游轮合作，推动“上海—舟山—厦门—深圳”邮轮航线靠港舟山，舟山普陀国际度假区迎来邮轮时代，成为浙东沿海海上旅游黄金线路重要一站。浙江鼓励各度假区结合优势，推出运动、越野、环湖、乡村、沿海等主题游线。

4. 打造高能级景区品牌

提升度假区核心吸引物的辐射能力，打造具有代表性的旅游景区品牌，提高游客复游率、游玩住宿率、服务满意率。创新发展非遗主题特色景区，推进文博场馆景区化建设，支持度假区内图书馆、书店、驿站等文化场所增强旅游休闲功能，打造文化艺术地标，提高游客体验感、舒适感。开发创意型商品品牌。科学规划发展特色文创产品和旅游商品，实施旅游商品创意提升行动，依托非遗、文物等资源，充分调动市场主体积极性，引导开发更多符合市场需求、展示地域文化、具有实用价值的旅游商品。联合博物馆、文化馆、图书馆、美术馆、非遗馆、旅游景区开发品牌文创产品。

5. 布局多元化娱乐品牌

常态化开展各种休闲娱乐和人文活动，充分结合文化艺术、文物遗产、人文古迹、数字科技、商务会展等业态，打造各式各样、多元共生的度假体验活动，推出制作精良、群众喜爱、市场认可的精品旅游演艺项目，有序发展音乐节、艺术展、剧本杀、露营、房车、游艇等新兴度假体验项目。浙江大力推动文艺进度假区，推动越剧、婺剧、瓯剧等地方特色戏剧生活化、产业化、市场化发展。进一步提升“我在廊桥等你”“醉美太湖”等演艺品牌，推出演艺精品项目，培育打造旅游演艺集聚区。

（三）酒店品牌系列

1. “筑巢引凤”

国际品牌率先垂范。改革开放以来，随着国内经济的高速发展，众多品牌的国际饭店管理集团凭借品牌的知名度和先进的网络优势、系统化的管理模式抢占了中国一部分高档饭店市场[①]。浙江旅游度假区在创建和发展过程中，与所进驻的诸多市场经营主体的发展息息相关，其中不乏国际酒店品牌的推动力。包括源自英国的希尔顿酒店集团（Hilton Hotels）、源自美国的凯悦酒店集团（Hyatt Hotels）、万豪国际酒店集团（JW）及喜来登（Sheraton）系列、东南亚气息浓厚的悦榕（Banyan Tree）酒店和度假村集团、源自法国的地中海俱乐部（Club Med）等。

源自英国的希尔顿国际酒店集团（HI）自 1988 年进入中国市场，至今已衍生出诸多子品牌，覆盖从奢华生活方式到经典品牌的各个细分市场。希尔顿集团品牌在旅游度假区中的扩张路径，通常都是通过特许经营或者提供管理的轻资产模式参与酒店运营，主动投资建设的极少，也无规模较大度假村综合体。例如，2011 年千岛湖滨江希尔顿度假酒店入驻千岛湖，是中国大陆的第二家希尔顿度假酒店。该酒店由杭州滨江房产集团股份有限公司投资，希尔顿酒店管理集团运营管理。酒店

① 杨国荣. 在开创中实现梦想——记世贸君澜酒店集团有限公司联席董事长、浙江世贸君澜酒店管理有限公司董事长吴启元［J］. 中国发展观察，2010（10）：63-64.

总投资额7亿元人民币，总建筑面积5.6万平方米，客房数360间，集住宿、餐饮、会议、康体、娱乐、休闲等于一体，融入水上乐园、儿童项目、亲子娱乐等丰富业态，为住客提供了可直达千岛湖地标景点黄山尖的快艇及周边岛屿游览服务，是当时千岛湖地区规模最大、功能最全、档次最高的国际五星级酒店。之后，由华茂集团投资兴建、希尔顿经营管理的宁波东钱湖华茂希尔顿酒店于2016年开业。酒店依山面湖，景观优美，依托旅游度假区"环湖链式"布局，与东钱湖的著名景观——殷湾渔火隔湖相望、遥相辉映。希尔顿进一步推广亲子度假特色，酒店的童玩设施多种多样，庭院里有攀爬设施，地下有少长咸宜的电玩厅，还有一个"希"欢玩俱乐部，占地约2600平方米，包括旋转木马、潘多拉森林、主题巨型滑梯、童趣淘气堡、趣味挖沙、森林迷宫、"希"欢玩咔叮、角色扮演9大游乐区域。这使东钱湖希尔顿成为宁波亲子设施最多的酒店之一，在酒店云集的度假区中极富特色。此外不少新的品牌店还陆续拓展了露营搭帐、野餐烧烤、草坪下午茶、篝火晚会、露天电影等创新活动。希尔顿酒店集团品牌在旅游度假区中的发展策略还包括维系良好的客群圈层渠道、采用本土化的管理服务团队、提供符合当地消费者喜好的活动、菜系，同时强化品牌的管理溢出效应等。近年浙江旅游度假区中新增的希尔顿品牌酒店则多以逸林、欢朋等年轻时尚系列为主，主打大众休闲主题。

源自美国的凯悦酒店集团（Hyatt Hotels Corporation）同样采用特许经营、管理输出的方式在浙江谋求发展，包含旗下凯悦、柏悦、嘉轩等多个品牌，定位高端，业态丰富。其中，宁波东钱湖柏悦酒店、宁波杭州湾凯悦酒店、德清凯悦嘉轩酒店、乌镇阿丽拉位于旅游度假区内，其余位于城市中心、高铁站附近等。2011年，在东钱湖旅游度假区千年大堰头村基址上，宁波柏悦大酒店正式对外营业，装修设施豪华精致，讲求个性化服务和私密氛围，提供精致周全的休闲配套和高贵优雅的住宿享受。这是当时亚洲继东京、北京、上海之后第四家隶属凯悦品牌旗下的柏悦酒店，由京投银泰负责投资建设，由凯悦国际酒店集团运营管理，并与东钱湖旅游度假区管委会直属的宁波东钱湖投资集团有限公司达成合作，共同对柏悦酒店及周边高档度假房地产进行开发建设。酒店总投资13亿元，总用地面积10万平方米，总建筑面积5.6万平方米，由酒店区、半岛区、SPA区、国际会议中心区及村落区五大区域共97幢单体建筑组成。整个度假村顺山沿水自由叠落展开，俨然一个江南村落。酒店中有由两栋古建筑改建的餐饮场所，始建于清的戴氏传礼堂改建而成的"茶苑"以及700年历史大堰村前裴君庙改建而成的"红"餐厅/酒吧。除了充满古韵的建筑外，宾客还可乘坐膳舫于浩瀚无际的东钱湖上畅享“膳舫私宴”带来的别样体验。宁波柏悦酒店为东钱湖旅游度假区旅游产业发展提供巨大潜力，村落式的度假酒店也成为东钱湖度假区乃至宁波的一张文化新名片。宁波柏悦的成功促使着凯悦品牌在浙江省其他旅游度假区寻找合作伙伴。位于湖州安吉灵峰旅游度假区的安吉海游天地度假城项目已与凯悦达成合作，即将落户安吉，这对凯悦品牌与安吉灵峰度假区而言都将是一次拓展市场的机会。

源自美国的万豪国际酒店集团（JW）公司是全球首屈一指的国际酒店管理公司，2016 年收购喜达屋之后，成为全球最大的酒店集团。万豪国际集团于 1997 年进入中国酒店业市场，旗下的丽思卡尔顿酒店、JW 万豪酒店、万豪酒店、万丽酒店、万怡酒店等品牌在中国经营的酒店达 73 家，主要分布于中心市区、商圈附近。在旅游度假区中万豪国际酒店以高级、精选品牌为主，为当地引入优质服务、特色业态甚至是全新地标。例如，2012 年在湖州太湖南岸，由上海飞洲集团投资修建的喜来登温泉度假酒店落成，位于湖州市南太湖旅游度假区核心板块。该酒店又名月亮酒店，是一座高 100 米，宽 116 米的指环形建筑，由国际新锐建筑师马岩松先生设计，是号称“世界第九湾”的标志性建筑，湖州市委市政府将其视为代表湖州建设现代化生态型滨湖大城市的重要标志。酒店总投资约为 15 亿元，总建筑面积 6.47 万平方米，拥有 300 余间客房，落地开窗设计的客房可欣赏太湖水景。拥有被誉为中国最大、最精致的天然温泉水疗中心——天籁温泉水疗，这处拥有 28 个不同私密温泉池的地方充满了异域风情，是酒店宾客全新的放松之地。作为湖州标志性景观，“月亮酒店”是中国第一家集生态观光、休闲度假、高端会议、美食文化、经典购物、动感娱乐体验为一体的水上白金七星级度假酒店。此外，随着浙江的乡村振兴如火如荼地发展，2015 年 JW 万豪品牌首次入驻县级城市，在“两山理论”的发源地安吉县建设当地第一家度假型国际酒店。2019 年，喜来登入驻上虞，是该品牌在中国特许经营的首家酒店，曹娥江旅游度假区、余坤集团和万豪酒店集团的合作，为上虞“拥江西进”融入绍兴大城市建设注入新活力。

东南亚气息浓厚的悦榕酒店和度假村集团在 25 个国家管理或拥有已超过 41 间度假村及酒店，62 间 SPA 及 77 间精品店，主要包括悦榕庄（BANYANTREE）、悦椿（ANGSANA）、悦椗（CASSIA）、悦苑（DHAWA）和乐古浪度假村（LAGUNA）这 5 个品牌。悦榕集团已发展成为一家全球多元化的企业，旗下的酒店与度假村均融合了亚洲传统及地区特色。浙江省的悦榕庄酒店主要分布在湖州安吉灵峰旅游度假区、杭州西溪国家湿地公园等景区或商圈周边，交通便捷，客流量大，主要入驻品牌为悦榕庄与悦椿品牌。继杭州西溪悦榕庄、杭州西溪悦椿度假酒店在杭州建设后，2018 年，悦榕庄与绿城集团合作，耗时 8 年，耗资 7.6 亿元打造的安吉悦榕庄于湖州安吉灵峰旅游度假区正式开业，与周边绿城安吉桃花源的房地产项目一同开发。同时，悦榕庄与周边的龙王溪高尔夫球场达成合作，拓展酒店外的户外运动业态。悦榕庄的引入进一步巩固了安吉灵峰旅游度假区的高端国际度假酒店集群地位，带动美丽乡村不断发展。掩映在一片山林中间，四面环山，一面面水，在山岭之间顺应地势创造了一组中国院落建筑，寻求“工整”与“自然”的平衡，整饬的轴线与自由的村落式布局结合，室内设计也承接了此种“在地感”。在设计之初，通过对安吉的历史风物理解，将空间感受定位为一个殷实的书香世家宅邸，通过更符合当下生活的手法去传达悦榕庄的传统气质，以期在此创造“宁静的奢华”“当代的雅致”的美学观念[①]。

图 4–38 Club Med Joyview 安吉度假村

① 王薇薇，曾斌，史峰，等. 安吉悦榕庄度假酒店［J］. 现代装饰，2019（2）：6.

源自法国的地中海俱乐部（Club Med）是全球最大的旅游度假村连锁品牌，一共拥有遍布全球5大洲30个国家的80多座度假村。2015年3月，复星集团对外宣布已成功收购Club Med地中海俱乐部。自进入中国市场以来，Club Med地中海俱乐部联合业主、产业链上下游、消费品及其他领域企业，有望让中国成为Club Med地中海俱乐部全球最大的客源地之一。随着国内旅游消费活力的进一步释放，周边出行需求不断上涨，用户出游半径从跨省游、出境游转入以本地、周边为主的短途游发展。因此Club Med集团在中国休闲度假市场的发展策略是拓展旗下的Club Med Joyview短途游品牌，目前已拥有安吉、黄金海岸、北京延庆、千岛湖四座Club Med Joyview度假村，2022年还将陆续迎来南京仙林、北京延庆（丽璟楼）两个度假村的新项目。2018年开业的安吉Club Med Joyview度假村位于湖州安吉灵峰旅游度假区，由中国旅游集团投资运营有限公司投资建设，地中海俱乐部（Club Med）进行管理。项目总投资25亿元，占地606亩，总建筑面积5.7万平方米，共计客房约300间，其中别墅22套。度假村远离城市喧嚣，以竹林和茶园为特色，是集度假村、商业地产、休闲度假于一体的乡村国际旅游度假区，宾客在体验安吉清新的自然生态环境的同时享受全天丰富精彩的运动和活动。Club Med在选择安吉后，进一步瞄准江浙沪周边游发展趋势，基于对央企中国绿发绿色开发理念的认同与对湖岛风光的欣赏，选址久负盛名的千岛湖度假胜地。Club Med Joyview千岛湖度假村于2022年正式开业，位于淳安千岛湖旅游度假区的核心位置，占地约5万平方米，也是2022年杭州亚运会淳安亚运分村指定接待酒店。依托千岛湖的优质生态资源，Club Med Joyview将继续发挥其打造精致短途度假体验优势，力求以更优质的服务支持中国短途旅游度假市场积极向上发展。面对当前大旅游环境的变化，Club Med地中海俱乐部提前预案，推出新的本地会员奖励计划，立足本地运营调整等，在营销、运营和销售等方面都采取了有力有效的应对措施，使Club Med地中海俱乐部在疫情期间仍然能够保证稳健发展，持续在中国投入和布局。

表4–11　国际酒店品牌在浙江旅游度假区中的分布（不完全统计）

品牌	酒店名称	所在旅游度假区
希尔顿	千岛湖滨江希尔顿度假酒店	浙江省淳安千岛湖旅游度假区
	舟山希尔顿酒店	舟山群岛普陀国际旅游度假区
	舟山普陀希尔顿欢朋酒店	

续表

品牌	酒店名称	所在旅游度假区
希尔顿	宁波东钱湖华茂希尔顿酒店	浙江省宁波东钱湖旅游度假区
	乌镇希尔顿欢朋酒店	乌镇—石门旅游度假区
	宁波宁海科技大道希尔顿欢朋酒店	宁海森林温泉旅游度假区
凯悦	宁波柏悦酒店	浙江省宁波东钱湖旅游度假区
	德清凯悦嘉轩酒店	德清莫干山国际旅游度假区
	阿丽拉乌镇	乌镇—石门旅游度假区
万豪 / 喜来登	湖州喜来登温泉度假酒店	浙江省湖州太湖旅游度假区
	台州旗隆万豪酒店	台州绿心旅游度假区
	千岛湖福朋喜来登酒店	浙江省淳安千岛湖旅游度假区
	绿城千岛湖喜来登度假酒店	
	舟山喜来登绿城酒店	舟山群岛普陀国际旅游度假区
	舟山朱家尖绿城威斯汀度假酒店	
	杭州 JW 万豪酒店	浙江省湘湖旅游度假区
	安吉 JW 万豪酒店	湖州安吉灵峰旅游度假区
	绍兴余坤喜来登酒店	上虞曹娥江旅游度假区
悦榕庄	安吉悦榕庄	湖州安吉灵峰旅游度假区
地中海俱乐部	Club Med Joyview 安吉度假村	湖州安吉灵峰旅游度假区
	Club Med Joyview 千岛湖度假村	浙江省淳安千岛湖旅游度假区

这些国际品牌通过知名的国际品牌影响力、会员体系和成熟的复制模式，在区域的发展过程中形成强大的号召力，为旅游度假区的品质竞争力提供强有力的支撑。然而，面临巨大而又复杂的中国市场，国际品牌的优势在逐渐减弱。

2.“固巢养凤”

本土品牌继往开来，浙江大力支持浙商回归，支持旅游企业扩规模、强实力、创品牌，开元、顶度等一批国内领军企业异军突起。近 30 年来，中国入境客源的增加以及国内经济发展带来的国内客源的快速增长，使大量的二线城市也涌现了许多高星级宾馆，使得国内品牌的管理公司有了生存和发展的空间，也有了和国际知名品牌管理公司“叫板”的机会[①]。随着中国经济进入新常态发展时期，随着人们消费理念的变革和消费需求的升级，快餐式的旅游已经难以满足消费者的需求，市场对高端度假的期望值日趋高涨。我国旅游度假住宿市场也逐渐向休闲化、社交化、本地化、移动化转变，酒店从吃住之所转变为汇聚品质生活的目的地，在这种变化下，高端、特色酒店迎来重大机遇。在被动接受国际准则的洗礼之后，一些了解中国消费心理、深谙中国文化的民族高端酒店品牌逐渐浮出水面、款款走向舞台，成为支撑我国度假旅游市场强大竞争力的中间力量。

浙江省良好的营商环境也吸引了无数浙商的回归，并成为全省重大文旅项目投资的生力军。无数浙商通过资产重组、股份合作、资源整合、品牌输出等多种形式做大做强，打造跨界融合的产业集团和产业联盟，形成以宋城、横店、乌镇、龙之梦为主的龙头企业、成长型企业、小微企业等浙商品牌的梯度培育制度。在住宿行业,“开元”“君澜”“蝶来”“雷迪森”等浙江酒店品牌聚焦中高端市场，立足高品质服务标准和专业化运营水平，发挥龙头品牌引领作用，主动实施品牌输出，扩大全国规模布局和影响力，形成浙系酒店集团品牌综合矩阵和全国酒店行业标杆。得益于度假市场的精准定位与良好口碑，开元、君澜等本地民族品牌在旅游度假区建设中，顺应了时代背景，走在时代前列，精准全面考虑游客需求，依靠丰富的运营管理经验与产品实践，不断创造和升级自己的理论体系，引领了国内一站式休闲度假的新趋势。

（1）君澜酒店集团品牌

君澜酒店集团（NARADAHOTELGROUP）是中国饭店集团10强和全球酒店集团100强，始终致力于打造中国本土的高端民族酒店品牌。20世纪90年代吴启元先生创建了君澜伊始，就对中国品牌酒店的发展现状与机遇有着深刻的认识，因此打造“本土化”的酒店管理品牌一直是君澜酒店集团追求的使命。2001年，君澜集团首家度假酒店——三亚金棕榈度假酒店成功开业，让君澜很早就意识到中国高端度假市场的潜力。目前集团旗下主要拥有“君澜度假酒店”（奢华休闲度假酒店）、“君澜大饭店”（五星级城市会议商务酒店）和“君亭酒店”（城市精品设计酒店）。管理业绩遍布浙江、海南、云南、上海、重庆、江苏、湖北、江西、安徽、福建和山西11个省市，2020年签约数达31家；2021年君澜新增预计40家，度假酒店数

① 杨国荣．在开创中实现梦想——记世贸君澜酒店集团有限公司联席董事长、浙江世贸君澜酒店管理有限公司董事长吴启元［J］．中国发展观察，2010（10）：63-64.

量超 120 家，君澜品牌项目数量超 180 家，全品牌总数超过 240 家。

图 4-39　宁波东钱湖山水君澜度假酒店

作为中国本土酒店集团，君澜对于自我的定位是打造中国度假酒店领军品牌，对此，君澜已采取“以度假为先导”的发展策略，选择在奢华高品质度假市场中突围，不断加速“君澜度假酒店”品牌在全国的战略布局。君澜提出将中西方融合，塑造一个真正能代表时代的东方管理逻辑。君澜提出以“最具中国文化魅力的酒店民族品牌”为塑造目标，慢慢塑造一个能够代表中层以上阶层的度假品牌，为满足当下人们品质生活的载体空间酒店赋以内容，在做内容的同时也做度假文化。为了避免产品过于单一化，君澜打造以“住”为入口的产品模型，再将“食、聚、动、乐”+“X”的产品生态融入酒店经营中。以住为入口的产品不像国际品牌酒店的简单复制，所谓 X 就是每间酒店都有属于自己号召力的内涵，根据这间酒店的特点，塑造出既有君澜的基因又有当地特点的度假酒店。君澜一直坚定地走高端酒店运营之路，从战略到执行，在接管高端运营酒店上形成了一套成熟体系。结合度假区域的自然资源和人文资源之禀赋，运用东方文化元素，采用江南精致细腻的服务理念，去打造一个不输于国际品牌，得到消费者喜爱的度假酒店产品。将更多的产业引入酒店，让它们在一个空间里共生，为酒店赋予更多的内涵，形成更加丰富的生活载体。针对不同度假酒店的优势，推出了“真正的家庭度假”“真正的养生度假”“真正的蜜月度假”“真正的慢生活体验度假”等一系列全新定义的度假主题，以及“海誓山盟”“成人礼”等极具特色的集团产品，这些创新性的度假产品为高端度假市场贡献了极高的品牌价值和吸引力，实现了与度假目的地间的品牌、口碑共享共赢。

2019 年，君澜着力建设长三角地区“君澜度假圈”。江南版块的度假圈最初以古镇、古城为选址依据，计划建设为江南古镇（城）系列度假圈，继浙江南浔、浙江西塘、浙江绍兴、江苏周庄、江苏唐闸、山东即墨、云南丽江、山西平遥之后，2019 年 7 月 17 日，桐乡市乌镇黄金水岸大酒店有限公司与君澜酒店集团签署酒店全权委托管理协议，双方决定携手打造乌镇的度假新模式。自 G20 峰会开幕以后，乌镇正逐步从精品旅游度假区向国际化小镇蜕变。举办了媲美阿维尼翁的国际戏剧节，更创新地在江南古镇开辟了互联网的先河，将小镇与网络紧密结合起来，成为世界互联网大会的永久会址，此时正需要实现一次华丽的转型，而致力于发扬民族文化和民族品牌的君澜选择在此时入驻乌镇—石门度假区，正是希望凭借君澜自身的品牌创新力，为乌镇建立起符合自身文化气质的酒店品牌。事实证明，君澜的确完成了对乌镇—石门度假区添砖加瓦的重任。乌镇黄金水岸君澜度假酒店建筑面积约 3.6 万平方米，由 4 栋建筑组成，主建筑高 14 层，点缀于乌镇东西栅景区，酒店四周宁静、自然，远避尘嚣，十余年来助力并见证了乌镇的蜕变与成长，目前已经成为乌镇的标志性建筑。酒店风格古朴别致，恰与古镇融为一体，成为乌镇一处极具江南水乡韵味的休闲品质生活汇聚之所，体现“鱼米之乡”“丝绸之府”的文化风貌。截至 2019 年年底，中国第一批的十大古镇中，君澜已经在九个古镇做了布局。

同时，君澜酒店在养生度假产品方面也做了一些研究，看到国民从普遍选择著名风景区到小众目的地这一显著转变，后疫情时代，健康生活的度假理念得到消费者的青睐，君澜将以“康养”作为发展聚焦，并将产业与城市发展相结合，不断提高度假发展新高度，探索产业跨越式发展的时代路径。以自然人文景观 + 创新体验为核心，将旅游与健康产业进行有效衔接，因地制宜塑造酒店独特风情，提升酒店特色的吸引力与生命力，把文化基因植入酒店发展、生态建设全过程中，结合自身并着力于创新文化、健康文化，保障其长久可持续发展，实现城市自然资源与人文资源的结合。基于新的发展思路，君澜很快就找到了落地该想法的实践基地——千岛湖度假区。2020 年 5 月 16 日，君澜酒店集团与千岛湖精文酒店管理公司签署了合作协议，将位于浙江淳安的千岛湖 · 精文君澜酒店正式委托君澜酒店集团管理。酒店位于千岛湖国际度假区，此次合作君澜将结合中国传统文化，甄选全国特色风格地域，运用建筑群落的方式，打造酒店集群内的多纬度度假体验。为其创造高体验性、高品质度假生活方式。千岛湖在君澜酒店集团战略中成为重中之重。自君澜品牌落户千岛湖后，一直以来不断深耕发展，这也是君澜酒店集团继“千岛湖梅地亚君澜度假酒店”“千岛湖水岭湾度假酒店（筹建）”“千岛湖景澜返里度假酒店”之后，第四家入驻千岛湖的酒店，代表着在长三角君澜度假圈里，围绕千岛湖建设的小度假圈的进一步完善。至此，君澜酒店集团形成了在以千岛湖为中心辐射周边区域，从中端到高端，对各个不同消费群体的全覆盖。君澜集团在千岛湖的长期耕耘，为千岛湖度假区的口碑提供了无与伦比的贡献，目前也是千岛湖度假区重要的打卡地之一。

表 4–12　君澜品牌酒店在浙江旅游度假区中的分布（不完全统计）

所在旅游度假区	酒店名称
浙江省淳安千岛湖旅游度假区	千岛湖梅地亚君澜度假酒店
浙江宁波市东钱湖旅游度假区	宁波东钱湖山水君澜度假酒店
浙江省神仙居旅游度假区	神仙居君澜度假酒店
浙江省嘉兴湘家荡旅游度假区	嘉兴湘家荡君澜度假酒店
乌镇—石门旅游度假区	乌镇黄金水岸君澜度假酒店
义乌市佛堂旅游度假区	义乌景澜·双林精舍
浙江省绍兴县鉴湖—柯岩旅游度假区	君澜·绍兴鉴湖大酒店
浙江湖州市湖州太湖旅游度假区	湖州太湖君澜温泉度假酒店
南浔古镇旅游度假区	南浔巨人君澜度假酒店
吴兴西塞山旅游度假区	西塞山前木墅酒店
浙江湖州市安吉灵峰旅游度假区	安吉君澜度假酒店
安吉山川省级旅游度假区	君澜·安吉老庄山居度假酒店
安吉山川省级旅游度假区	安吉绿郡景澜龙山驿酒店
德清莫干山国际旅游度假区	莫干山郡安里度假酒店

（2）开元旅业集团品牌

开元旅业集团总部位于杭州市萧山区，是一家以酒店业为主，房地产以及建材业为辅的大型企业，总资产逾 100 亿元，迄今为止，公司管理和签约的酒店逾 800 家，客房总数超 13 万间，分布在北京、上海、浙江、江苏、安徽等中国 30 个省级行政区，遍布全国 140 余个城市。在酒店品牌化发展的过程中，开元酒店集团聚焦国内重点区域和城市，进行战略布局，稳健发展高星级酒店，快速发展中端酒店，为“开元”酒店品牌的全面提升奠定了更加坚实的基础。在房地产业，开创“住宅 + 商业 + 酒店 + 旅游”的复合开发模式，依托房地产与酒店业联动发展，以特色的房产开发公司为发展目标，推行产品定型化和标准化，大力提升大型商业运营能力。与此同时，“开元”酒店品牌也得到了较好的社会评价和业内认可，获得了“浙江省人民政府质量奖”“全国旅游标准化示范单位”“全国旅游服务质量标杆单位”“中国饭店金星奖”等多项重要奖项。

1988 年元旦，开元的第一家酒店——浙江开元萧山宾馆正式开业，成为了萧山首家涉外旅游饭店。为筹集发展资金，开元采用了“小钱生大钱”的模式，即将酒店物业抵押给银行，贷款进行酒店与房产的扩张，帮助开元顺利完成从国企到民企的蜕变。1999 年萧山开元名都大酒店建成，并带动了开元“地产 + 酒店”联动的发

图 4-40　杭州开元森泊度假酒店

展模式。2003 年开元旅业集团与千岛湖经济开发区签署投资 3 亿元人民币开发千岛湖麒麟岛，建造一个五星级度假酒店和 100 幢度假别墅。别墅项目开业即被抢购一空，极大地推进了千岛湖度假区的发展，成就了双赢的结局。

1992 年开业的杭州开元之江度假村，成为开元酒店连锁化经营的开端；之后，开元采取参股的方式进入宁波，利用收购的方式进入台州，通过租赁进入宁波宁海，依靠委托管理进入丽水，凭借特许经营入驻宁波东钱湖。在系列的强势扩张后，开元开始在全国布点。1999 年开业的宁波开元大酒店，是开元跨地区连锁经营的第一家酒店；2005 年徐州开元名都大酒店的开业，又标志着开元首次走出浙江进行跨省发展；同年，开元的第一家五星级商务酒店，杭州开元名都大酒店开业；2010 年，首家中档精选服务酒店品牌开元曼居酒店开业；2011 年开始提出多品牌发展战略，先后推出高端度假酒店品牌开元观堂、开元芳草地乡村酒店，当时以开元芳草地为代表的自然生态乡村度假酒店，率先尝试以特色小木屋、草屋、帐篷等创意度假住宿产品，配以相关的游乐配套设施。2015 年基于诸多的政策引导和政府鼓励，开元旅业集团和杭州湘湖旅游度假区管委会正式签署了湘湖开元森泊的合作协议。2019 年第一家开元森泊度假乐园在杭州湘湖旅游度假区开业，将传统专注精品住宿体验的度假村，升级为“精品度假”与“自然游乐”融为一体，适合全年龄层、全天候、全季节的一站式综合性旅游业态。森泊项目是引入流行欧洲的短期度假生活方式、结合当下中国游客度假需求而创新研发的全天候一站式休闲度假综合体，是开元经过对国内周边游市场进行了深入的调研和布局，借鉴国外旅游度假模式和经验，创新开发的能够满足中国游客短期度假和家庭亲子游需求的旅游综合体项目。湘湖开元森泊度假乐园项目总用地面积 290 亩，项目投资总额约人民币 11.7 亿元，是一座全天候综合乐园，被列为省级重点工程。一经推出便引爆市场，吸引众多亲子家庭前来，成为 2019 年亲子家庭长三角地区必打卡网红乐园之一。

乐园包括中央服务设施和休闲度假区两大部分。中央设施是整个乐园的核心部分，分为以热带雨林为主题的室内外水上乐园，以家庭体验和亲子为主的儿童游乐场所，以及丰富多样的餐厅、酒吧、商店及度假酒店。游客除了能在室内水上乐园全年享受游乐的快乐外，开元还运用多年对于酒店的建设和管理经验，建造 200 多间客房、近 100 幢（300 多套）度假木屋。每座木屋都拥有独立的前院和后花园，给游客营造一种完美的度假体验。木屋位于休闲度假区，隐于树林景观之中。休闲度假区内除了拥有现代舒适的度假木屋外，还拥有餐厅、宴会厅等。项目建成后与湘湖二期交相辉映，成为新的度假胜地，与杭州乐园、烂苹果乐园、杭州极地海洋公园形成一连串的主题游乐公园聚集区，为湘湖景区带来更多的人气和活力。乐园项目建成后，预计开业当年度假木屋可接待入住客人 14.5 万人次，全年入住率可达到 50%。中央设施的游客将达到 65 万人次。整个项目将为湘湖景区带来超过 150 万人次的客流。首年营业收入可达到 1.9 亿元。

湘湖的成功，让“开元森泊度假乐园”看到了更多的机会，开元森泊的第二站，选择了自然资源条件以及招商政策条件两方面俱佳的莫干山。开元森泊在各方面都满足扶持优惠政策的前提下，自然成了莫干山度假区的重点培育项目，2017 年开元与莫干山度假区正式达成协议。经过了 2 年多的精心打磨，2019 年 9 月 19 日，位于下渚湖畔的莫干山开元森泊度假乐园准备就绪，正式投入试运营。莫干山开元森泊度假乐园占地 1800 亩，拥有 1300 间客房，该乐园将“精品度假”与“奇趣游乐”巧妙结合，打造了一个 90% 沉浸于自然环境的“自然游乐场”，一站式满足顾客“住宿、美食、游乐、教育”的四大高品质度假需求，为游客解锁了“全天候、全年龄层、全旅行结构”的新型出游体验，让莫干山度假区又收获了一个精品网红打卡点。

表 4–13　开元品牌酒店在浙江旅游度假区中的分布（不完全统计）

所在旅游度假区	酒店名称	所在旅游度假区	酒店名称
杭州湘湖旅游度假区	开元森泊度假酒店	浦江仙华山旅游度假区	开元曼居·浦江江南一埠店
	娃哈哈开元湘湖度假酒店	文成天湖旅游度假区	天鹅堡开元曼居度假酒店
淳安千岛湖旅游度假区	千岛湖开元度假村	温州泰顺廊桥—氡泉旅游度假区	开元颐居·泰顺乌岩岭酒店
	千岛湖开元颐居酒店	云和湖旅游度假区	开元曼居·云和瓯上壹号店
	千岛湖开元名庭酒店	浙江省会稽山旅游度假区	绍兴大禹开元观堂
	千岛湖望湖开元颐居酒店	绍兴鉴湖—柯岩旅游度假区	开元颐居·绍兴鲁家客栈
湖州太湖旅游度假区	南太湖山庄	浙江省嵊州温泉旅游度假区	嵊州甘霖汇开元名庭酒店

续表

所在旅游度假区	酒店名称	所在旅游度假区	酒店名称
安吉灵峰旅游度假区	安吉竹博园开元度假村	浙江省神仙居旅游度假区	神仙居德信开元颐居酒店
德清莫干山国际旅游度假区	莫干山开元森泊度假乐园		神仙居新吉奥开元芳草青青房车营地
	开元森泊·隐竹里酒店	省级舟山群岛普陀国际旅游度假区	开元颐居·舟山普陀店
	开元颐居·地热森林酒店		舟山普陀开元名庭酒店
镇海九龙湖旅游度假区	宁波九龙湖开元度假村		普陀山开元观堂
宁波东钱湖旅游度假区	宁波钱湖宾馆		舟山普陀开元大酒店
余姚四明山旅游度假区	余姚四明湖开元山庄		舟山新华侨开元名庭大酒店
宁海森林温泉旅游度假区	汉雅开元温泉度假酒店		开元曼居·舟山普陀天地店
海宁盐官旅游度假区	开元颐居·盐官观潮阁店		开元美途·舟山普陀天丰楼店
	开元芳草青青房车营地	乌镇—石门旅游度假区	乌镇开元大酒店

（3）浙旅集团品牌

浙旅投酒店集团隶属于浙江省旅游投资集团，集团以“旅游产业”为主体，以“医疗健康”和“商务服务”为两翼，实现文旅融合、康旅融合、商旅融合新格局；重点打造酒店管理板块、旅游服务板块、旅游投资运营板块、医疗康养板块、后勤服务与培训板块和旅游新业态板块六大核心板块，旗下共有蝶来、雷迪森、梅苑以及浙勤自营酒店的12个品牌，171家酒店，分布在全国12个省，26个市。目前，规模发展最大的属蝶来和雷迪森两个品牌，仅在浙江省一省，就有超过45家酒店，且约30%的酒店都选择布局在度假区内，尤其是蝶来品牌的布局，超过60%的酒店都选择了度假区落地。两大品牌布局最多的是德清莫干山国际旅游度假区，其次是安吉山川省级旅游度假区。为了契合度假旅游市场，两大品牌布局在度假区内的酒店也逐渐向度假酒店方向发展，除了提供传统星级酒店和商务酒店配备的餐饮、泳池、棋牌等附加产品，现有度假区内的酒店还创新性地融入了温泉汤池、户外烧烤、钓鱼活动、水上运动等娱乐产品，迎合当下度假旅游市场中热度最高的亲子群体。

表 4–14 蝶来品牌酒店在浙江旅游度假区中的分布（不完全统计）

所在旅游度假区	酒店名称
浙江省淳安千岛湖旅游度假区	千岛湖温馨岛蝶来湖景度假酒店
南浔古镇旅游度假区	南浔蝶来大酒店
安吉山川省级旅游度假区	蝶来三舍·山那边艺术设计美宿（安吉店）
	蝶来三舍·落日云烟艺术设计美宿（安吉店）
莫干山国际旅游度假区	蝶来三舍·莫干艺术设计美宿
余姚四明山省级旅游度假区	浙江云山蝶来酒店
浙江省武义温泉旅游度假区	武义璟园蝶来望境酒店
台州石塘半岛旅游度假区	温岭蝶来三舍·日出精品度假酒店

表 4–15 雷迪森品牌酒店在浙江旅游度假区中的分布（不完全统计）

所在旅游度假区	酒店名称
浙江宁波市东钱湖旅游度假区	宁波东钱湖万金雷迪森度假酒店
浙江省兰溪旅游度假区	兰溪雷迪森维嘉酒店
南浔古镇旅游度假区	湖州雷迪森怿曼酒店
德清莫干山国际旅游度假区	莫干山雷迪森良舍颐墅酒店
	莫干山久祺雷迪森庄园
浙江省龙游石窟旅游度假区	龙游广和雷迪森怿曼龙山运动酒店
浙江省绍兴县鉴湖—柯岩旅游度假区	绍兴雷迪森怿曼酒店
浙江省嵊州温泉旅游度假区	嵊州中翔雷迪森温泉酒店

面临国际国内市场的不确定性，很多高端品牌酒店做了许多积极的调整，但旅游度假区内的住宿产业远没有形成清晰的逻辑，很多产品亟待开发。从需求端看，以中老年休闲市场为例，需求量大但没有适配产品；从供给端看，虽个别酒店具有自身就是度假目的地的优势，但远没有形成整体生态，还在单打独斗；从市场端看，整个住宿行业存在供给与需求错位的现象。因此，旅游度假区内的住宿产业还需要从消费端认知着手，寻找升级适合国人的度假酒店产品，要研究推动各个层面的休闲市场产品体系的建设，让酒店从功能性的满足向享受性的体验转变，为时下消费者提供符合消费预期的享受型、度假型酒店产品。中产阶层和新生代消费者快速形成，主流消费兴奋点正在从功能型的被动消费转向享受型的互动消费、从物质场景转换到精神体验。未来成功的度假产品将会是打动人心的产品，旅游度假区管理者和从业者都需要通过技术变革来提升自我，关注多重价值整合、时代消费格局

和习惯、技术变革将对产业运行模式带来的改变。

图 4-41　武义璟园蝶来望境酒店

（四）民宿品牌集群

浙江是民宿经济大省，民宿在数量、规模和效益、质量上都处于全国领先水平。截至 2022 年年底，浙江拥有民宿 2 万余家，其中全国甲乙级民宿 9 家，浙江省等级民宿 859 家，其中白金级民宿 52 家，金宿级民宿 138 家，银宿级民宿 669 家。现有文化主题（非遗）民宿 40 家。浙江民宿 95% 以上依法取得特种行业许可证。总床位超 20 万张，超过星级饭店总规模，年营业收入超 100 亿元，就业人数超 15 万人。成为乡村产业兴旺、农民增收致富的新增长极、助力“乡村振兴”战略的重要载体和“诗画浙江、活力浙江”的金名片，也成浙江旅游度假区的重要业态和度假产品之一。

综合施策，实现民宿发展合法化规范化。浙江省委、省政府高度重视，将“大力发展民宿经济”写入省党代会报告，上升为全省发展战略。将民宿列入《浙江省旅游条例》地方性法规范畴，赋予民宿法定地位。省政府办公厅以行政规范性文件形式出台民宿指导意见，首次明确提出民宿的概念、范围和安全条件。省农办、公安、食药监、工商、住建等各部门出台相关政策措施，合力规范民宿发展。其中，省公安厅制定出台了《浙江省民宿（农家乐）治安消防管理暂行规定》，明确了民宿治安消防安全条件和特种行业许可证的审核发放程序；原省工商局完善民宿等级准入机制，实行"五证合一"，从政策层面解决民宿市场准入难题。民宿纳入职工疗休养采购项目，从省委书记、省长到全省各级公职人员出差住民宿成为重要选择。各地党委、政府高度重视、积极推动民宿经济发展，近五年来，全省 11 个市和 63 个县（市、区）陆续制定并实施民宿相关政策文件达 120 多个。在立法、制度、政策的综合保障下，浙江民宿快速进入发展轨道。截至目前，全省超 90% 的民宿依法取得特种行业许可证。

创新引领，推动民宿经济高质量发展。全省文化和旅游系统主动作为，勇于担当，开展了一系列积极探索和创新实践，切实承担起引导民宿发展的职责。利用大数据平台率先开发运用"浙江省民宿管理信息系统"，全面开展民宿信息统计工作，通过层层发动，走村入户调研，完成 1 万余家民宿信息录入和分析，全面真实掌握了全省民宿建设运营基本情况。承担起草了首个国家民宿行业标准《旅游民宿基本要求与评价》，制定发布了高于行标的《民宿基本要求与评价》浙江地方标准，填补了行业发展的空白；率先开展首批民宿等级评定工作，为全国等级民宿评定工作的全面推广积累了经验；出台《浙江民宿蓝皮书》，公开大量行业数据，发出行业真实声音，为政府决策、投资创业提供参考；成立首个省级旅游民宿产业联合会，加强行业自律，推动行业健康发展；发布《浙江省乡村民宿提质富民三年行动计划（2020—2022）》，坚持以民为本，以提质富民为目标，全面提升民宿行业的发展质量和水平。组织开展民宿培训指导团、"彩虹桥"等公益活动，走进市县开展实地指导。强化民宿从业人员培训，年均培训村民和民宿业主超 10 万人。在实践基础上总结凝练，创新提出"民宿姓民，既要为民惠民，更要民办民享""民宿有主，既要有主人，也要有主题""民宿要融，既要融住游一体，也要融城乡一体""民宿重情，既要求真情，更要讲情怀"等发展理念，正确引导民宿行业科学有序发展。此外还将民宿作为"诗画浙江"宣传推广的重要内容，通过官网官微持续推送；在上海创新举办"四美"特卖会，把民宿作为重要板块推向市场；精心制作《浙江民宿导览——此心安处是吾乡》画册和全省民宿电子导览图，让游客全面了解浙江民宿信息，提高民宿市场影响力和知名度。联合省农业农村厅启动民宿（农家乐）助力乡村振兴改革试点，推出 14 家改革试点单位，通过探索未来民宿发展新模式，聚焦旅游产品供给侧改革，发挥民宿（农家乐）在乡村产业兴旺、生态宜居、乡风文明、治理有效、富民增收等方面的综合带动作用，打通"两山"高水平转化通道，促进民宿长效发展。

文化滋养，激发民宿经济发展新活力。坚持民宿与文化融合的发展理念，自觉把具有鲜明地域特色的文化元素融入民宿产业之中，让“民宿 + 文化”产生“1+1>2”的效果，传递乡土文化的精神内核，焕发新的生机和活力。“民宿 + 主人”，主人是民宿的灵魂，浙江万家民宿的主人承担着乡土文化的挖掘传承和传播的责任，他们依托本土文化资源和自身文化修养，把传统民居打造成富有人文魅力的栖息之所。“民宿 + 非遗”，在民宿里设立非遗传承体验点，邀请非遗传承人给民宿客人授课，引入剪纸、青瓷、木雕、扎染、布艺、插花等传统技艺，丰富了民宿的文化内涵，增强了旅客的文化体验。“民宿 + 书籍”，送书进民宿已经成为潮流，浙江仅莲都一个区就送书 6000 册，建成 24 个民宿“图书角”，为民宿注入文化温度，让民宿读出“文艺范”。“民宿 + 传统村落”，全面开展省级旅游风情小镇创建和“拯救老屋行动”，传承延续传统村落风貌和历史文脉。将弘扬地方文化和保护古建风貌作为民宿认定的一项重要指标，以“发展促保护”的良性循环，推动“空心村”和乡村“沉睡资源”涅槃重生。

特色发展，形成民宿百花齐放发展格局。浙江民宿从无到有、从小到大、从弱到强，形成了由全域发展到集聚发展再到品质发展的过程。全域发展，以全域旅游发展的理念，推动民宿在山区、海岛、乡村、古镇、城郊和景郊布点发展，使全省呈现百花齐放的发展态势。集聚发展，科学布局民宿重点县、民宿集聚区和“民宿村”，全省形成了以杭州西湖、嘉兴西塘、湖州莫干山、安吉、长兴为代表的民宿集聚区。其中，水口乡是浙江省首个认定的乡村民宿产业集聚区，仅八个村庄的乡镇共拥有 558 家民宿，床位数 2.3 万张，年接待游客超 300 万人次。全省现有 3000 张床位以上的“重点民宿村”就达 11 个。品质化发展，引导量大面广的低端传统农家乐向优质化转型升级，莫干山一家民宿连续五年上缴税收超百万元等例子举不胜举。推动发展多元经营模式，浙江外来资本投资的民宿就有 1780 家，总投资超过 60 亿元。

放眼浙江，除了前述这些投资高、规模大、名号响亮的品牌酒店及度假村，在旅游度假区中还有无数具有白金宿、金宿、银宿级别的精品民宿，在为地方的振兴发展提供持续活力，诸如花间堂、西坡、大乐之野等民宿品牌就是其中的佼佼者。

花间堂是华住集团旗下的高端精品酒店，拥有城市酒店、度假俱乐部及度假村三种不同规模的酒店产品。品牌自 2009 年诞生于丽江，以独具特色的花间美学，将高端精品酒店的服务理念与地方民居、民俗等人文特色完美融合，开创了国内文化精品度假酒店的先河。花间堂民宿品牌利用众筹模式对古香古韵的传统建筑宅院进行改造，同时满足现代生活品质，融合中西审美和“体验 + 社交”场景，形成可供游客旅居的国风荟萃之地。2018 年花间堂进入浙江宁波东钱湖旅游度假区，成为激活韩岭古街的重要元素。韩岭花间堂建筑在遗传“韩岭老建筑基因”的基础上，屋顶选用青瓦，利用拼接工艺将瓦片延伸到墙面，结合韩岭独有的山水致趣与古村落文化元素，复现老街当年渔樵市邑的生活之景，虽是韩岭的新居客，但花间堂内处处可见韩岭印记。依据留存下来的建筑风貌与历史肌理，结合史料与村中老人的记忆，做严格的考证和对比后，采用原工艺、原材料、原做法，并吸收现存的地方工艺特点进行修缮，为旅人留下最忠于老街记忆的底稿。在东钱湖国家级旅游度假区，韩岭老街已成为最具时尚活力的休闲旅游街区，花间堂等精品民宿为推动古城更新、产业提质提供了强有力的支撑和持续的活力输入。2021 年，花间堂第五个项目进入湖州沂水，基于水口特色的禅茶文化旅游资源优势，将山水竹林与传统浙北民居巧妙融合，总投资 1.8 亿元，客房总数达到 108 间，并配套建设有景观餐厅、会议中心、星空影院、儿童乐园等文化休闲娱乐设施。花间堂没有现代酒店的条条框框，也超越了传统民宿的局限思维。在融入高品质服务的同时，花间堂延续旅游度假区的人文特色，打造独具特色、沉浸式的休闲游憩体验，不仅丰富了旅游度假区的业态，更为旅游度假区提供了全新的旅行体验。

2009 年西坡品牌在莫干山一个偏僻的小山村诞生，之后数年，西坡快速成长为一个根植于乡村，集设计、软装、运营为一体的民宿品牌，同时对外陆续输出基于乡村文化的多元化运营模式。2017 年西坡千岛湖正式对外营业；2019 年西坡象山正式对外营业；2020 年西坡江山正式对外营业；2021 年起西坡婺源、西坡柞水、西坡渭源、西坡崇左、西坡草原等投入建设。最早的莫干山西坡是多处由乡村建筑改造组成的精致乡舍别墅，每栋房子的中心是开放式的客厅，阅读区、壁炉区、休息区、厨房、餐厅、吧台等为宾客提供了无隔断的宽敞空间。从 2010 年改造完成第 1 栋山乡别墅到现在的 8 栋别墅 30 个房间全部营业，莫干山西坡从籍籍无名到国内闻名。2015 年西坡山乡度假酒店的平均入住率达到 87%，实现营业收入 1500 万元，贡献税收超过 70 万元。莫干山项目取得成功后，紧接着 2017 年落成的千岛湖项目选址位于姜家镇三面环湖的小型半岛，半岛上的原生建筑为水下古城民居、老粮库及榨油厂，见证了千岛湖四十多年的历史变迁。千岛湖对于西坡品牌的引入进一步完善了淳安县的民宿业态发展，推动打响“心宿千岛湖”品牌。西坡的管理运营模式是度假区中民宿发展的一个范例。西坡采用单店店长责任制的民宿管理模式和多元化的运营模式，除了食宿收入外，还有农副产品、周边文创等售卖。西坡在世界各地还拥有30多位买手，收集全世界有趣的物件，设计师会根据每个项目情况修复改造，住客可以根据不同的陈设风格欣赏到老物件及其背后的故事。西坡希望以小而美的方式深度参与进乡村的蜕变之中，包括村民就业、闲置资产、建立村史馆、土特产品等方面，让更多人关注、发现乡村和土地的价值与美，并吸引更多年轻人返乡参与其中。与当地村民合作的西坡山乡“果园计划”，带动当地村民的梨园、板栗园、桃园等农产品的推广与增收，邀请设计师对本地特产重新包装升级，并结合西坡本身品牌文化进行衍生，既推动当地经济，也能让西坡这一IP“立体化”。西坡集团不只局限于食宿本身，还通过新媒体等多种途径推广宣传、通过发展各种现代化的连带产业实现创收。西坡既充分利用乡村本底的自然与人文条件，又激活促进了乡村后续发展，极大地拓展了所在旅游度假区的社会综合效益。

同样在莫干山，也诞生了另外一家知名的民宿品牌——大乐之野。2013年来自同济大学规划设计院的杨默涵和吉晓祥来到莫干山，设计创立了这家具有现代白楼风格的民宿，在莫干山一众欧式、新中式建筑中格外出挑。之后团队抓住机遇，以长三角为根据地，开始打造多家店面，现旗下有16家度假民宿以及野有食（餐厅）、野有咖（咖啡厅）、野有酒（居酒屋）、野有集（生活美学空间）等产品线，为住店客人提供更多丰富的配套生活。大乐之野如今作为民宿标杆品牌，9年连开16家店，发展得又快又稳，足迹遍布莫干山、安吉、苏州、宁波、桐庐，在成都、中卫也留下了大乐之野的脚印。从莫干山到安吉，从单体民宿到连锁民宿甚至到民宿集群，在不停尝试民宿的各种版本和可能性。例如，大乐之野旗下的艺术杂货铺“野有集”品牌，寻找那些代表着中国乡村美好的文创产品，除民宿外，也能承载更多丰富的业态和体验活动。同时，大乐之野牵头开设莫干山民宿学院课程，进行系统化的乡村精品民宿课程和专业人才培训。通过规模化和在地化的乡村民宿经营模式，大乐之野为丰富度假区产业业态、激发特色乡村活力、推动本土经济发展提供了极好的路径参考。

图 4-42 大乐之野千岛湖店（图片来源：民宿提供）

表 4-16 精品民宿品牌在浙江旅游度假区中的分布（不完全统计）

民宿品牌	民宿名称	所在旅游度假区
花间堂	宁波花间堂·韩岭	浙江省宁波东钱湖旅游度假区
	乌镇悦景庄·花间堂	乌镇—石门旅游度假区
	南浔花间堂·求恕里	南浔古镇旅游度假区
	绍兴上虞花间堂·圆境	上虞曹娥江旅游度假区
西坡	西坡莫干山度假酒店	德清莫干山国际旅游度假区
	西坡千岛湖	浙江省淳安千岛湖旅游度假区
	舟山东极西坡小院（东福山店）	舟山群岛普陀国际旅游度假区
	仙居西坡山民宿	浙江省神仙居旅游度假区
	西坡象山民宿	浙江省宁波松兰山旅游度假区
大乐之野	大乐之野（莫干山庾村店）	德清莫干山国际旅游度假区
	大乐之野（莫干山店）	
	大乐之野（千岛湖店）	浙江省淳安千岛湖旅游度假区
	大乐之野·谷舍（余姚店）	余姚四明山旅游度假区
	大乐之野（安吉桃花源店）	湖州安吉灵峰旅游度假区
	大乐之野·南洞（舟山定海店）	舟山群岛定海国际旅游度假区

除了这些品牌，浙江省的旅游度假区中还有无数结合地方特色资源、品质优异的旅游民宿，为乡村的产业振兴和环境美化建设提供源源不尽的人才、资源和资本，让当地的乡村旅游、民宿经济既保持乡土化、特色化，又逐步高端化、国际化，既能让外来投资者赚钱，又能通过模式输出走出去赚钱，还能促进村民致富和集体增收，为“绿水青山就是金山银山”提供了鲜活生动的“浙江样本”。

第五章

发展图景展望：时势俱在、前景可期

2021 年 3 月《中华人民共和国国民经济和社会发展第十四个五年规划和 2035 年远景目标纲要》中，明确提出“加强区域旅游品牌和服务整合，建设一批富有文化底蕴的世界级旅游景区和度假区”。紧跟国家战略步伐，2021 年 5 月《浙江省旅游业发展“十四五”规划》中明确提出到 2025 年建设 2 家以上富有文化底蕴的世界级旅游景区和度假区，2035 年建成 5 家以上富有文化底蕴的世界级旅游景区和度假区，旅游业成为“世界看浙江”的重要窗口。建设世界级旅游度假区的宏伟目标对文旅产业和地方发展既是机遇也是挑战。

一、新时代文化和旅游发展形势与动态

联合国大会一致通过决议，将每年 2 月 17 日定为旅游业复原力全球日，释放了提振旅游业的重要信号。放眼国内，当前，旅游业高质量发展的不确定性体现在三个方面：世界经济复苏前景不明，与文旅扩大投资、加快回暖复苏呈现正关联影响存在不确定性；疫后旅游业短期表现较为红火，但中长期是否持续强劲存在不确定性；需求和供给不相匹配，加快实现动态平衡存在不确定性。

立足“中国式现代化”大场景，立足“两个大局”大背景，深刻认识中华民族伟大复兴战略全局和世界百年未有之大变局，科学识变、准确应变、主动求变。未

来一个时期是“重要窗口”和“两个先行”建设推进的关键时期，创新改革开放三个“一号工程”全面实施，浙江文化和旅游将迎来前所未有的发展机遇。

（一）新的人类文明形态

习近平总书记在学习贯彻党的二十大精神研讨班开班式上鲜明提出，中国式现代化是全新的人类文明形态。这一重大论断，是对中国式现代化理论的极大丰富和发展，具有很强的政治性、理论性、针对性、指导性，为新时代新征程推进中国式现代化提供了根本遵循和科学指南。党的二十大报告第一次提出了“文化自信自强”的核心概念，明确将“推进文化自信自强，铸就社会主义文化新辉煌”列为文化建设的发展目标。进入新时代以来，随着中华民族伟大复兴进程的推进、我国综合国力显著提升，国家软实力和中华文化影响力持续走强，越来越多的中国年轻人自信平视世界。如今中华优秀传统文化复兴势头强劲，红色革命文化焕发新生，社会主义先进文化蓬勃兴盛，文化创新创造活力不断增强。

国风国潮成为新风尚。从除夕央视国风满满的春晚到河南卫视爆火出圈的“中国节日”系列，“汉服热”“非遗热”“博物馆热”大行其道，历史“不夜城”遍地开花，《忆江南》《只此青绿》《唐宫夜宴》《越剧好声音》等不同风格的优秀传统文化类节目接连刷屏，国风出圈已成为一种文化事实。2023 年，充满江南风情的春晚节目《碇步桥》成功将温州泰顺仕阳碇步桥带出圈，游客人数突破 3 万人次，与上年同期相比增长 849%，创历史新高。

红色文化圈粉新青年。红色主题成为当下文化体验新选择，电视剧《觉醒年代》、电影《我和我的祖国》、舞剧《永不消逝的电波》等爆款文艺精品，引发红色打卡热，带火了一批“红色景点”“网红周边”。红色文创也成为社交平台上的“流行文化”，如印有《新青年》封面的帆布包、鲁迅名言贴纸等产品，被无数年轻人追捧。初心圣地嘉兴南湖旅游区 2023 年 1 月至今共接待游客 170 万人次，其中新时代“重走一大路”接待 220 多批次，“南湖 · 1921”主题列车累计客发 29616 人。

大国崛起承载新荣光。从“跟跑”到“并跑”再到“领跑”的强势崛起，大国硬核实力不断彰显，推动广大人民群众的民族自信心和自豪感持续上涨。杭州湾跨海大桥、义乌小商品城、杭州城市大脑等承载中国力量、中国智慧的“大国重器”成为新的打卡点，成为展示文化自信的新窗口。文旅局长们创新宣传家乡“出圈”成为热点文化现象。《山海情》《狂飙》《去有风的地方》《钱塘里》等优秀现实题材文艺作品引发普遍关注，并带动线下旅游市场。广东江门市因《狂飙》带动旅游发展，一季度全市接待游客 546.51 万人次，旅游收入 55.99 亿元，同比增长 83.93% 和 143.61%。

文旅融合成为新亮点。随着物质生活的改善，人民群众更加重视文化、旅游等精神层面的活动，文化旅游已经成为群众美好生活的重要组成部分。二十大报告提出“推动文化和旅游深度融合发展”，省委省政府将“文旅深度融合工程”列入未来五年事关全局、牵一发而动全身的十大工程，我省文旅融合发展迎来全新机遇和格局。从地方看，各地涌现出宋城、横店、松阳、葛家村等一大批文旅融合发展典型案例。其中宋城演艺一季度公司实现营业收入 2.34 亿元，同比增长 174.82%，实现归母净利润 6030.84 万元。

（二）新的经济复苏周期

新型冠状病毒感染实施“乙类乙管”后，国内超大规模市场需求苏醒，文旅消费快速回血。当前和今后一个时期我国进入新发展格局，浙江提出“率先打造国内大循环的战略节点、国内国际双循环的战略枢纽”，文化和旅游消费在整个经济链条中具有起始性和先导性的作用。2023 年五一假期开启“人从众”模式，数据显示，浙江全省 4A 级以上景区累计接待 1806.5 万人次，比 2019 年同期增长 27.2%。疫情期间被压抑、受阻滞的消费需求正在“报复式爆发”，文化和旅游市场加速回暖趋势将持续。追求个性、重视体验成为后疫情时代的消费新倾向，文旅消费需求逐步从低层次朝着高品质和多样化方向转变，创新融合成为旅游发展新业态。

演出市场持续火爆。各大演唱会、音乐节、精品剧目一票难求。2023 年一季度，全国（不含娱乐场所）营业性演出 6.89 万场，同比增长 95.42%；演出票房收入 49.8 亿元，同比增长 110.99%，其中演唱会和音乐节一季度售票超过 110 万张，是票房收入最高的演出类型。浙江除了西湖音乐节、氧气音乐节、东海音乐节等一批“老牌”音乐节之外，楠溪江音乐节、西施音乐节、莫干山奇幻音乐节、大麓青年音乐节、横店 OST 音乐节等一大批新兴音乐节也正拔节生长。

美食旅游成为潮流。“跟着味蕾去旅行”的“逛吃游”成为新趋势。淄博烧烤、柳州螺蛳粉、长沙茶颜悦色等，撸串、嗦粉、宵夜成为城市逆袭的“杀手锏”，追着美食“打卡”，带火了淄博、柳州、长沙、台州等一座座城市。五一期间淄博每日接待游客约 20 万人次，八大局便民市场登顶全国景区“排队榜单”；淄博站累计发送旅客超 24 万人次，较 2019 年同期增幅 55%。夺得全省“百县千碗”豆腐挑战赛第一名的临海白水洋豆腐，吸引了许多游客专程打卡拔草，台州府城紫阳街白水洋豆腐店每分钟就能卖出 3 份炖豆腐。

近程游短途游占主流。2023 年五一假日游以省内近程游为主。从客源结构分析，省内游占到 76.6%。从出游类型看，乡村游、民俗游、近郊游、周边游仍唱主角，特别是以体验乡村文化为主题的乡村游线路广受欢迎，各乡村旅游点推出帐篷、露营、美食、采摘、亲子、娱乐等项目，满足不同游客需求，带动了周边民宿和农家乐营收。金华梧杉隐居民宿日均客房出租率达 60% 以上，五一期间达到满房状态。

三四线城市人气高涨。除长线旅游回归，经典旅游城市线路客流恢复外，一个重要的变化是三、四线城市人气高涨，一大波像淄博、江门般的三四线宝藏城市被发掘。五一期间酒店预订量 TOP50 城市榜单中，较 2019 年同期增幅最高的前三名皆为三四线地区，以台州为例，酒店预订量较 2019 年增幅 553%。三、四线小城市的业态场景也在不断升级，建德的航空休闲游，淳安的亚运体育游，绍兴的研学游，德清、安吉的亲子游，新业态新场景参与感强，有社交氛围，文化味浓，成为消费的新热点。

（三）新的世代消费群体

“Z 世代”是互联网信息经济时代的原住民，是生逢盛世、肩负重任的“强国一代”，是与民族复兴同频的一代人，其世界观、价值观、文化观、消费观与“70 后”“80 后”相比，发生了非常显著的时代跃迁。当下，以“Z 世代”为代表的年轻群体已成为文旅市场的主力军，年轻游客群体表现出来的潜力值和创造的话题度颇为引人关注，“Z 世代”消费群体将重塑未来文旅新形态。

“网红经济”业态创造者。“90 后”“00 后”成为文化和旅游消费的主体和主力，其消费意愿与消费能力是“70 后”的两倍，而且消费心理注重个性、注重体验、注重社交，是网红经济的创造者和引领者，不断创造或引爆了剧本杀、露营、围炉煮茶、创意直播、“蛙偶售卖”等新的网红业态。得年轻人者得未来，各地文旅局长竞相“出圈”某种程度上是以年轻人为目标受众的一次精准营销。

“特种兵式”旅游主力军。游客短时间快节奏连轴转式打卡多个分散的景点的“特种兵式旅游”在年轻人中兴起。高喊着“青春没有售价，旅途就在当下”的大学生，成功点燃了一个一个热点景区城市。“特种兵旅游”的兴起，反映了现代人旅游方式的转变。随着生活节奏的加快，人们对于旅游的需求也发生了变化。越来越多的人开始追求快节奏、高效率、个性化的旅游方式，而“特种兵旅游”正是满足了这一需求。

“优质 IP”铁杆忠实粉。“Z 世代”潮玩主流消费群更愿意为热爱买单，上海迪士尼的超级 IP 吸金术是其绝佳印证。因迪士尼带动，上海国际旅游度假区五一累计接待游客 51.44 万人次，同比 2019 年增长 26.9%；实现营业收入 3.75 亿元，同比 2019 年增长 64.8%。动漫、电竞、游戏与文旅融合发展前景广阔，北京环球影城和王者荣耀的联名活动既为游客带来更多的沉浸式体验和新鲜感，又能吸引广大游戏用户的关注种草和线下打卡体验。

“时尚夜游”主体生力军。作为文化和旅游产业的新鲜血液，日渐趋于繁盛的夜游项目助推夜间消费热度不断攀升。数据显示，五一假期夜间消费规模占比达 55%，较上年上涨 134%。浙江全省过夜游比重占到 38.5%，同比提高 9.4 个百分点。年青一代是“泡吧”、演唱会、脱口秀、烟花秀、灯光秀、音乐节、奇妙夜等新兴夜游业态的主力消费群体，作为夜游的核心业态，旅游演艺如雨后春笋般涌现，全省县域中大型规模旅游演艺已达到 10 余台。

（四）新的数字文旅浪潮

数字经济时代，元宇宙、AI、Chat GPT、大数据、区块链等新技术变革加速演进，正深层次影响文旅的发展模式，催生更多新产品、新业态、新服务、新场景。如今，数字化、网络化、社交化、互动化的运营方式成为各地文旅发展的主要特征，网络视频、线上展览等数字文旅发展优势明显。行前预约、电子导游等多种数字化场景正逐渐被大众认可，产品数字化、营销在线化、管理智慧化已成为文旅产业提质升级的转型方向。

沉浸体验受追捧。光影数字演艺、无人机飞行表演等新兴数字体验产品大火。衢州市推出“夜游信安湖”活动，游客搭乘 3D 全息影像游轮，沉浸式欣赏衢城美景。横店影视城推出的千人沉浸式实景街头剧本游戏，让游客狠狠过了一把大侠瘾。浙江自然博物院杭州馆推出的实景科普剧本游《山海秘境》，让游客沉浸式体验妙趣横生的秘境之旅。

互动场景受欢迎。长红不衰的大唐不夜城，在不倒翁小姐姐到“盛唐密盒”，通过一句句刁钻提问和俏皮接梗与游客互动，让“盛唐密盒”在网络上迅速爆红。短短 1 个多月，其抖音账号涨粉 200 多万。嘉兴桐乡市濮院时尚古镇通过网络平台实现景区与游客的互动体验，在单纯的线下打卡、线上分享之余，通过创新剧情设计、答题寻宝等多种方式串联起虚拟与现实场景，让游人沉浸式体验年轻态、时尚派的“旅行 +”玩法。

线上消费成常态。线上数字消费成为新的热点，“云看剧”“云逛展”“云旅游”等新型文旅消费表现亮眼。传统影院转型网上点播，网上付费观看、付费阅读已广泛推广。直播电商平台“东方甄选”4 月在乌镇西栅景区举办浙江好物专场活动，通过董宇辉等顶流主播的介绍与售卖，约 300 款浙江产品通过直播平台卖向全国，总销售额破 1 亿元。

（五）新的国际展示平台

2023 年是亚运年，是疫后我国正常举办的最盛大国际赛事之一，备受全球瞩目，届时将迎来国际游客入浙高峰。以 2010 年广州亚运会 20 万外国游客观赛为参照，浙江也将迎来“亚运潮”国际游客。推动浙江旅游从“国内循环”到“国内外双循环”加速演进，为建设国际知名旅游目的地、打造世界级旅游品牌迎来新机遇。

赛事旅游兴起。迎亚运，全省“体育 + 旅游”如火如荼，各地借着体育赛事的火爆人气打起了“经济牌”。浙南风景道提升建设暨“丽水山路 1929”自驾大会在遂昌县山归湿地公园启幕。龙游马拉松赛事期间开展“龙游风味”美食展销会、音乐节等系列活动，打造汉服特色跑团、“80、90”跑团等特色跑团等。

国际交流火热。浙江文化受海外追捧。2023 年是中西文化交流年，“中国历代绘画大系”之宋画展在西班牙巴塞罗那展出，展览融合宋式点茶、宋韵香道、浙派古琴、笔墨体验、宋服展演以及龙泉青瓷、宋韵花艺、善琏湖笔、西湖绸伞、西泠印章等浙江非遗展品，带给西班牙民众一场鲜活生动的宋韵文化盛宴，赢得了高度赞誉。

世界平台启用。2023 年年初，世界旅游联盟总部落户杭州，并正式启用，成为浙江旅游国际化的重要时刻。“湘湖对话”已成为世界旅游联盟最重要的活动品牌，国内旅游业界规格、国际化程度最高的非政府国际旅游论坛和中国民间旅游外交最重要的国际舞台，这为浙江省打造国际旅游目的地带来了新的机遇。

二、浙江旅游度假区发展优势与经验

近 20 年来，时任浙江省委书记习近平同志提出的“八八战略”给浙江带来了全面深刻、影响深远、鼓舞人心的变化。“十三五”期间，浙江文化产业和旅游产业快速发展，双双迈入“万亿产业”。浙江优秀传统文化的弘扬与发展取得了显著成效，公共服务质量与范围全面提升，艺术事业蓬勃发展，产业发展势头迅猛，全域旅游格局基本形成，省域旅游品牌享誉海内外，文化和旅游融合改革创新成绩斐然。浙江省近年来旅游业持续较快增长，整体实力明显增强，2019 年全省旅游产业增加值 4914 亿元，占全省 GDP 的 7.9%，全省旅游业吸纳就业人口占全社会就业总人口 10.5%，对全省 GDP 的综合贡献达到 18.7%，战略性支柱产业地位进一步巩固，产业发展平台不断发展壮大，世界旅游联盟总部落户浙江（杭州湘湖旅游度假区内），中国义乌文化和旅游产品交易博览会、国际海岛旅游大会、世界乡村旅游大会等重大平台的集聚、辐射功能进一步加强，这些成就为“十四五”新一轮的高质量发展奠定了良好基础，也为浙江省建设世界级旅游度假区提供了重要条件。在看到成绩的同时，也应意识到问题的存在，当前仍有一些结构性、素质性、体制性问题尚未得到根本解决：如区域间、各旅游板块间发展水平不够平衡；文化和旅游资源融合不够，旅游品质有待提升；旅游产品、公共服务等旅游供给还难以满足个性化、细分化、品质化的消费需求；国际化水平有待提高，过夜、入境市场增速较慢；新业态发展速度不够快，创新发展有待提速；旅游治理体系和治理能力需进一步提升；高层次复合型旅游人才培养亟待加强等。在今后一段时期，浙江旅游度假区还将继续紧紧围绕“八八战略”的重要决策部署，配合省委省政府的各项重大改革实施重点攻坚克难、逐步解决上述难题。

此外，中央“十四五”规划中明确了两个前提条件：第一，“加强区域旅游品牌和服务整合”，全国宏观布局上结合京津冀、长三角、粤港澳大湾区、成渝休闲经济圈、海南自贸港等国家区域协调重大战略，加强区域旅游品牌和服务整合；第二，“富有文化底蕴”，坚持走中国特色内涵式旅游度假区发展道路，推动旅游度假区作为文化和旅游融合的样板地，以文塑旅、以旅彰文，以打造核心度假产品、培育度假氛围与人文品质为侧重。此外，2022 年 1 月国务院《“十四五”旅游业发展规划》（国发〔2021〕32 号），在第六条完善旅游产品供给体系中，进一步详细要求了“以国家级旅游度假区及重大度假项目为基础，充分结合文化遗产、主题娱乐、精品演艺、商务会展、城市休闲、体育运动、生态旅游、乡村旅游、医养康养等打造核心度假产品和精品演艺项目，发展特色文创产品和旅游商品，丰富夜间文化旅游产品，烘托整体文化景观和浓郁度假氛围，培育世界级旅游度假区”。综合而言，推动省级、国家级旅游度假区高质量发展并向世界级水准方向迈进，关键在于优化度假目的地圈层的组织形态并增强旅游度假区的核心竞争力和市场吸引力。

近年来，浙江深入贯彻习近平总书记关于文化和旅游重要指示精神，坚定不移以“八八战略”为指引，深入践行“绿水青山就是金山银山”理念，立足“两个先行”的新目标新定位，稳步推进度假旅游发展，坚持把旅游度假区作为文化和旅游产业集聚区、高质量发展示范区、改革创新先行区来培育打造，充分发挥浙江体制机制、区位、特色产业、城乡协调、生态、山海资源、环境、人文八个方面优势，坚持资源驱动、要素驱动、市场驱动、创新驱动，推动度假旅游高质量发展，打造了一批度假环境优、产业发展强、带动效益好、文旅融合深、特色品牌响的旅游度假区。截至 2022 年年底，浙江共有省级以上旅游度假区 57 家，其中国家级旅游度假区 8 家，数量居全国首位，成为“诗画江南、活力浙江”的一张亮丽“金名片”。

浙江旅游度假区发展推动“绿水青山”变为“金山银山”,“美丽环境”变为“美丽经济”，生态优势变为发展胜势，探索走出了一条旅游度假区高质量发展的“浙江之路”，描绘出一幅“宜居宜业宜游、美丽美好美满、共建共治共享”的新时代度假版富春山居图。

“浙江旅游度假区为什么能？”归根结底是浙江旅游度假区发展指导思想行、发展理念践行好、发展创新路径对。归纳而言，浙江旅游度假区高质量发展得益于“政府有为 + 市场有效”双引擎驱动，其实践可概括为以下六条经验：

（一）理念先导：一张蓝图是根本遵循

“八八战略”是习近平总书记在浙江工作时亲自擘画实施的引领浙江发展、推进浙江各项工作的总纲领、总方略和总蓝图。2005 年时任浙江省委书记的习近平同志在宁波东钱湖视察时提出要建设“生态型、文化型的旅游度假区”。浙江发展旅游度假区，始终贯彻总书记指示精神，沿着“八八战略”指引的路子，一任接着一任干，一张蓝图绘到底。始终以习近平新时代中国特色社会主义思想为指导，践行

"绿水青山就是金山银山"理念，围绕"两个先行"目标定位，忠实践行"八八战略"，奋力打造"重要窗口"，以推动度假旅游高质量发展为主题，以旅游度假区供给侧结构性改革为主线，充分发挥浙江区位优势、山海资源优势、生态优势、人文优势等，将其转化为产业优势、发展优势，让绿色成为高质量发展最动人的色彩，助力高质量发展建设共同富裕示范区。

（二）政府主导：先批后建是基本模式

浙江打破国内大部分地区省级度假区"先建后批"的普遍做法，结合浙江本省实际，推出"省政府"批复设立的"先批后建"模式。地方在满足一定的硬性条件、通过省级资源评估、经过省政府批准后，方能开展省级旅游度假区的建设和运营。浙江省始终坚持把旅游度假区作为培育文化和旅游产业聚集区、高质量发展示范区、改革创新先行区来打造，设立独立的管理机构，承担旅游度假区开发建设、招商引资、宣传营销和社会发展等职能。"先批后建"模式的优势在于旅游度假区是以行政区来划批，便于统一管理，机制顺畅，且建设运营和管理起点较高。在制度上保障了对旅游度假区的全生命周期管理，能够引导旅游度假区建设提高起点、稳步发展、及时纠错、优胜劣汰。

（三）创新制导：改革破题是制胜法宝

浙江紧扣旅游度假区基本定位，创新推动旅游度假区发展。在坚持理念创新的同时，推动管理创新、政策创新、模式创新。近年连续出台《浙江省人民政府关于加快培育旅游业成为万亿产业的实施意见》《浙江省旅游产业发展规划》《浙江省旅游条例》《浙江省文旅深度融合工程实施方案》等系列政策文件，均对旅游度假区建设和管理涉及的体制、资金、人才、技术等要素保障进行明确，引导各地依托坡地村镇差别化用地、点状供地等利好政策破解土地难题。2021 年 4 月，浙江省人民政府办公厅印发《浙江省省级旅游度假区管理办法》，为旅游度假区规范发展提供了更具针对性的"顶层设计"指引。

（四）需求引导：优化供给是不竭动力

随着国民的旅游需求逐渐从观光转向休闲度假，浙江的旅游市场也在积极转型、优化供给、应对新发展、新需求。浙江旅游度假区发展始终以游客满不满意、群众受不受益为第一目标，以市场需求和游客诉求为第一导向，不断推进旅游度假区供给侧结构性改革，同时注重需求侧管理。通过弹性的供需协调进一步缩小旅游度假区中产品供给的结构性矛盾，将产品、服务和制度等供给，尤其是公共服务产品，跟上散客化和品质化的消费需求，消减同质化低端产品。同时不断丰富高品质的度假产品、项目和业态，全面提升旅游度假区的核心竞争力和品牌影响力，既是增加旅游消费刺激、提高旅游接待收入的重要手段，也是推动旅游度假区高质量发展的重要路径。

（五）市场向导：多元参与是主要做法

浙江始终坚持以市场化为导向，强化“政府搭台、企业唱戏”的共建共享模式，积极引导市场主体参与度假区建设，吸引社会资本参与项目投资，以项目落地为最终目标精准发力，打造良好的营商环境，吸引市场反应好、评价高、有潜力的优质市场主体参与，包括国内外知名的度假酒店、度假村、休闲娱乐项目以及浙江诸多本土精英品牌。不断提升以宋城、横店、乌镇、龙之梦等为主的龙头企业，打响“开元”“君澜”“雷迪森”等住宿品牌，壮大一大批成长型企业和众多小微企业，培育千家精品民宿，形成“众星捧月、梯次配置”的多元参与格局，为丰富旅游度假区的产业竞争力、优化产业链布局、带动区域的良性发展发挥了极大的促进作用。

（六）品质宣导：现代治理是根本保障

品质标准是度假区发展的生命线和竞争力。浙江省在探索旅游度假区高质量发展的过程中，充分利用现代化治理手段和管理方式，统筹运用数字化技术、数字化思维、数字化认知引领度假区建设管理运营全周期，做深做透产业大文章，加快空间整合、布局整合和产业整合，不断催生新产品、新场景、新服务，推动系统重塑、制度重塑、流程重塑，不断提升品质和竞争力。同时将品质标准作为重要宣导和考核指标，建立完善严格的动态管理机制，全面破除省级旅游度假区的“终身制”。省级旅游度假区每两年考核一次，以旅游度假区环境体制机制、产品投资、游客满意度等核心指标，通过完善科学评价机制，为旅游度假区的品质竞争力提供保障支撑。

未来，浙江旅游度假区将继续践行新发展理念，在“两个先行”的大场景下，坚持理念先导、政府主导、创新制导、需求引导、市场向导、品质宣导“六导”思维，进一步强化目标导向、问题导向、效益导向，以建设富有文化底蕴的世界级旅游度假区为目标，打造全国旅游度假区高质量发展的“重要窗口”，为新时代文化强省、现代化旅游经济强省和中国式现代化省域文旅实践贡献应有之力。

三、未来旅游度假区发展的路径与策略

未来旅游度假区发展从以前单一的度假旅游功能区，发展为多功能聚合、多业态聚合、多体验聚合的综合度假旅游体验区，是全新的综合旅游目的地。国家级旅游度假区将成为驱动中国旅游高质量发展的核心引擎之一。高水平推进旅游度假区高品质建设和高质量发展，让浙江旅游度假区整体实力显著增强，供需更趋平衡，品牌更加鲜明，效益更大释放，价值持续攀升，成为人民群众美好生活度假休闲首选目的地。

（一）围绕一个目标

党的二十大报告提出“推进文化和旅游深度融合发展”，国家“十四五”规划明确提出“富有文化底蕴的世界级旅游景区和度假区”，既是文旅深度融合的目标要求，也是战略抓手，新形势的变化推动旅游度假区建设进入新的发展阶段，由注重“立柱架梁”开发建设转向注重“开枝散叶”业态盘活进而转向“铸魂彰文”深度融合新阶段，必须紧扣“文旅深度融合”这一主题主线，以文塑旅，以旅彰文，让旅游度假区成为人民领略自然之美、感悟文化之美、陶冶心灵之美的胜境。旅游度假区品牌引领带动作用充分释放，高品质度假产品体系更加完备，有效供给、优质供给、弹性供给更为完善；休闲度假消费观念深入人心，大众度假消费需求得到更好满足；共建共享水平不断提高，人民参与感、获得感、幸福感显著提升；度假旅游实现高质量发展，对美好生活、共同富裕的贡献度大幅提升。

（二）聚力三点突破

针对文旅行业未来发展新趋势新特点，目标导向、问题导向、效果导向成为方向标，要跳出“建设思维”转向“运营思维”，迭代升级、纵深推进，用创意、运营、流量等思维激发旅游度假区的活力、动力、竞争力。

创意策划破题。坚持“先策划后规划”理念，规划落地，把文旅策划摆上重中之重的位置，既要重规划、重项目，更要重策划、重设计，组建专业策划团队，培育引

进专业策划人才，支持策划和规划市场主体加快发展，支持借助各类规划设计机构跨界融合，从研学游学、美食美景、文化文创、文艺演艺等大众关注的主题入手，在策划中激发创意，创造更多创意产品。结合总体规划做好“大山大河大美”大型策划，结合微改精提做精“小资小众小景”策划，打造具有浙江特色的文旅热点。

专业运营破局。按照运营先导理念，以运营前置牵引统筹开发建设，培育一批专业化运营企业、运营团队、运营人才。加快探索一批景区、驿站、乡村等专业运营模式，鼓励旅行社成为运营主体。破解阻滞发展的体制机制，形成浙江运营标准。遵循市场规律，紧跟市场运营，鼓励二次创业，规范现代化治理，以专业运营实现资产升值、产品增值、品牌加值，促进经济价值、生态价值、文化价值、社会价值相统一，激发内生动力，实现重生。

流量思维破圈。充分借鉴山东淄博烧烤、贵州榕江村超、西安大唐不夜城等经典出圈案例经验，按照市场所需、群众所盼、未来所向，打造适应这个时代具有网红气质的文旅产品体系，以“入眼、入耳、入口”三个维度进行全媒体的宣传推广，通过小红书、微博、微信、抖音、B 站、快手、直播带货等新媒介新方式，开展多元化、针对性、精准化营销。瞄准“Z 世代”年轻客群，强化“活动引流”，引育培育一批网红达人、网红讲解员、网红导游，变网红为长红，变流量为留量。

（三）秉承四个导向

宜居宜业宜游。更加注重践行以人民为中心的发展理念，充分激发度假区，更好满足大众多层次、个性化、品质型居住旅游、度假休闲、创业就业需求，真正成为主客共享、产业共兴的功能区。

品相品质品位。进入高质量发展，资源驱动转化为创新驱动。数字经济时代，以市场化为导向，以高质量供给创造需求、引领需求，运用新技术、新场景、新媒体等手段，创新推动度假区品牌建设、推广和营销模式，引导差异化、特色化、多元化发展，提升国际化水平和影响力。

文韵文脉文化。文旅深度融合时代，度假区发展更加注重文化内涵，更加注重社会主义核心价值观引领，要深入挖掘展示旅游度假区地区文化底蕴，提升品牌内涵，以文塑旅，以旅彰文，使其成为人们感悟中华文化、增强文化自信的重要场所。

共建共治共享。进入共同富裕时代，度假区发展除了重视经济效益外，更加注重社会效益，更好发挥政府搭平台、建机制、促合作的作用，引导推动市场主体广泛参与品牌建设，形成政府主导、行业主体、社会参与的建设格局。

（四）深耕六项重点

1. 夯基垒台：提升度假资源开发利用

优化规划设计。按照“点线快面”，持续优化旅游度假区空间格局，构建科学清晰建设的“四梁八柱”，推动“规划图”变为“实景图”，引导度假区特色化、差异化发展。围绕度假区主题品牌，细化功能设置、空间结构、用地布局、综合交通及公共服务设施、旅游服务设施、公用设施配置。实施全域空间管控，明确度假区管理范围、规划建设用地规模、功能分区空间等。度假区锚定发展定位，统筹功能分区与业态布局，统筹产品打造与品牌营销，统筹产业运营与区域管理，形成总专结合、特色分明、协调统一、上下联动的度假区规划体系。

强化绿色建设。坚持生态优先理念，综合考虑公共安全、生态保护、游客体验等因素，践行“绿水青山就是金山银山”理念，拓宽生态价值转化通道，推动绿色设计、绿色建设、绿色运营、绿色推广、绿色消费，打造绿色度假品牌产业链，打造绿色低碳型度假区。鼓励度假区发展生态型度假产品、环境友好型度假设施，推广光伏、风电、新能源汽车等清洁能源，倡导光盘行动、垃圾分类、文明出游等，助力“碳达峰、碳中和”。

推动集约开发。引导根据资源禀赋和发展需要，科学确定度假区空间大小，杜绝贪大求全、大拆大建、盲目开发。推动度假区自然与人文资源普查、保护与合理利用，围绕高等级资源进行高水平开发。建立空间留白机制，为未来发展留足稀缺资源和战略空间。科学规划项目建设时序，按照“谋划一批、储备一批、实施一批、竣工一批”，建设一批见效快、前景好、效益佳的优质度假项目，培育一批业绩佳、实力强、口碑好的领军度假企业，形成度假产品集群，提升产业集聚水平，夯实度假品牌基础。

2. 迭代更新：优化度假产品供给

产品创新迭代。将产品服务作为品牌提升的主攻方向、首要任务和核心内容，深化供给侧结构性改革，优化产品结构，提升产品品质，形成类型丰富、品质时尚、群众欢迎的度假产品体系。实施新业态进度假区行动，推动文艺院团进度假区，鼓励合作开发旅游演艺新场景、新体验、新产品等新型度假服务。加强与科技、教育、文化、医疗、体育融合发展，因地制宜引进房车露营、剧本杀、元宇宙体验、邮轮游艇等新兴度假产品。完善供应链、延伸产业链、拓展价值链，不断增强品牌整体实力。

数字技术赋能。推动数字技术进度假区，加大度假区内场所智能感知与信息协同等研发力度，建设智慧型旅游度假区，达到国家智慧旅游标准。鼓励各地推动云演艺、云娱乐、云直播、云展览、云旅游等沉浸式前沿数字产品进入度假区。依托数字化等技术，加快大数据、云计算、物联网、区块链、5G、北斗系统、元宇宙等新技术的应用普及，创新度假区消费场景，积极培育度假旅游消费新模式，积极推广数字人民币应用，推广“10 秒找空房”“20 秒景点入园”“30 秒酒店入住”等智慧旅游服务场景，提升度假体验。

产品交流平台。推出度假产品博览交流会，打造全国性度假休闲产品展示、交流、交易、推广平台；建立完善度假产品协商洽谈平台，集成全国度假区资源商、运营商、服务商等信息，促进项目合作和资源共享，促进产品良性发展。创新产品培训交流机制，搭建度假区产品学习交流平台，常态化定期举行线上度假产品培训班，根据业内前沿话题、热点资讯、最新应用等，创新培训形式，针对性设计课程内容，邀请产品专家、市场主体、一线管理者对度假产品进行深度讲解分析，增强培训实效。

核心度假产品。策划推出“四季度假”品牌，打响四季主题活动和特色产品，鼓励开展“二十四节气”进度假区，打造“跟着节气去度假”活动，形成春踏青赏花、夏避暑露营、秋登高撷实、冬戏雪泡泉的四季度假之旅。鼓励发展周末“微度假”，开发近程游客“微度假”产品，提升体验度和复游率。加快打造国家级夜间文化和旅游消费集聚区、国家级旅游休闲街区，打造一批富有地方特色、品质优良、档次多元的品牌度假酒店、美食、景区、文创产品，增强产品的体验性和互动性，提升活力和魅力。

3. 塑牌扬名：彰显度假标识体系

创新形象标识。打造度假浙江统一品牌，提高品牌辨识度和认知度。推动度假区按照主题定位、功能定位、市场定位，结合在地文化、产品优势和服务特点等，因地制宜打造符合自身品牌特点的专有标识体系。创新策划推出辨识度高、特色鲜明的主题 LOGO，策划朗朗上口、内涵凝练的宣传口号，设计个性形象、广受欢迎的卡通吉祥物，推出主题突出、便于传唱的主题歌曲，邀请气质吻合、德名兼备的品牌形象大使，结合虚拟现实、增强现实、扩展现实等元宇宙技术，探索虚拟人物形象代言人；从色彩、声音、线条等维度，丰富地延伸标识形象内涵和外延，构建可听、可感、可触的全体系标识形象。

集成品牌 IP。构建度假旅游品牌 IP 项目库，重点筛选培育有态度、有温度、有热度的度假品牌 IP，分类施策推动市场化开发，建立起保护、开发、利用、评价全周期管理体系。鼓励各地依托资源禀赋，开发山河湖海、林田原草、温泉冰雪、古城老村、文物古迹、非物质文化遗产等特色 IP，深度挖掘文化内涵，开发建设度假产品，讲好品牌故事。发挥市场主体性作用，探索形成 IP 衍生机制和商业模式，全面提升 IP 的核心竞争力和市场影响力。探索国家级旅游度假区品牌授权市场化运作模式，支持符合条件的企业、场所及产品免费使用，提高品牌曝光度、市场使用率和群众认可度。

营造度假氛围。着重提升旅游度假区整体形象，围绕度假区主题品牌，打造文化味浓、特色化强、辨识度高的度假区门户形象，推行风格统一、设计精致、简介明晰的标识标牌系统，烘托整体文化景观和度假氛围。加快在高速口、机场、码头、通景公路等交通客流节点，规范度假区招牌标识、门楼牌坊、主题雕塑、石刻等辨识性景观小品的设置与建设。根据主题特色，打造体现文化特色元素的游客中心、旅游厕所、无线网络、标识标牌、应急救援等度假服务设施。提升度假区整体视觉风貌，在景区道路、房屋外立面、停车场、电线杆、垃圾桶等设施设备植入度假主题元素。

4. 铺天盖地：创新营销推广模式

强化全媒体营销。统筹构建国家、省、市、县四级品牌营销体系，策划制作集成旅游度假区的精品宣传片，加大电视、报纸等权威主流媒体投放宣传力度。鼓励各度假区开发个性化强、创意性足、趣味性浓的推广内容，投入各大网络头部新媒体；设计互动性、定制化、精准化推广内容，投放短视频、公众号新兴融媒体；创建推出自媒体平台；在高铁站、机场、旅游集散中心、城市主要广场、公交站等，投放平面宣传广告，形成推广“排浪式”宣传推广阵势，扩大品牌影响力。组织度假区、景区、企业等形成行业合力，最大限度整合营销资源，推出宣传“组合拳”，降低宣传成本。

深化全渠道营销。构建活动推广、线上推介、招募体验三位一体的营销推广模式。坚持创意策划，充分利用电视节目、短视频、影视剧植入等多种渠道，策划推出度假主题电视节目，借助《山水间的家》等推出度假区专题节目；积极引进户外真人秀等热门综艺、文化节目等进度假区，创意推动度假区进短视频、进顶流直播间、进热门影视、进娱乐综艺等高流量平台，提升国际级旅游度假区的曝光度。加快在旅游在线服务平台（OTA）开设主题馆和各度假区专题馆。策划专题旅游推广宣传，推出网红打卡地。扩大网络营销推广，加大基于大数据算法的精准广告投送。招募网络名人，开设打造自营短视频平台，根据平台要求加强网络营销的人才培训，培养一批新媒体营销推广人才。

细化全客群营销。坚持需求导向，顺应大众旅游多样个性消费需求，满足不同群体多层次、多元化度假旅游需求。针对“Z 世代”“银发族”“亲子客群”“情侣客群”“单身客群”“研学团”等不同群体需求，根据群体消费特征，精准推出更多针对性强、体验性佳、互动性好的适合不同人群的度假产品。实施社群化营销，不断细分重点市场、新兴市场、潜在市场，紧扣不同游客需求和消费习惯，设计推出定制化、个性化休闲产品和服务。加强人性化服务，保留老年游客线下免预约进入或购票渠道，提供必要信息引导、人工服务。

优化全时空营销。充分挖掘国内度假市场潜力，针对远中近不同客源地，推出不同主题推介会、宣传推广活动等，不断深耕省内近程客源、巩固国内客源、放眼国际客源。实施海外推广计划，加强日韩、东南亚、一带一路沿线国家推广。实施分时段的旅游促销行动，采用发放住宿优惠券等方式，推出旅游演艺等活动，盘活淡季旅游资产和场地，积聚人气，吸引游客“再住一晚”。鼓励实施区域内景区门票减免、淡季免费开放、演出票打折等补助政策，举办文化和旅游消费季（月）、嘉年华等活动，推出更多惠民措施。

5. 共建共享，推动实现跨行业合作

扩大合作领域。加强与传媒、体育、农业、教育、医疗等领域深度合作，联合中央广播电视总台等推出度假主题电视专题片或综艺节目，以联名、冠名等品牌合作形式，推动教育研学、体育运动、文化演艺、商务会展、民俗活动、健康养生等品牌活动进度假区，支持在度假区内建设各类国际交流基地、教育基地、医疗康养基地等。在外事、商务、侨务等对外宣传渠道，加强度假区推介。支持知名电影节、动漫展、电竞赛、音乐节等文化艺术节会进度假区，合作推出形式多样、丰富多彩体验活动，不断扩大度假区品牌影响。

搭建合作平台。组建国家级旅游度假区品牌推广联盟，打造全国性度假区品牌推广活动，巩固拓展“中国品牌日”平台度假区品牌交流活动，提升中国休闲度假大会、中国旅游日等平台影响力。组建区域性旅游度假区品牌，加快环太湖、青海

湖、洞庭湖、鄱阳湖等大湖，长江、黄河、长城、大运河等沿线，渤海、黄海、东海、南海沿海的国家级度假区的区域合作，推进线路串联、游客互送、交通共建等，打造区域性度假旅游集聚区，拓宽旅游发展空间。

加强国际合作。支持各度假区与国际知名度假区的交流，积极招引世界级品牌旅游企业入驻度假区，全方位提升品牌能级，提高国际化水平。充分发挥世界旅游联盟、世界旅游城市联合会等国际旅游平台作用，提高国际话语权，积极主导构建世界级旅游度假区的标准规范，搭建品牌传播、交流、展示、合作、创新的国际交流合作机制，举办国际度假旅游活动，扩大国家级旅游度假区品牌的国际影响力和认知度。

6. 精耕细作：提升精细化管理水平

完善国家、省、市、县联动协同机制，明确各级责任，各层级要强化制度设计，根据需求出台有针对性的制度设计。各地要建立文旅、宣传、广电、发展改革、交通、教育、体育、财政等有关部门参与的协调机制，进一步理顺度假区管理机制，设立独立有效的管理机构，探索管理体制，健全“管委会＋平台企业”双重运营机制，鼓励创新探索市场化投资运营举措。搭建度假区数字智慧驾驶舱，有效整合度假区所在地公安、交通、气象、城管等联动管理，提升社会治安、道路景观、城乡风貌、电力供应、给排水、应急救援等，为度假区品牌建设营造良好环境，构建宜居宜游宜业的主客共享新空间。

完善旅游度假区评定和考核机制，坚持统筹布局、优中选优、动态管理原则，成熟一批发展一批，滚动式推动创建工作。完善培育发展梯队。完善旅游度假区数据统计系统，形成及时、准确、全面的度假数据统计机制。鼓励创立度假区品牌宣传推广基金，引导金融机构依法合规创新金融服务产品和服务模式，拓展旅游度假区各类主体融资渠道，夯实发展基础。

不断加强人才要素保障，壮大专业力量，出台旅游度假区专业型、复合型、创新型人才支持政策，组建品牌讲解团队，全方位提升讲解员语言表达、服务技能、业务素质等水平，推出有活力、有魅力、有亲和力的金牌讲解员，打造度假区形象的代言人。开展度假区品牌形象满意度调查。积极主动、及时应对、科学处理互联网、新媒体等负面舆情。形成线上线下联动、高效便捷畅通的投诉举报受理、处理、反馈机制，做到及时公正，规范有效。

四、建设世界级旅游度假区的路径

（一）培育世界级市场与资源

长三角高等级文化和旅游资源集聚，规模优势明显，以江南文化为核心的文化底蕴深厚，是全国最具培育世界级旅游度假区潜力的区域之一。《长江三角洲区域一体化发展规划纲要》为世界级旅游度假区建设提供了重要支撑。此外，《长江三角洲地区交通运输更高质量一体化发展规划》《长江三角洲地区多层次轨道交通规划》为度假旅游目的地和客源地架起便捷的沟通桥梁，建设如通苏湖城际铁路和水乡旅游城际铁路，快速连接了上海、江苏及浙江境内诸多旅游度假区富集城市，如湖州、嘉兴桐乡乌镇、桐乡城区、海宁盐官古镇乃至杭州萧山机场。依托这些区域环境优势，浙江推动世界级旅游度假区建设的潜力巨大。

例如，环太湖地区拥有 7 家省级以上旅游度假区（另有 2 家国家级旅游度假区），14 家 5A 级旅游景区，2 处世界遗产，汇集了无数高品质的旅游企业和产品项目，资源集聚度高，产业竞争力强，品牌建设成绩斐然，具备建设“世界级旅游目的地”的条件。应加快环太湖区域合作平台建设，推动环太湖世界级文化品牌 IP 形象研究，同时加快构建环太湖度假基础服务设施建设，探索跨省跨区的旅游管理体制和产业联动机制。

又如大莫干山地区，其度假休闲历史可上溯至晚清时期，山上是国家级风景名胜区，民国别墅荟萃，历史文化悠久，自然环境优美；山下是国家级旅游度假区，度假酒店、优质民宿、休闲娱乐产业和项目星罗棋布，文化资源和自然资源得天独厚，区位优势和市场优势明显，也是推动整合形成世界级度假目的地的潜在热门之一。应积极打破体制机制制约，强化山上山下联动一体化发展，整合优势资源，实现品牌共创，为全国旅游度假区的高品质建设提供更多示范样本。

此外，浙江还有众多品质优异的名山、古镇、滨海及海岛，应以“四大建设”能级整体提升为牵引，以重大项目重大平台为支撑，着力塑造引领未来的新增长极。结合全省“一湾引领、四极辐射、山海互济、全域美丽”的空间格局，加快建设世界级大湾区，唱好杭甬“双城记”，强化“四港联动”，建设世界一流强港，打造山海协作工程升级版，推进万企进万村行动，打造全域美丽全民富裕大花园和现代版“富春山居图”。着力打造高质量发展的旅游度假区，打造浙江全域“美丽大花园”，推进长三角文化和旅游区域协同发展，加快形成文化和旅游标志性成果，系统集成打造具有浙江辨识度的文化标识，探索文化和旅游的创新模式，推动浙江省文化建设和旅游发展再上新台阶。

（二）打造世界级标准与产品

浙江旅游度假区将继续作为全省“重要窗口”的抓手，致力于为新百年“重要窗口”共富建设提供重要发展阵地。在“两个一百年”奋斗目标的历史交会点，在统筹推进疫情防控和经济社会发展的关键时期，习近平总书记考察浙江并赋予浙江“努力成为新时代全面展示中国特色社会主义制度优越性的重要窗口”的新目标新定位①。浙江省需要在旅游度假区的发展与建设中，时刻体现“窗口”意识、“窗口”标准、“窗口”担当，以浙江文化和旅游发展的特色与优势，提升文化自信，为浙江省“重要窗口”增添文化底蕴与旅游魅力。

从综合产业的培育入手，积极布局项目、发展业态，注重绿水青山就是金山银山理念的旅游转化，不断提升旅游度假区的附加值和吸引力，进而充分发挥旅游的综合带动效应，让旅游度假区为经济社会发展贡献力量。在旅游度假区的建设中充分利用大数据，进一步健全文化和旅游产业投融资服务平台；在旅游度假区中打造一批高能级文化和旅游产业园区，强化产业链建设；将旅游度假区与文化和旅游消费试点城市、夜间文化和旅游消费集聚区等充分结合；遴选培育世界级旅游度假区等一批冲击国内领先、国际有影响力的旅游目的地。完善旅游度假区相关的供地、融资、人才、消费、奖励等政策。优化旅游度假区专班机制，将旅游度假区的发展纳入省政府对各地创先争优行动的评价内容。推进乡村文化和旅游创客创业创新试点，引导和促进农村居民和回乡人员参与乡村旅游经营。开展民宿（农家乐）助力乡村振兴改革试点。支持浙江完善并推广“旅游公司＋村集体＋村民”整村运营模式，推动实现万户农家旅游致富。加大对浙江山区 26 县公共文化服务体系建设支持力度，支持其大力发展县域和乡村特色文化产业，推动旅游业成为实现跨越式发展的主导产业，加快缩小区域差距。支持探索海上“绿水青山就是金山银山”理念旅游转化路径。

---

① 褚子育. 以文旅魅力增强“重要窗口”文化自信［N］. 中国文化报，2020.

（三）创造世界级文化与影响

十四五期间将进一步推动文旅融合，文化资源的转化是未来旅游度假区的核心竞争力。中国历史悠久，地大物博，每个地域几乎都存在传统文化和乡土文化，世界级度假区的规划、投资和建设者要系统梳理所在区域的文化遗产、生活习俗、意识形态和价值观，并将他们转化为当代人愿意体验的新文化，在度假旅游时代，我们需要的是文化复兴，而不是简单的复古，文化复兴需要在抓住文化内核的条件下不断的创新和迭代文化旅游产品，实事求是，符合时代和大众需求，归根结底，度假旅游是文化商品而不是文化展览品，在充当文化代言的同时也需要具备使用价值，能够推陈出新。这也是环球影城和迪士尼这类世界级度假品牌能够风靡半个多世纪之久的原因。浙江省的五十多个度假区只有少数几个度假区做好了文化转化和营销，如大云的节气文化创新、太湖的渔业文化创新，而大多数的度假区还是依赖于自然资源和度假服务品质吸引游客，这种方式虽然能够在区域市场取得成功，但是要建设能够和全球度假旅游市场竞争的世界级旅游度假区，还是不够的。江浙地区是吴越文化的发源地，而这一深刻的强势文化明显还没有建立匹配的文化品牌，浙江省世界级旅游度假区的建设，或可复兴这一还未完全开发的世界级文化 IP。

因此，需要在文化自信方面，全方位地挖掘旅游度假区中的优秀文化，推动文化和旅游在旅游度假区资源开发、产业发展、市场消费、公共服务、对外交流等方面深度融合，打造浙江文化和旅游深度融合的新高地；在公共服务方面，着眼人民群众的美好生活新需求，加大优质文化和旅游公共服务产品供给，并推进标准化进程。在人才建设方面，加强相关人才的引进、培养、管理与任用，壮大旅游度假区人才队伍。在标准建设方面，推进旅游度假区标准化改革，全面提升文化建设和旅游发展的质量和水平。在旅游度假区高质量发展中，省域品牌的打造需要旅游度假区进一步发挥引领作用，浙江文化要“走出去”“走进去”，促进国内外交流，做大做强“诗画江南、活力浙江”品牌，成为具有国际影响力的重要形象。

（四）推进世界级治理与运营

浙江旅游度假区的高质量发展路径还将借助高新科技全面推动“智慧化”升级。在数字化建设中，积极响应全省数字化改革和现代智慧城市建设部署要求，在文旅大数据中心、度假区服务平台、可视化管理、交通管理服务系统、旅游安全数字化监管等方面已有成效。在当代，大数据、云计算、物联网、区块链及5G、北斗系统、虚拟现实、增强现实以及元宇宙等新技术的应用，正成为旅游度假区基础设施建设的新需求。今后旅游度假区在智慧化方面将进一步加强旅游度假区智慧体系建设，完善旅游大数据监测系统，实现后疫情时代度假旅游游客的错峰管理。建设旅游监测设施和大数据平台，推进"互联网+监管"，建立大数据精准监管机制。以互联网技术推动停车场、旅游集散中心、旅游咨询中心、游客服务中心、旅游专用道路、旅游厕所及旅游景区、度假区内部引导标识系统等数字化、智能化改造升级；通过互联网有效整合线上线下资源，促进旅行社等旅游企业转型升级①，与互联网服务平台合作建设网上旗舰店；依法依规利用大数据等手段，提高旅游营销传播的针对性和有效性，是保障度假旅游服务品质的要务。同时，互联网技术也是管理者的全新工具，创建世界级旅游度假区需要创新开发智慧旅游公共服务模式，有效整合旅游、交通、气象、测绘等信息，综合应用新的互联网技术，及时发布气象预警、道路通行、游客接待量等实时信息，加强旅游预约平台建设，推进分时段预约游览、流量监测监控、科学引导分流等服务。

（五）提升世界级品质与品牌

面向世界级目标推动旅游度假区高质量发展也是十四五期间的重要任务。深入解读"十四五"关于世界级旅游度假区的要求，核心在于两点：人文品质和领先品牌。对于浙江省而言，要实现这一目标，其一是要立足长三角推动共建世界级旅游度假区集群。旅游度假区产业的繁荣第一决定性要素是客源市场，浙江省作为国内当下旅游市场最繁荣的长三角地区的重要组成部分，必须立足于区域整体的视角重新梳理世界级度假区的未来建设发展思路。从建设世界级旅游度假区的长远目标来看，除了在区域市场和国内市场建立度假品牌，最重要的目的还是要吸引国际游客，分流国际旅游市场，吸引外汇，同时达到反向文化出口的目的。在疫情常态化管控之后，近几年将逐步打开国门，出入境旅游市场将逐渐复苏，这一契机正是浙江省建设世界级旅游度假区的难得机遇。

其二是要把握品质底线，落笔文化品牌。根据供给侧改革的需要，旅游度假

---

① 单钢新. 新时代中国旅游业发展的定位和主要任务［J］. 文化软实力研究，2022，7（4）：12.

区的改革重点是供给侧，我国的旅游消费出口量，只能勉强进入全球旅游消费市场占有额的前二十。造成这一现象除去人口基数大的原因，很大程度上要归因于国内旅游市场品质发展不足，进而导致部分追求高品质的旅游消费的客群外流。因此，进入新的阶段，发展世界级旅游度假区的首要任务是，基于中国的文脉地貌向中国人民和各国各地区的游客提供世界级的度假体验。从浙江省度假区建设品质调研情况来看，部分旅游度假区已经具备了世界级品质的旅游度假产品，特别是民宿产品的发展，已经走在世界的前列，但是从度假区整体环境和服务水平上来看，距离世界级度假区的品质还有距离。在旅游成为小康社会人民美好生活的刚性需求的情况下，旅游度假产品也急需创新和迭代，浙江省当前的旅游度假消费主体还集中在中高收入阶层，也正是基于长三角地区这一群体的高消费能力，保障了当前符合该阶层需求的度假产品品质。但是面对未来即将繁荣起来的大众度假市场，很难保证市场下沉过程以及批量式增长过程中出现的品质降级问题，这也是旅游度假区整体发展水平难以提升到世界级的原因。建设亮点工程容易，但营造世界级的旅游度假环境，提供世界级的度假体验的确是一件有挑战的工作。因此，世界级旅游度假区的建设品质，需要各级政府加快旅游度假区的标准化建设，合理制定高标准的度假区规划，控制入库项目品质，完善投资渠道和流程，加强项目考核验收，虽然这些都是各级政府建设世界级旅游度假区的常规动作，但是，对于世界级度假区品质的深刻理解、系统把握世界级旅游度假区与世界级旅游城市、国家级旅游城市和街区、旅游产业化等旅游业高质量发展专项任务之间的关系，则是全新的课题。

综合而言，浙江旅游度假区的未来发展机遇与挑战并存。向外看，国际形势严峻复杂，新冠感染疫情影响广泛深远，全球旅游业不确定性明显增加。从国内环境看，我国经济进入高质量发展新阶段，以国内大循环为主体、国内国际双循环相互促进的新发展格局加快形成，人民群众消费能力大幅提高，高品质旅游需求将快速增长；生态文明、乡村振兴、文化强国等战略，为度假旅游产业发展提供新机遇。因此在“十四五”及今后一段时期，浙江全省旅游度假区将处在现代化的开启期、高质量发展的关键期，全面进入大众旅游新阶段，全域化发展更加快速，品质化需求更加突出，分众化消费更加明显，数字化应用更加广泛，融合化改革更加深入，国际化竞争更加激烈。在中国式现代化和“两个先行”的大场景下，在实施“八八战略”打造“重要窗口”、争创社会主义现代化先行省新征程、高质量发展建设共同富裕示范区、“一带一路”、长三角高质量一体化发展等国家战略红利加快转化背景下，将为度假旅游产业发展注入新活力，为旅游度假区新一轮的高质量发展提供新动能。

第六章 发展个案考察：形神兼塑、示范有方

一、湖泊类度假区

（一）宁波东钱湖：生态为基　文化铸魂

宁波东钱湖，湖面 20 平方千米，是浙江最大的天然淡水湖，东望东海，素有“华夏沿海第一湖”之称，曾被郭沫若先生誉为“西子风韵，太湖气魄”。2001 年东钱湖管委会成立，这块千年璞玉拉开了保护与开发建设序幕。2005 年 5 月，时任浙江省委书记的习近平对东钱湖提出了“建设成为文化型、生态型的旅游度假区”的殷切期望。近 20 年来，东钱湖紧紧围绕“在保护中开发”的理念，坚持打造湖泊休闲产业体系，从一个经济基础较为薄弱，曾受污染困扰的中等发展水平的乡镇蜕变为国家级旅游度假区。2015 年，东钱湖成功获评首批国家级旅游度假区，2016 年成为国家级水利风景区，2017 年被列入国家体育旅游示范基地创建单位，2018 年入选中国体育旅游十佳目的地。湖泊型休闲旅游从无到有，日益完善壮大，生态硬核、配套完备、文旅振兴、体旅融合，东钱湖在实践中摸索出一条特色之路。

图 6-1 东钱湖院士中心

图 6-2 韩岭夜景

1. 修复生态环境系统

东钱湖的开发坚持以生态保育作为出发点和突破口，不断夯实休闲旅游基础。系统治水。管委会成立以来，已投资近百亿元实施一系列湖区综合治理工程。通过清淤、截污、植树、退渔、移墓、搬迁沿湖工业企业和部分村庄、整治船舶污染、修复湖滨湿地、建设水源涵养区等一系列综合治理措施，使东钱湖外源、内源污染得到有效控制，湖区自净能力显著增强，国家湖泊生态试点项目环境效益初步显现。科学治水。经多年详细论证，2009 年的清淤工程拉开东钱湖千年来最大规模综合治理的序幕，创造多项国内领先技术。2013 年又引进淡水生态与生物技术国家重点实验室，设立院士工作站、博士工作站，多层次开展水生态修复工程，包括水生植被恢复、藻类水华防控、生态渔业增殖等。长效治水。着眼长远，出台《东钱湖旅游度假区条例》（省人大批准）、《东钱湖水域管理办法》，解决了东钱湖的法律主体地位，为强化生态保护利用提供法律依据。建立区、镇、村三级工作体系，形成“湖长制”“河长制”等高效工作机制；推进从湖到岸，从湖到河、到路到岸的区域治理、流域治理；推进城镇和农村污水、饮用水管网建设，实现污水处理覆盖率100%、集中式饮用水源水质达标率100%。通过不懈努力，东钱湖在开发建设持续深化的同时，湖水水质实现了从总体四类、局部五类到总体三类、局部二类的大扭转大提升，并保持稳定，被称为“城市型湖泊治理的典范”，新华社给予专题报道。

图 6–3　水生态治理后的东钱湖

图 6–4　福泉山

2. 集聚产品多元业态

以打造湖泊休闲旅游产业示范区为目标，立足行业引领，把环湖休闲接待设施和主题产品做全、做专、做精。实现度假酒店环湖集聚。从设区之初没有一家高品级酒店到现在的柏悦酒店、华茂希尔顿酒店、南苑花博苑度假酒店、恒元温泉酒店，以及精品度假酒店韩岭花间堂、墅家、心宿福泉等20多家高品质、主题化酒店，东钱湖的住宿接待设施实现环湖体系化、层次化的合理布局。近三年，万金雷迪森度假酒店、康得思酒店、南苑新城酒店、山水君澜酒店以及“钱湖居”特色住宿系列陆续开业。宁波市国际会议中心、国际会展中心双中心落户东钱湖，民企投资的西街精品酒店、湖景酒店、韩岭美术馆配套主题酒店相继开工，东钱湖新一轮酒店建设如火如荼。

目前东钱湖旅游度假区内高品质酒店房间数已达近2500间。打造完整休闲旅游产品体系。实施“3+4”战略，即以温泉、游艇、高尔夫“黄金三剑客”+“四行”组成特色湖泊休闲产品体系。“骑行东钱湖”：2011大陆首条生态休闲自行车专用道在东钱湖正式开通，如今环湖45千米自行车道全线贯通，单车主题公园、环湖单车驿站配套完备。“舟行东钱湖”种类丰富：龙舟、游船、帆板、帆船、皮划艇、摩托艇、水上自行车等多样化水上产品不断丰富。帆船基地、皮划艇基地以及传统龙舟基地已成功举办多场国家级以及国际性赛事。“车行东钱湖”突出特色：2016年推出国内领先的房车基地、帐篷基地，可同时容纳100辆房车和300顶帐篷。新一轮布局正在向湖边的山、岙、村庄展开。“步行东钱湖”环线完整：建成南湖岸线步道和多条环山登山道，串联成东钱湖步行健身环线。“四行”产品相互融合、相互辉映，一批户外休闲新业态正进入快速发展期。

3. 推动体旅深度融合

围绕实现创建国家级体育旅游示范基地目标，东钱湖创新打造运动休闲产品体系，以全面提升度假区湖泊型休闲度假产品品质。打造“两湾三线”空间结构。建设两个湾区。即国际龙舟湾区、国际帆船港湾。配套建设谷子湖水上赛事和大众体验为一体的龙舟训练基地；初步建成南湖帆船港湾，打造集国际性帆船赛事、大众参与体验、帆船文化展示和运动装备销售为一体的帆船运动休闲基地。提升三条线路，即马拉松赛道、毅行者步道、自行车道。在环湖45千米环线基础上，开建环湖自行车道秘境段、西北段一期，提供多元单车文化骑行体验；建成由大中小环线有机组成的总长100千米东钱湖毅行步道；结合湖、山、湾、村、景、堤等综合资源，打造国际标准的全景式的最美东钱湖马拉松赛道。引入专业机构培育业态。让专业的人做专业的事，目前已引进唯乐单车俱乐部、逸帆航海俱乐部、海岸线皮划艇俱乐部、大自然户外俱乐部，按国际标准推出产品，立足日常化、全天候、全季节培育业态，引导四行产品延伸产业链，打造观赛、大众参赛、培训、娱乐体验、特色景观景点等多元体验和多元产品。做强五大赛事。构筑马拉松、龙舟、帆船、皮艇球、毅行五大赛事为主体的体育赛事体系。精心策划并成功举办全国帆船锦标赛、全国翻波板锦标赛、亚太杯超级波划艇比赛、国际皮艇球锦标赛、国际龙舟赛、东钱湖国际马拉松比赛、钱湖毅行等赛事。以产业化、精品化、社会化、国际化为目标，通过打造国际水准体育旅游基地，进一步体现体育旅游的集聚带动效应，带动休闲体育产业的健康发展。

图 6–5　多元化的体育赛事

4. 全面振兴文旅品牌

会展打造标杆。“办好一个会，搞活一座城”。以国际一流、国内领先的会议目的地为目标，建设东钱湖畔的国际会议中心作为宁波城市会客厅，也是城市新地标。东钱湖将踏上一条会奖旅游高速发展的品牌化快车道。文旅点靓钱湖。打造上水乐活休闲旅游集聚区。依托上水片区多元酒店集群、多元运动休闲和南宋文化旅游优势，打造旅游产品功能集聚、一站式休闲的多元体验区。开发下水田园综合体。围绕下水片区山水田园风光和史氏家族历史文化底蕴，打造以由湿地公园、山水君澜酒店、官驿河头理想村民宿集聚区为主体的田园综合体，塑造宋式慢生活休闲目的地。艺术振兴乡村。充分发挥韩岭历史文化名村深厚历史人文、湖光山色的优势，采取社会资本和国有资本结合的方式，成功探索古村开发模式，花间堂、墅家等知名文化酒店，各式酒吧、特色餐饮、文艺客栈、文创等业态集聚的新韩岭，迅速成为网红打卡地，成为东钱湖旅游新名片。打造城杨艺术村。和中国人民大学开展合作，以农民为参与主体，用艺术开展微改造，就地取材，提升人文环境，提升村落品质。艺术振兴洋山。将打造“洋山版清明上河图”，一期以“福泉山居、杜鹃静谷”为主题，设计了近30个节点。艺术振兴俞塘。文化塑造品质。深入挖掘东方财智文化、南宋宰相文化、王安石治水文化等东钱湖文化，讲好东钱湖故事、打响东钱湖文化品牌，打造具有国际影响的文化高地。建成南宋石刻公园、211创意空间、中国摄影家协会宁波艺术中心、宁波书画院；由西班牙世界级设计大师西扎设计的华茂博物馆已向公众开放；世界顶级大师畏研吾设计的韩岭美术馆正在加紧建设中；每年的韩岭国际“艺事季”，打造最具文艺范的韩岭街区。柏悦酒店的昆曲传统曲艺体验，每年7·28“去爱吧”乡村音乐节、“湖祭节”等系列文艺活动，营造出“文化之湖”的浓郁氛围和特有气质。

5. **科学规划发展蓝图**

东钱湖管委会高度重视规划的系统性、前瞻性、引领性，确保开发建设不走样、不走低、不走偏。保证规划层次的高端性。重大规划由国内外团队主导。美国易道领衔编制的东钱湖新城规划突出“现代本土风格、水岸休闲生活”，被联合国可持续发展委员会作为典型案例；荷兰尼塔公司主导的南部岸线规划合理管控与利用黄金公共资源打造了一个“湖泊休闲，幸福水岸”的样板方案；吴志强院士提出的立足数字时代，打造“创智钱湖”的总体设计，成为今后一个时期东钱湖开发建设的重要决策参考。保证规划内容的系统性。编制了全方位、全覆盖、全息化的规划体系，从区域概念规划到色彩规划，从土地规划、控制性详细规划、经济社会发展规划到项目单体规划，从“分片”的新城建设规划、老镇改造规划、村庄发展规划到“连线”的岸线保护规划、旅游交通规划，共150余项。保证规划迭代的创新性。2021年，携手浙江省城乡规划设计研究院高质量完成以“一环、十廊”为定位的新一轮《东钱湖环湖风景线规划研究》，把东钱湖打造为功能完善、文化凸显、风景绝佳的魅力风景线，力争成为精品线路中的示范样板。保证规划实施的严肃性。管委会历届班子思想高度统一，做到一以贯之，不因人而异，确保高端规划系统落地。

东钱湖构建了一个统一高效的管理运行机制，为度假区长期、稳定、高速发展提供了制度保障。管理体系高效。成立于2001年8月的东钱湖管委会，为市政府派出机构，行使相关的市级经济管理权限和相当于县级的社会和行政管理职能，下设多个职能部门。管委会财统筹安排资金，有计划、有重点地进行度假区开发建设管理。先后成立东钱湖投资开发有限公司、东钱湖文化旅游发展有限公司，成为参与开发建设的重要主体。目标定位清晰。自管委会成立以来，提出了建设国家级旅游度假区、长三角著名的休闲度假基地、华东地区重要的国际会议基地和国际性的高端总部基地“一区三基地”的目标定位。2018 年以来，按照宁波市委市政府“城中湖、副中心、主战场”的概念规划，开展“东方硅谷、创智钱湖”的总体设计，一个文化型生态型旅游度假区和创新型智慧型都市功能区、一个世界知名湖区已展示出美好的发展前景。

6. 加快项目更新迭代

注重人有我优。湖泊休闲产品起点不高，模仿容易，以自行车道为例，基础配套不难，特色化不易。多年来，东钱湖持续开建夜光车道、秘境车道、主题单车公园，正是注重加入的新功能、新业态，让项目在品质提升的同时，努力实现从 1.0 版本、到 2.0、3.0 版本的不断跨越发展。注重由简到专。让游客拥有更多体验获得感，专业化的要求就是不断做深。从简单大众体验的办节模式，到深化创智引领 + 经贸洽谈 + 国际比赛，深化“湖泊休闲”统领下的节事活动，包括东钱湖国际马拉

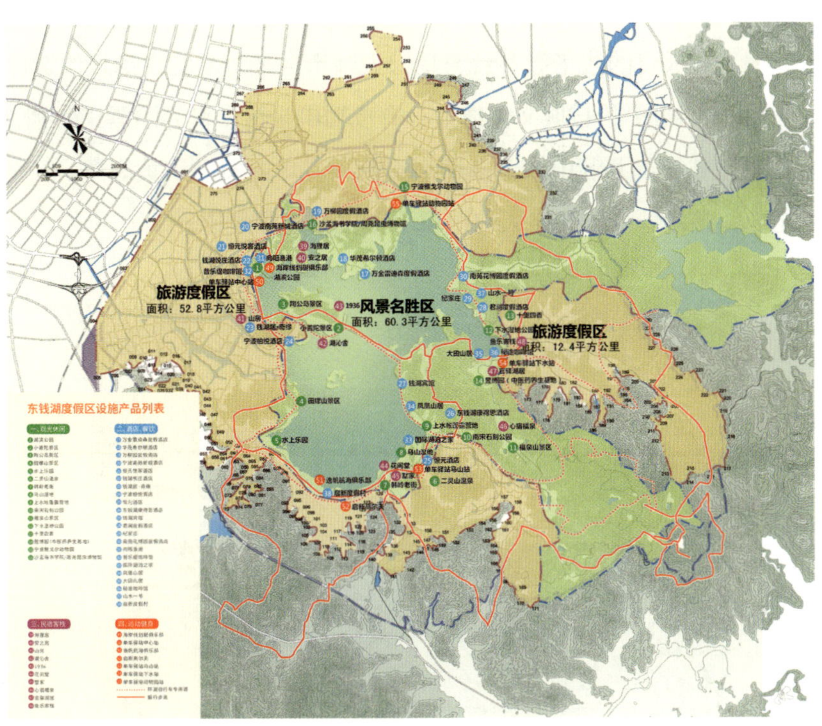

图 6-6　东钱湖度假设施分布

松、东钱湖国际龙舟赛等赛事，进一步突出东钱湖元素，打造个性特色，助力于湖泊型休闲旅游发展不断找到突破口。注重推陈出新。围绕重要板块，整体谋划、系统布局，不断加快重点项目落地。以住宿设施为例，东钱湖未来以新城为核心，还将新增 20 余家接待设施，包含高端度假型、会议商务型、大众连锁型、主题文化型、民宿客栈型等多元体验型酒店，总投资逾 100 亿元，东钱湖旅游接待实力将上一个新的台阶。

（二）湖州太湖：扎根南太湖　辐射长三角

湖州太湖旅游度假区位于湖州市区北部、太湖南岸，行政区划总面积 59.5 平方千米，下辖仁皇山街道和滨湖街道，有 23 个行政村、10 个城市社区，总人口约 15 万人，是集旅游、投资、创业、度假、居住为一体的首批国家级旅游度假区。度假区自然资源丰富：有绵延 65 千米的南太湖黄金岸线，其中太湖度假区拥有 13.5 千米；有天目山余脉、上海过来的第一座山、环太湖第一文化名山弁山，山上黄龙洞原是道教洞天福地，是唐宋时期当地官员为民祈福之地；富含硒、锂等有益矿物质，浙江省唯一综合评定 5A 级的天然温泉；还有跟西湖面积一样大、位于市政府北侧的原生态城市自然湿地长田漾湿地。度假区人文资源独特：有建于梁代，1700 多年历史、观世音成道的法华寺，台湾星云大师亲自来奠基的真身殿改造即将完成；有距今约 6700 多年历史的丘城文化遗址；有成功申报为“世界灌溉工程遗产”的太湖溇港文化；此外，黄龙洞山崖上多摩崖石刻，春申君黄歇、黄庭坚、王羲之、王献之、苏东坡、赵孟頫等历代名人在此留下历史墨迹和足迹。

图 6–7　太湖湖景鸟瞰

太湖度假区以总书记“绿水青山就是金山银山”理念和“一定要把南太湖建设好”重要指示为指引，在市委、市政府坚强有力的领导下，只争朝夕、勇于担当、抢抓机遇、全面提升。财政收入、固定资产投资、旅游收入、旅游人数等指标连续多年保持30%左右高速增长，区内人口规模由2008年的2.3万增长到近15万，区内市场主体由200余户增长到4300余户，以2018年度为例，度假区旅游经济总收入71.2亿元，财政总收入9.48亿元。固定资产投资51.2亿元，接待游客人数862.2万人次；预计2023年旅游经济总收入达82.5亿元，游客人数将破千万人次。滨湖形象不断提升、特色产业不断清晰、经济发展不断加快，展现出高质量赶超发展的良好态势。

1. 规划引领发展蓝图

度假区始终把规划作为重中之重的大事来抓。高起点规划。先后邀请EDSA、北京城市规划设计院、深圳城市规划设计院等一批国际、国内知名规划公司参与规划编制；专门聘请国内规划、旅游、环境、管理等领域6位专家常年把脉度假区规划和项目。高标准执行规划。统筹协调空间功能、城市规划、土地利用、生态保护、项目策划、基础设施、建筑形态等规划，实现多规融合；强化留白意识，先后拒绝、清退一大批不符合度假区规划要求、长远发展的项目，累计收回不符合南太湖生态形象和可持续发展的项目用地2000余亩。立足新区规划。对外先后考察苏锡常、雄安等地区，既学习先进理念，又注重吸取教训，争取少留遗憾、不留遗憾；对内深入分析南太湖区域地形地势，详细梳理区域保护开发管理现状，并提出做好新区空间范围、功能布局、产业发展整合的具体思路和实施路径。

2. 生态优先优化环境

生态建设投入大。先后投入超50亿元实施岸线综合治理、污染源整治、渔民居住上岸、生态修复、基础配套建设五大工程。全面剿灭236个劣五类水体，并正在加快推进小微水体向“小微景点”转变；全面提升太湖路、滨湖大道、弁山大道等主要道路、沿湖沿岸及重点景区的绿化亮化美化水平，全力打造“好山好水好空气”。配套建设标准高。累计投入50多亿元，实现太湖路、滨湖大道、弁山大道、同心路以及区间配套道路建成通车，路网布局基本成型；游客服务中心、农贸市场、超市、学校、银行以及水、电、气等基础配套功能逐步完善，城市服务承载能力明显加强。

图 6-8　长田漾湿地

3. 项目为王增强后劲

度假区始终坚持“一切围绕项目干、一切围绕项目转”，滨湖形象显著提升。继续保持和运营好月亮酒店、黄金湖岸、山地高尔夫、奥特莱斯、游艇码头、古木博物馆、发现岛旅游综合体等一批国家级创建初期建设的核心项目；加快推进湖州影视城、太湖健康城、花漾年华绿色小镇、山屿海幸福城、诺亚梵洲南太湖生命谷等在建项目；重点盯引龙之国博物馆、南太湖书画博物馆、香飘飘文化体验中心、太湖新天地、白银小镇等一批旅游项目尽快落地。其中：湖州影视城项目作为近几年文化旅游的标杆项目，日接待量超万人，已成为新的人气景点；哈拉水乐园连续两年门票收入超 3000 万元，成为玩水项目中的佼佼者；泊鹭水上飞机在度假区低空翱翔，已成为度假区滨湖旅游的新亮点，太湖岸线水、陆、空三线得以全线开发；棕榈花漾年华绿色小镇项目已通过 4A 级旅游景区的资源评估，2021 年年底全面对外开放。2019 年度假区签约落地大好高项目 10 个以上，总投资额超 150 亿元。

图 6-9　黄金湖岸景区夜景

图 6-10　湖州影视城内景

4. 业态集聚特色产业

随着国家级区域建设主要呈现两方面的发展态势。以精品酒店培育建设为载体，不断提升高端酒店硬件投入和服务水平，让游客真正留下来。在原有喜来登、美泉宫等国际水准酒店的基础上，近年又新开业了红木房雅阁璞邸、康铂、华美达安可 3 家国际品牌酒店；湖州宾馆、全季酒店等中端连锁酒店也竞相开业；素写生活、太湖西舍、笠泽小院、湖景小筑等一批民宿客栈也顺势而起；银泰风帆洲际酒店、小梅山国宾馆、哥伦堡庄园、锦江都城酒店等均在不同程度地推进建设中。

以南太湖特色餐饮培育为平台，促进餐饮企业转型升级。湖城首家一站式婚礼堂于 2018 年开业运营，可以承接 9 场婚礼同时举行；以太湖桑基鱼塘主题酒店为引领，促进了渔人码头一系列连锁反应，滨湖世家、太湖映象、湖景酒店等多家饭店重新装修开业，有效提升了湖鲜一条街的整体形象，目前太湖山庄的太湖宴，哥伦堡的梅山宴、法华寺的法华宴、华盛的婚礼宴以及瑞博的养生宴等逐步走向成熟。截至目前，度假区已积极打造出由 40 多家高品质特色酒店组成的酒店集群以及百余家集特色餐饮、咖啡、酒吧、陶吧等组成的旅游业态集群。

图 6-11　太湖白鱼太湖蟹

5. 品质打造公共服务

按照处处皆风景、时时有服务、行行加旅游、人人都参与的全域旅游工作格局，深化度假区旅游环境网格巡查工作，以“旅游警察”“旅游志愿者”特色化服务为亮点，切实保障度假区旅游市场健康有序；利用原有一级游客集散中心进行功能拓展整合，建立完成“游客集散 + 城市候机楼”模式，在满足区内旅游集散基础上，串联起南京禄口、上海虹桥、浦东的机场大巴，有效互导客源，新建立了月亮广场、长田漾、三花岛 3 个二级旅游服务中心，区域交通网络愈加优化；区内视觉导视系统于2019年年初进行翻新改造，增添了统一形象元素、手绘地图、景物介绍内容，区内各旅游景点整体标识趋于统一；完善现有28个旅游厕所标准化建设，委托保洁公司形成统一管理模式，继续推动一批3A标准厕所建设；旅游商品点已增加到6个，总面积超6000平方米；深化“智慧旅游”研究，探索具有生命力的市场化运作模式，掌上平台、智慧短驳、智慧厕所等方面正有针对性地分步提升。

6. 精准营销唱响品牌

通过承办首届中国湖州国际滨湖旅游节、全国极限运动大赛、环太湖国际自行车赛、环太湖马拉松赛、世界模特大赛、太湖龙舟赛、梅花艺术节、南太湖灯展等一系列影响大、品质高、口碑好的活动，充分打响首批国家级旅游度假区品牌，特别是南太湖灯展已连续两年在中央电视台春节联欢晚会、新闻联播等栏目宣传报道；国际滨湖旅游节首次将环太湖四城市和浙江省五个湖泊合作联盟，在太湖南岸形成共识，共赢发展；在市场营销中充分培育发挥南太湖控股集团公司、旅游公司、心港湾旅行社、南太湖游船等国有平台的基石作用，联合区内旅游企业主体共同推出了南太湖度假产品套票，并与上海、江苏、浙江区域的200余家旅行商建立合作；积极开拓入境游市场，以中国台湾、东南亚市场为起点，不断加大境外客源的输送，年入境游客在6万人次以上；集中精力精心开发了红色旅游、团建之星、温泉疗养等特色线路，特别是度假区红色旅游已成为浙江省生态文明干部学院现场教学基地，先后接待省内外200余批次交流参观。

图6-12 帆船赛极限运动大赛

（三）淳安千岛湖：绿色生态 运动休闲

杭州淳安千岛湖旅游度假区，水域面积573平方千米，蓄水量178.4亿立方米，是太湖的4倍，是杭州西湖的3000倍，故有“西子三千个”之称；千岛湖平均水深34米，能见度最深达9米以上，有岛屿1078座“千岛湖”也因此而得名。淳安千岛湖旅游度假区位于千岛湖镇城区，主要包括四个区块：进贤湾区块、界首区块、中心湖区块、排岭半岛区块，总用地范围为 30.8 平方千米。

千岛湖水域资源规模巨大，拥有观光游憩河段、沼池与湿地、潭池、悬瀑、跌水、冷泉等类型，基于强大的资源优势，千岛湖旅游度假区根据湖泊资源而打造的主题产品种类丰富，规模较大，包括“休闲主题产品”及“活动主题产品”，具有绝对的主打优势，开发潜力大，能满足 80% 以上的过夜游客需求。其中，“休闲主题产品”主要包括环湖骑行、湖畔露营、水上冲浪等，“活动主题产品”包括爱在千岛湖“中国蜜月之都”大型公益集体婚礼、中国 · 杭州千岛湖国际游艇展、千岛湖智慧旅游嘉年华活动等，主题特色强，接待规模大。2020 年，千岛湖旅游度假区创成国家级旅游度假区。

图 6–13　千岛湖亚运村项目鸟瞰图

1. 把握资源优势，坚持生态第一

生态是淳安旅游的生命。一湖秀水是淳安的核心竞争力。

2014 年以来，淳安深入实施“五水共治”，实现城乡污水处理设施全覆盖，特别是湖区景点、沿湖沿溪、游船艇等全部实现污水上岸[①]。2015 年淳安全省生态文明建设总指数评价中名列第一，被列为首批国家级生态保护与建设示范区、国家级生态县。

2019 年，度假区制定下发《关于全面深化贯彻落实“湖长制”的实施意见》按“属地管理、分片包干”的原则，加强对区域范围内道路沿线及周边湖面的巡查，保持区内水质良好，全年达国家Ⅱ类水质标准。在度假区覆盖的主城区，致力于提

① 董毓民. 政府引领市场化推进模式下的全域旅游发展之路［N］. 中国旅游报，2017.

升“水秀天下”的颜值担当和淳安于心的气质坚守，颜值方面，倡导面相要好，精细化管理抓环境卫生，淳安的空气优良天数达 343 天，千岛湖水的平均能见度达到 4.97 米主要道路和街区整体环境卫生、整洁[①]。

旅游度假区严格落实“景观持续优化、水质持续向好”要求，至 2019 年，先后实施生态修复项目 22 个，复绿面积 26.97 万平方米，生态环境得到了进一步优化，区内淳杨线、千汾线、环港路等所有道路两侧全面实现洁化、绿化、美化效果。淳杨线、千汾线等主干道两侧临时停车泊位和观景平台等游憩设施配套齐全。

2. 完善管理体制，更新发展战略

历届领导高度重视度假区的旅游发展，组建专家团队入驻，每年召开千人会议开展旅游重点课题讨论，不断更新政策体系和管理机制，每年至少投入 1500 万元旅游发展基金鼓励旅游创新发展。管理体制上始终坚持政府主导，严守核心资源主控、旅游品牌主打、基础设施主建、市场秩序主抓。对门票分配机制、游艇管理机制、景区经营机制等进行改革，不断完善管理体制。门票管理方面，从散点式单独售票改为“一票制”，原有个体、集体、国有多种经营体制并存的模式改为政府控股的公司统一经营，景区管理上也通过成立综合管理处，实现六大部门合署办公，管理效率和水平提升。游船艇管理从“四统一”改革为“六统一”（接待、调度、票价、结算、考核、服务统一），经营秩序日益规范。

度假区利用独特的自然资源打造人才聚集地，大力发展人才经济。充分利用临湖整治收回物业原逸和源项目打造“两山”高层次人才聚集区平台，以一流的生态资源、丰富的度假产品、完善的配套设施、优质的服务体系，成功吸引了 20 名海内外院士，150 多名高层次人才以及 29 家科研院所入驻。每年接待高层次人才会议、研讨活动 50 余场，参研人数 10000 人次以上，并相继与国科大、浙江大学、南京信息工程大学、每日互动等高校院所签订了战略合作协议。各类高层次人才和科研机构院所的入驻不仅为千岛湖高水平保护，高质量发展提供了的有力智力支撑和人才保障，有力地推动了千岛湖绿水青山向金山银山转化，加快跨越式发展，也为千岛湖探索度假式培训教育、创新研发、学术研讨等新型旅游产品开发提供了借鉴，更好地将人才发展与产业振兴深度融合，走出了一条山区加快发展县人才工作的新路径。同时人才项目孵化带动也初显成效，在集聚区孵化的就有武大绿洲乡村振兴

① 淳安县千岛湖风景旅游委员会．淳安全域旅游发展之路［N］．杭州日报，2017.

示范点、风雷科技“千岛湖1号”、中科院声学所海洋智能装备研发与产业化基地、自主无人艇智能测试与评估等8个项目，有效推进绿色产业发展和乡村产业振兴。

3. 打造产业平台，聚集特色产业

近年来，千岛湖旅游度假区坚决贯彻“绿水青山就是金山银山”的发展理念，紧紧围绕“生态优先、绿色发展”的要求，聚焦康美产业培育，不断完善度假功能和服务配套水平，在旅游配套服务、新型旅游业态、生态总部、人才经济等方面走出了一条保护与发展双赢的科学发展之路。

度假旅游产业。通过几年的培育，旅游度假区内拥有酒店等接待设施111家，总客房数达到6652间，全县44家高星级、高品质特色酒店度假区范围内占29家，按照五星标准建设的就有11家，其中涵盖喜来登、雅高诺富特两家国际品牌酒店和开元、绿城度假等九家相当于国际品牌的度假酒店；打造了全县首条7.3千米的排岭半岛绿道，沿途设置了慢生活广场、天清、贝欧3个驿站，以及1个游艇停靠点、1个大型停车场及多个观景平台，满足自驾骑行、休闲旅游需求，是绿道骑行体验的黄金路段，2022年接待骑行游客达到55万人次。

新型旅游产业。坚持以“休闲产业多样性”为核心，丰富文化创意、运动休闲等旅游度假功能，建成开放格林7号乐园、界首体育运动生态公园、千岛湖植物园、千岛湖理想花园、7D影院、时光隧道、自然博物馆、千岛湖鱼街等一批新型旅游度假产品和旅游新业态，特别是Club Med Joyview千岛湖度假村、格林7号乐园、界首体育运动生态公园建成运营，不仅填补了淳安县高端旅游度假产品集聚化发展空白，而且成为游客和本地居民重复打卡的网红点，推动了全民健身的热潮，更对界首区块的乡村旅游和运动旅游发展起到了良好的带动作用。

生态总部产业。2018年以来，度假区坚持将总部经济作为新兴产业重点突破方向，创新招商机制，优化营商环境，逐步探索出了总部税源经济发展新路径，累计引进总部企业466家，涵盖现代服务业、人才科技、股权投资、基金管理等多个领域，累计实现综合税收达到12亿元，为淳安县打造环千岛湖生态金融圈和增加地方财政收入提供了重要支撑。同时在全力做好中赢集团、蓝城控股、信雅达等多个上市公司服务的基础上，审时度势从销售总部、人才科技、信息数据等多个领域进行重点突破，新招引的老爸评测、中威科技、葫芦有车、浙股集团等优质增值税税源企业也为淳安县的服务业、科技创新做出了贡献，税源结构从原来单一的创投类向“高、新、优”总部类优化。

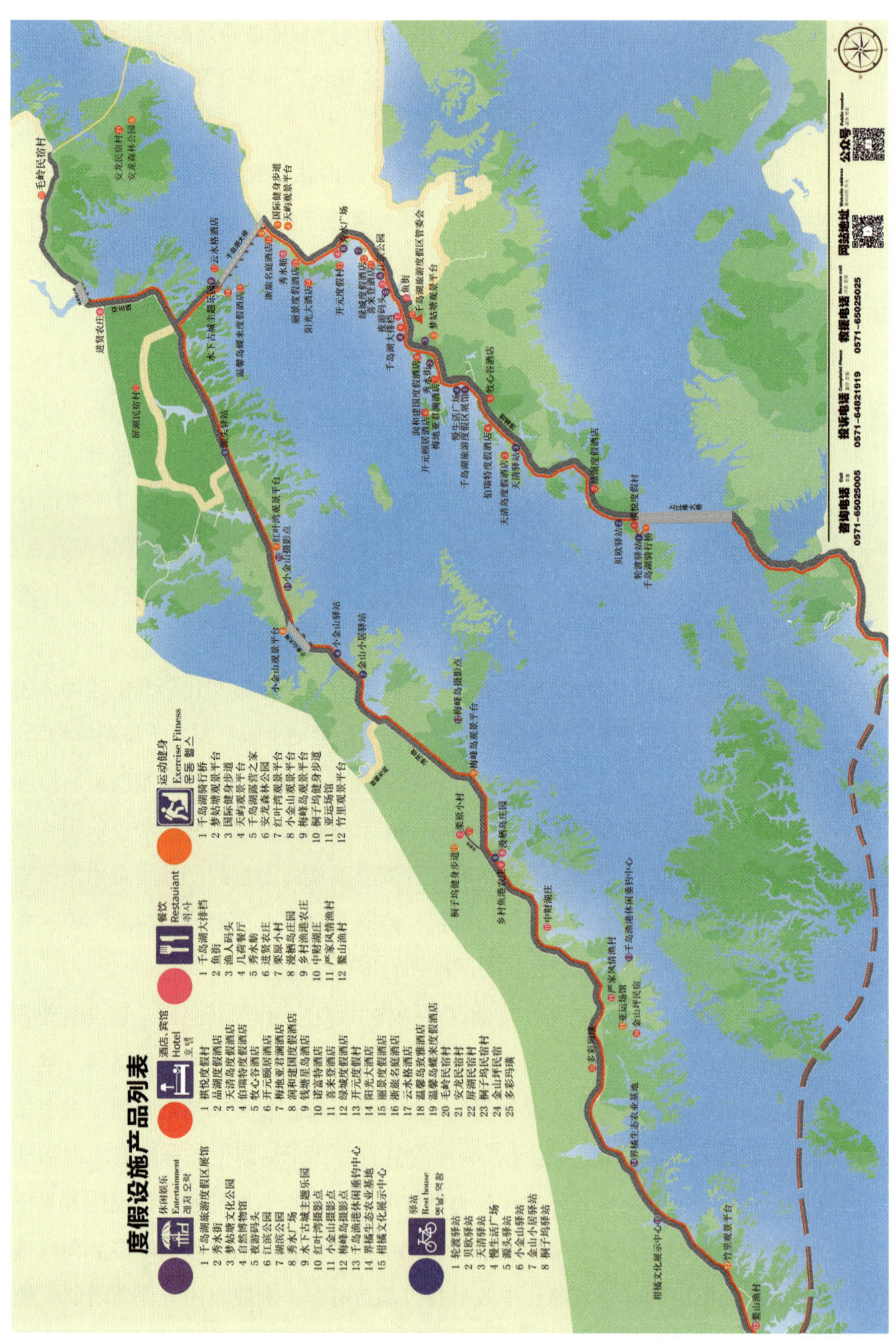

图 6-14　千岛湖旅游度假区度假设施产品分布

（四）绍兴鉴湖：项目带动　品牌重塑

绍兴鉴湖旅游度假区因鉴湖江而得名，度假区内贯穿柯岩、湖塘两街道，成为度假区内最主要的水域，加上主题资源大香林，结合江南水乡文化和佛教文化等要素，形成复合型度假资源。度假区总用地面积 47.32 平方千米，规划为“一心两带五组团”，“一心”为鉴湖度假区综合服务中心，占地 2.32 平方千米；“两带”为香林大道“山水城”景观带和鉴湖景观带，“五组团”为鉴湖水乡风情度假组团、轻纺之城商务休闲组团、项羽营里体育运动组团、大香林礼佛休闲组团和鉴湖源康体养生组团。2022 年，成功创建国家级旅游度假区。截至 2022 年年底，度假区已建设户外休闲项目共 7 大类 23 小类 34 个项目，产业融合类或涉旅类旅游产品 35 项。2 个省级乡村旅游特色精品项目，市级乡村旅游特色精品项目 2 个，大型休闲体育类项目 4 个。

图 6–15　鉴湖渔歌带

1. 项目集聚带动

通过重大旅游项目集聚，带来大量的人流、信息流、资金流，有效增强了度假区经济发展源动力。加快了旅游经济转型升级。从引进的东方山水乐园、大香林二期等重大旅游项目来看，这些项目均是按照“做大、做精、做强”的思路进行开发建设，并且引进了现代旅游经营管理模式，使度假区旅游发展模式由数量扩张向质量提升转变，从而促进了旅游资源开发向规模化、精品化方向迈进，向提升品质、加强旅游管理和服务创新转变。推动了区域经济快速发展。随着大香林景区、鲁镇景区、鉴湖高尔夫、乔波冰雪世界等一批大型旅游项目的建成开放，度假区区域经济发展呈现了良好的发展势头。据统计，地区生产总值从 2005 年的 22.7 亿元增长到 2014 年的 80.5 亿元，增长了近 2.5 倍；财政收入从 2005 年的 2.66 亿元增长到 2014 年的 13 亿元，增长了近 4 倍；旅游收入从 2005 年的 9.45 亿元增长到 2014 年的 32.5 亿元，增长了 2.4 倍多。促进了居民就业有效增加。众多旅游重大项目的不断集聚，度假区旅游业规模的不断扩大，为区域内劳动者充分就业搭建了载体和平台，促进了城乡富余人员分流和农村劳动力向旅游产业及服务业转移。据统计，度假区旅游直接就业人数由 2003 年的不到 200 人增长到如今的 3000 人以上，增长了 14 倍。同时，更多的旅游项目周边的农村人口通过从事农庄、旅游纪念品、土特产交易等旅游周边产业获得了新的就业岗位；真正实现了一个旅游点带动一片区域发展。

通过重大旅游项目集聚，切实推进了柯桥区“南闲”的城市化进程，促进了统筹城乡发展，彻底改变农村落后的生产、生活状况，有效提升了度假区平台发展竞争力。使城市化水平不断提高。为了吸引重大旅游项目落户，度假区切实开展了旅游配套设施的建设，建成了鉴湖大酒店、乔波国际会议中心、柯岩中心医院、鉴湖中学、柯岩中学、柯岩购物中心、城市污水管网等一大批配套设施。同时，加快启动了区妇幼保健院、养老疗养院、湖塘中学、柯南消防站等一大批配套设施的建设，使柯南区块城市化水平得到了大幅度提升，为度假区未来的发展注入巨大潜力。使交通网络日趋完善。“若要建项目，道路需先通”。为更多、更好的项目落户，近年来，度假区累计建设城市主干道近 50 千米，桥梁 20 余座，构建了以 104 国道南复线、胜利西路延伸段、柯南大道和香林大道、柯岩大道、镜水路为主的“三纵三横”主要道路框架，新建扩建了胜利西路延伸段、独山路、兴工路、湖南路、梅泽路和余渚路等城市次干道。同时，全面启动了九埠停车场、型塘小学停车场、新风停车场、柯南停车场、公交枢纽站等 8 个项目交通配套工程建设。使平台发展更加有力。通过度假区的一大批具有重大影响的旅游项目的建成，有力地促进了度假区资源优势、区位优势向强劲的发展优势转变，为确立度假区作为柯桥区乃至绍兴市重要旅游业开发建设平台奠定了坚实的基础。随着东方山水乐园、冠成国际商业中心、鉴湖直升机场、浙江国际赛车场等 6 个总投资 300 亿元的招商项目的不断深入，在全市旅游产业发展中的优势将日益明显。

随着重大项目建设逐步深入，度假区围绕项目推进，通过加强协调，增强合力，强化服务，创造了有利于旅游业发展的大环境，有力增强了度假区发展环境吸引力，进一步吸引客商来度假区投资创业。促进了“项目化”的发展理念。经过多年开发建设，度假区上下深刻认识到项目工作是推动旅游业发展的重要手段。在具体工作中，把项目作为开展工作的主要抓手，围绕项目来制订工作思路和工作措施，以具体的、实在的项目来凝聚人心、鼓舞士气，以项目的落实来实现度假区开发建设目标。促进了“配套式”的硬件环境。度假区引进的项目众多，在开发初期就以规划为依据，提高了项目和度假区整体环境兼容性，通过深化度假区景观规划、水环境专项规划等一系列规划，并对区内项目周边的公共配套、建筑色彩、形态风格进行严格控制，使区域环境风格体现“生态、自然、文化”等丰富内涵。同时，为切实改善项目周边环境，还对区域内的规划进行了控制，禁止新建任何污染企业，并逐步进行现有工业污染企业搬迁。促进了“公园型”的生态环境。旅游项目落户需要优美的生态环境，度假区按照保护和利用“真山真水”的要求，切实落实“开发与保护并重”的发展方针，通过近期开发和远期发展相结合，合理利用土地资源，保护自然生态环境，对区内城市建设和旅游产业发展不是简单的规模扩张，而是充分考虑本身环境条件和环境保护要求，注重环境质量的提高，创造良好的旅游和城市生态环境空间，从而实现了经济、人口、生态环境、土地资源等协调和可持续发展，走生态文明的旅游发展之路。

2. 营销塑造品牌

让群众更得实惠。由大香林二期、东方山水乐园等重大项目带来的经济效益和社会影响力日益显现：环境更加美、道路更加敞、居民更加富，使当地人民群众真正得到了实惠，也使广大人民群众更加拥护度假区的发展。度假区的拆迁、征地等工作也得到群众的理解，大大减小了度假区开发建设过程中的阻力，确保了度假区更好更快地发展。

让公众更加关注。重大项目实施后，让公众全方位了解、认识区内有价值的旅

图 6-16　东方山水乐园

图 6–17　鲁镇景区

度假设施产品列表

酒店 HOTEL 호텔

● 已建酒店
1 一湖酒场
2 银河宾馆
3 柯岩雨龙宾馆
4 金沙酒店
5 桃园农庄
6 镜水池宾馆
7 柯柯宾馆
8 和家商务宾馆
9 龙凤轩
10 柯南商务宾馆
11 乔波国际会议中心
12 永泰柯岩酒店
13 开元颐居酒店
14 梧桐花园
15 柒舍壹宿
16 鲁家客栈
17 蝶来猫在鲁镇
18 鉴湖君澜度假酒店
19 中苑宾馆
20 梅墅住宿
21 丽红宾馆
22 凤凰山庄
23 小香林宾馆
24 华林园禅修酒店
25 香湖山庄
26 永乐梅苑
27 柯岩旺都宾馆
28 凯世精品酒店

● 在建酒店
1 阿兰若酒店
2 安麓景玺文化酒店
3 凯悦嘉轩酒店
4 雷迪森艺境酒店

● 待建酒店
1 自驾车露营基地

休闲娱乐 LEISURE 레저 오락

● 已建设施
1 酷玩小镇
2 东方山水乐园
3 鉴湖湿地
4 冠成国际商业中心
5 鉴湖水上游
6 乔波冰雪世界
7 鉴湖高尔夫球场
8 浙江国际赛车场
9 游客服务中心
10 陌坞杨梅园
11 兜率天宫

● 在建设施
1 鉴湖商务会馆
2 黄酒小镇
3 汽车旅馆
4 汽车营地
5 文化休闲广场
6 会稽山风情小镇
7 香林礼佛

● 待建设施
1 鉴湖新天地
2 鉴湖文化创意园
3 拖车屋度假俱乐部
4 景观田园
5 Inse心理按摩中心
6 名媛名仕养生苑
7 亚健康监测理疗中心
8 香林会议中心
9 香林雅舍
10 香林旅游购物街
11 野生动物科普园

图 6–18　鉴湖旅游度假区产品设施分布

游资源，“名牌效应”逐步凸显，吸引了更多的重大旅游项目向度假区集聚，从鉴湖高尔夫、鲁镇景区、大香林景区、乔波冰雪世界等重点项目的集聚，再到东方山水乐园、冠成国际商业中心、鉴湖直升机场、浙江国际赛车场等重大项目掀起的开发高潮，为度假区作为柯桥区旅游发展的主战场，打造风景优美、特色明显的国家级旅游度假区，创造了一个良好的发展氛围。

让内外知名度更加提升。项目“效应”无处不在，度假区成立后相继建成国家4A级旅游景区——大香林景区、全国首个鲁迅文化主题公园——鲁镇景区、18洞72杆国际锦标级球场——鉴湖高尔夫球场、全省首家室内滑雪馆——柯岩乔波冰雪世界等旅游产品。近年来，总投资300亿元的东方山水乐园、大香林二期、冠成国际商业中心、鉴湖直升机场、浙江国际赛车场等旅游项目的全面投运，使度假区的知名度在华东地区进一步打响，使区内旅游产业得到了长足的发展。2020年累计接待游客数271万人次，实现了游客接待量和经济效益稳步增长。

二、山地类旅游度假区

（一）安吉灵峰：山地休闲　亲子度假

灵峰，得名于境内灵峰山，建有千年古刹灵峰寺，与杭州灵隐寺为姊妹寺，为明代高僧蕅益大师创作《灵峰宗论》之地。灵峰旅游度假区位于浙江省湖州市安吉县西南，覆盖灵峰村、横山坞村、剑山村、大竹园村等区域，核心区域面积46平方千米。灵峰的景四季皆宜，春可赏花，夏可戏水，秋可观山，冬可踏雪，森林覆盖率保持在70%以上，空气优良率保持在95%以上，是气净、水净、土净的“三净之地”，也是安吉的城市绿心和会客厅。大力发展乡村文旅、亲子度假等旅游业态，形成以悦榕庄等为代表的高端国际品牌度假酒店集群，以开元度假村等为代表的商务度假酒店集群，以小瘾半日村等为代表的乡村精品民宿集群，以竹博园、欢乐风暴、田园嘉乐比等为代表的主题娱乐集群，是以乡村游、亲子游为主要特色，多种业态互补的生态型绿色旅游度假区。

图 6-19　灵峰山

图 6-20　蔓塘里大地之光景区

图 6-21　Clubmed Joyview 安吉度假村

灵峰旅游度假区前身可追溯到安吉环灵峰山建设发展总公司，2011 年 6 月成立度假区管委会，2012 年 6 月 6 日成为省级旅游度假区，2018 年 1 月 6 日创成国家级旅游度假区。度假区核心区域约 47.2 平方千米。辖区共有竹博园、田园嘉乐比等景区景点 5 个，悦榕庄、地中海俱乐部等品牌酒店 11 家，阿忠的家、十二间房等精品民宿 30 余家，优良级旅游资源单体 54 个，文物遗存 30 余处，县保单位 5 处，普查非遗项目 90 余项，A 级景区村庄实现全覆盖。

图 6–22 龙王溪乡村俱乐部

1. 理机制，优布局

2019 年，灵峰顺利完成机构改革，厘清了度假区与街道的关系。度假区履行国家级旅游度假区的开发建设管理工作，街道履行政府服务和管理职能，方向定位更加准确、主责主业更加清晰。同时，积极推动国资做大做强和下属国企体制改革，全面完成安吉旅游发展有限公司、安吉七彩灵峰乡村旅游投资有限公司两大公司改制，不断提高实体化、市场化运营能力。2023 年，安吉七彩灵峰乡村旅游投资有限公司获得 AA 评级。

在总体规划、三村联创规划等基础上，积极谋划度假区产业定位和功能区块划分。目前已初步形成“1234”产业定位和“一核四区”功能划分，其中，“1234”：即做强“休闲旅游”一项主业，主打“乡村游、亲子游”两个品牌，布局“健康 +”“文化 +”“体育 +”三大产业，发展“夜间、总部、城市、数字”四种经济业态。“一核四区”：规划形成中部“月光小镇”核心区、东南部健康产业功能区、西部文体产业功能区、西北部主题娱乐功能区、中北部总部经济功能区5个功能区块，致力于将灵峰打造成全省乃至全国的夜游经济引领者、产旅融合先行者、乡村国际定义者。目前，各区块均有在谈意向性项目。联动发展湖中、岸边、陆地、空域等空间，合理安排水上运动、设置水上设施，优化临岸旅游小镇，做好度假节点，做强度假高频区，提高资源连接度，并融入水秀表演，互动体验等新业态。旅游度假区除了提供身心愉悦，还要提供精神富足。灵峰度假区在景观中配置文化设施，融合优美风景和优秀文化。赋予空间更多的平台价值，吸引更多自我表达式的展示，突出空间的公共属性、文化艺术属性。例如，灵峰度假区充分利用乡村文化馆，做“文化馆+”文章，把美术馆、书吧、私人博物馆加进去，将文化馆就变成剧场、课堂、茶座。

2. 抓项目，提服务

全国现国家级旅游度假区，河湖型、海滨型、温泉型居多，山地型、森林型较少。安吉是中国美丽乡村的发源地，基于此，灵峰国家级旅游度假区是全国唯一以乡村旅游为主题的度假区。目前已经形成田园采摘、乡旅度假的大竹园村，民宿情怀、文化体验的横山坞村，文艺禅茶、光影文创的剑山村等一村一品牌的乡村旅游新形象。为了让旅游度假区发展得到市场保障，必须建设高频率本地消费项目，因此度假区采取“小尺度、好产品、大聚集”的发展理念，打造民宿集群、夜游等小而精、影响力大的项目。

建立重点招商地块清单，突出定向精准选商。目前，度假区累计落地招商引资休闲项目21个；总投入约300亿元，已投入约120亿元；已运营有绿城、港中旅、田园嘉乐比、龙王溪乡村俱乐部等13个；在建有树兰医院、英迪格等9个。2023年，已签约总投资50亿元的亿利项目，将在七贤坞区块打造康养综合体；还新增在谈项目15个，含融创、中体、长甲等行业内头部企业。

同时，深化“三服务”，依托“三三制”“项目专员”，帮助解决港中旅水源治理等项目问题30余个。健全旅游项目招引评估机制，探索推进“旅游标准地”改革。加大基础配套力度，推进“一溪一路一湖一寺”四大工程建设，灵溪公园全面建成，入选省海绵城市建设典型案例，灵峰湖完成90%工程量，梅灵路获评省级精品示范道路，独松关路综合改造提升工程有序推进，浮玉路地下通道和综合驿站完成建设。2018年以来，还累计新增停车场12个、停车位3000余个，新增绿道7.8千米，建设旅游厕所29座（3A级9个，2A级2个）。

图 6-23　小隐半日村

图 6-24　竹博园开元酒店

3. 促融合，强体验

根据旅游产业更新迭代快的特点，紧跟多样化市场需求，不断丰富旅游业态。目前，度假区旅游产业已实现“吃、住、行、娱、游、购”六大要素的全覆盖，基本形成以悦榕庄、地中海俱乐部为主的高端国际品牌度假酒店集群，以香溢、开元度假村等为代表的商务度假酒店集群，以小瘾半日村、乡旅梦工厂等为代表的乡村精品民宿集群，以欢乐风暴、田园嘉乐比等为代表的主题游园集群，以美颂广场、金融中心等为代表的城市商圈，让游客所到之处均可赏可观、可逛可玩、可旅可居。

度假区坐拥高式熊艺术馆、美术馆营地、美丽乡村展示馆、竹子博物馆等特色文化展示馆，成为特色文化打卡点。在乡村旅游中植入融入乡土文化，例如大竹园村引进以“家”文化为特色的乡旅梦工厂，已开业 6 幢民宿和村庄会客厅；横山坞村的小瘾半日村以文创旅店吸引众多游客，已开业 9 家民宿；剑山村引入大地之光项目，以灯光创意引领“月光经济”新潮流，开业以来累计吸引游客 8 万余人次，营收 320 万元。

图 6-25　中国竹子博览园

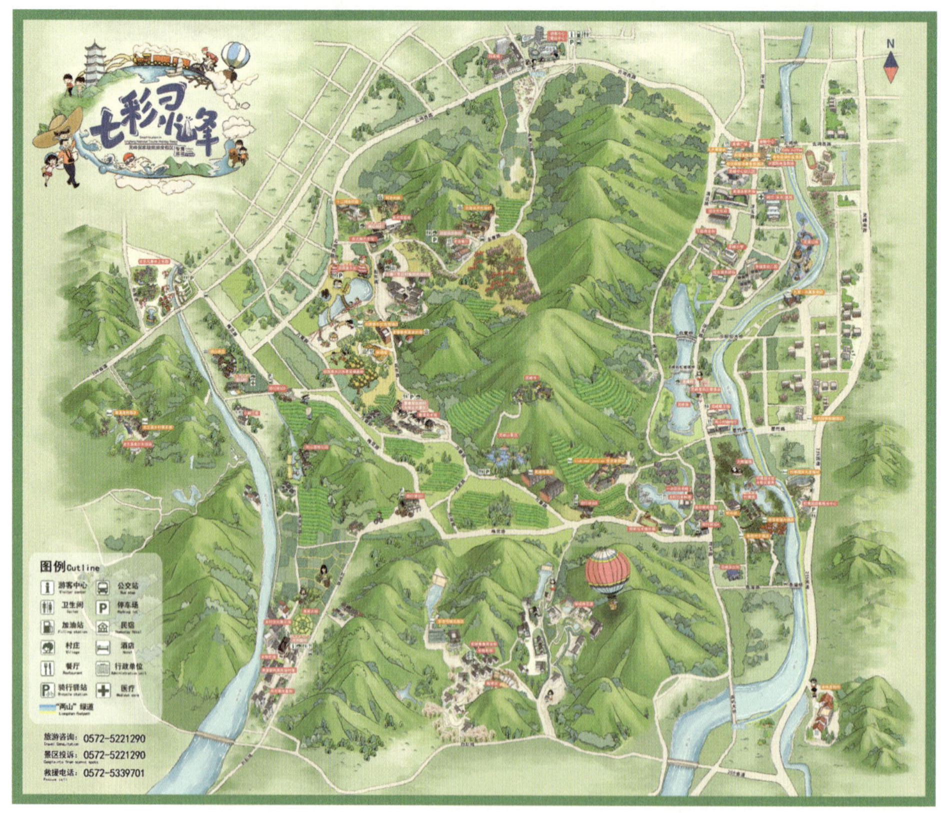

图 6-26　安吉灵峰旅游度假区手绘导览图

度假区以“蔓塘里大地之光”夜游项目为抓手，打造集村景融合、光影夜赏、竹艺文创、集市乐游等业态为一体的乡村旅游综合体。该项目作为一个“零供地”项目，合理利用了原有的村域空间，充分保留了原生态的村容村貌，灯光点亮生活，文创点量经济，点燃新引擎，用共营赋能乡村振兴，将闲置资源巧妙地改造成了经营资产，实现了美丽乡村建设向美丽乡村经营的有效转变。同时，投入 1000 余万元打造旅游咨询、物联网构建、票务管理、信息推送等智慧化旅游平台，探索“数字乡村”等智慧化建设。

（二）德清莫干山：原生态养生　国际化休闲

莫干山国际旅游度假区位于浙江省湖州市德清县西部，毗邻莫干山风景名胜区，区域面积 58.77 平方千米，由庾村 4A 级旅游景区和劳岭村、五四村等 10 个行政村组成。度假区自然生态优越，人文底蕴深厚，早在民国时期就是蜚声中外的度假胜地，现留存有 200 多幢近现代建筑，被誉为“万国建筑博物馆”。2016 年开业，2020 年 12 月创成国家级旅游度假区。

以“绿水青山就是金山银山”理念为引领，围绕“原生态养生、国际化休闲”目标，度假区大力发展乡村度假产业，成功培育了裸心谷、裸心堡、郡安里等国际水准的度假酒店，并带动高品质民宿集群发展，打造了西坡、大乐之野、莫干山居图等各类特色精品民宿 600 多家，引进 Discovery 探索极限基地、路虎体验基地、义远有机农场、庾村 1932 文创园等一批产业融合项目，逐步形成集乡村度假、户外运动、农业观光、文化创意等业态于一体的山地生态型度假区，曾被《纽约时报》评为全球最值得去的 45 个地方之一。2020 年度假区共接待游客 230 万人次，总收入 25 亿元。

图 6-27　莫干山鸟瞰

1. 护好绿水青山，整体联动发展

坚持像保护眼睛一样护好绿水青山，在全省率先建立并实施生态补偿机制，铁腕关闭了度假区内所有生猪养殖场、竹拉丝厂，实现生活污水截污纳管全覆盖。积极倡导“美丽生活习惯”，在民宿酒店全面推行循环用水、节约用能等环保模式，积极推广使用电动车、太阳能等环保低碳产品，率先实现垃圾分类全覆盖，区域内水质长期保持在Ⅱ类水以上，生态环境质量持续向好向优。

加强山上山下整体联动。坚持发展规划一体化，将莫干山纳入世界级旅游度假区规划，按照山上突出保护为先，重在推进服务和品牌建设，山下突出产业为先，重在提升度假品质和基础配套。在重大基础配套设施建设中要综合考量“山上山下”一体化发展，推动相关工程建设并解决其中的难题。在重大项目的开发建设中，充分整合“山上山下”资源，统一对外招商，项目差异化发展，杜绝同质化竞争，同步享受奖励扶持政策，逐步建立统一的运营机构负责整体运营工作。实施行政许可、执法管理一体化，协调解决山上消防审酒店特种行业许可等问题，探索景区与度假区综合执法的一体化改革，并加强有关沟通，协调人员编制与经费事宜。建立一体化发展专班机制，统一负责一体化发展工作，通过专班会议确定发展方向与重要事项，专班下设办公室，负责专班决定事项的实体化运作，统筹推进莫干山创新生态圈建设，将莫干山休闲度假品牌做大做强。

2. 做细产业文章，提升文化体验

围绕“原生态养生、国际化休闲”目标，坚持以项目为带动，成功引进一批重大产业项目，培育了裸心谷、裸心堡、郡安里君澜度假酒店、法国山居等国际水准的度假酒店，以及600多家特色精品民宿，形成了完整的度假住宿产品体系，“洋家乐”成为全国首个生态原产地保护服务产品。在此基础上，我们按照产业融合发展思路，大力推动文旅、体旅、农旅融合发展，呈现多业态多产业相互促进、相得益彰的良好局面，实现了“好风景”兴起“新经济”。

坚持文旅融合发展，打造了国际文化创意馆群、莫干山历史文化创意街区、庾村1932文创园等一批文化项目，拓展文旅融合体验产品，获评全国文旅融合特色示范区。同时，与上海美院等院校合作开展了莫干山国际公共艺术行动计划，每年举办“一竹一世界”国际工作营、“一带一路”国际公共艺术等活动，已设计创作各类文旅产品200多种。坚持体旅融合发展，先后培育了久祺国际骑行营、路虎体验中心、Discovery探索极限主题公园等一批户外运动项目，开发了马术骑行、越野体验、户外探险等运动产品，成功引进 TNF、凯乐石、竹海马拉松等国际品牌越野赛事，每年吸引全球近 4 万人次参赛，获评“浙江省唯一的 2019 中国体育旅游十佳目的地”。坚持农旅融合发展，深入挖掘自然、民俗和乡土特色，融入度假休闲元素，打造了莫干山赏花节、年俗文化节、茶王赛等常态化节庆活动，同时大力开发农事体验项目，打响了莫干黄芽、“山芽儿”早园笋等农业品牌，农产品附加值有效提高。如云鹤山房开发了以克计量的小罐茶，每年能售出 6 万多罐，每斤售价可超 3000 元。

3. 优化度假设施，创新营销方式

坚持把功能配套作为提升度假区形象的重要载体，连续多年实施推进基础设施工程建设。实施交通互联互通工程，聚焦“外畅内联”，对外扎实推进杭州二绕、304 省道等重大交通工程，设置通往萧山国际机场、杭州东站等交通枢纽的直达专线和内部换乘巴士，对内全面完成绕镇公路、连接隧道以及 8 千米断头路建设，改造提升高品质游步道和自行车骑行道，形成了快慢结合、内外联通的交通网，两年内交通投入达 20 亿元。实施全域美丽大花园工程，围绕“乡村景区化、景区全域化、全域美丽化”的目标，成功创建 4A 级景区 1 家，3A 级景区 6 家，打造了民国风情街、庾村广场、莫干山酒吧广场等一批网红打卡地，并以此推动夜游产品开发，打造萤光市集、田园时装秀、星空露营等夜游产品。实施旅游服务提升工程，完成游客服务中心、智慧旅游综合服务平台、入口形象等工程建设，实现统一标识标牌全覆盖，为游客提供行程规划、咨询服务、导游导览等综合服务。新建和改建旅游标准化厕所 40 多座，其中 3A 级旅游厕所 13 座。

整合县域部门资源成立莫干山国际旅游度假区发展有限公司，强化市场化运

图 6-28　莫干山飞行与马术体验

图 6-29　莫干山庾村广场航拍

作。在运作过程中，我们坚持品牌营销和市场营销协同发力，着力提升度假区竞争力。一方面，聚焦品牌营销，坚持在国内、国际两个市场唱响度假区“好声音”。在国内品牌上，开设度假区门户网站、微信公众号，加强与主流媒体以及抖音、小红书等新媒体合作，近两年中央媒体报道宣传 260 次，其中《新闻联播》11 次。特别是积极抢抓长三角一体化发展上升为国家战略的机遇，加快推进莫干山度假区走出去步伐，每年在上海开展莫干山融入长三角一体化发展推介会、莫干山民宿大会等系列宣传推广活动，持续加大在上海、杭州、南京等地主流媒体和黄金地段的广告投放力度，外滩之窗专门为莫干山点亮。在海外品牌提升上，充分发挥 Discovery 探索基地、裸心集团等资源，先后在美国纽约时代广场、《时代周刊》等海外平台发布宣传莫干山品牌，受邀参加米兰世博会闭幕式，向全球推介了莫干山度假区的乡村度假方式。同时，加大请进来力度，利用 G20 峰会、世界互联网大会、联合国世界地理信息大会等机遇，组织中外嘉宾来度假区观光体验。另一方面，聚焦市场营销，及时捕捉社会热点和风向，积极创新市场推广模式。特别是 2023 年疫情暴发以来，我们承接了浙江省援鄂第三批返浙医疗队疗休养任务，举办了“花开并蒂、山水共情”公益活动，为因奋战在抗疫一线而延迟婚期的新人们举办户外集体婚礼，钟南山、李兰娟院士视频连线送来祝福，成为全网焦点，累计阅读量达 1.4 亿，实

图 6–30　裸心堡

现了社会效益和品牌效益双丰收。同时，我们积极开展“线”上推介、“云”端下单，通过网红直播带货等方式，精品民宿平均入住率达 70% 以上，达到上年同期水平，旅游消费实现快速复苏。

制定加快旅游业发展、鼓励“退二进三”、支持民宿经济发展等一系列政策，进一步强化改革撬动、要素赋能，为度假区建设发展提供了强劲的动能保障。土地要素方面，在醉清风酒店拿下“农地入市”全国第一宗、登记第一证、抵押第一单基础上，进一步释放“三块地”改革红利，深入实施“坡地村镇”建设用地试点，

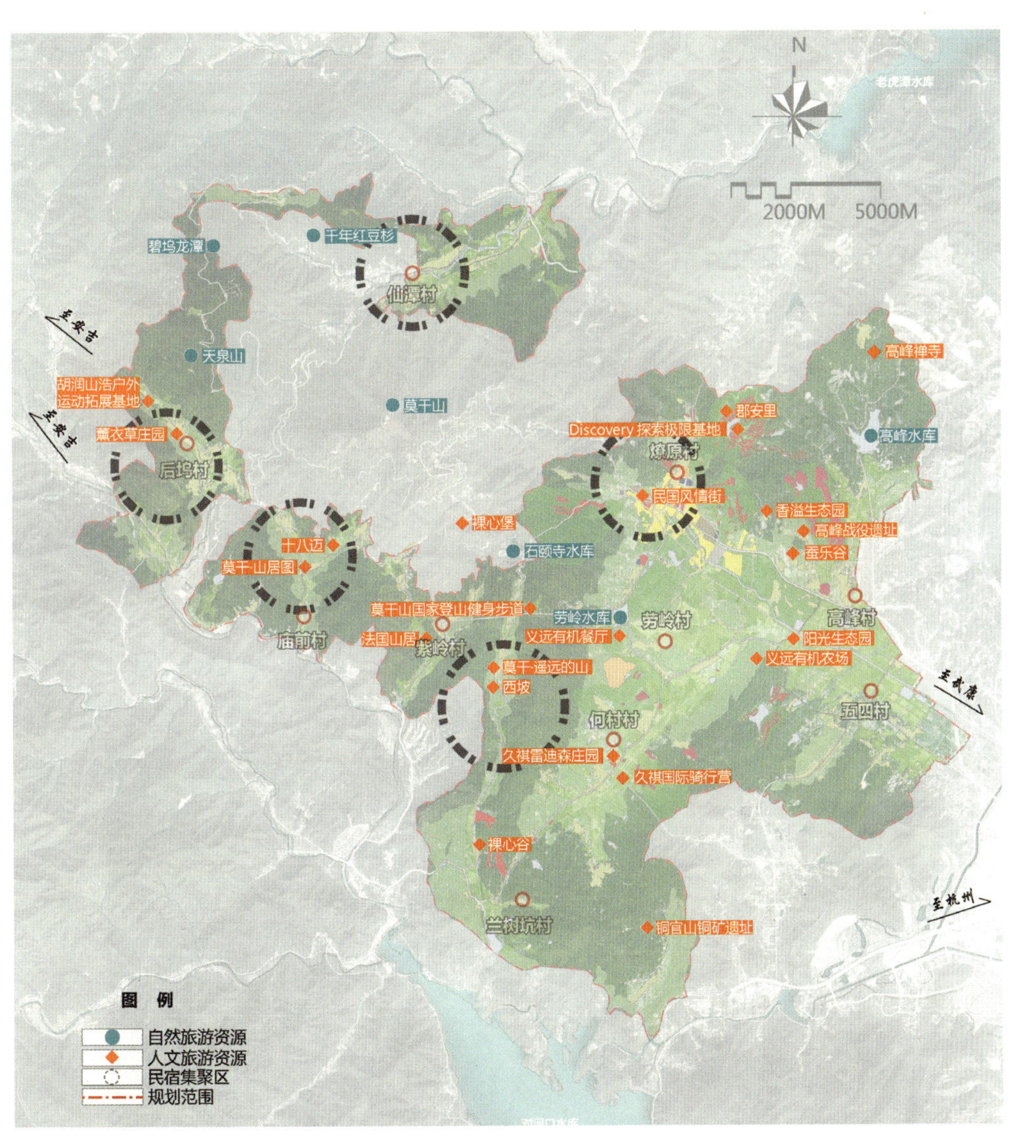

图 6-31　莫干山国际旅游度假区项目分布图

首批实施 33 个坡地项目，节约建设用地指标 6000 多亩。

其中“裸心堡”项目占地 200 多亩，实际新增建设用地仅 12 亩。资金保障方面，充分发挥政府财力的撬动作用，积极搭建资金导入平台，引导金融资金和社会资本向度假区集聚。比如，我们通过宅基地“三权分置”改革，为民宿业主解决贷款问题赋权，民宿业主通过抵押房产使用证就可获得上百万元贷款。人才引进方面，深入开展“两进两回”行动，大力推动青年回农村、乡贤回农村，已引进青年创客团队 100 个、返乡创业者 3000 人，有效解决了莫干山发展建设的人才紧缺问题。比如，度假区内的仙潭村，目前共开办了 130 家民宿，其中 80% 以上由在外的经商户、大学生等返乡开办。

（三）宁波松兰山：黄金海岸　滨海运动

宁波松兰山滨海旅游度假区是国家 4A 级景区、省级旅游度假区，位于浙江省宁波市象山县，总面积约 31.22 平方千米，度假区山海交融，岬湾众多，沙滩连绵，负氧离子含量每立方厘米高达 14700 个，誉称“天然氧吧”。

现有 2022 年杭州亚运会帆船帆板比赛场馆亚帆中心、省级帆船帆板训练基地、豪华舒适的度假酒店、情趣怡然的沙滩浴场、惊险刺激的海上游乐园、五彩缤纷的夜景灯光、色香味俱全的海鲜美食以及晨钟暮鼓弥陀寺、千里寻夫赵五娘庙、明代抗倭游仙寨、峰火台等，拥有度假酒店、海鲜美食、婚恋摄影、汽车露营、温泉养生、海上运动、旅游演艺等业态产品，是华东地区陆岸仅有的以大海为主题，集休

图 6–32　亚帆酒店

闲、娱乐、运动、避暑、度假、会议等为一体的综合性滨海旅游度假胜地，被誉为“东方不老岛”上的一颗明珠。先后荣获浙江省最佳休闲旅游基地、浙江旅游金名片、浙江最值得去的 50 家景区、国家旅游名片等荣誉称号。

1997 年 10 月动工开发，以“尊重海滨地形地貌，保护原生植被”为原则，采用“因地制宜，少人工，多自然，尽可能地保持自然生态原貌”的方式，打造集海滨度假、会议商务、旅游观光、海上运动、礼佛朝圣、休闲娱乐等功能于一体的省级旅游度假区。按功能要求，先后建成海滨公园、夜景灯光、沙滩浴场、度假酒店、度假村、海鲜街、露天剧场、省作家创作基地、青少年科普活动基地、高尔夫练习场、汽车露营地、婚纱拍摄基地等。随着旅游业的不断发展壮大，在遵循原有原则的基础上，进一步挖掘度假区文化内涵，提升滨海品牌特色，提出以“海浪与沙滩的亲吻，彩帆与大海的飞扬”，打造北纬 30° 黄金海岸线上，一个全国知名的滨海旅游目的地、长三角水上运动中心，最有特色的国家级旅游度假区之一。

图 6–33 滨海游步道

图 6–34 丰富的滨海休闲活动

1. 改革创新，优化全域旅游发展格局

以谋划实施旅游业高质量发展九大行动计划为抓手。紧紧围绕国家全域旅游示范区创建和“迎亚运”任务，研究提出旅游项目建设、文旅融合改革、旅游景区品质提升、旅游新业态开发、旅游公共服务建设、旅游商品开发、旅游餐饮提升、旅游市场营销推广、旅游人才培养九大行动计划。加大项目建设力度。切实推进旅游项目招引促建，全县安排旅游项目和旅游相关项目 78 个，总投资 534.9 亿元，计划完成投资 46 亿元。加快旅游新业态培育。出台《象山旅游新业态项目审批与监督管理指导意见》，理顺规范象山县旅游新业态项目的审批与管理工作。推动渔乡风情摄影旅游目的地建设，建成摄影点 4 个。东亚时尚休闲运动基地建成开业，茅洋国际乡野俱乐部、北黄金海岸数字康养中心、龙溪峡谷漂流基地、花岙岛芸苔农业科普教育研学基地等项目有序推进。深化文旅融合改革。启动文旅融合改革工作，制订《象山县创建省文化和旅游产业融合试验区实施方案（送审稿）》，推动海洋渔文化生态保护与旅游融合发展。

2. 补齐短板，重塑象山旅游目的地产业体系

度假区以松兰山独特的“山、海、岛、崖、滩”资源为基底，以华东地区最大的陆岸沙滩、丰富的高星级酒店群为特色，以亚帆赛为引擎，通过空间重塑、IP 引流、营销引爆、产品迭代、业态升级五大战略构想，形成“度假 + 运动”双轮产业驱动，集养生度假、会议休闲、观光摄影、体育运动为一体的国家级滨海旅游度假区。加快核心景区品质提升。提升乡村休闲旅游。启动第二批 8 个省 A 级景区镇、

图 6-35 松兰山旅游度假区产品设施分布

65个省A级景区村和新桥镇省级旅游风情小镇创建。墙头镇方家村入选全国乡村旅游重点村。推进象山南部海岛公园建设，金高椅码头、檀头山岛码头、花岙岛蓝色海湾整治修复、东门岛生态保护与修复、直落岙海上潮汐艺术中心（精品民宿）等项目有序推进。做好旅游美食文章。包装推出健康食疗等精品线路和主题产品，做深海鲜美食文章。在杭州黄龙海鲜排档举办象山文化旅游交流推介会，积极推广"夏季象山十六碗"品牌。推进旅游商品体系建设。启动2020年象山县第一届"吉祥东海、象山游礼"旅游商品大赛，向社会各界公开征集"吉祥东海，象山游礼"旅游商品品牌标识（LOGO）设计作品60件。

3. 优化配套，构建全域优质旅游公共服务

深化"厕所革命"。同时，按照旅游化标准，完成中心城区、各旅游镇乡70座旅游厕所文明宣传标牌制作。健全旅游咨询服务体系。加快构建"中心城区—旅游景区（点）—乡村游客中心"三级联动的旅游咨询服务体系。推进智慧文旅建设。完善文旅服务一张网，新增英语、韩文两种语音讲解功能，并已在省平台以及象山微信端上线。推动松兰山国家级旅游度假区创建，完成松兰山核心区项目可行性研究报告编制，推进游客中心配套道路建设，建设"西翅膀"观景平台；加快影视城国家5A级景区创建，完成影视大道、景区大数据中心建设以及景区标识系统、垃圾桶更新。

（四）吴兴西塞山：网红业态　品牌引流

吴兴西塞山旅游度假区位于湖州市西南部，坐落于吴兴区妙西镇境内，东起妙新线，南至管长山山脊线，西过陆家庄水库接山脊线，北至妙峰山山脊，覆盖楂树坞村、肇村、妙山村等10个行政村，总面积48.36平方千米。2015年12月31日，西塞山旅游度假区获批省级旅游度假区，成为吴兴区首个省级旅游平台，共引进项目达18个，总投资202亿元。度假区生态环境良好，境内有妙峰山、霞幕山等5座知名山峰和52座水库

区内"七山二水一分田"。森林覆盖率70%以上，部分区域负氧离子浓度高达2万个/cm^3，是大城市平均浓度的40倍以上。2018年，臭氧指标排名全市第一，$PM_{2.5}$指标排名全区第二。"西塞山前白鹭飞，桃花流水鳜鱼肥"就是度假区的真实写照。度假区文化底蕴深厚，"禅茶文化""状元文化"源远流长，茶圣陆羽在此写下《茶经》，唐代湖州刺史颜真卿在此筑就三癸亭，唐代诗人张志和在此吟出《渔

图 6-36　稻花鱼田

图 6-37　山水妙境

歌子》，宋清两代状元在此延续血脉，元代禅宗高僧石屋清珙在此传下高丽临济宗衣钵，近代法学之父沈家本在此留下衣冠冢。深厚的文化底蕴为度假区文化旅游奠定了扎实的基础。

1. 提升配套，展现形象

交通网络提升。聚焦“外畅内联”，先后完成妙新线、后滋公路、高速连接线等30.6千米的旅游道路建设，聚焦“内外循环”，开通8辆假日专线公交车，改造提升高品质游步道和自行车骑行道，新建旅游驿站5个，形成了快慢结合、内外联通的交通网。服务配套塑形。建设游客集散中心、二级游客中心、网红旅游厕所等基础旅游服务设施。3A级景区中引入长颈鹿庄园等品牌。美丽乡村样板片区投资1.2亿元引入“山水妙境”，并加快稍康村和楂树坞村市级美丽乡村精品村建设，开展违章建筑拆除攻坚行动。智慧服务精准。全市首创“一码游西塞山”平台，以大数据为支撑，打造“智慧旅游”新模式，推动全域旅游整体智治，简化流程，实现5项手续“一码办”；同步建设游客集散中心智慧指挥系统和智慧停车系统，将近2000个停车位全部纳入管理。“一码游西塞山”智慧旅游小程序于7月17日正式发布，截至目前，该平台已收录度假区范围内的9家景区、9家酒店民宿、11家农家乐及60多条文化线路攻略信息，全面覆盖门票预约、旅游咨询、停车导航等多项服务。

2. 引育项目，凸显特色

重大项目精准招商。始终坚持“项目为王”理念，围绕旅游产业和科技产业专业招商、以商引商，先后引进亿元以上项目9个，其中集镇文旅综合体、君澜度假酒店等5个项目为3亿元以上项目，完成区考核任务数的150%；“西塞科学谷”聚贤谷区块已签约引进西安交通大学中子原加速器项目、浙大科学计算与应用服务重点实验室，创新田区块引入主板上市企业泛微网络，达产当年预计实现税收1.2亿元以上。项目建设扎实推进。举办西塞山旅游度假区文旅项目集中开工仪式新建续建文旅项目18个，总投资92亿元；杼山文化公园等8个亿元以上项目开工入库，花盈原乡塘里休闲养生村基础配套等6个亿元以上项目竣工；“西塞科学谷”概念性规划与建筑方案通过评审，中型、小型科研院所主体工程基本结顶，悦榕庄酒店完成样板房装修，长颈鹿庄园二期新增88间客房即将对外营业，原乡中医养生文化村项目被评为全市“十大推进快的好项目”。

“精微”项目精心培育。紧抓“微改造、精提升”契机，积极盘活闲置资产、引入商业资本，将破羊圈、养猪场、盛坞水库等改造成网红打卡地，为村集体经济经营性收入增加100余万元，带动新增民宿农家乐22家。老邓漫画馆美术馆、5D蝴蝶餐厅、鹭飞咖啡馆、新妙山“十景”作为美丽乡村的整治样板，目前各个“精微”产品都成了网红产品，前来打卡的游客络绎不绝。

图6-38 廿舍度假村

图6-39 西塞山前木墅酒店

3. 融合创新，打响品牌

做好文、农、体、旅融合文章。深度融合“在湖州看见美丽中国”城市品牌，坚持以高端化、品质化、差异化为目标，不断擦亮度假区的金名片。融合文化艺术和美丽乡村，推进精神富裕，举办各类文化节庆活动17场、打造文化主题景观15处、新增瓷之源等乡村博物馆3个。融合休闲农业和乡村旅游，推进共同富裕，“妙西黄桃”顺利通过专家评审，成为吴兴区首个获得国家地理标志登记的农产品，举办吴兴区第四届黄桃节，黄桃产业提质增收明显。下一步还将举办夏日文创集市、音乐节等活动。

图 6-40　网红长颈鹿庄园

图 6-41　西塞山旅游度假区产品设施分布

做好网红系列文章。继浙江卫视《奔跑吧，兄弟》栏目实地取景拍摄后，又组织浙江卫视亲子节目《不要小看我》节目组到原乡小镇拍摄，印小天、王智等明星参加。芒果 TV 综艺节目《女儿们的恋爱》选址长颈鹿拍摄，知名杂志邀请张鲁一来度假区拍摄形象片，吸引一大批粉丝游客前来打卡。

做好推广文章。妙山村入选第三批全国乡村旅游重点村镇名单，是全市唯一入选的行政村，在全市有较大影响力；"一码游西塞山"入选全市第二批担当破难典型案例；妙西镇在市委农村工作会议上作"产村融合助力乡村振兴"交流发言；CCTV 央视频道、《浙江日报》、长三角主流媒体相继对妙西进行了全方位深度报道，度假区的知名度越来越高。省文旅厅党组书记、厅长褚子育发表署名文章点赞妙西镇"微改造、精提升"工作。2023 年以来，全市多场宣传系统和农文旅领域的重要活动及大型文旅活动 12 场都在妙西举办，接待游客数、过夜游客数、旅游收入都比上年同比增长 20% 以上。

三、主题类旅游度假区

（一）泰顺廊桥—氡泉：廊桥寻梦　氡泉养生

泰顺廊桥—氡泉旅游度假区地处浙南闽北省际交界处，2014 年 7 月经浙江省人民政府批准设立，总面积 51.6 平方千米，主要包括北部廊桥文化园（国家 4A 级旅游景区）、中部小松坡游客集散服务区和南部氡泉景区（国家 4A 级旅游景区）三大板块，以"寻梦廊桥 · 养生氡泉"为主题，依托地形地貌、资源禀赋及空间布局，构建"一轴二核五区"格局，即以廊氡度假区为旅游发展轴，以北部廊桥文化园和南部氡泉养生谷为核心，由北往南形成乡村体验区、廊桥休闲区、集散服务区、生态运动区、氡泉养生区五大功能区，打造浙南闽北首个国家级旅游度假区。

度假区地处亚热带海洋型季风气候带，森林覆盖率高达 87%，地表水质量达到国家Ⅱ类标准，空气质量常年保持在国家一级标准以上，是一处名副其实的"天然氧吧"。度假区旅游资源丰富、涵盖 8 大主类，153 个旅游资源单体，其中优良级资源单体 53 个。同时，拥有 4A 级景区 2 家、国家级非物质文化遗产 6 项、省级非物质文化遗产 9 项，以及溪东桥、北涧桥、包氏宗祠等国保单位。度假区还拥有氡泉、廊桥两项主体资源，其中"承天氡泉"被誉为"神水宝地""天下第一氡"，为浙江

图 6-42 泰顺廊桥—氡泉旅游度假区度假设施

省两个 4A 级温泉之一，也是浙江省唯一的含氧量适宜的自涌型温泉；拥有国保级廊桥 6 座，溪东桥和北涧桥更被誉为“世界最美廊桥”。度假区内 24 个村庄全都为浙江省 A 级景区村，度假区内吃住行基础设施配套齐全，拥有类型多样的特色小吃、主题酒店、精品线路等，可满足游客差异化需求；并建成了最具特色的城乡交通及骑行慢道，串联起各旅游景点、度假酒店和众多乡村旅游点。

1. 明晰定位，理顺机制

泰顺县委、县政府于 2012 年 4 月设立泰顺廊桥—氡泉生态休闲旅游度假区管委会，2014 年 7 月，泰顺廊桥—氡泉省级旅游度假区经浙江省人民政府批准设立；2017 年 5 月，泰顺县提出创建国家级旅游度假区目标，持续深化廊桥—氡泉国家级旅游度假区创建攻坚行动；2018 年 3 月，泰顺廊桥—氡泉省级旅游度假区通过国家级旅游度假区创建省级资源评审，创建申报资料报送至文化和旅游部；2019 年 12 月，按文旅部专家指导要求，泰顺县全力完善，全力补短，通过浙江省度假区标准化评估考核，再次被推荐至文化和旅游部。经过几年的创建，廊氡度假区取得了长足的进步，丰富了产品体系，全面打造了包括康养产品、文创产品、美食产品、夜游产品、非遗产品、运动休闲产品在内的“六大文旅产品”。旅游度假区配套设施不断完善，停车场、绿地广场、旅游厕所、景区亮化系统、标识系统等旅游配套设施持续改善。

泰顺廊桥—氡泉旅游度假区依托其优越的自然生态基础，独具特色、历史悠久的地域文化，以及得天独厚的天然温泉资源，积极响应国家政策，顺应浙江省全域旅游发展战略，以创建国家级旅游度假区为目标，致力打造以廊桥、氡泉为核心的综合型乡村旅游度假目的地。度假区以“寻梦廊桥·养生氡泉”为主题，按照“一轴二核五区”布局建设，即S331省道、富察线、雅氡线三线合一连接三大重点区块的廊桥—氡泉度假发展轴，北部廊桥文化园、南部氡泉养生园双核心，廊桥休闲区、集散服务区、乡村体验区、氡泉养生区、生态运动区五大功能区的发展规划进行建设。

图 6–43 廊桥文化

2. 完善产品，丰富体验

在度假设施方面，度假区住宿接待设施体系完善，拥有主题特色型、中档型、舒适型、家庭型、低碳环保型等27家不同类型的住宿接待设施，总房间数为1624间。成功培育了开元明都、莲云谷、开元七厝等高水准的度假酒店，并带动月笼溪莎、沐云等高品质民宿集群发展，形成了完整的度假住宿产品体系。在餐饮服务方面，旅游度假区餐饮文化底蕴深厚，食材新鲜，菜品丰富，主要地方特色名菜有：米食三绝、腊兔肉、米面层、九层糕、绿豆腐等地方特色美食，还有精心评选出的“泰顺十大碗”拳头特色菜单。除了主推的地方菜之外，度假区还引进了牛约时报、朱芳源等浙闽两省一些地方特色小吃。

在度假产品方面，度假区着眼于度假让生活更美好，按照产业融合发展思路，实施了高端度假酒店、户外运动基地等一批重大产业项目，推动了文旅、体旅、农旅等融合，形成了完整的休闲度假产品体系。在康体疗养方面，有温泉养生、中医理疗、动感温泉、瑜伽养生等；在乡愁体验方面，有元宵节·百家宴、农产品采摘、畲族“三月三”、药发木偶、提线木偶、碇步龙等；有民俗类深度体验，如木拱廊桥营造技艺体验、斗牛文化体验、山地乐园寻宝、温泉婚礼寻梦等；有生态类特色体验产品，如哞哞亲牛园、百牛牧歌、蔬菜采摘、西西魔法屋、滑草活动等；在运动健身方面，有浙江自行车联赛、绿道马拉松、慢道骑行、古道登山、游泳竞技、真人CS、卡丁车、射击等；在智慧云旅游方面，从线上平台到线下旅游，提供从购票至取票及查询景点、酒店、餐饮、娱乐等一站式服务，让各地游客“24 小时 ×365 天”，在云端无缝领略泰顺风、物、人的动向和便捷的出游体验。

3. 完善配套优化服务

综合服务设施严格按照三级游客咨询服务体系规范进行设置，功能完善。目前旅游度假区已新建一级游客中心 2 处（松垟游客中心、华东大峡谷·炉溪花谷生态养生园游客中心），已建成的二级游客中心 2 处（廊桥文化园游客中心、氡泉旅游景区游客中心），并在各大酒店及骑行驿站点设置了三级游客咨询点，满足游客需求。度假区标识系统完善，设有公共图形符号并提供了包括英语、日语、韩语在内的多国语言翻译。标识设计充分考虑了泰顺当地的地方特色，在设计过程中提取了廊桥元素，与环境相融合。设置了二维码，对旅游度假区导览进行全方位立体化的补充。

泰顺廊桥—氡泉旅游度假区交通服务体系完善，在区域内实现了人车分流，建设了布局合理、数量充足的停车场。旅游度假区提供了定时发车和按需发车相结合的城乡巴士以及提供电瓶车、自行车、画舫、竹筏等多样化的交通工具，丰富游客出行体验。同时，旅游度假区架构了完善的骑行网络和步行专用道，满足游客绿色出行需求。为了提升旅游度假区设施服务水平和游客游览体验，泰顺廊桥—氡泉旅游度假区对廊桥文化园景区游客中心等 4 处厕所进行整改提升，并在雅阳镇松垟村等新建 4 座 AAA 级旅游厕所，并且制订落实了《廊桥—氡泉旅游度假区公共厕所管理规定》，旅游厕所建设与管理均符合国家标准。旅游度假区内目前共有 23 座旅游厕所，其中 A 级厕所 5 座、AA 级厕所 5 座、AAA 级厕所 12 座，布局与配比合理，整洁舒适、管理规范。

4. 打造品牌、精准营销

旅游度假区坚持把宣传推广作为发展的重要推动力。开设度假区门户网站、微信公众号，加强与主流媒体以及抖音、小红书等新媒体合作，近年来，积极在《中国旅游报》等国家级权威报刊媒体推荐宣传，连续举办 8 届廊桥文化旅游节，每年举办“元宵节·百家宴”、度假区音乐啤酒烧烤节等地方特色旅游节庆活动。2019 年成功举办“走走泰顺、一切都顺”旅游 IP 宣传营销系列活动，推出旅游宣传歌曲、旅游吉祥物“顺顺”“泰顺 Lang”旅游伴手礼，温州公交车和上海至厦门动车广告成功上刊。2020 年 4 月，成功举办“我在廊桥等你”旅游营销启动仪式，精心推广“廊氡三日游”精品线路，开展“好玩民宿在泰顺”“跟着 24 节气游乡村”等营销活动，发放 2000 万元旅游消费券，廊桥—氡泉旅游度假区的知名度、美誉度不断提升。度假区先后斩获了跨世纪绿色工程、温州四大王牌景区之一、浙江市场消费者最满意单位等称号。2020 年，度假区共接待游客 152 万人次，过夜率为 68.52%，逗留“2 夜及以上的游客”占被调查过夜游客总数的 84.53%。省外过夜游客比例高达 73.99%。。

线上旅游信息服务，度假区拥有独立域名的旅游度假区网站，向游客提供旅游资讯、旅游度假区基本情况介绍、景点介绍、旅游产品介绍等信息和游览线路信息，访问速度快，信息全面，更新及时，为游客的游览提供了极大的便利。除官网之外，为了便于游客随时随地查阅信息，了解景区情况，泰顺廊桥—氡泉旅游度假区还开发适用于手机终端的信息化服务，加强信息化建设，网站、电话、服务中心均能提供预约预订服务，建设了官方微信与微博账号，实现了景区介绍、信息查询与预约等功能，并且与各大线上旅游平台进行合作，为游客提供全方位覆盖的旅游信息服务。智慧旅游建设，在向游客提供智能化、信息化服务的同时，泰顺廊桥—氡泉旅游度假区制定了完善的智慧旅游度假区建设方案，通过指挥中心、智能门禁系统、综合管控系统、大数据中心、游客公共服务平台等系统的建设，加强对旅游度假区的智慧化管理。

5. 大抓项目，抓大项目

构建拳头项目。主要是华东大峡谷氡泉旅游项目，总投资 166 亿元，是温州历史上单体投资最大的旅游项目、泰顺有史以来最大的招商引资项目、浙江省大花园

图 6–44 华东大峡谷项目

建设十大标志性项目、浙江省重大产业示范项目，温州西部生态休闲产业带建设重点项目、温州市市长项目工程，泰顺深化招商引资的“一号工程”，该项目将建设集最长峡谷悬空泳池、最多宝林寺万佛堂、最大室内植物乐园在内的“三大全球之最”，以及最奇城堡酒店、最长峡谷有轨电车、最大峡谷探险公园和最炫欧亚风情牧场的“四大全国之最”，致力打造浙南闽北休闲养生度假高地。

打造山地类项目。总投资 55 亿元的松垟花开项目，通过打造汽车山地越野体验基地、国家地理山地探索基地、自然山体探洞体验工场、环球山地运动体验 VR 馆、实景还原《绝地求生》刺激战场、山地火车主题乐园，形成一个集山地火车、专业山地运动、自由越野、探险极限挑战、VR 探索体验、新山民生活、生态度假为一体辐射整个华东地区的全新概念国际运动小镇。目前，松垟花开火车主题乐园作为泰顺松垟花开国际山地运动小镇一期重点开发的旅游项目目前已投入使用。总占地面积约 92 亩，依托自然的生态环境，以“亲子互动、寓教于乐”主题为核心打造的浙南地区唯一的山地火车主题乐园。作为华东大峡谷景区观光火车的始发站，延续森林火车旅行的浪漫主题，打造以火车娱乐为特色的无动力山地探险乐园。乐园集火车主题商业街、火车博物馆、火车主题无动力游乐设施、特色风铃花谷、鹿境森林、萌宠乐园六大核心业态于一体，通过园内迷你观光火车环线串联整个项目，融合了亲子互动、户外体验、休闲娱乐、主题度假等功能，打造泰顺特色火车主题休闲娱乐度假胜地。

打造农旅类项目。云岚牧场。位于泰顺县第二高峰——柳峰尖，地处海拔 800 米的高山上，是集循环农业、农牧体验、亲子教育、休闲生活于一体休闲牧场，拥有“高山上的小瑞士”之称。项目整体占地 1600 亩，总投资 2.6 亿元，围绕“亲子、绿色、教育、好玩”的理念，设有大草坪、滑草场、亲牛园、游乐场、蔬果采摘基地、配套中西餐厅、精品民宿酒店等。云岚牧场致力打造三个品牌：省内唯一的澳洲风情休闲牧场、华东领先的高山特色生态牧场、全国知名的时尚休闲文化牧场。2018 年 4 月入围由国家农业农村部推荐的第二批休闲观光牧场，2018 年 7 月评为国家 3A 级旅游景区。峰竹海项目。总投资 15 亿元，占地约为 500 亩，将充分利用泰顺柳峰独特的生态资源、竹子资源、地理环境以及其他地方性人文资源，全面开发动植物养（繁）育、高山避暑、生态养老、观光旅游等项目，与福建、海西市场对接，实现山海错位、山海互动。建成后预计年接待游客 150 万人次，旅游综合产值 8 亿元，带动当地居民就业 2000 人以上。

图 6–45 云岚牧场

打造网红类项目。暮光之城项目位于廊桥—氡泉旅游度假区廊桥文化园主入口，将以时尚潮流为理念，打造年轻化的乡村休闲旅游度假产品。主要包含下沉式游客中心创意餐厅、品质网红民宿打造、粉黛乱子草景观花园、月亮湾沙滩等节点。种子星球项目总投资 2.6 亿元，规划用地约 143 亩，建筑面积 14700 平方米，包含种子圣殿、小矮人村、奇幻植物园、巨人国、能量站、亲子无动力乐园等。该项目针对高中以前的青少年开展科普教育，面向家庭和学校客户群，集自然、教育、科学、游乐、艺术为一体，寓教于乐让青少年感受大自然、吸收新知识、激发好奇心、拓展想象力，建成后将成为国内户外研学旅行国家级示范基地。《我在廊桥等你》实景演艺，通过与浙江演绎集团合作，以千百年廊桥工艺为根，为魂，依托泰顺这一方山水，打造一场充满画卷感、回味感、幸福感的沉浸式实景剧《我在廊桥等你》演出。开辟首场浙闽区域性实景演艺，推动泰顺文化旅游高质量发展，拓展浙南地区夜游新业态，深度推介泰顺文旅休闲产业多元化。

（二）嘉善大云："甜蜜" IP 业态整合

大云旅游度假区遵循总体规划顶层设计，详细规划循迹落实的思路，锁定“甜蜜小镇 · 浪漫大云”的形象定位，嫁接“温泉、田园、水系、巧克力”四大资源，打造集温泉养生、田园游憩、甜蜜休闲、水乡度假等功能为一体的中国甜蜜度假目的地。在此基础上，围绕长三角生态绿色一体化国家战略和嘉善示范区对大云板块定位长三角生态休闲旅游度假区，深化编制三角生态休闲旅游度假区城市设计，形成度假区风貌管控体系和标准。

对标“镇域景区化、景区全域化”，以5A级、4A级、3A级景区标准分别对度假区、小城镇、工业园三大功能区进行公共配套和环境提升，促进生产、生活、生态“三生”融合，让大云内外皆美景。先后获得全国文明镇、国家生态镇、国家园林城镇、中国鲜切花之乡、国家卫生镇，度假区内A级景区村庄实现全覆盖。对以姚绶、魏大中、陈龙正、钱士升等为代表的历史文化名人以及以新四军青云桥战斗遗址为代表的红色革命文化进行挖掘整理和再现运用，建成新四军北撤纪念公园、姚绶主题文化公园、魏大中孝亲文化公园等一批人文休闲景观，不断厚植旅游文化内涵。

图6-46　甜蜜小镇·浪漫大云

1. 塑品牌造IP，打开市场影响

大云旅游以“温泉、水乡、花海、婚庆、巧克力”等元素为主要特色，打造嘉善旅游新名片。为了将这种愿景对外传播，于是创造“云宝”IP形象，作为大云的IP形象，它是由当地云澜湾温泉的一股暖气变化而成，最大的特点就是非常暖和萌。2017年云宝在上海外滩正式对外发布，得到了央视新闻联播的报道，国内首创的旅游IP模式也正式拉开序幕。嘉善大云坚持以“中国甜蜜度假目的地”为总目标，紧紧围绕“圈粉、变现”，深入实施云宝IP五年成长计划。先后获得亚洲旅游“红珊瑚”奖、浙江旅游总评榜“旅游+”创新奖、中国玉猴奖、ADMEN国际大奖。

图 6-47　云宝 IP 系列形象打造

丰富品牌节庆活动，助推文旅融合。围绕“云宝”“云上”主题，打造高品质品牌节庆，以“六一”为节点，举办云宝生日周年庆的发布活动，2020 年云宝的三周岁生日庆典上，被中国儿童中心授予全国首个“儿童友好使者”的身份；四周岁生日庆典上启动嘉善县首届儿童友好生活节，同时发布《大云镇创建中国儿童友好城镇战略规划与行动方案》。下半年以“萌王节”和“云上乡村音乐节”为重心。萌王节邀请知名 IP，如熊本熊、阿狸、流氓兔、罗小黑等，举办世界吉祥物嘉年华。云上乡村音乐节包含老树画画江南作品展、上海交响乐团演奏会、国际青少年钢琴大赛、草坪音乐节四大内容，提升大云文旅品牌在长三角乃至全国的知名度。另外与上海长宁区特殊学校合作开展“云公益”关爱自闭症儿童的活动，深化云宝助力公益的品牌价值和生命力。

推进体验产品落地，增强 IP 参与感。围绕“云上”以及“云宝”的品牌设计开发文具类、日用品类、旅行产品以及电子产品等共 300 款，并在各景区、新华书店、淘宝进行销售。与当地歌斐颂巧克力、莎布蕾曲奇和菲诺椰子冻达成授权合作协议，实现跨界联名产品销售，在官方淘宝店进行售卖，实现年收入 500 万元。打造 IP 落地产品云堡二十四节气馆，作为全国首个 IP 二十四节气馆，游客将可以与云宝一起，用打卡闯关的方式来了解节气知识和体验儿童游乐项目。2021 年 6 月开业至今接待游客 1.5 万人次，营业额达 25 万元。改造 70 年代粮仓，还原云上记忆，通过供销社小卖部、岁月课堂、怀旧街景三大主题区域，深度还原大云人民过去的生活场景，再现那一段人民艰苦奋斗的岁月，为当地居民和游客们提供活态化的历史读本，在怀旧的同时丰富人们的精神生活。

2. 新营销新模式，推动线下引流

搭建云宝粉丝平台，坚持社群孵化。推出微博、微信公众号“云宝甜蜜说”，抖音官方号“hello 云宝游”，定期更新话题文章和条漫，截至目前，云宝微博粉丝数 3 万 +，公众号粉丝数 3 万 +，抖音粉丝数 1.3 万 +。同时，设计制作 IP 动态表情包、云宝手机壁纸、热点海报、节气海报、KV 画面及一系列云宝实景应用图。运用智慧旅游营销平台，推动旅游精准营销。构建智慧服务和智慧运营两大体系，完成微信小程序开发，天猫淘宝店铺——大云旅游度假区旗舰店搭建和产品上线，包含度假区联票、大云住宿餐饮，文创产品等旅游产品。新媒体矩阵抖音、小红书运营，通过整合度假区内资源，实现各个景区联动，打造度假区统一营销体系。采用全媒体传播推广模式，强化品牌传播释放声量。高效投放各类 KOL，提升在消费市场的影响力，直接触达目标游客；新增新闻公关媒体，针对政府、行业端发声，提升大云旅游、云宝 IP 等知名度，凸显大云在省内乃至国内旅游、乡村振兴方面的领先行动。其中包括央级权威媒体如《人民日报》、人民网、新华社、中新社、学习强国、《经济日报》、《环球时报》、学习强国、中国儿童中心、CFC 圆桌派等；地方核心媒体如《钱江晚报》、浙江之声、《都市快报》、《新闻晚报》等。在嘉善电视台、影院投放宣传片，增加本土曝光率。

拓宽宣传推广渠道，注重品牌传播价值。积极参与省市旅委主办的各类旅游推介会、旅游展会、旅游交流会、行业高峰论坛等，先后前往上海、江苏、厦门、天津等地参加“2019 浙江旅游交易会”“中国国际旅游商品博览会”“海峡旅游博览会”等大型展会，展示大云旅游特色亮点及产品优势。探索文旅数字经济新模式，构建线上直播互动全新营销模式。针对疫情形势，开启线上“云游”，邀请网红达人进行景区云游直播和花田直播，提高景区热度，为疫情过后的线下引流起到积极作用。两次直播共获得 1600 万观看流量。首次举办的“心田花开”征集活动，抖音达人牛肉夫妻拍摄的 vlog 短视频获 139 万播放量，点赞评论 3.8 万 +。利用直播带

图 6–48　线上直播营销活动

货的形式进一步扩大云宝 IP 知名度和影响力，云宝与菲诺联名款椰子冻在李佳琪直播间 5 分钟时间，销售十万份，实现收入 500 万元。

3. 抓项目优服务，促进全域发展

坚持"以旅游集聚产业、以产业支撑旅游"的发展思路，坚定不移走全方位、全矩阵、立体式的一二三产深度融合发展的"旅游 +"之路。形成了以歌斐颂巧克力为代表的"旅游 + 工业"项目、以云澜湾温泉为代表的"旅游 + 休闲"项目和以碧云花海——十里水乡为代表的"旅游 + 农业"项目。同时，成功招引良壤大云有机生态农场聚落、塞莫蕾红酒、上下村精品民宿等一批与长三角生态休闲旅游度假区定位匹配度高、补充效应明显、发展前景好的"旅游 +"特色产业项目。重点推进三大景区二期扩容、良壤大云有机生态农场聚落（一期酒店）、拳王水街及上下村高端民宿等一批已供地项目建设，加快旅游产业提档升级步伐。

图 6–49　歌斐颂巧乐力小镇内景

不断优化完善旅游基础配套设施，新建游客服务中心、北区停车场、公交场站等配套设施。建成 12.4 千米的绿道慢道系统，新增自行车服务网点 13 个，创建 3A 级厕所 6 座、A 级 13 座，已建车位 1497 个，全面补强旅游配套设施短板。全力推进车道、步道、花道、河道、轨道"五道环通"建设。依托数字化改革，积极推动旅游服务体系建设，开发完成总投资 450 万元的智慧营销系统，建成总投资 500 万元的旅游导视系统，总投资 900 万元的度假区指挥中心，启用"智慧旅游"综合平台，

提升游客体验度、舒适度、满意度。大云镇拥有多种酒店住宿业态，满足不同客群需求。同时，度假区内还建有 3 家村级综合性文化阵地，以及中国美院开明画院、云澜湾美术馆、了凡书院、云上书屋等休闲服务设施，得到游客广泛认可与好评。

图 6–50　嘉善大云旅游度假区产品设施分布

（三）宁海森林温泉：深耕温泉　康养度假

宁海森林温泉旅游度假区位于中国旅游日发祥地宁海县西北部的深甽镇，距宁海县城 12 千米，至宁波市区 60 千米。前身是华东首个开发的温泉项目南溪温泉疗养所，由浙江省原省委书记江华同志主持开发。2014 年，省政府批准设立省级旅游度假区。宁海森林温泉旅游度假区所在的深甽镇是国家生态镇，2018 年认定全国休闲标准化度假社区，2019 年获评浙江避暑气候胜地，2020 年成为省级旅游风情小镇，2021 年成为全国十佳温泉旅游目的地。度假区处于高铁宁海站、县新客运中心的 15 分钟交通圈，进区有“快 + 慢”两条风景道，进区主干道 G527 国道是全国首条风景道绿色环保示范工程。慢行系统串联度假区旅游景点的“步行 + 单车”慢行交通网络。全长 36 千米的宁海森林温泉大道获评宁波最美精品线路。

度假区规划面积 30.12 平方千米，实现景区村庄全覆盖，50% 创成 3A 级景区村庄。度假区拥有“绿水 + 青山”两大资源。高等级的 4A 级温泉资源，日出水量达 8000 立方米；地表水质达到Ⅱ类标准；坐拥万亩省级森林公园，森林覆盖率达 93%，空气质量达到国家一级标准。资源类型涉及 8 大主类，18 种亚类和 53 种基

图 6-51 温泉仙境

图 6-52 宁海安岚温泉度假酒店

本类型，共214个资源单体，其中优良级资源79个，五级资源9个。自然资源方面，万亩乔木遮天蔽日、七十二峰巍峨耸立、三潭九瀑十八溪流水淙淙。人文资源方面，历史文化名村、中国传统村落等古意盎然，古桥梁、汉代古道、胡氏宗祠等古朴优雅、气势恢宏。举办的温泉文化节、“十月半”、“二月二”、河洪长寿节、山地马拉松赛等重大赛事节庆活动，吸引了日均数万游客前来参与体验，央视网、人民网、新华网等各大媒体争相报道，也获评浙江省首批特色小镇文化示范点、省级民间文化艺术之乡。

据江华署名的《宁波天明山温泉碑记》记载：一九六〇年春，余赴宁波农村考察，驻足于南溪温泉之源，此地奇峰苍翠，清流琤琮，云烟缭绕，白鸟鸣啾，精致绝美。尤为绝者，有泉滃然自幽谷出，热气氤氲，樵夫炭翁温饭涤足享其乐。余惜大好温泉亘古空流，遂嘱宁波同志劈危崖，开山道，筑楼宇，钻深井，越三年建成南溪温泉，接待宾客……“人事有代谢，往事成古今”。尘封的记忆再度开启，让我们跟随碑文指引，一起探寻森林温泉的“前世今生”。

樵人寓入，热泉名起。宁海森林温泉俗称南溪温泉，原是南溪山谷旁的一孔泉眼。这孔泉眼由下往上冒出暖水，形成一个小水潭。潭水清冽，温暖如汤，冬扬热气，薄雾袅袅。村民以此为奇，称为“暖水潭”。一些烂脚或生癞痢头的放牛娃在这里玩水后，疾病竟不药而愈，又被誉为“神仙水”。1958年，“大炼钢”运动波及宁海，在“赶英超美”的口号下，上山寻铁矿，回家找废铁，溪流洗铁砂的群众运动兴起。各地纷纷向上报告矿产，出人意料的是，上级对县里上报的那些“矿藏”不感兴趣，却对“暖水潭”格外关注。时任省委书记的江华亲自过问并主持开发。

初有构筑，却云疗养。1960年春，浙江省水文地质工程大队进行钻探，报告显示，这一带确有优质地热源，水温47.4℃，属中温泉。其水取之于150米深层，清如碧，暖似汤，无色无味无臭，含锂、氡、氟、钙、钠等诸多元素。在当时全国360余家温泉中，论水质排第三位，论水色排第二位，时人沐浴后但觉心旷体爽，疲劳为之大消，对健身却病亦多有良益。渐而声名远播，被誉为江南三大著名温泉之一。1962年全省首个温泉疗养所——南溪温泉疗养所投入使用。作为华东地区开发的首个稀有温泉，甫一面世就定位甚高，由省直管，主要供各级领导疗养。江华同志曾多次小憩于此。

封山育林，草木氤蓊。1961年，为了保障安全、保护生态，把南溪岙周围万亩山林划归温泉疗养院管理并开始封山育林。宁海森林温泉的72峰得到了有效保护，至今四季常青，雨量充沛。好森林孕育好空气，这里拥有华东地区罕见的上万亩连片常绿阔叶林，1900 多树种，森林覆盖率高达 95% 以上，负氧离子最高含量可达每立方厘米 3 万个以上。常年日均气温比外地低 3~5℃，是名副其实的休闲避暑胜地。

寿者诗迹，郭老挥毫。1962 年，国画大师潘天寿回故乡省亲，到访森林温泉，兴之所至，即兴赋诗一首：踪迹十年未有闲，喜今便向故乡还。温泉新水宜清浴，爱看秋花艳满山。如今，这蕴含着绵绵智慧和浓浓乡情的诗歌就树立在水光潋滟的映天湖畔，成为森林温泉的永久珍藏。1964 年夏，全国人大副委员长郭沫若先生视察宁波，下榻南溪，管理人员仰慕其名，请他题额。郭老欣然应允，当闻悉温泉位于天台山与四明山交界处时，雅兴勃发，灵感顿生，当即饱蘸墨汁，挥毫写就“天明山南溪温泉”。由是温泉风采平添，佳话广传，名望闻于遐迩，游客纷至沓来。

名闺有主，政府宏筹。20 世纪 80 年代以来，宁海县历届人大代表和政协委员多次提案，要求收回南溪温泉管辖权，以便温泉资源的管理和进一步开发。几经协商，宁波市政府于 2000 年 3 月正式将景区管辖权移交。同年 4 月，成立宁海县温泉风景区管理处。2009 年 4 月，宁海森林温泉景区正式挂牌，景区发展规范化、规模化。2014 年，浙江省政府批复设立宁海森林温泉省级旅游度假区，森林温泉进入高质量发展阶段。2015 年，设立宁海森林温泉省级旅游度假区管委会，全力奋战国家级旅游度假区创建。星河斗转，温泉几兴土木，今已蔚为壮观。登朱阁而眺山色，倚华亭而听溪声，冬可热身，夏能避暑，优雅静谧，四时宜人，成为浙江一大旅游、度假、疗养胜地。民间“古有祥龙戏珠，宝珠落焉”美谈，今日终成现实。

1. 规划引领，谋温泉产业体系化发展

依托主题资源，旅游度假区构建了“悦享温泉”“乐游山水”“寻味乡愁”精细化主题产品体系，打造了运动健身、休闲娱乐、康体疗养、夜游、常态化节庆旅游活动等完整的休闲度假产品体系，类型多样、品质规模具佳。度假区秉持“景镇合一、蓝绿同步、农旅融合、主客共享”四大发展理念，编制了《宁海森林温泉省级旅游度假区总体规划》《宁海森林温泉小镇规划》《宁海森林温泉“十四五”发展规划》。度假区以“工作目标化、管理精细化、运作专班化”的方式，建立“云会商、周例会、旬通报、月督查”制度，以目标倒逼进度、以时间倒逼效率，确保各项工作高效推进。现已形成“温泉 +”产业集聚区，住有不同类型的接待设施 62 家，客房总数 2227 间，自设立省级旅游度假区以来，游客数量年均增长率基本维持两位数

以上，2021 年度接待总人数为 132.21 万人次。

2. 融合发展，促“两山”产业多元化

深甽着力培育“温泉养生、乡愁文化、山地运动、文化创意”四大主导产业，拥有独一无二的重碳酸钠型弱碱性偏硅酸氡氟温泉，日出水量达 8000 方，温泉水质被评为 4A 级，“三老 + 五新”温泉产业，堪称“国内唯一”。连续举办十二届“十月半”民俗文化节，荣获第四届金汤奖优秀温泉节庆。打造中国（宁海）乡愁文化体验带，大力培育发展农村民宿业。“南溪 · 拾贰忆”精品民宿，通过功能叠加、原味打造、私汤入户、地暖配套、设计独特等举措，将年久失修、闲置多年的南溪林场宿舍改造成为精品民宿，实现“老房新生”“变废为宝”，打造出全县首家温泉民宿，获评“浙江省级金宿”“宁波市十佳民宿”等荣誉称号。上湖村太阳山 · 清隐轩民宿，是深甽镇着力打造的宁海首条乡愁体验文化带的重要节点之一。探索“以茶兴旅、以旅促茶”的产业发展新模式。研究出产白茶、黄茶、红茶等新品茶以及白茶含片、茶香皂、茶沐浴露、洗发精、绿茶面膜等茶系列衍生产品，实现一二三产融合发展。户外运动产业依托“中国运动杖之乡”国字号品牌，产业链不断延伸，年产运动杖 1500 万根以上，出口市场占有率达 70%。

3. 品牌化发展，全方位多渠道宣传营销

坚持丰富特色化产品，塑造差异化品牌形象。完成度假区 LOGO、口号、VI 系统、IP 形象设计，加速旅游文创产品上新。自 2023 年以来，发布泡泡“泉”家福 IP 形象，推出“泡泡文创”自主品牌，设计生产金书签、随身扇、魔方盒等十余款文创产品，形成温泉用品、户外用品、学习用品、生活用品四大温泉主题特色文创品类。同时践行多样化载体宣传，形成强覆盖营销力度。和省内同类型的温泉相比，宁海森林温泉的品牌知名度存在一定距离。正视差距，追赶学习。主攻音影作品，打破时空局限。推出主题曲《天明山温泉之恋》覆盖 20 余家国内 KTV 品牌连锁店，主题曲笛萧版在网易云音乐发布，制作主题曲动漫 MV、主题宣传片《山水自在心间》进行线上宣传推广。巩固纸媒宣传，创新传统营销。印制温泉科普文本《百科泉书》，完成新版旅游宣传册 12 册制作，宣传温泉特有的资源优势。线上线下双渠道精准营销温泉价值客户，不断扩展知名度。打造特色节庆，丰富游客互动，举办云上温泉节、温泉文创节、温泉露营文化节等主题活动。重视奖项荣誉，积淀行业口碑。2022 年以来，获金汤奖“十佳温泉旅游目的地”称号，获省级避暑胜地、气候康养基地、森林公园、宁波市影视拍摄基地等称号。

4. 多样转变，为美丽经济激活力

为度假区持续绿色发展，搬迁拆除化工企业、关停退养150余家畜禽养殖场，拆除棚舍面积4万余平方米。按照县五水办的工作部署，在省级“污水零直排区”

图 6-53 宁海森林温泉旅游度假区产品设施分布

创建成功的基础上，深甽镇再接再厉创建市级工业园区“污水零直排区”。投入5100万元完成凫溪治理深甽镇区至沙地段小流域整治项目，投入5000万元启动建设深甽至三省段生态河道整治工程，投入1500万元开展饮用水达标提标工程建设。度假区实现农村生活污水治理全覆盖。长洋溪河道水质已达到省级验收标准Ⅱ类水质，长洋溪重现“水清鱼跃”，成为治水样板镇。

促进美丽乡村向美丽经济转变，乡愁经济、民俗经济、乡贤经济、步道经济、温泉经济活力激发。宁海安岚酒店自营业以来颇受市场欢迎和认可，荣获中国酒店大奖年度最佳生活方式酒店、度假目的地等多项荣誉。疫情发生以来，安岚酒店通过名人网络直播带货、网络直播“跟米其林大厨学做菜”等多渠道销售模式，成为宁波地区旅游行业复工复产的领头羊。安岚酒店的红火，直接带动了周边餐饮业、民宿业等发展，同时也不断增加了南溪村及周边村民的收入。①安岚酒店租用南溪村山林、柴山、毛竹山、山塘水库等，增加南溪村集体收入40余万元，增加村民收入62.5万元。②安岚酒店有深甽本地员工35人，平均年收入5万元，解决了部分深甽本地村民的就业问题。③安岚酒店带动周边民宿业发展，南溪村民宿共13家，经营年收入约260万元。安岚酒店租用深甽镇区宾馆42个房间，年租金30万元左右；其他员工自己在深甽镇区租房20人左右，年租金15万元左右。④安岚酒店带动周边餐饮业发展，如南溪村内餐馆年收入80万元左右，客栈40万元左右。

（四）安吉山川：乡村休闲　农旅融合

安吉山川旅游度假区位于全国首个生态县、首个“联合国人居奖”获得县——安吉县山川乡，是全国首个环境优美乡、国家级卫生乡、国家级文明乡。区位优越，交通便利，位于长三角几何中心，距04省道及杭长高速互通均仅9千米，离杭州市区50千米，是安吉接轨杭州的桥头堡。度假区范围包括山川全域46.72平方千米的6个行政村，人口6018人；境内生态环境优美，植被覆盖率达93.2%，森林覆盖率88.8%，空气质量Ⅰ级，地表水质Ⅰ级。自然资源丰富，涵盖7大主类，18个亚类，206个主要旅游资源点，云上草原、灵溪山、仙龙湖、七星谷、井空里大峡谷、高山梯田、万亩金钱松等景观，长期为网红打卡点；人文底蕴深厚，有千年古刹石佛寺、船村古祠堂、管氏民居、阮氏百年古宅等古迹，沈子球等名人，有散逸在乡间的古树、古道、古建筑，以及马家弄威风锣鼓、大里双龙、九亩鳌鱼灯等特色民俗文化，传承着浓郁的乡村文脉，延绵着浓厚的文化气息。

图 6-54　高家堂村

图 6-55　大里村

1. 注重规划引领，做好现代化乡村旅游全域文章

度假区以“浪漫山川”旅游品牌为核心，积极探索建设涵盖“高山滑雪、竹海观光、峡谷漂流、户外探险、山地运动、宗教旅游、商务会议”等多种主题的文体旅乡村旅游产业发展体系，制定《安吉山川省级乡村旅游产业集聚区创建三年行动纲要》《浪漫山川“十四五”发展规划项目库》《浪漫山川山地度假小镇规划》，成立“完善公共服务配套、丰富旅游产业体系、唱响浪漫山川品牌、提升旅游服务水平”四个工作专班，有效实现集聚区业态、风貌形态、环境生态“三态”融合发展。截至目前，集聚区内国家 4A 级景区 1 家，3A 级景区 4 家，省 3A 级景区村庄 4 家，省级老年养生旅游示范基地和省级休闲旅游示范村各 1 个；浙江省重点休闲项目 1 个，湖州市大好高项目 3 个，已营业精品酒店 5 家，在建精品酒店 6 家，已建和在建高端民宿 30 余家，发展农家乐 180 余家，共计可提供床位数 6000 余张，2020 年旅游人数 180 万人次，旅游收入 4.18 亿元，同比增长 84.6% 和 40.7%。

图 6–56　丰富的产品体系

2. 立足全域美丽，做好景观化生态文明和谐文章

始终坚持护好绿水青山，持续开展全域旅游环境提升工程。以开展“无废度假区”建设为抓手，积极探索垃圾分类积分制度，进一步拓宽公众参与和监督渠道；全面深化大气污染防治，$PM_{2.5}$ 浓度、空气优良率等指标持续位居全市前列，荣获全市首批“蓝天杯”；积极做好水文章，完成农村饮用水提标达标工程，铺设联村供水管网 31 千米，建成新时代美丽水站 1 座、单村水站 5 座，建立以“绿水币”为载体的公众护水奖励制度；投入 1000 万元完成全乡农村生活污水处理提升工程，创成全市首批“污水零直排区”，探索农村生活污水处理收费运营机制，新增 3A 级旅游厕所 6 座，在更高标准上实现寸山青、滴水净、清气爽。

3. 着力品牌建设，做好主题化全民营销服务文章

围绕“浪漫山川”品牌打造，植入 IP 化思维，形成以云上草原为核心，灵溪山景区、浪漫山川国际营地、仙龙峡户外营地等其他 16 个网红景点辐射开的“1+16”综合营销推广。同时，打造品牌营销矩阵，除通过完善全域旅游标识标牌、打造“大山 · 小川”吉祥物形象节点、开发相关文创产品等系列举措外，依托淘宝直播、“最安吉”抖音、爱安吉 App 等平台，推出“网红打卡浪漫直播”活动，持续推进浪漫山川品牌形象多渠道立体营销。聚力智慧旅游服务中心打造，做精微信“玩转

图 6–57　浪漫山川品牌打造

山川”旅游平台，通过提供民宿预定、景点门票购买、景区语音解说等服务，提升游客游玩体验感。创新线上“云”调解模式，针对当天未能完成调解而事后人已离开乡域的特殊情况，通过微信、钉钉等线上载体提供“及时登记、跟进、反馈”的全链条矛盾处理模式。2021 年春节期间，集聚区接待游客 8.2 万人次，实现旅游总收入 4892 万元，其中住宿业 1220 万元，占比 24.9%，住下来的游客人数显著上升。

4. 深化利益联结，做好产业化美丽乡村民富文章

立足区内各村实际，坚持以人为本，围绕共建共治共享原则，多形式探索利益联结机制，有效提升村集体经营收入和促进百姓增收。如高家堂村围绕云上草原完

图 6–58 马家弄村山川村

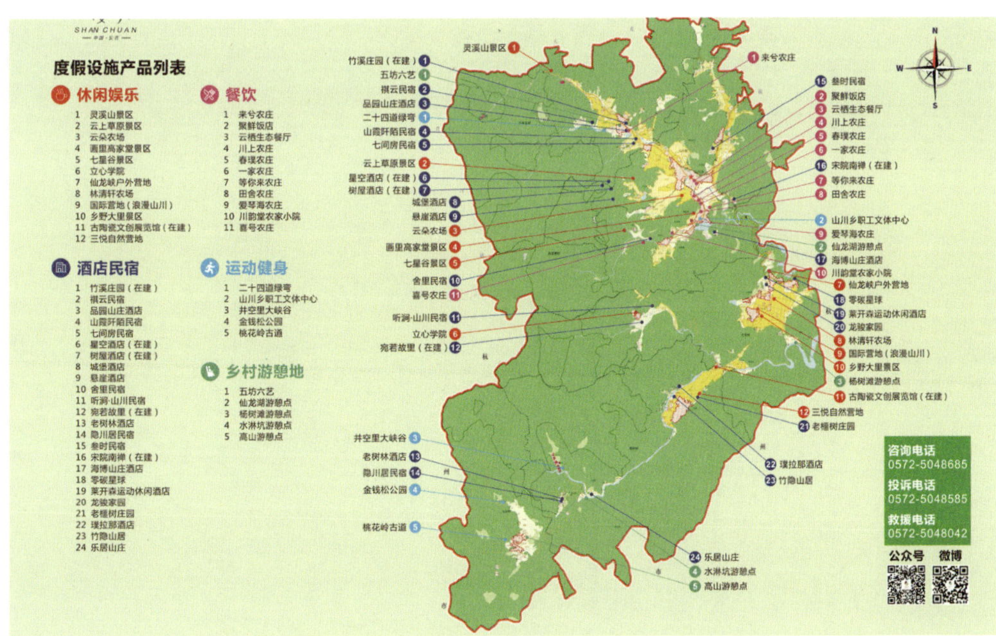

图 6–59 安吉山川旅游度假区产品设施分布

善休闲产业延伸配套，利用闲散土地新建停车场，解决停车位 1500 余个，持续壮大村集体经济和促进百姓增收。2020 年，该村实现村集体经济 361.8 万余元，同比增长 74.8%，农民人均收入达 45886 元，同比增长 12.7%。通过集聚区打造，积极实施“招才引智”工程，制定“科技进乡村、资金进乡村、青年回农村、乡贤回农村”奖励政策，鼓励山川籍企业家、青年创业者等返乡创业兴业。辖区内各大休闲项目及农家乐提供就业岗位 1200 余个，解决当地群众就业 800 余人，青年返乡创业就业人员达 600 余人。2020 年集聚区共收到申请新建或改建民房 128 户，较上年同比翻一番。农民人均收入达4.4万元，上涨3407元，上涨8.4%，高于全县平均水平。

参考文献

［1］爱德华·因斯克普，马克·科伦伯格．旅游度假区的综合开发模式［M］．国家旅游局人教司组织，译．北京：中国旅游出版社，1993.

［2］浙江省文化和旅游厅．浙江全域旅游发展模式：走进现代版富春山居图［M］．杭州：浙江科学技术出版社，2020.

［3］德清县文化和广电旅游体育局，北京联合大学旅游学院．全域旅游创新模式研究第二辑——全域旅游的德清模式［M］．北京：中国旅游出版社，2021.

［4］张凌云．试论我国度假区的市场定位和开发方向［J］．旅游学刊，1996（4）：5–9，62.

［5］王国新．国内旅游度假区开发与管理分析［J］．旅游学刊，1998（4）：4.

［6］王莹，骆文斌．对我国旅游度假区建设与发展的再思考——以浙江省旅游度假区为例［J］．地域研究与开发，2002（4）：73–77.

［7］陈东田，吴人伟．旅游度假区特点及现有规划设计规程的适用性研究［J］．旅游学刊，2002（5）：36–44.

［8］刘家明．旅游度假区发展演化规律的初步探讨［J］．地理科学进展，2003（2）：211–218.

［9］车震宇，唐雪琼．我国中小型湖泊旅游度假区开发现状分析［J］．旅游学刊，2004（2）：45–49.

［10］潘丽丽，徐红罡．广东旅游度假地空间分布特征及其发展趋势［J］．地域研究与开发，2005，24（2）：65–69.

［11］刘俊．中国旅游度假区治理结构及变迁［J］．旅游科学，2007（4）：6.

［12］陈威，刘滨谊．湖泊型旅游度假区规划——以“浙江省淳安千岛湖旅游度假区”为例［J］．

中国园林，2009，25（8）：42-46.

［13］金平斌. 浙江省地文旅游资源的可持续利用研究［D］. 杭州：浙江大学，2009.

［14］李雪峰. 中国国家旅游度假区发展战略研究［D］. 上海：复旦大学，2010.

［15］吕晓玲. 近代中国避暑度假研究（1895—1937 年）［D］. 苏州：苏州大学，2011.

［16］常颖. 旅游品牌创新能力和产业综合实力的耦合分析［D］. 南京：南京师范大学，2013.

［17］蒋微芳. 基于利益相关者理论的浙江省旅游度假区生态化管理研究——以宁波松兰山海滨旅游度假区为例［J］. 经济研究导刊，2010（34）：178-179，227.

［18］徐春红. 宁波地区湖泊休闲度假旅游发展研究——以东钱湖旅游度假区开发为例［J］. 中南林业科技大学学报（社会科学版），2012，6（2）：40-43.

［19］张树民，邬东璠. 中国旅游度假区发展现状与趋势探讨［J］. 中国人口·资源与环境，2013，23（1）：170-176.

［20］覃建雄，张培，陈兴. 四川省旅游度假区成因分类、空间布局与开发模型研究［J］. 中国人口·资源与环境，2013，23（S2）.

［21］陈钢华，保继刚. 旅游度假区开发模式变迁的路径依赖及其生成机制——三亚亚龙湾案例［J］. 旅游学刊，2013，28（8）：58-68.

［22］范钧，邱宏亮，吴雪飞. 旅游地意象、地方依恋与旅游者环境责任行为——以浙江省旅游度假区为例［J］. 旅游学刊，2014，29（1）：55-66.

［23］戴学锋. 全域旅游：实现旅游引领全面深化改革的重要手段［J］. 旅游学刊，2016，31（9）：20-22.

［24］李东明. 浙江省乡村旅游民宿发展的问题及对策［J］. 中国市场，2017（29）：239-240.

［25］吴侃侃，金豪. 全域旅游背景下浙江旅游度假区高质量发展的思考［J］. 浙江社会科学，2018（8）：147-150，160.

［26］褚子育. 发展全域旅游建设诗画浙江［N］. 中国文化报，2019-11-25（002）.

［27］徐春红，丁镭. “大花园”建设背景下浙江全域旅游竞争力评价及融合发展研究［J］. 商业经济，2019（6）：77-80.

［28］邬东璠，王彬汕，周觅. 中国度假旅游市场发展现状与趋势调查分析［J］. 装饰，2019（4）：12-17.

［29］农丽媚，杨锐. 历程与特征：欧美度假旅游研究［J］. 装饰，2019（4）：18-21.

［30］陈昕. 空间协同策划协同审批协同——湖州工程建设项目审批制度迎来全面改革［J］. 中国建设信息化，2019（16）：3.

［31］张楚楚. 旅游度假区竞争力评价研究［D］. 南京：南京财经大学，2021.

［32］刘卉妍. 旅游度假区发展影响因素分析与发展路径研究——以浙江省为例［J］. 中国旅游评论，2021（4）：66-70.

［33］黄书波．这里的民宿业为何能“领跑”全国［N］．新华每日电讯，2023-01-20（008）．

［34］徐晓．旅游度假区等级划分．国标出台［N］．中国旅游报，2022-08-01（001）．

［35］徐晓．新版标准更清晰示范引领更精准［N］．中国旅游报，2022-08-02（001）．

［36］刘建明．旅游度假区新国标引领业态高质量发展［J］．中国标准化，2022，614（17）：42-44.

［37］勾画一张蓝图搭建一个平台湖州“多规合一”提升项目审批速度［N］．湖州日报，2018-11-20.

［38］智库专家解读行政审批制度改革的浙江实践［N］．新华网，2014-03-10.

［39］浙江：行政审批改革用减法换加法［N］．人民日报，2018-06-18.

［40］让每块土地与项目“门当户对”灵峰度假区管委会成功出让全国首宗旅游“标准地”［N］．安吉县人民政府网，2020-12-29.

［41］德清推动企业投资项目“拿地即开工”［N］．浙江在线，2021-05-26.

［42］简政放权：从启动行政审批制度改革到“最多跑一次”［N］．湖州日报，2021-08-16.

［43］Hallmann K，Müller S，Feiler S. Destination competitiveness of winter sport resorts in the Alps：how sport tourists perceive destinations［J］．Current Issues in Tourism，2014，17（4），327-349.

［44］Hudson S，Ritchie B，Timur S. Measuring Destination Competitiveness：An Empirical Study of Canadian Ski Resorts［J］．Tourism and Hospitality Planning & Development，2004，1（1），79-94.

［45］D'Hauteserre AM. Lessons in managed destination competitiveness：the case of Foxwoods Casino Resort［J］．Tourism Management，2000，21（1）：23-32.

主要参考政策内容及数据来源

中华人民共和国文化和旅游部官网

浙江省文化和旅游厅官网

文化和旅游部旅游产业监测运行平台

文化和旅游部《“十四五”文化和旅游发展规划》

《中国旅游度假区发展报告》（2018—2021）

《中国旅游景区发展报告》（2018—2021）

《旅游度假区等级划分》（GB/T 26358—2010/2022）

《国家级旅游度假区管理办法》（2019）

《浙江省旅游管理条例》（2000）

《浙江省旅游条例》（2015）

《浙江省政府工作报告》（2020—2022）

《浙江省第十五次党代会报告》

《关于加快培育旅游业成为万亿产业的实施意见》（浙政发〔2014〕42 号）

《关于支持浙江高质量发展建设共同富裕示范区的意见》

《浙江省旅游业“微改造、精提升”五年行动计划》（2021—2025 年）

《浙江省旅游统计年报》（2019—2021）

《浙江省旅游度假区 2018—2019 年度发展报告》

《浙江省省级旅游度假区考核细则》（2019）

《浙江省省级旅游度假区管理办法》（浙政办发〔2020〕年 15 号）

《浙江省全域旅游示范县评分细则》（浙文旅资源〔2019〕年 22 号）

《浙江省 2017 年全省旅游工作报告》

《浙江省文化和旅游厅 2019 年工作总结》

《浙江省旅游业市场 2019 年总结》

《浙江省旅游产业发展规划》（2014—2017）

《浙江省旅游业发展“十三五”规划》

《浙江省旅游业发展“十四五”规划》

《浙江省省级以上旅游度假区自评台账及检查报告》

《宁波东钱湖旅游度假区条例》（2009）

附　录

1. 浙江省省级旅游度假区管理办法

第一章　总则

第一条　为保护和合理开发利用旅游资源，促进文化和旅游融合发展，有序推进我省旅游度假区高质量发展，根据《浙江省旅游条例》有关规定，制定本办法。

第二条　本办法所称省级旅游度假区，是指有明确的空间边界，依托优质的度假资源与环境，具备高质量的度假设施和服务，能够满足旅游休闲度假需求的综合性旅游区。

第三条　省级旅游度假区发展定位为文化和旅游产业集聚区、高质量发展示范区、改革创新先行区。

第二章　申报与设立

第四条　申报省级旅游度假区，应符合《旅游度假区等级划分》国家标准（GB/T 26358），同时具备下列条件：

1. 旅游度假资源丰富，生态环境质量优良；
2. 区位优势明显，具备良好的交通、通信、供水、供电、供气等公用设施；
3. 符合国家有关自然资源、历史文化遗产保护等方面法律法规的规定；
4. 突出文化和旅游融合发展，注重优秀文化保护、传承和利用；

5. 有一批具备一定投资规模和影响力且投资主体明确的旅游项目，建成、在建和已签订合同的旅游项目总投资达 50 亿元以上［26 个加快发展县（市、区）达 30 亿元以上］；

6. 具有明确的地域界限，无泥石流、崩塌、滑坡等可预测地质灾害威胁，无明显的旅游安全隐患和污染源；

7. 与所在地文化和旅游发展规划、国土空间规划、环境保护规划、林地保护利用规划、流域和区域水利规划等相衔接；

8. 总占地面积在 5 平方千米以上。

第五条　省级旅游度假区的申报与设立，坚持统筹布局、优中选优、成熟一个批准一个的原则，分为预审和正式审批两个阶段。

第六条　预审阶段。旅游度假区所在地市或县（市、区）政府向省文化和旅游行政部门提出资源评估与基础评价书面申请。省文化和旅游行政部门对申请材料进行审核；组织专家进行资源评估与基础评价；对通过预审的旅游度假区予以公示；对公示无异议或异议不成立的，反馈预审结果。

第七条　正式审批阶段。旅游度假区所在地市或县（市、区）政府根据预审结果编制可行性研究报告，经论证审核通过后，向省政府提出设立省级旅游度假区的书面申请（附可行性研究报告和相关材料）。省文化和旅游行政部门牵头会同宣传、发展改革、司法行政、自然资源、生态环境、水利、林业等部门，在 6 个月内完成可行性研究报告审核，符合条件的报请省政府批复设立，不符合条件的作出书面说明。

第八条　省级旅游度假区名称一般由“所在地县（市、区）行政区划名称 + 类型 + 省级旅游度假区”组成。类型包括但不限于海滨、海岛、湖泊、山地森林、温泉、乡村田园、特色文化等。确需调整名称的，由申报单位向省文化和旅游行政部门提出申请，经审核批准后予以调整，并由省文化和旅游行政部门报省政府备案。名称调整原则上不得超过 1 次。

第三章　建设与管理

第九条　省级旅游度假区的建设与管理，应坚持统一规划、科学管理、注重特色、生态优先的原则，实现经济效益、社会效益、生态效益、文化效益的有机结合。

第十条　旅游度假区所在地市或县（市、区）政府应理顺管理体制，明确与省级旅游度假区发展相适应的专门管理机构，负责旅游度假区的建设和管理，做好项目招引、业态培育、配套设施建设、行业管理、服务质量和安全监督检查、人员培训及品牌宣传推广等工作。

第十一条　旅游度假区所在地市或县（市、区）政府应在省级旅游度假区批复设立后两年内完成总体规划编制和规划环境影响评价工作，总体规划经省文化和旅游行政部门会同有关部门审查后，报请省政府批准。

第十二条　省级旅游度假区总体规划，一经批准应严格执行，不得擅自变更。在实施过程中，因调整总体布局、建设规模、用地性质和功能分区、重大建设项目等，确需对总体规划进行修编的，应按照总体规划报批程序进行。

第十三条　因扩容等原因，确需调整省级旅游度假区空间范围的，应按照申报与设立正式审批程序进行。在批复规划期限内调整空间范围的，空间范围调整和总体规划修编审批程序可同步开展。空间范围调整原则上不得超过 1 次。

第十四条　省级旅游度假区应重视风貌管控和生态保护，严格控制房地产项目和环境污染项目建设，适当控制项目容积率。省级旅游度假区内用于出售的房地产项目总建筑面积与旅游接待设施总建筑面积的比例不应超过 1∶2。

第四章　评价与考核

第十五条　完善省级旅游度假区评价考核机制，每两年考核 1 次，考核结果分为优秀、良好、合格、不合格 4 个等次，并向社会公布。考核周期内被认定为国家级旅游度假区或上一个考核周期评价考核优秀的，可不参加当期考核。

第十六条　对评价考核优秀的，优先推荐申报国家级旅游度假区。对评价考核不合格的，予以通报批评并责成限期整改。限期整改后仍不合格或连续两个考核周期不合格的，由省文化和旅游行政部门报请省政府予以撤销。

第十七条　省文化和旅游行政部门牵头制定省级旅游度假区评价考核细则，会同发展改革、自然资源、生态环境、水利、林业等部门开展评价考核。对省级旅游度假区的评价考核，应将游客满意度作为核心指标之一。

第十八条　建立省级旅游度假区发展统计制度，加强信息统计和管理，全面真实反映度假区发展水平。省级旅游度假区管理机构应按规定及时报送各项统计数据信息。统计数据信息作为评价考核的重要依据。

第五章　附则

第十九条　本办法自 2020 年 5 月 1 日起施行。

2．浙江省 5A 级旅游景区、国家级旅游度假区培育管理意见

一、为进一步规范 5A 级旅游景区、国家级旅游度假区培育管理工作，建立具有浙江特色的高等级旅游景区和度假区、高质量发展模式，全面推进旅游业高质量发展，依据《旅游景区质量等级管理办法》《旅游景区质量等级的划分与评定》国家标准（GB/T 17775）《国家级旅游度假区管理办法》《旅游度假区等级划分》国家标准（GB/T 26358）的有关要求，特制定本意见。

二、本意见适用于国家 5A 级旅游景区、国家级旅游度假区创建单位，相关类似创建参照执行。

三、坚持系统观念，树立科学创建观，推动理性创建、量力创建、持续创建，切实解决当前“创而不动、创而不实、创而不快”问题，推动创建为了更好的发展，实现社会效益、经济效益和生态效益有机统一。

四、按照“自愿申报、规范程序、动态管理、注重实效”的原则，建立5A级旅游景区、国家级旅游度假区发展梯队，推动创建培育工作滚动协同、持续开展。

五、申报5A级旅游景区、国家级旅游度假区，应具备以下基本条件：

（一）旅游资源禀赋优质，生态环境质量优良，四至边界清晰，是资源普查认定的文旅资源“优集区”。具备世界级的旅游资源吸引力和市场影响力，国际化程度高。

（二）突出文旅融合，深入挖掘充分展示中华优秀传统文化、革命文化、社会主义先进文化，践行社会主义核心价值观。注重优秀文化保护与传承利用，推动优质文化基因创造性转化和创新性利用。将文化内涵深度融入旅游景区、旅游度假区建设，突出在地文化的场景展示，彰显人文之美。

（三）申报5A级旅游景区，应当评定为4A级旅游景区3年以上，景区面积不得少于3平方千米，优先支持封闭管理景区。申报国家级旅游度假区，应当被审批或认定为省级旅游度假区1年以上，面积在5平方千米以上。

（四）具有统一的运营或管理机构，经营状况良好，主要经营主体近3年无严重违法违规等行为记录，未发生重大安全责任事故和游客投诉。

（五）旅游景区、旅游度假区建设领跑全省，积极探索未来景区、未来度假区建设。

（六）数字化改革取得标志性成果，智慧景区、度假区管理接入省级平台，实现跨场景、跨层级、跨区域的信息共享与数据协同。

（七）根据发展需求与文化和旅游部的要求，5A级旅游景区、国家级旅游度假区等应具备的其他条件。

六、5A级旅游景区、国家级旅游度假区的创建培育，按照“意向名单—培育名单—推荐名单”三个阶段进行。

（一）意向名单。自愿申报且符合基本条件的旅游景区、旅游度假区，由所在县（市、区）文化和旅游部门向市级文化和旅游部门提交资源价值评估申请。各市文化和旅游部门初审后，向省级文化和旅游部门提出推荐意见。市直属单位可由设区市直接申报。省级文化和旅游部门组织评估后，达到标准的单位，列入意向名单。原则上，意向名单每年申报1次。

（二）培育名单。列入意向名单的单位，应在1年内启动编制创建提升规划，规划经设区市文化和旅游部门初审后，由省级文化和旅游部门进行论证会审，会审通过并公示无异议后，列入培育名单，启动创建工作。

（三）推荐名单。原则上，列入培育名单1年以上的单位，经设区市文化和旅游部门同意，可向省级文化和旅游部门申请年度评估。评估为A档的，列入推荐名单，择优推荐申报5A级旅游景区、国家级旅游度假区资源评估和创建验收。

七、坚持高质量创建，严格对标对表，制定年度工作计划，项目化、清单化、常态化推进创建工作，明确各项工作的任务书、路线图、时间表，确保创建落实落细落地。

八、坚持问题导向、需求导向、标准导向，科学制定评估标准，主要包括资源保护与利用、文化传承与转化、项目建设、公共服务、数字化建设、综合管理、发展品质等内容，客观真实反映创建成效。

九、建立年度评估机制，强化创建成效。采取重点复核与随机抽查、明查与暗访相结合等方式，进行年度评估。评估结果分为 A、B、C 三个等次，其中排名位列前 10% 的为 A 档，排名靠后的 10% 为 C 档，其余为 B 档，并向社会公布。对列入意向名单、推荐名单的单位，进行抽查，定期通报抽查结果。

十、强化评估结果运用，建立“优胜劣汰、有进有出”的动态管理机制，形成“你追我赶、竞相发展”局面。评估结果为 C 档的，责令整改，连续两年为 C 档的，退出创建培育序列。

十一、聚焦数字化发展，以数字化思维、数字化认知、数字化技术引领培育创建，注重多跨应用场景开发，强化功能集成、数据互通、系统重塑，打造全国旅游景区、旅游度假区数字化发展的“重要窗口”。

十二、深化改革创新，顺应新发展格局要求，优先支持探索未来景区、未来度假区试点，推动在发展模式、经营方式、体制机制等方面的改革，实现高质量发展。

十三、坚持以人民为中心的发展理念，围绕“主客共享、共建共富”，充分发挥旅游景区、旅游度假区在缩小收入差距、地区差距、城乡差距中的积极作用，推动“建好一个旅游品牌，带动一方经济、造福一方百姓”。

十四、强化数据信息管理。定期报送统计数据和信息，注重系统收集、整改与反馈游客评价意见，全面真实反映旅游景区、旅游度假区管理服务水平。

十五、5A 级旅游景区、国家级旅游度假区创建培育过程中，出现重大舆情与意识形态事件、重大旅游违法案件、重大旅游安全责任事故、重大游客投诉事件、严重破坏旅游生态环境、虚假填报信息行为的，取消创建资格，三年后方可重新申请。

十六、本意见由浙江省文化和旅游厅负责解释，自发布之日起施行。

3．浙江省省级以上旅游度假区评价考核评分细则

考核对象：________市________县（市、区）________旅游度假区　　　　年度：______

一级指标	二级指标	序号	分值	评分标准	考核方法	计分
A 体制机制 （15 分）	总体规划	A1	3	总体规划已获省政府批复的，得 3 分； 总体规划已正式上报的，得 1 分； 未完成编制的不得分。	台账检查	
	管理机构	A2	5	已明确管理机构，有三定方案，独立运行的，得 5 分； 已明确管理机构，有三定方案，合署办公的，得 3 分； 未明确管理机构的不得分。	台账检查	
	资金保障	A3	3	考核期内政府投资用于度假区建设的，每 2 亿元得 1 分。	台账检查	
	用地保障	A4	3	整体纳入城镇开发边界的，得 3 分； 核心区纳入城镇开发边界的，得 1 分。	台账检查	
	政策保障	A5	1	出台招商引资等方面专门政策，酌情打分。	台账检查	
B 项目建设 （18 分）	项目投资	B1	6	在建旅游项目计划投资总额每满 5 亿元（山区 26 县为 3 亿元），得 1 分。	台账检查	
	项目建设	B2	6	考核期内，旅游项目实际完成投资每满 2 亿元（山区 26 县为 1.2 亿元），得 1 分。	台账检查	
	招商引资	B3	6	考核期内新引进落地开工亿元以上旅游项目的，每个加 1 分。	台账检查	
				考核期内新招引旅游企业的（注册地在度假区范围内），每个加 1 分。	台账检查	
C 度假产品 （20 分）	核心吸引物	C1	5	考核期内每新增 1 家 4A 级及以上旅游景区，得 3 分。	台账检查	
				每新增 1 家省级以上各类文旅类示范基地、各类试点和特色小镇，国家级得 3 分，省级得 1 分（同家单位不重复计分）。	台账检查	
	度假休闲服务	C2	4	考核期内新增 1 类高品质运动健身、休闲娱乐、康体疗养、夜游、日常参与体验等度假产品体系且日接待能力超过 500 人次，每类得 1 分。	台账、现场综合检查	

续表

一级指标	二级指标	序号	分值	评分标准	考核方法	计分
C 度假产品 （20 分）	旅游住宿	C3	8	拥有 5 星级酒店或国内外知名品牌度假酒店，每家得 1 分； 金宿级以上民宿，每家得 0.5 分。累计 2 分。	台账检查	
				3 星级以上酒店（省级特色文化主题饭店、品质饭店、绿色饭店）或国内外知名品牌全服务酒店总客房数超 300 间的，得 1 分； 总客房数超 500 间的，得 2 分；总客房数超 1000 间的，得 3 分。	台账检查	
				考核期内新增金宿级以上民宿的，每家得 0.5 分。	台账检查	
				考核期内新增 3 星级以上酒店或国内外知名品牌全服务酒店的，每增加 1 家或 100 个床位得 1 分，最终得分以家或床位数高者为准，不重复记分。	台账检查	
	旅游餐饮	C4	2	提供 24 小时餐饮服务，每家得 1 分； 设立百县千碗体验店，每家得 1 分。	台账、现场综合检查	
	旅游商品	C5	1	旅游购物场所布局合理，环境整洁舒适，特色明显，价格合理，管理规范，设立当地特色商品专柜的，酌情打分。	台账、现场综合检查	
D 公共服务 （16 分）	交通配套	D1	1	各旅游景区（点）、酒店及休闲场所之间，均能通过公共交通到达的，酌情打分。	现场检查	
			1	自行车租赁点、驿站等配套设施完善，酌情打分。	现场检查	
	慢行系统	D2	1	绿道慢行系统（步行系统、自行车骑行道）能够覆盖区域内主要酒店、景点，酌情打分。	现场检查	
	停车位	D3	1	停车位充足，分布合理，标志清晰规范、配套完善，管理规范，旺季有临时停车措施，酌情打分。	现场检查	
	标识系统	D4	1	在酒店、购物、餐饮、厕所、公共交通等公共场所，景区（点）、停车场、出入口、购物点、厕所等位置，设置标识标牌，发现一处未设置或不规范，扣 0.2 分。	现场检查	
			1	在游客集散场所、主要出入口设置导览图，标明区域边界、现在所处位置、周边度假设施等图示，并标明咨询、投诉和救援电话，少一项扣 0.2 分。	现场检查	
			1	标识标牌设置分布合理、指向正确，设计醒目美观，地域特色明显的，酌情打分。	现场检查	
	厕所革命	D5	2	厕所数量充足，分布合理，管理有效，并达到 3A 级旅游厕所标准的，酌情打分。	现场检查	

续表

一级指标	二级指标	序号	分值	评分标准	考核方法	计分
D 公共服务 （16 分）	特殊人群服务	D6	1	充分考虑老龄（残）需求，建设无障碍设施，设立急救场所和设备，酌情打分。	现场检查	
			1	提供优质全面、多样化的儿童度假设施及活动，且提供优质托儿服务，酌情打分。	现场检查	
	智慧旅游	D7	1	智慧旅游管理系统运转良好，运用数字化手段开展营销、运营和安全、办公管理，度假区数字管理系统、旅游数据做到实时共享，得 1 分。	台账、现场综合检查	
			1	智慧旅游服务体系健全，设有网站（App、公众号）等网络平台，功能齐全，提供实时预约等票务服务，查询、资讯、投诉等信息服务，并提供电子导游导览服务，得 1 分。	台账现场综合检查	
			2	推出数字应用场景，得 2 分。	台账、现场综合检查	
			1	建成智慧景区，得 1 分。	台账检查	
E 旅游环境 （8 分）	环境卫生	E1	1	区域内水域保洁到位，干净整洁无污染，酌情打分。	现场检查	
			1	主要道路和街巷整体环境卫生、整洁。有乱堆、乱放、乱扔、乱停、乱贴、乱涂、乱拉、乱挂、乱搭、乱晒等现象，发现一处扣 0.5 分，扣完为止。	现场检查	
			1	公共区域有垃圾分类收集设施，对危险废弃物设置专用存放点，抵制“白色污染”，符合“无废景区”建设要求的，得 1 分。	现场检查	
			1	整体植被覆盖率良好，已开发建设用地平均绿地率较高的，酌情打分。	现场检查	
	村镇景区化建设	E2	2	A 级景区村庄覆盖率达 100%，得 2 分； 超过 75%，得 1 分； 度假区内无村庄不扣分。	台账检查	
			2	A 级景区镇覆盖率超过 100%，得 2 分； 超过 50%，得 1 分； 度假区内无乡镇不扣分。	台账检查	
F 品牌形象 （7 分）	门户形象	F1	2	主要出入口门户形象较好，地方特色鲜明，边界清晰，效果较好，得 2 分；一般，得 1 分；较差和未建的不得分。	现场检查	

续表

一级指标	二级指标	序号	分值	评分标准	考核方法	计分
F 品牌形象 （7 分）	品牌形象	F2	2	提炼主题形象口号，品牌形象鲜明、特色突出、社会认可度知名度高，得 2 分；一般，得 1 分。	现场检查	
			3	度假区联动周边推出组合产品，带动区域富民增收，酌情打分。	台账、现场综合检查	
G 文旅融合 （10 分）	服务融合	G1	1	新建、改造服务设施彰显地域文化内涵和地方特色并以游客为需求的，得 1 分。	现场检查	
			1	游客集中区引入书店、剧院、休闲运动等公共文化运动休闲设施，得 1 分。	现场检查	
		G1	1	度假区服务人员持证上岗率超过 80%（有资格证书的工种），并建立培训制度，对于无统一资格证书的工种组织相应的业务培训并开展考核的，酌情打分。	台账、现场综合检查	
	丰富业态	G2	4	拥有省级特色文化主题酒店、文化特色的民宿、主题餐厅、酒吧、茶吧、书吧等，每种得 1 分。	台账、现场综合检查	
				传统技艺、表演艺术传承和利用良好，有常态化的文化演艺项目等，得 2 分。	台账、现场综合检查	
				拥有经营民俗文化、非遗、文创、曲艺音乐等文化业态，文化和旅游与工业、农业、林业、水利、地质等产业融合发展业态的，每种得 0.5 分。	台账、现场综合检查	
				夜间消费活跃、业态丰富，酌情打分。	台账现场综合检查	
	文化氛围	G3	1	人文环境宜人，法治文化等阵地建设良好，当地文化特色鲜明，酌情打分。	台账现场综合检查	
			2	文化资源保护良好，转换与利用富有成效，彰显地方特色，酌情打分。	台账现场综合检查	
H 发展水平 （6 分）	过夜游客停留天数	H1	1	考核 2020—2021 年年均过夜游客平均停留天数，参照旅游统计口径测算。	台账检查数据监测	
	人均消费（元 / 天）	H2	1	考核 2020—2021 年接待游客人均消费，参照旅游统计口径测算。	台账检查数据监测	

续表

一级指标	二级指标	序号	分值	评分标准	考核方法	计分
H 发展水平 （6分）	游客满意度	H3	1	游客总体评价较好，游客满意度较高的，根据全省总体情况核算打分。	台账检查 数据监测	
	企业税收（亿元）	H4	1	考核度假区内规上企业年均税收总量，根据全省总体情况核算打分。	台账检查	
	共同富裕	H5	1	考核度假区所在乡镇的城乡居民可支配收入及增长情况，根据全省总体情况核算打分。	台账检查	
			1	考核度假区带动居民就业情况，根据全省总体情况核算打分。	台账检查	
I 附加指标	加分项目	I1	10	根据《浙江省旅游业“微改造、精提升”工作评价细则》考核评价度假区微改造项目数、问题整改率、投资完成率，每项2分； 度假区内有微改造示范点或最佳实践案例的，每个加1分。	台账检查 数据监测	
	扣分项目	I2	—	旅游经营活动中存在安全隐患，且未在指定期限内整改完毕的，每次扣1分；发生一般性的旅游安全责任事故，每次扣3分。	台账检查	
				考核期内A级景区或特色小镇、A级景区镇、A级景区村庄、星级酒店被予以摘牌、警告和通报批评处理，每种情况扣2分。	台账检查	
				度假区范围内有文化或旅游市场主体被认定为严重失信主体的，每个扣3分，被定为轻微失信主体的，每个扣1分。	台账检查	
				未建立完善的省级旅游度假区监测制度，在旅游产业监测平台上填报的数据有弄虚作假现象，每次发现1次扣1分。	台账检查	
	一票否决	I3	—	近两年发生重大旅游安全事故或发生社会影响极其恶劣的舆情事件。	台账检查	

说明：1. 2017年1月1日以后批复设立的旅游度假区参加基本考核，即A+B+C+D+E+H+I项，G和F项作为参考，其他旅游度假区参加全部项考核，考核总分达到满分的90%及以上为优秀，75%及以上为良好，60%及以上为合格，60%以下为不合格。

2. 旅游项目是指具备一定投资规模和影响力且投资主体明确的旅游景区、住宿、餐饮、演艺、购物等项目，或专门为度假区发展而投入的水、电、基础设施项目及绿化、美化、亮化等景观提升项目（不含房地产项目）。

后　记

浙江旅游度假区发展走过了30个年头，无论数量指标还是质量指标，均走在全国前列。与30年波澜生动的旅游度假区发展实践相较，关于浙江旅游度假区发展的系统性研究略显匮乏，极不匹配，这是本研究课题的缘起，本课题不奢求多么高深的理论解读，而是期望做基础性的梳理、系统性总结和应用性展望。

中国式现代化场景下的旅游度假区高质量发展浙江实践研究课题由浙江省文化和旅游厅提出，并为推进本课题研究在资料收集、实地考察、交流讨论等方面提供支持，特别是提供了大量翔实数据和资料，从立项到付梓跨越了3个年头，几经周折，数易其稿，特别是根据后疫情时代度假旅游发展形势，现版本从框架结构到观点表述已与最初稿有较为系统的改变；本课题前期研究和资料梳理主要由清华大学建筑学院文旅研究中心邬东璠教授团队负责，农丽媚、张帅，以及胡映伶、李熙盈、于子建、周丽娜、陈美霞等做了大量卓有成效的工作；本课题研究同时得到了浙江旅游职业学院、浙江省文化和旅游发展研究院、中国旅游出版社以及浙江各地文化和旅游行政主管部门的大力支持，特别是浙江省内各旅游度假区的鼎力相助，在此一并感谢。

由于受著者学识实践眼界以及多著者跨时空协调统筹等内外因素影响，本研究课题难免有错漏之处，恳请读者批评指正。

最后，对为本课题提出宝贵意见的业内资深研究者、管理者和一线实践者，表示诚挚感谢！

2023年9月杭州

责任编辑： 谯　洁
责任印制： 冯冬青
封面设计： 中文天地

图书在版编目（CIP）数据

中国式现代化场景下旅游度假区高质量发展研究：以浙江省为例 / 浙江省文化和旅游厅，清华大学建筑学院文旅研究中心编 . -- 北京：中国旅游出版社，2023.12

ISBN 978-7-5032-7067-3

Ⅰ. ①中…　Ⅱ. ①浙…　②清…　Ⅲ. ①旅游区—旅游业发展—研究—浙江　Ⅳ. ① F592.755

中国版本图书馆 CIP 数据核字（2022）第 225954 号

书　　名： 中国式现代化场景下旅游度假区高质量发展研究：以浙江省为例

作　　者： 浙江省文化和旅游厅　清华大学建筑学院文旅研究中心　编
出版发行： 中国旅游出版社
（北京静安东里 6 号　邮编：100028）
https://www.cttp.net.cn　E-mail: cttp@mct.gov.cn
营销中心电话：010-57377103，010-57377106
读者服务部电话：010-57377107
排　　版： 北京中文天地文化艺术有限公司
印　　刷： 北京工商事务印刷有限公司
版　　次： 2023 年 12 月第 1 版　2023 年 12 月第 1 次印刷
开　　本： 787 毫米 ×1092 毫米　1/16
印　　张： 19.75
字　　数： 345 千
定　　价： 98.00 元
I S B N 978-7-5032-7067-3

版权所有　翻印必究
如发现质量问题，请直接与营销中心联系调换